철학적 지성 100인에게 묻는다
100 LETTERS TO 100 PHILOSOPHERS

편지로 쓴
철학사
I

• 에피파니는 '인간의 불멸성'과 '책의 영원성'에 대한 오래된, 새로운 믿음을 갖습니다.

철학적 지성 100인에게 묻는다
100 LETTERS TO 100 PHILOSOPHERS

편지로 쓴
철학사
I

현대편 | 헤겔 이후 현재까지

이수정 지음

에피파니

"한국인이 쓴 2,600년 서양철학 통사"

현대철학의 세계를 건설한
위대한 지적 영웅들에게 이 책을 바칩니다.

머리말

나는 여기서 철학의 관심사가 어떤 것이었는지를 보여주고자 했습니다. 철학? 그런 것에 애당초 관심이 없다고 한다면 어쩔 도리가 없습니다. 그러나 최소한 지성이라는 것에 마음 한 조각이라도 걸쳐본 적이 있는 사람이라면 '철학'이라는 이름에 끌리는 바가 있을 것입니다. 철학은 매력적인 그 무엇임에 틀림없습니다. 철학은 '생각'을 합니다. 지금 우리 시대가 잊어가고 있는 그 '생각'이란 것을. 그것도 아주 넓게, 크게, 깊게, 그리고 길게.

그런데 정작 철학이 무엇인지는 참으로 가늠하기가 쉽지 않습니다. 철학 내부에서도 그 주장하는 바가 서로 엇갈리기 때문입니다. 그래서 우리는 철학의 역사를 들여다볼 필요가 있습니다. 그 안에는 실제로 수행되었던 '공인된 철학들'이 보관되어 있기 때문입니다. 그것들은 마치 보석함 속의 여러 보석들처럼 서로 다른 모양과 빛깔들을 지닌 채 나름대로의 가치를 드러내고 있습니다. 그 모든 것들은 각각 자신의 고유한 문제의식과 전개방식, 고유한 출발점과 귀착점을 지니고 있습니다. 그 각각의 고유한 체계 내에서 그것들은 자기 나름의 작은 완결성을 지니고 있는 것입니다. 우리는 그것들 중에서 '자신에게 특별히 다가오는 어떤 것'과 만나야 합니다. 바로 거기서 '나의 철학'이 시작될 수 있는 것입니다.

이 책은 철학의 역사 중 현대편(19/20/21세기 철학)을 다루고 있습니다. 《편지로 쓴 철학사 Ⅱ 전통편: 탈레스에서 헤겔까지》의 속편인 셈입니다. 나는 여기서 현대의 사상적 지형도를 일목요연하게 그려 보여주고 싶었습니다. 현대라는 우리의 이 괄목할 만한 시대에 철학이 어떤 식으로 개입되어 있는지도 보여주고 싶었습니다. 그러나 현대철학을 다루는 일은 결코 쉽지 않습니다. 현대의 2백 년이 그 이전의 2천 년에 필적할 만큼, 양적으로 질적으로 풍부하기 때문입니다. 더욱이 이 현대철학의 세계는 크게 볼 때 영어권/불어권/독어권의 세계로 3분되어 있고, 그 사이에는 (그리고 같은 언어권 안에서도) 결코 낮지 않은 장벽들이 현실적으로 존재합니다. 나는 혼자서 그 모든 벽들을 넘어야 했습니다. 지금껏 이런 선례는 없었기에, 힘들었지만 나는 그것을 하나의 사명으로 생각했습니다. 그 사이에는 단단한 배타적 편견들이 존재하고 있어서 서로가 다른 쪽을 아예 철학으로 인정하지 않으려는 나쁜 경향조차 없지 않기 때문입니다. 그것은 철학이 자신의 다양성을 스스로 훼손하는 어리석은 일입니다. 내가 보기에 그 모든 것들은 서로 종류가 다를 뿐 분명히 다 같은 철학입니다. 그것들은 모두 '인간'과 '세계'에 대한 이성적인 설명의 시도, 혹은 보다 나은 삶에 대한 실천적 지향이라는 철학의 기본을 어떤 형태로든 분유하기 때문입니다. 서로 다른 것들의 평화적인 '공존가능성'은 철학적 풍요의 기본 바탕입니다.

나는 뽕잎을 먹고 실크를 뽑아내는 누에의 자세로 이 책을 썼습니다. 그렇게 자료들을 읽었고 문장들을 다듬었습니다. 이 책의 하나하나의 문장들이 과연 실크처럼 부드럽고 아름다운 명품인지는 독자들께서 판단해주실 일이지만, 부디 나쁘지 않은 감촉으로 독자들의 손끝에 닿을 수 있다면 좋겠습니다. 어렵기만 한 철학은 외면되어도 할 수 없다는 것이 나의 생각입니다. 철학책도 이제는 저자의 이름을 건 하나의 '작품'이어야 합니다. 그래야만 거기에 명예와 책임이 함께할 수 있습니다. 지금까지 우리에게는 그러한 것이

부족했다고 내게는 느껴졌습니다. 대단히 조심스럽지만, 나는 이 책이 이미 상당한 수준에 올라있는 우리 한국철학계의 자존심을 대변하는 하나의 증거가 될 수 있기를 감히 기대해봅니다.

2017년 가을

이수정

일러두기

01 이 책은 당초 〈탈레스에서 헤겔까지〉의 '전통편'이 제1권, 〈헤겔 이후 현재까지〉의 '현대편'이 제2권으로 집필되었으나, 우리들의 시대인 현대부터 철학사에 접근하는 것이 더 낫겠다는 에피파니 편집진의 권고를 받아들여 '현대편'을 제1권, '전통편'을 제2권으로 배치했다. 단, 각 꼭지에 부여된 연도순 번호는 그대로 유지했다. 다소 특이한 체제이나 '가까운 데서부터'라는 의미가 있는 만큼 독자들의 넓은 이해를 부탁드린다.

02 제1권 '현대편'은 대략 2008년부터 2017년까지, 제2권 '전통편'은 대략 2000년부터 2007년까지에 걸쳐 집필되었다.

03 이 책을 구성하는 100개의 꼭지는 해당 철학자의 출생연도 순에 따라 배치되었다. 단 데모크리토스/소크라테스, 플로티노스/유스티누스, 셸링/헤겔은 철학사적 맥락을 감안하여 예외적으로 관례에 따랐다. 각각 후자가 전자의 선배에 해당한다.

04 '현대편'의 독일-프랑스-영미 순서는 선후나 우열과 무관한, 단지 편의를 위한 것일 뿐이다. 관심에 따라 어느 쪽을

먼저 읽어도 상관없다. 근세의 끝이 독일의 관념주의였으므로 그것을 자연스럽게 연결했을 뿐이다.

05 이 책은 대중들을 위한 교양서인 동시에 전공자를 위한 안내서로서도 손색이 없도록 학문적 자료로서의 가치 확보에 각별한 주의를 기울였다. 원문 인용과 원어 병기가 그것을 보여준다. 해석 내지 해설에도 최대한 정확을 기하고자 노력했다.

06 그리스어 인용은 일반 독자들의 사정을 감안하여 특별한 경우 이외에는 그리스 문자 대신 로마자로 표기하였다.

07 철학자들의 직접 발언은 " "로 표시했다.

08 2차 자료로부터의 인용은 ' '로 표시했다.

09 필자의 강조도 ' '로 표시했다.

10 문장 내에서의 보완적 언급은 ( )로, 인용 내에서의 보완적 언급은 [ ]로 구별해 표시했다.

11 책의 성격상 인용 출처를 따로 밝히지는 않았다. 넓은 양해를 바란다.

차례

영미로 부치는 철학편지

현대편

부록

현대철학 관련 지도

고대로 부치는 철학편지

전통편

탈레스에서 헤겔까지

전통편

탈레스에서 헤겔까지

부록

고대철학 관련 지도

준비운동
철학사 2,600년 시간마라톤을 위한 몸풀기

"철학이란 무엇인가"

어느 추운 겨울날 저녁, 전공이 서로 다른 몇 사람의 학자들이 창원의 한 고즈넉한 카페에 우연히 모여 분위기 있는 벽난로를 둘러싸고 앉았다. 장작불이 따뜻하게 그리고 아름답게 타고 있다. 사고가 자유스러워질 만큼의, 꼭 그만큼의 많지도 적지도 않은 술들을 마시고 대화가 오고 간다. 화제는 돌고 돌아 이제는 '철학'이 도마 위에 올려져 있다.

물리학자가 말한다.

— 하여간 철학은 모든 학문의 근본이고, 그래서 우리 자연과학도들도 철학에 관심을 가질 필요가 있을 것 같아요.

— 그렇죠. 누구든 인간인 이상 직접 철학을 할 수 있는 것 아닙니까?

하고 생리학자가 끼어든다.

준비운동

— 할 수 있는 정도가 아니라 기본적으로 해야 되는 것 아닌가요? 우리가 하는 예술에도 철학이 깃들어 있어야 하는 것 같아요. 니체의 그 《비극의 탄생》이나 하이데거의 《예술 작품의 근원》 같은 건 우리 예술하고도 실제로 관련된 거잖아요. 언뜻 듣기로 요즘 현대철학에서는 '상상력'이라는 게 철학의 주제가 되기도 한다면서요? 바슐라르며 사르트르며…. 그리고 아도르노의 숭고미학, 그런 것도 유명하죠.

하고 예술가가 거든다.

— 그런데…, 그런데 말이죠. 철학이라는 게 참 중요하기는 한데, 철학이라는 것 자체가 도대체 뭔지 종잡을 수가 없잖아요? 아니 한편에서는 그런 게 왜 필요한가 하는 비판도 없지 않지요. 물론 우리 쪽에도 미적분을 발견한 라이프니츠가 걸쳐 있고 또 러셀이나 화이트헤드 같은 사람의 수리철학이라는 것도 있긴 하지만 실존철학이니 윤리학이니 미학이니 그런 거하고는 너무 다른 것 같아요.

하고 수학자가 몸을 내민다.

— 그건 그래요. 우리 쪽에도 파스칼이 있는데 그 사람의 《팡세》를 보면 그건 또 거의 신학이잖아요?

물리학자도 거든다.

— 하긴 우리 쪽에도 프로이트 같은 양반이 철학에 걸쳐 있기도 하고…. 그것도 칸트나 헤겔하고는 완전 딴판이잖아

요. 그 점에 대해서는 하여간 철학하시는 분이 뭔가 방향을 잡아줄 의무가 있을 것 같은데⋯. 점잖만 빼지 말고 한마디 하시죠.

하고 심리학자가 분위기를 몰아간다. 철학자가 난처한 듯 머뭇거리다가 조심스럽게 입을 연다.

─글쎄요. 다들 일가견이 있는 것 같은데⋯. 아닌 게 아니라 다른 건 그렇지 않은데 유독 철학에 대해서만은 누구든지 한마디씩 거들려고 하는 게 보통이죠. 종잡기 힘든 것도 사실이고요. 미아리 운명철학에서부터 인생철학, 정치철학, 경영철학, 개똥철학에 이르기까지 코에 걸면 코걸이 귀에 걸면 귀걸이인 것 같은 게 철학이니까 말입니다. 적어도 뭔가 있어 보이는 자기 나름의 '일가견'에 '철학'이라는 말을 붙이는 데 누구도 주저하질 않죠.

─어, 우리더러 함부로 철학 운운하지 말라는 말씀 같은데요⋯ 하하.

정치학자가 웃는다. 철학자가 말을 잇는다.

─그럴 리가요. 요컨대 저는 아까 말씀하신 대로 철학의 정체가 분명하지 않다는 점을 일단 인정하자는 겁니다. 사실 철학 내부에서도 그렇습니다. 철학을 한다고 자처하는 사람들 사이에서도, 아니, 심지어 유명 철학자들 사이에서도 철학에 대한 정의는 제각각입니다. 유독 철학에서만 '철학

준비운동

이란 무엇인가'라는 '철학론'이 하나의 고유한 분야를 이루고 있고, 또 그 내용들을 보아도 결론이 제가끔 다르다는 말씀이죠. 몇 가지 예를 들어보자면, 소크라테스 같은 사람은 진-선-미-덕-우정-경건 같은 가치의 진정한 이해와 '영혼의 개선'을 철학의 목표로 삼고 있고, 비트겐슈타인 같은 사람은 '모든 철학은 언어비판이다', '철학의 목적은 사상의 논리적 명료화다' 라는 식으로 말하고 있고, 하이데거는 '철학은 인간 즉 현존재의 해석학에서 출발하는 보편적인 현상학적 존재론이다'라고 하고, 마르크스 같은 사람은 '철학은 세계를 변혁시키기 위한 것이어야 한다'고 말하고 있습니다. 이런 것들 말고도 의견은 또 엄청 다양하게 많습니다. 좀 과장하자면 100인 100색? 100인 100철학?

— 이거 점점 더 헷갈리는데요….

하고 점잖게 있던 화학자가 말한다.

— 그건 틀림없습니다. 실제로 철학의 역사가 그런 역사인 걸요. 고대-중세-르네상스-근세-현대 각 시대별로 철학적 관심사는 너무나도 다양합니다. 가장 두드러진 대주제만 봐도 자연-가치-신-인식-정신-언어 그런 것들이었으니 그 진폭이 보통 넓은 게 아니죠.

세부에 들어가보면 더 그렇습니다. 초창기 그리스에서는 자연의 근원이 무엇인가를 철학의 주제로 삼기도 했고, 영혼의 카타르시스를 위해 철학을 하기도 했고, 또 보편적 개념의 본질을 확보해서 영혼을 개선시키는 것이 철학의 목표라고 생각한 적도 있고, 그 후에는 변론술로 사람을 설득시키는 것을 철학의 본업으로 생각한 시기도 있었고, 마음의 안정을 위한 수신활동을 철학의 목표로 삼은 적도 있었습니다. 또 중세 때는 이를테면 신의 존재 증명, 보편자의 본질을 논하는 것 등이 철학의 임무라고 생각했고, 그래서 철학은 '신학의 시녀ancilla theologiae'라고 했고, 또 근세 때는 '지식의 구조'라든지 '명증하고 실질적인 지식의 확보'라고 하기도 했지요. 요컨대 의미 있는 앎이란 무엇이며 그것은 어떻게 성립되고 어디까지가 그 범위이고 어떻게 하는 것이 그런 지식 내지 인식을 확보하는 효과적인 방법인가 하는 등등을 철학적 주제로 생각한 적도 있고, 또 역사 속에서 자유실현을 위해 자기 전개를 해나가는 절대자의 정체를 밝히는 작업, 그런 것을 포함해서 절대적 앎에 이르기까지의 의식의 경험을 기술해서 학문의 체계를 수립하는 것을 철학이라 생각한 적도 있고, 그야말로 세계를 뒤바꾸어 놓는 것이 철학이라 생각한 적도 있고, 본래성의 회복을 위해 실존적 결의를 강조한 적도 있고, 의미의 명료화를 위해 언어의 분석을 강조한 적도 있습니다. 기타 등등등, 한도 끝도 없습니다.

철학의 공식적인 역사가 대략 2,600년이고 유명한 대표적 철학자만도 100명이 넘으니 최소한 100가지 이상의 철학이 존재하는 거죠. 하여간 철학은 단수가 아닌 복수, 철학 '들'입니다.

— 그렇다면 어떤 게 진짜 철학이라고 말할 수 있습니까?

하고 생리학자가 묻는다.

— 결국, 그 모든 게 다 진짜 철학입니다. 이런 것들은 실제로 역사에 있어서 철학이라는 이름하에 수행되어온 것들이고, 철학이라는 이름으로 공감을 얻고 또 영향을 끼쳐온 것들이니까요. 그렇게 역사에 이름을 남긴 철학이라는 것은 말하자면 사회적 이성이랄까 역사적 이성이랄까 그런 것의 공인을 받은 것들입니다. 철학의 역사 속에는 그런 '공인된 철학들'이 보석함 속의 보석들처럼 보관되어 있습니다. 알록달록 제각각 자기 색과 자기 빛을 뽐내면서 말이죠. 그래서 저는 무엇보다도 철학사에서부터 철학에 접근하는 걸 사람들에게 권하고 있습니다. 그 역사 속에서 철학자들을, 그들의 철학들을, 직접 만나보라고 말이지요. 가능하다면 입문서, 안내서, 연구서, 해설서, 그런 것 말고, 그들의 발언을 직접 들으면서 일대일로.

그런데 그런 철학들에 대한 공인, 공감과 영향은 결코 우연히 이루어지는 일은 없습니다. 뭔가가 있기 때문입니다. 그들 제각기의 진리체험이랄까, 진정성, 문제성, '사태 그 자체의 부름에 대한 필연적 응답'이랄까. 뭐 그런 것. 그러니까 역사 속의 철학, 또 지금 현재 철학이라는 이름 하에서 수행되고 공감을 받고, 영향을 주고 있는 그런 실제의 철학은, 그 모든 것이 다 우리가 일단 귀기울여봐야 할 의의 있는 진짜 철학인 거지요.

— 일단 철학의 역사를 주목하고 그 철학들의 다양성을 인정하고 직접 읽으며 뭔가를 만나야 한다는 말씀인가요?

하고 물리학자가 지적한다.

— 그렇습니다. 저는 개인적으로, 이런 철학만이 진짜 철학이다, 라는 식의 고집스런 배타적 주장에 혐오감을 느낍니다. 철학 내부에서도 그런 배타적 고집이 없지 않습니다. 이른바 실재론과 유명론이 그렇고, 합리론과 경험론이 그렇고, 객관주의와 주관주의가 그렇고, 성선설과 성악설이 그렇고, 창조론과 진화론이 그렇고, … 거의 고질병 수준입니다. 사실 그 모든 것들이 다 나름대로는 고유한 진리성을 지니고 있는데 말이죠. 그걸 제각각 인정해줄 필요가 있습니다. 인정되는 게 좋은 겁니다. 철학뿐이 아니고, 사회 자체가 그렇죠. 무릇 다양성이 인정되는 사회가 좋은 사회라고 저는 봅니다. 철학의 다양성도 얼마든지 공존할 수 있습니다. 저는 그걸 '철학적 공화주의'라고 부르기도 하죠.

철학자가 말한다.

준비운동

— 철학적 공화주의라… 다양성이라… 그것 참 좋은 소린 데요. 그렇지만 뭔가 공통점은 있어야 할 것 아닙니까?

수학자가 묻는다.

— 그렇지요. 그건 찾아보면 찾아집니다. 실제로 철학이라고 불려졌고 그리고 불려지고 있는 것들이 어떤 성격의 것들인가를 주의해서 보면 뭔가가 드러납니다. 아마도 철학의 역사적 발단, 그러니까 철학이 맨 처음 어떤 모습으로 출발했는가를 보는 것도 하나의 방법이 될 수 있겠지요.

역사적으로 보면 철학은 '물'이라는 탈레스의 한마디 말로 시작되고 있습니다. 이건 아리스토텔레스 이래의 정설로 대체로 이의가 없습니다. 그런데 '물'이라는 대답 자체가 중요한 게 아닙니다. 물론 그것도 의미는 따로 있지만요. 좀 엉뚱한 이 말을 철학의 출발로서 높이 평가하는 건 그 물음과 대답의 구조, 특히 그 물음 자체 즉 문제의식, 그리고 물음내용 즉 주제, 그리고 대답의 방식, 이것 때문입니다. 우선 물음 자체가 뭐냐… 그건 우리 앞에 전개되고 있는 이 복잡-다양한, 그리고 경이로운 자연, 세계, 존재, 그 '근원archē'이 무엇이냐 하는 거였습니다. 이건 현상에 대한 납득가능한 지知를 희구하는 물음이지요. 매일같이 보는 자연이지만 그걸 그냥 지나쳐보지 않고 의문을 품는다는 것, 도대체 뭘까 하는 것, 이게 철학의 시작이었던 겁니다. 독일의 시인 헤벨이라는 사람의 글귀 중에 '친애하는 벗이여, 사람들이 뭔가를 매일같이 보고 있으면서 그게 무엇을 의미하는지 결코 묻지 않는다는 것, 그건 칭찬할 일이 아니다'라는 게 있습니다만, 그런 게 바로 철학의 태도인 셈이지요. 또 자연의 근원, 원초라는 것, 이 주제도 그렇습니다. 그건 현상, 객관적 현상이지요. 이 주제는 아까 말씀드린 대로 시대에 따라 사람에 따라 다양하게 변화되지만 근원적인 것, 전체적인 것, 가치관련적인 것, 그런 것입니다. 그래서 철학은 세계를 묻고, 우주를 묻고, 인간을 묻고, 역사를 묻고, 원리를 묻고, 가치를 묻는 거지요. 이런 '문제들'에서 모든 구체적인 것들이 출발되고 또 모든 구체적인 것들이 결국은 이런 궁극적, 근원적 문제로 귀착될 수 있습니다. 철학이 이런 것들을 다룬다고 꼭 잘난 체 자랑할 일은 아니지만 이런 것들에 대한 앎도 반드시 필요한 것이지요. 인간들한테는 이런 것도 필요해지는 부분이 있고, 또 그런 경우가 실제로 있으니까 그러니까 철학이 죽지 않고 2,600년씩이나 살아남아 있는 것 아니겠어요? 요컨대 수요가 있으니까 공급이 있다는 말씀입니다.

또 대답의 방식도 주의해서 볼 필요가 있습니다. '물이다'라는 대답이 어떻게 나왔느냐는 말입니다. 자세한 것은 아리스토텔레스가 《형이상학》에서 해석을 해주는데, 그 핵심은 무엇보다도 물음에 대한 탈레스의 대답방식이 그 이전과 같은 신화적 해석이 아니라 진정한 '경이'에서 비롯된 것, 그리고 경험적 관찰에 의한 것이었다는 겁니다. 그것은 말하자면 이성적 해석입니다. 놀라움으로 촉발된 문제에 대해 이성적으로 납득할 수 있는 방식으로 답한다는 것, 이게 바로 철학이었던 겁니다. 일반인들은 잘 모르지만 철학의 가장 강력한 도구는 사실 이성입니다. 바로 그 이성으로 탈레스는 물을 설명한 거죠. 아닌 게 아니라 탈레스는 밀레토스라는 해안 항구도시에 살았으니까 날만 세면 물을 봤을 거고 특히 비라도 오는 날엔 온통 물 천지니까 물이 근원이라고 생각했는지도 모르죠. 이성적으로. 고대인들에게는 물의 의미가 현대인들이 상상하는 이상으로 컸을지도 모르니까….

— 자꾸 물물 하니까 목이 마르네. 사장님 여기 물 한잔 주세요!

하고 느닷없이 생리학자가 소리친다.(일동 웃음)

— 결국 뭡니까. 철학은 여러 가지가 있는데 공통적인 것은 세계에 대해 문제의식을 갖는다는 것, 근원적인 것, 전체적인 것, 가치관련적인 것, 뭐 그런 것들을 문제 삼는다는 것인가요? 그리고 문제에 대한 대답방식이 신화적이 아니라 경험적, 이성적이라는 것, 뭐 그런 말씀입니까?

하고 물리학자가 말한다.

— 역시 머리 좋은 분들은 다르시군. 그렇게 말씀하시니

저 자신도 정리가 되네요. 평소에 저는 '철학이란 우리 자신인 인간과 그 인간이 몸담고 살고 있는 이 세계가 어떤 것인지에 대한 근원적이고 포괄적인, 그리고 경험적이고 이성적인 이해와 설명의 시도, 내지 보다 나은 삶과 세계에 대한 지향'이라고 풀이하기도 합니다. 아무튼 저는 철학의 정체를 밝히기 위해서는 일단 실제 역사 속의 철학을 존중하고 거기서 답을 찾는 것이 효과적이라는 입장입니다.

그리고 그 문제의 근원으로 끊임없이 되돌아가보는 것도 중요합니다. 일종의 '환원주의'라고 불러도 좋겠죠. 아무리 훌륭한 철학도 세월이 지나면서 당초의 감각을 잃고 진부해지기 일쑤니까요. 그렇지만 처음이 전부는 또 아닙니다. 거기에 고착될 필요는 없는 거죠. 철학의 역사 자체가 다양한 주제의 변화를 보여주고 있다는 사실 자체가 또 하나의 중요한 의미를 갖는다고 저는 봅니다. 즉 철학의 관심사는 얼마든지 변화, 확장될 수 있다는 거죠. 지금까지 변화, 발전되어 왔듯이 앞으로도 그렇게 변화, 발전될 수 있고 또 그래야 한다는 것을 철학의 역사 자체가 암시하고 있는 셈이지요. 이건 일종의 '확장주의'라고나 할까요. 그래서 저는 평소에 그렇게 말하기를 좋아합니다. '철학은 끊임없이 새롭게 자신을 규정해서 새로운 한 페이지를 메꾸어나가도록 요구하는 영원한 미완성 교향곡'이라고 말입니다.

준비운동

— 와우, 멋있는 말인데요. 아니 그런데 철학자는 부전공으로 문학도 하는 겁니까? 하하…"

하고 예술가가 한마디 거들자 모두 웃는다.

— 그거 칭찬이죠? 하하, 고맙습니다. 그런데 저는 철학의 의의에 대해서 꼭 한 가지 토를 달고 싶습니다. 무슨 말씀인고 하니, 철학은 결코 만능이 아니고 결코 위대한 일도 아니라는 것입니다. 우리 주변에는 철학의 참모습을 모른 채 멀리서만 보고 철학을 지나치게 과대평가하는 사람들이 있는가 하면, 철학자들 중에는 철학을 한답시고 지나치게 잘난 체하는 사람들도 없지 않습니다. 그건 철학을 무시하는 것 못지않게 부당하다고 저는 봅니다.

— 무슨 뜻이지요.

심리학자가 흥미롭게 묻는다.

— 저는 기본적으로 철학도 '삶'의 일부를 이루는 '하나의 활동'이라고 생각합니다. 우리는 결국 모두 인간이지요. 인간이란 무엇보다도 삶의 주체입니다. 삶이란, 제 생각으로는, 탄생에서 죽음 사이에 전개되는, 끊임없이 이어지는 다양한 행위-행동-활동들의 총체적인 집합이라고 봅니다. 그 활동 중엔 먹고 입고 자는 일, 노래하고 춤추는 일, 놀고 일하는 일, 공부하는 일… 기타 등등 사전에 나오는 모든 동사가 대변하는 일들이 있을 겁니다. 그 가운데에 물리연구도 있고

수리연구도 정치활동도 예술도 운동도 기도도 설교도 있을 것입니다. 그중의 하나로서 철학도 있는 겁니다. 그 각각은 그 각각에 고유한 의미, 의의가 있습니다. 예술은 예술대로 의의가 있고 운동은 운동대로 있을 것이고 또 철학은 철학대로 의의가 있는 겁니다. 그 의의가 구체적으로 어떤 것이냐 … 그것은 철학 자체가 규정해야 할 과제 중의 하나겠죠.

— 결국 인간의 한 활동이라는 말씀이군요.

물리학자가 정리한다.

— 그렇지요. 중요한 건 '삶의 질'에 기여하는 겁니다.

철학자가 단호한 어조로 대답한다.

— 그렇다면 아까 처음에 말했듯이 우리도 철학을 할 수 있겠네요.

— 그럼요. 당연하죠. 그리고 해야 하죠. 인간과 세계에 대해 무심하지 않다면. 그리고 조금이라도 더 나은 삶과 세상을 원한다면. 철학은 결국 '생각'입니다. 지금 우리 사회가 잊어가고 있는 그 '생각'입니다. 다만 돈 벌 생각, 출세할 생각, 그런 생각이 아니라 '인간이란 무엇인가' '세계란 무엇인가' '어떻게 살아야 하는가' 그런 것에 대한 거창한 생각, 진지한 생각, 그게 철학입니다. 철학은 그런 '생각'이라는 것을 합니다. 크게, 넓게, 깊게, 높게, 길게. 그리고 그 생각의 결과를 언어로써 말하는 거죠. 그러니까 누구든 철학적 현상, 철

준비운동

학적 문제를 사고하고 언어화해서 성공을 거둔다면, 즉 사회적-역사적 공인을 받는다면, 바로 그 사람이야말로 철학자의 이름에 합당한 사람일 겁니다. 철학은 직업적인 철학 선생의 전유물이 절대로 아닙니다.

— 그렇다면 우리 모두 예비 철학자인 셈이네요. 글쎄 내일만도 바빠서 철학할 여유까지 있을지 모르겠지만 아무튼 새로운 멋진 철학의 탄생을 위해서 일단 한잔합시다.

생리학자가 잔을 높이 쳐든다.

— 그럽시다.

— 철학을 위하여! 건배! (일동 잔을 비운다)

창밖에는 여전히 추운 겨울밤의 풍경이 펼쳐지고 있다.

독일로 부치는 철학편지

Briefe an die Deutschen Philosophen

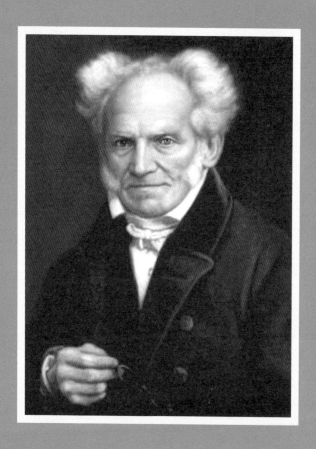

Arthur Schopenhauer 1788–1860

"이 세계는 그 어디에서나 고통으로 가득 차 있다."

"평안과 행복은 우리에게 소극적인 역할밖에 하지 못하지만,
괴로움은 적극적인 역할을 한다."

1788년 독일 북부 단치히Danzig(현재 폴란드 그단스크)에서 부유한 상인 하인리히 플로리스 쇼펜하우어와 소설·수필·기행문으로 유명한 요한나 쇼펜하우어의 아들로 태어남.

1803-1804년 아버지와 유럽 일주 여행.

1805년 아버지 사망(자살로 추정).

1809년 괴팅겐대학 의학부에 입학. 2학기부터 철학부로 옮김.

1813년 〈충족이유율의 네 가지 뿌리에 대하여Über die vierfache Wurzel des Satzes vom zureichenden Grunde〉으로 예나대학에서 박사학위 취득.

1816년 〈시각과 색채에 대하여〉 완성. 이 논문에서 뉴턴을 반박하고 괴테를 지지. 주저 《의지와 표상으로서의 세계》 집필, 출간(~1819년).

1818년 베네치아 여행에서 테레사 귀치올리 백작부인을 알게 되고 '돌치네아'라고 부르며 연모.

1820년 베를린대학에서 강의 시작(하지만 헤겔의 인기에 밀려 강의한 것은 한 번 뿐이었음). 19세의 가수 카롤리네 리히터(일명 카롤리네 메돈)와 만나 약 10년간 사귐. 후에 유산 일부를 그녀에게 남김.

1821년 마르케Marquet 상해사건으로 피소. 수년의 재판 끝에 배상 판결.

1831년 17세의 플로라 바이스를 만나 일방적으로 호감을 가짐.

1833년 프랑크푸르트Frankfurt a.M.에 정착. 푸들 '아트만', '부츠'와 외롭게 지냄.

1840년 《도덕의 기초에 관하여》 출간.

1951년 《여록과 보론》 출간.

1857년 브레슬라우Breslau대학에서 첫 쇼펜하우어 강의를 시작. 라이프치히대학에서 최초의 쇼펜하우어 학술대회 열림.

1860년 프랑크푸르트에서 죽음.

쇼펜하우어에게

의지와 고통을 묻는다

철학이 흐르는 역사의 강물을 따라 하류로 내려가다 보면, 19세기 언저리에서 우리는 현대철학이라는 새로운 물줄기가 거세게 소용돌이치며 독일·프랑스·영미 세 지역으로 흘러드는 것을 보게 됩니다. 그런데 그 흐름이 바뀌는 여울목에서 우리는 누구보다도 먼저 쇼펜하우어 당신의 이름과 마주하게 됩니다. 철학에 관심 있는 사람 치고 당신을 모르는 사람은 거의 없습니다. 그 명성은, 이른바 근세철학의 정점이라고 평가되는 헤겔에 대해 당신이 정면으로 맞섰다고 하는 것과 무관하지 않습니다. 헤겔과의 대결, 헤겔의 극복…, 그것은 철학의 새 시대에 대한 하나의 상징과도 같은 것이었습니다. 그것은 당신의 독일뿐만 아니라 프랑스와 영국에서도 마찬가지였죠.

그런데 쇼펜하우어, 당신을 생각하면 나는 가슴 한구석이

묘하게 아파오는 것을 느끼게 됩니다. 어찌 된 영문일까요? 그것은 어쩌면, 당신이 한평생 겪었던 그 숱한 인간적 고통들에 대한 일종의 연민인지도 모르겠습니다.

사업가였던 아버지의 뜻에 따라, 하고 싶었던 공부를 포기하고 장사의 길로 들어서면서부터 당신에게는 이미 삶의 고통이 시작되었을 거라고 짐작이 됩니다. 어머니와의 불화는 더욱 큰 아픔이었겠지요. 당신의 어머니 요한나 쇼펜하우어 여사는 남편의 사후 막대한 유산을 바탕으로 살롱을 열고 사교계의 스타로, 그리고 작가로 활동하며 명성을 얻었지만 아들인 당신에게는 참으로 무심했다고 들었습니다. 당신이 심혈을 기울여 쓴 책에 대해 어머니라는 분이 독설 같은 혹평을 서슴지 않았다 하니, 당신이 한평생 그토록 여자를 혐오했던 것도 우연은 아니었던가봅니다. 더욱이 한평생 당신의 멍에가 된 '마르케Caroline Louise Marquet 상해사건'과 이탈리아 여행에서의 '둘치네아Dulcinea(테레사 귀치올리Teresa Guiccioli 백작부인) 연애미수사건'은 그런 여성혐오에 기름을 부은 격이겠지요. 그나마 사랑했던 카롤리네 메돈과 플로라 바이스와도 끝내 결혼으로 맺어지지는 못했으니 당신은 참 여자와 인연이 없었던 모양입니다.

당신의 고통은 거기서 그치지 않았었지요. 아버지 사후 뒤늦게 다시 시작한 공부가 나름대로 결실을 얻어 훗날 베를린대학의 강단에 서게 됐을 때, 당신에게는 헤겔이라는 또 하나의 악연이 기다리고 있었습니다. 아무리 그가 당신의 시험강의에 시비를 걸었다고는 해도, 굳이 그렇게 같은 시간대에 강좌를 개설해서 그와 경쟁할 필요가 있었을까… 딱한 생각이 들기도 합니다. 절정의 인기를 누리고 있던 그와 무명의 신출내기인 당신이 애당초 같을 수가 있었겠습니까. 당신의 참패는 처음부터 예견된 것이었는데, 그로 해서 헤겔을 평생의 원수처럼 생각했다니, 당신의 자존심도 참 엔간한 것이었다는 느낌입니다.

하지만 쇼펜하우어, 나는 일반적으로 알려진 것처럼 당신을 그저 한 별나고 괴팍한 염세주의Pessimismus 철학자나 비합리주의Irrationalismus 철학자로 폄하하고 싶지는 않습니다. 당신을 버리고 헤겔의 강의실로 몰렸던 당시의 베를린대학 학생들을 위해서라도, 그리고 끝내 당신을 품어주지 않았던 그 여성들을 위해서라도 나는 당신을 조금 변호해주고 싶은 심정입니다. 이런 변호는, 어쩌면 헤겔 이후에 펼쳐진 저 광대한 현대철학의 세계에 대한 당신의 선구적 위치를 생각할 때, 반드시 있어야 할 하나의 학문적 절차일지도 모르겠습니다.

당신의 철학은 상당한 매력이 있다는 것을 사람들은 알아야 합니다. 그것은 무엇보다도 당신의 철학이 한갓된 강단 철학으로 끝나는 것이 아니라, 깊은 삶의 진실에서 길어올려진 것이라는 데에 있습니다. 그것은 널리 알려진 대로, 삶, 의지, 고통, 예술, 공감, 의지부정, 해탈 등과 같은 단어들 속에 응축되어 있습니다. 이런 단어들은, 우리가 인간과 세계라는 철학의 고유한 주제를 진지하게 생각할 경우, 피할 수 없는 특유의 인력으로 우리를 끌어당기는 것들입니다. 지극히 구체적인 우리의 개인적 삶과 직접 맞닿아 있는 것, 당신의 철학은 그런 것이기 때문입니다.

당신은 우리들의 이 삶Leben이라는 것을 정면으로 바라보고 있습니다. 그것은 이른바 객관적-체계적인 눈으로 적당한 거리를 유지한 채 관조하는 학문적 사변과는 질적으로 다른 것입니다. 그 점은 이미 당신의 생존 중에 대중적인 평가를 받았던《여록과 보론Parerga und paralipomena》을 통해 충분히 확인할 수가 있습니다. 많은 사람들이 그렇듯이 나 역시도 당신의 철학적 주저인《의지와 표상으로서의 세계Die Welt als Wille und Vorstellung》보다《쇼펜하우어 인생론》으로 알려진 이 책을 먼저 읽었습니다. 1970년대에 대학을 다녔던 우리 세대들에게 당신의 이 책은 상대적으로 아주 가까운 곳에 있었던 것입니다.

그리고 어쩌면 대학생이었던 내가 안고 있었던 절박한

청춘의 고뇌들이 당신의 철학적 언어들을 나의 머리가 아닌, 나의 가슴속으로 곧바로 가져다주었는지도 모르겠습니다. "모든 삶은 고통이다alles Leben ist Leiden", "이 세계는 그 어디에서나 고통으로 가득 차 있다Die unbegrenzte Welt, voll Leiden überall,…"는 당신의 선언은, 부정하고 싶은, 그러나 부정할 수 없는 어떤 울림으로 다가왔습니다. '어쩔 수 없는 공감'이 거기 있었습니다. "고통은 적극적이고 행복은 소극적이다wir wissen, daß das Leiden das Positive, das Glück bloß das Negative ist"라는 당신의 지적은 내 삶의 실제 과정을 통해 틀림없는 진리로 확인되기도 했습니다. 당신의 말대로 '잡아먹는 자의 행복'과 '잡아먹히는 자의 고통'을 굳이 비교해보지 않더라도 사람들은 그 말을 쉽게 승인할 것입니다. 자기 주변을 조금만 둘러보아도 알 수 있듯이 고통Leiden의 보편성은 분명한 삶의 진리입니다. 아아, 사방에서 들려오는 저 삶의 신음소리들…(그건 누구보다도 저 석가모니 부처가 '일체개고' '2고, 3고, 4고, 8고' '108번뇌'라는 말로 확실히 알려줍니다).

당신은 그 원인을 이른바 '의지Wille'로 진단합니다. 의지는 '자기 아닌 것, 즉 자기가 가지고 있지 않은 것에로 지향하는 끊임없는 분투의 노력'이라고 당신은 설명합니다. "인간의 육체를 포함한 현상의 전체 세계는 객관화된 의지이다. 의지란 그것의 성향에 따라 가지각색의 형태를 취하는,

투쟁하고 열망하는 힘이다. 대상들 속에 몰입하고 그들 속에서 있는 그대로의 그것들을 앎으로 말미암아 사람은 표상으로서의 그리고 영원한 형상으로서의 의지를 알게 된다"라고 당신은 말합니다. 그렇습니다. 세계는 의지이고, 의지는 열망하는 힘이며, 우리는 대상에 몰입함으로써 그것을 알 수 있습니다. 참으로 특이한 것은, 당신이 말하는 의지는 인간뿐만이 아니라 자연에도 가득 차 있으며 그것이 곧 세계의 참모습이라는 것입니다. 그래서 모든 존재물을 이 의지의 부단한 운동으로 이해하고, 모든 사물을 그 성질과 특성에 따라 참모습으로 있게 하는 근원적인 힘으로 이해합니다. 그래서 심지어는 '강물이 바다로 흘러들어가는 끊임없는 진행'이나 '씨앗이 발아하여 싹이 트는 것'과 같은 물리적-자연적 현상도 의지의 발현으로 보고, 눈도 보려는 의지가 현상으로 나타난 것, 두뇌도 알려는 의지가 현상으로 나타난 것으로 보고 있습니다 (나는 당신의 이런 견해를 문학에서 흔한 '의인화'로 이해했습니다).

들고 보면 그런 것 같기도 합니다. 너무나 그럴싸합니다. 살고자 하는 의지는 특히 그렇습니다. 더욱이 그것은 이유를 알 수 없는 어떤 근원적인 것, 무조건적인 것이기에 당신은 그것을 "삶에 대한 맹목적 의지blinder Wille zum Leben"라고 표현하기도 합니다. 어감이 좀 부정적이기는 하지만 그것이 엄연한 진실임을 쉽게 부인할 수는 없어 보입니다. 바로 그 의지가 고통의 근원임을 당신은 지적하셨지요. 의지는 도처에서 저항에 부딪치며, 어렵게 만족에 이르렀다고 해도 그 또한 오래가지 않을뿐더러 끊임없이 다음을 지향하여 한계를 갖지 않기 때문입니다. 그래서 이 세계는 철저하게 잔인한 고통의 바다가 되는 것입니다. 그것이 《의지와 표상으로서의 세계》에서 보이는 핵심 사상의 한 축을 이루고 있습니다. 삶의 진실을 깊이 들여다보면 우리는 당신의 말에 고개를 끄덕이지 않을 수 없게 됩니다.

그런데 쇼펜하우어, 당신은 이러한 지적에 머무르지 않고, 나름대로 그 고통의 극복을 모색하고 있습니다. 바로 그 점 때문에 당신의 철학은 강단을 벗어나 거리에서 사람들을 만나게 됩니다. '예술'과 '공감'과 '금욕'으로 압축될 수 있는 당신의 해법은 상당히 흥미로워 보입니다.

먼저 당신은 예술Kunst의 길을 제시합니다. 우리는 이데아적인 영원한 관념을 명상할 때 덧없는 의지의 애씀에서 벗어나며 고통의 해소에 이를 수 있는데, 그런 이데아적인 관념의 현시가 예술이라는 형태로 구현된다고 당신은 보는 것입니다. 조형예술과 시, 비극, 그리고 음악이 그에 해당한다고 했던가요?

다음으로 당신은 공감Sympathie의 길을 제시합니다. 고통은 나에게만 국한된 것이 아니라 만인 누구나가 고통에서는 동일하다고 하는 공감을 통해 그 고통이 경감될 수 있다고 당신은 보는 것입니다.

그러나 이 두 가지는 일정한 한계를 갖는 것으로 궁극적인 해결이 될 수 없기에, 당신은 마지막으로 소멸nirvana의 길, 즉 고통의 원인이 되는 의지의 부정Willensverneinung을 제시합니다. 이는 '애당초 무언가를 바라지 말라'는 것과 상통합니다. 그래서 당신은 철저한 금욕Askese의 실천(욕망의 근절)을 요구하는 것입니다. 이런 말을 들으며 나는 묘하게도 당신과 붓다를 겹쳐보게 됩니다.

친애하는 쇼펜하우어, 당신 자신이 고백하듯이 당신의 철학에서는 칸트와 플라톤과 우파니샤드의 흔적이 농후하게 발견됩니다("세계는 나의 표상이다die Welt ist meine Vorstellung"라는 유명한 말은 칸트의 주관주의와 맥이 닿습니다). 그것은 당신의 학자적인 역량을 입증하기에 충분합니다. 하지만 이제 당신은 굳이 그런 전통의 권위에 의존할 필요가 없을 것 같습니다. 당신 자신의 통찰만으로도 이제 사람들은 충분히 당신을 주목합니다. 이미 당신은 니체와 실존주의를 통해 역사적인 평가도 얻고 있습니다. 그러니 이제 부디 경쟁자 헤겔을 잊고 자유로워지시기 바랍니다. 헤겔에 대한 반대로부터 시작된 새로운 현대철학의 세계에서 당신은 확고한 지분을 갖고 있는 셈이니, 그만하면 된 것이 아니겠습니까.

당신의 통찰대로 오늘날의 세계도 변함없이 의지들로 가득 차 있습니다. 모두가 끊임없이 무언가를 바라고 있습니다. 무언가를 '갖고자' 하고, 무언가를 '하고자' 하고, 무언가가 '되고자' 합니다. 그런 열망으로 온 세상이 뜨겁습니다. 거리의 분주한 움직임에서 우리는 그것을 확인합니다. 그 밑바탕에는 기본적으로 무언가'이고자' 하는 강력한 경향이 깔려 있습니다. 그러한 '…고자 함'이 다름 아닌 의지라고 나는 해석합니다. 그 의지들은 끊임없이 고통들을 생산해냅니다. 남녀노소 상하좌우 그 누구인들 거기에서 예외일 수 있겠습니까. 그래서 사람들은 어떻게든 거기서 벗어나보고자 애쓰는 것입니다. 나 또한 그렇습니다. 그래서 나는 지금도 음악방송을 들으며 이 편지를 쓰고 있습니다. 그리고 고통이 당신과 같은 인물에게도 있었다는 공감을 통해 위안을 얻기도 합니다. 그것은 분명히 일정한 효과가 있음을 인정합니다. 그리고 나이가 들면서 아주 자연스럽게 조금씩 욕심을 줄여가는 나 자신을 발견하고도 있습니다. 다른 이들도 대략 그렇게 살고들 있는 것 같습니다. 사람들은 누가 시키지 않아도 쇼펜하우어 당신이 제시한 그 3정도正道[1]를, 즉 예술과 공감과 금욕을, 각자 나름대로의 방식으로 실천하고 있는 것입니다. 그 끝자락에 있는 어떤 고요한 경지에서, 우리 서로 자유로운 모습으로 만나게 되기를 기약해봅니다.

---

1 불교의 이른바 '8정도'에 빗댐

독일로 부치는 철학편지

Ludwig Feuerbach 1804–1872

"인간은 인간에게 있어 신이다."

"신학의 비밀은 인간학이다.
… 신은 단지 인간으로부터 그 모든 규정을 얻는다."

"철학의 궁극적 원리는 인간과 인간의 통일이다."

1804년 독일 동부 바이에른 주의 란츠후트Landshut에서 당시 교수였던 파울 요한 안젤름 포이어바흐Paul Johann Anselm Feuerbach의 4남으로 태어남.

1823년 하이델베르크대학에서 두 학기 동안 신학을 연구.

1824년 베를린대학 입학. 헤겔의 강의를 듣고 영향을 받음. 후에 비판.

1828년 에어랑엔Erlangen대학에서 철학박사.

1829-1832년 에어랑엔대학에서 철학 사강사로 활동.

1830년 《죽음과 불멸에 대한 고찰》을 익명으로 출간.

1833-1937년 《근세철학사》 출간.

1837년 베르타 뢰브Bertha Löw와 결혼.

1941년 《기독교의 본질》출간.

1843년 《철학 개혁을 위한 예비적 테제》, 《미래 철학의 근본명제》 출간.

1857년 《신족 계보학》 출간.

1860년 아내 집안의 도자기 공장이 파산한 뒤, 뉘른베르크Nürnberg 근처의 레헨베르크 Rechenberg로 이주. 그 이후 친구들과 후원자, 그리고 사회민주노동당에 의한 재정적 지원으로 생계를 유지함.

1872년 수년에 걸쳐 불안정한 병세를 보이고 정신적으로 지친 상태에서 죽음. 뉘른베르크 성 요한 묘지에 묻힘.

포이어바흐에게

인간의 자기소외를 묻는다

철학에 첫발을 들여놓은 이후에도 상당 기간 나는 당신을 잘 모르고 있었습니다. 그런데 언젠가부터 당신의 이름은 이른바 '진보적인' 친구들을 통해 빈번히 내 귀에 들려왔고 어느 틈엔가 무시할 수 없는 유명인사가 되어 있었습니다. 그런데 당신의 인물과 사상에 대해 조금씩 알게 되면서 나는 한 가지 궁금해지는 것이 있었습니다. 그것은 당신이 만일 당신에 대한 오늘날의 평가를 알게 된다면 그것을 어떻게 받아들였을까 하는 것이었습니다. 무엇보다도 당신은 헤겔과 마르크스의 사이에서 그 둘을 연결해주는 철학사적 의미를 지니기 때문입니다. 실제로 당신은 헤겔의 강의를 들은 적도 있었고, 마르크스의 《자본론》을 읽은 적도 있었습니다. 당신이 원하든 원하지 않든 사람들은 당신을 선배격인 슈트라우스, 후배격인 마르크스-엥겔스와 함께 이른바

'헤겔 좌파die Linke'로 분류하고 있습니다. 바로 이 이름 때문에, 반공교육을 받고 자란 나는 약간쯤 꺼림칙한 느낌으로 당신을 접할 수밖에 없었습니다.

그러한 꺼림칙함이 지금 이 시점에서 완전히 제거되어 있는지는 자신할 수 없지만, 적어도 당신의 긍정적인 공로를 공로로서 인정할 만큼의 균형은 지니게 된 것 같습니다. 그러한 공로를 나는 무엇보다도 당신의 그 유니크한 '인간주의'에서 찾고 있습니다. 당신은 "인간은 인간에게 있어 신이다Homo homini deus est"라고까지 말했으니 그것을 인간주의라고 부르지 않을 도리는 없을 것입니다(그러한 인간주의는 '사람이 곧 하늘[人乃天]'이라고 말한 동학의 최제우로 인해 우리 한국인들에게도 낯설지 않습니다). 그러한 경향은 적어도 내가 느끼기로는 당신의 철학 전반을 관통하고 있는 기본원리 같은 것이었습니다.

당신의 업적들을 총괄해보면 한 가지 특이한 점이 눈에 띕니다. 예컨대 《헤겔철학의 비판》《기독교의 본질》《철학 개혁을 위한 예비적 테제》《미래철학의 근본명제》 등에서 보이듯, 당신은 기존의 권위적인 어떤 것을 수긍하지 못하고 그것을 '비판적'인 시선으로 바라보고 있다는 것입니다. 무엇보다도 두드러진 것은 '헤겔'과 '기독교'에 대한 비판입니다. 그 비판의 표적은 각각 '정신Geist'과 '신Gott'이며 그 비판의 공통된 이유는 '인간의 소외Entfremdung/Entäußerung des Menschen'였습니다. 그게 바로 포이어바흐 철학의 핵심이라고, 그렇게 나는 당신을 읽었습니다.

당신의 시선은 '인간Mensch'을 바라보고 있습니다. 그 인간을 당신은 하나의 자연물로 봅니다. 그렇기 때문에 다른 자연물의 존재를 감성적으로 확증할 수 있다고 생각합니다. 바로 그런, 피와 살을 지닌 감성적 인간이 당신에게서는 주체인 것입니다. 그런데 저 헤겔 선생은 추상적인 정신 내지 이성을 주체라고 말합니다. 그리고 그 정신의 자기 전개 과정이 곧 자연과 역사라고 생각합니다. 이런 식의 헤겔철학에서는 원래 인간의 작용인 사고와 정신이 인간의 외부에 놓이게 되고, 인간으로부터 독립된 형태로 내세워지며, 그것이 객관적-절대적인 것으로서 도리어 인간을 지배하게 됩니다. 적지 않은 사람들이 곤혹스러워하는 바로 이 대목에서 당신은 '인간의 자기소외'를 지적하는 것입니다. '원래 주체였던 인간은 도대체 어디로 가버린 거야?' '주객전도도 유분수지…' 라고 당신은 생각했을 것입니다. 그래서 당신은 헤겔의 절대정신을 "망령der abgeschiedene Geist"이라고 비꼬았습니다. 당신은 인간을 어디까지나 자연-감성으로 생각하며 그런 인간의 작용으로서 의식과 사고를 파악합니다. 당신은 그런 현실적 인간의 입장에서 존재와 의식, 감성과 오성, 자연과 정신을 통일적으로 바라보고자 합니다. 그것들은 분리될 수 없는 것입니다.

그런데, 당신이 인간을 감성적 존재로 본다고 해서 그것이 고립된 개인만을 뜻하는 것은 아닙니다. 현실적 존재는 나의 감각적 대상이 되는 동시에 또한 타인의 감각적 대상이 되기도 하는 것임을 당신은 잘 알고 있는 것입니다. 나와 타인은 감각에 있어서 공동성을 실현하고 있습니다. 나와 타인은 인간이라는 점에서 그 본질을 공유하고 있기 때문입니다. 바로 그러한 류적인 공동성을 당신은 '사랑Liebe'에서 발견합니다. 그것은 어쩌면 당신이 스스로의 삶에서 경험했던 아름다운 베르타 뢰브Bertha Löw와의 사랑과 결혼을 기초로 한 것이었는지도 모르겠습니다.

당신의 철학에서 더욱 두드러지는 것은 기독교 비판입니다. 그것은 "신학의 비밀은 인간학이다Das Geheimnis der Theologie ist die Anthropologie"라는 말과 "신은 단지 인간으로부터 그 모든 규정을 얻는다"는 말에서 확연히 드러납니다. 도전적인 느낌을 주는 이런 말들은 기독교의 현실적인 지배력을 생각할 때, 예사롭게 들리지가 않습니다. 당신이 초기에 《죽음과 불멸에 대한 고찰》을 발표하여 에어랑엔대학의 강사직에서 잘렸을 때부터 이미 그 싹은 자라고 있었습니다

(겨우 세 살이었던 딸 마틸데의 죽음이 이런 사상에 영향을 주었는지 나는 자못 궁금합니다).

당신의 생각은 참으로 특이합니다. 기독교의 신은 실은 인간의 본질이 대상화된 것에 다름 아니라고 당신은 주장하셨지요. 다시 말해 신은 인간의 이상이 투영된 적나라한 인간 자신으로서 신과 인간은 그런 점에서 동일성을 갖는다는 거죠? 신이라고 알려진 존재가 실은 인간 자신이라는 이 기막힌 발상! 이런 생각의 근거를 당신은 대략 이렇게 설명합니다. 인간은 다른 동물들과 본질적으로 다릅니다. 그것은 인간이 자신의 류와 본질을 대상으로 의식할 수가 있다는 것입니다. 그런 인간의 류적인 본질이 다름 아닌 '이성'과 '의지'와 '사랑'인데, 이것이 인간을 인간답게 하는 것들입니다. 그런데 개인으로서의 인간은 유한하고 불완전하고 무력하고 죄가 깊어서 그 본질을 제대로 실현하지 못합니다. 그러나 류로서의 인간은 무한하며 완전하며 영원하며 전능하며 신성한 것이어서 이성과 의지와 사랑이 종합적으로 구현될 수가 있는 것입니다. 인간이 희구하는 바로 이런 류적인 본질을 인간 스스로가 대상화하여 하나의 이상적 인격으로서, 지고의 존재로서, 표상한 것이 바로 신이라는 것입니다. "신의 의식은 인간의 자기의식이며, 신의 인식은 인간의 자기인식이다. 그대는 인간의 신에서 인간을 인식하며, 또 거꾸로 인간에서 그 신을 인식한다. 이 둘은 하나인 것이다. 인간에게 있어서 신인 자는 인간의 정신이며 인간의 혼이다. 따라서 인간의 정신이며 혼이며 심장인 것이 다름 아닌 신인 것이다." 그렇게 당신은 분명히 말했습니다.

바로 그 신이 인간을 철두철미 지배하고 있으니 거기서 당신은 '인간의 자기소외'를 지적하지 않을 수 없었던 것입니다. 종교에서는 신이 인간적일수록 인간은 비인간적인 존재가 되고, 신이 주체적-활동적일수록 인간은 비주체적-수동적인 존재로 그려집니다. '신은 원래 객체화된 인간의 모습이건만 정작 인간은 비참한 존재로 남고 신이 전권을 휘두르고 있으니 인간은 도대체 뭐란 말인가.' 그렇게 당신은 생각했을지도 모르겠습니다. 그것을 당신은 '인간의 자기소외'라고 불렀겠지요.

그러한 인간의 자기소외를 극복하기 위해서, 당신은 무엇보다 먼저, 신이 사실은 현실적 인간 자신의 본질이라는 점을 명확히 인식하고자 했고, 그것을 통해 인간이 그 본래의 모습을, 즉 류와 개체의 통일, 본질과 실존의 통일을, 회복할 수 있다고 믿었을 것입니다. 그 구체적인 방향을 나는 《철학개혁…》과 《미래철학…》에서 엿볼 수가 있었습니다. 거기서 당신은 현실적인 인간의 입장을 제시합니다. 즉 현실적 존재를 해명해야 할 철학은 감성적 직관으로써 그 말하고 싶은 바를 포착해야 하며, 육체를 지니고 사색하는 인간의 입장에 서야 한다고 말하는 것입니다. "새로운 철학은 사랑Liebe의 진리에, 감각Empfindung의 진리에 뒷받침되고 있다"는 말도 그런 취지이겠죠. 그렇게 해서 당신은 '사랑'과 '공동존재'를 제시하게 됩니다. 사랑이야말로 존재의 비밀이며, 인간의 본질은 공동존재이며, 철학의 궁극적 원리는 "인간과 인간의 통일Einheit des Menschen mit dem Menschen"이라고 말이지요. 당신이 일찍이 《헤겔철학 비판》에서 '나와 너의 대화를 통한 공동존재의 조화적 실현'을 철학의 과제로 보았던 것도, 그리고 《철학개혁의 필연성》에서 '진실로 인간적인 국가의 도래'를 희망한 것도, 모두 다 동일한 방향에서 읽혀질 수가 있는 내용들일 것입니다.

친애하는 포이어바흐, 우리가 인간인 한, 우리는 당신의 그 인간주의 철학에 귀가 솔깃하지 않을 수 없습니다. 정신과 신뿐만 아니라 그 밖의 거창한 이념들 아래서 무력하게 그것들의 눈치를 살피고 있는 우리 인간들의 신세를 생각해 보면 당신의 철학은 고마운 생각까지 들게 합니다.

그러나 포이어바흐, 안타까운 것은, 정신이나 신이나 그런 것들이 당신의 주장처럼 정말로 인간들에 의해 '만들어진' 것인지 어떤지, 우리 인간의 이성으로서는 확인할 길이 없다는 것입니다. 그것들을 인간에 의해 만들어진 허상이라고 간단히 치부해버리고 나면 너무나도 많은 과제들이 미해결인 채로 우리 인간들의 지성을 괴롭히게 됩니다. 인간은 결코 만능이 아니며, 세상은 인간만으로 다 설명될 수가 없기 때문입니다. 백 보 양보해서 당신의 주장대로 정신이나 신이 인간에 의해 만들어진 것이라 하더라도, 우리는 그런 것들이 이미 우리 인간의 손을 떠나 하나의 객관적인 실체로서 '작용'하고 있음을 인정하지 않을 수 없습니다. 바로 그 점을 날카롭게 포착한 것이 헤겔과 기독교의 위대함이라고 말할 수도 있는 것입니다. 당신의 그 모든 철학적 비판이 도대체 왜 어디에서부터 나왔는지를 한번 돌이켜 생각해보시기 바랍니다. 아이러니가 아닐 수 없습니다만, 그것은 이미 저 이념들이 하나의 확고한 실체로서 당신 앞에 버티고 서 있었다는 것을 여실히 증명하고 있는 게 아니고 무엇이겠습니까.

뿐만이 아닙니다. 정신과 신이 당신 말대로 인간의 희원이 만들어낸 객관적 투영이라고 하더라도, 그것과는 다른 정신 그 자체, 신 그 자체가 따로 있을 수도 있는 것이며 그것은 인간이 만들어낸 그것과는 근본적으로 구별되는 전혀 다른 차원의 존재일 가능성도 배제할 수는 없는 것입니다. 다만 그 이름이 같아 혼란을 일으키는 것이 문제지요. 무엇보다도 인간만으로는 도저히 설명할 길이 없는 오묘하기 짝이 없는 이 세계현상 자체가, 그리고 알 길 없는 인간의 존재 자체가, 그 가능성을 쉽게 부인할 수 없도록 만들기 때문입니다.

포이어바흐, 당신은 사랑과 공존을 말했습니다. 좋습니다. 당신의 모든 것을 깊이 이해하고 공감합니다. 나도 그러한 이념에 주저 없이 동참할 수 있고 또 하고 싶습니다. 하지만, 그것이 저 정신이나 신과 모순적 대립관계에 있다고는 보지 않습니다. 당신도 부디 다시 한 번 생각하시어 저들에 대한 사랑, 저들과의 공존도 함께 진지하게 검토해보시는 게 어떻겠습니까. 인간의 자기소외는 반드시 부정적인 것이 아니라 긍정적일 수도 있다는 것, 그것이 당신께 드리는 나의 소박한 제언입니다.

Søren Aabye Kierkegaard 1813–1855

"내가 그것을 위해 살고 그리고 그것을 위해 죽을 수 있는
그런 진리를 발견하는 것이 중요하다."

"주체성이 진리다."

"죽음에 이르는 병은 절망이다. … 절망은 죄다."

1813년 덴마크 쾨벤하운Købehnavn(코펜하겐)에서 아버지 미카엘 페더센 키에게고와 어머니 아네 쇠안스다터 룬의 막내로 태어남.

1832년 쾨벤하운대학 신학부 입학. 헤겔의 학문에 거부감을 가짐.

1835년 길릴라이에Gilleleje 여행. 수기를 남김. 아버지로 인한 '대지진' 체험. 쾌락생활 시작.

1836년 자살을 시도하였으나 실패함.

1840년 레기네 올센Regine Olsen과 약혼.

1841년 알 수 없는 이유로 스스로 레기네와 파혼. 베를린 여행. 셸링의 강의를 들음. 〈아이러니의 개념에 관하여〉라는 논문 발표. 그 후 저작활동에 몰두.

1843년 《이것이냐 저것이냐》, 《불안의 개념》, 《반복》 출간.

1844년 《철학적 단편》 출간.

1845년 《인생행로의 단계들》 출간.

1846년 《철학적 단편에 부치는 비학문적인 해설》 출간.

1849년 《죽음에 이르는 병》 출간.

1855년 《순간 nr. 1-10》출간. 자신을 비판한 신문 〈코르사르〉와 대결.

1855년 거리에서 쓰러져 죽음. 레기네에게 유산을 남김.

키에게고[2]에게

실존과 종교성을 묻는다

먼저 한 가지 양해를 구해야겠습니다. 편의상 이 편지는 독일로 부치는 묶음 속에 들어가게 될 텐데 그렇다고 하더라도 부디 섭섭해하거나 불쾌해하지는 마시기 바랍니다. 당신이 안데르센과 더불어 덴마크가 세계에 자랑하는 인물임을 모를 리야 없지만, 덴마크의 철학을 위해 독립된 묶음을 따로 만들 수는 없기 때문입니다. 다만 당신이 독일의 베를린에 유학하여 셸링의 강의를 들은 적이 있었고, 당신의 저작들이 독일어 번역을 통해 전 세계에 알려졌으며, 또 독일의 철학자들을 통해 그 학문적 맥이 이어졌다고 할 수 있는 만큼, 이렇게 하는 것도 나름대로의 의미는 없지 않을 것입니다.

2　보통, '죄렌 키에르케고르'나 '쇠렌 키르케고르'라는 일본식 발음으로 통하고 있으나 그것은 잘못이다. '쇠안 오뷔 키에게고'가 덴마크 발음에 가깝다고 하니 그렇게 표기하는 게 옳겠다.

나는 언젠가 쾨벤하운(코펜하겐)에 있는 당신의 묘소를 일부러 찾아 당신에게 묵념을 올린 적이 있었습니다(안데르센의 묘소 바로 근처더군요). 그것은 내 나름대로 당신이 이룩한 철학적 성과를 기념하는 것이었습니다. 오늘날 웬만한 사람들은 다 당신의 이름을 알고 있습니다. 당신은 이른바 '실존주의'의 선구자로 알려져 있습니다. 그 실존주의라는 것은 20세기의 한때, 전 세계적으로 크게 유행한 사상적 흐름의 하나였습니다. 나 역시도 그 유행의 한복판에 푹 빠져 있던 시절이 있었습니다. 비록 그 유행은 지나갔지만 그것이 지닌 철학적 의미는 이제 일종의 고전으로 화하여 철학의 역사 속에 정착했다는 느낌입니다.

'실존eksistens/[독]Existenz'[3]이라는 것을 중심에 두고 있는 이 특이한 사상이 당신을 선구자로 삼는다는 것은 우연이 아니라고 봅니다. 당신이 쓴 그 독특한 책들도 그렇지만 그 이전에 당신이 살았던 삶 자체가 이미 실존적인 문제들로 가득 찬 것이었다고 볼 수 있기 때문입니다.

당신은 쾨벤하운의 부유한 상인 미카엘의 7남매 중 막내로 태어나 큰 어려움 없이 자라났었지요. 그러나 당신은 가장 민감한 청춘의 한가운데서 당신 자신이 '대지진det store

---

3 이 서한에서의 주요개념들은 모두 덴마크어로 병기했다.

jordskælv'이라고 부른 충격적인 사실들을 접했습니다. 그것은 당신의 아버지 미카엘이 양치기를 하고 있던 궁핍한 어린 시절 그 견디기 힘든 고통 속에서 신을 저주했다는 것, 그리고 훗날 부인이 병을 앓고 있는 사이에 하녀와 부적절한 관계를 맺어 아이를 배게 했다는 것, 그리고 그 하녀가 바로 아버지의 후처가 된 당신의 어머니였다는 것이었습니다. 인간 세상에서 흔히 있을 수도 있는 일이련만, 당신에게는 그것이 견딜 수 없이 힘든 실존적 대사건이었던 모양입니다. 그렇게 당신은 남다른 면이 있었습니다. '지독한 도덕성'이라고나 할까….

너무나도 사랑했던 소녀 레기네 올센Regine Olsen과 어렵게 약혼을 하고도 곧바로 그것을 스스로 파기해버린, 그러고서도 다른 사람의 아내가 된 그녀를 평생 맴돌았던 이상한 행동도 당신의 실존적인 고뇌를 헤아리지 않고서는 결코 이해될 수 없을 것입니다. 뿐만이 아닙니다. 풍자신문 〈코르사르Corsair〉의 비판과 조롱에 맞서《순간Øjeblikket》이란 소책자를 자비로 발행하며 격렬하게 싸웠던 것도, 그리고 뮌스터와 마르텐센 같은 국교회의 최고 거물들을 상대로 거침없는 비판의 붓을 휘두른 것도, 그렇게 모든 힘을 소진하고 거리에서 쓰러져 42년의 짧은 생애를 마감한 것도, 모두 다 당신의 실존적인 선택에 의한 것이었습니다. 표면상으로만 본다면 당신의 그런 행동들은 '별난 사람의 별난 짓'으로 매도될 수도 있을 것입니다. 하지만 키에게고, 당신의 내면을 들여다보고 그 누구보다도 성실하고 진지한 정신이 거기 있음을 발견한다면 그 누구도 쉽게 당신을 비웃을 수는 없을 것입니다. 그것은 당신이 높이 평가했던 소크라테스의 경우와도 비슷합니다. 당신의 첫 출간논문이 아마 〈아이러니의 개념―소크라테스를 염두에 두고〉였죠?

친애하는 키에게고, 당신은 우리 인간들에게 '실존eksi-stens'이라는 어떤 결정적인 것을 가르쳐주고 있습니다. 그것은 철학사의 한 중요한 성과로 평가되어야 할 것입니다. 나는 이것을 일단 '자기에게 문제가 되는 인간의 실제 삶' 정도로 이해해둡니다. 당신은 그 중요성을 "주체성이 진리다 Subjektiviteten er Sandheden/[독]Die Subjektivität ist die Wahrheit"라는 말로 표현한 적이 있습니다. 이 말은, '전체성이 진리다' 혹은 '보편타당한 객관적인 것이 진리다'라고 말한 헤겔식의 이른바 객관성-추상성-체계성-합리성-사변성 같은 것에 대한 단적인 저항의 표시로 해석할 수 있습니다. 지금 여기서 이렇게 살고 있는 '구체적인 나'가 진정으로 중요한 문제가 되어야 한다는 것으로 나는 그 옛날 당신의 이 말을 이해했습니다. 내가 나에게 문제가 되어야 한다는 것, 그것을 당신은 저 유명한《죽음에 이르는 병_Sygdommen til Døden_》에서 멋지게 표현했습니다. "정신이란 무엇인가. 정신이란 자기다. 자기란 무엇인가. 자기란 하나의 관계이다. 관계가 관계 자신에게 관계하는 하나의 관계인 것이다." 정신, 자기, 관계라는 것, 이런 말들은 철학이 나아가야 할 하나의 새로운 방향을 지시해 보여주는 것이었습니다(이 '정신'은 물론 헤겔의 정신과는 다른 것이었죠).

그렇게 자기가 자기를 문제삼을 때, 그때 비로소 내가 어떤 존재인지, 어떻게 살아야 할 것인지 하는 것이 진정한 문제로서 부각될 수 있습니다. 그런 시선으로 당신은 자기를 바라봅니다. 그 자기의 삶에 3단계_tre stadier_가 있음을 당신은 발견합니다. 그것이 바로 '감각적 단계_Det æstetiske stadie_'와 '윤리적 단계_Det etiske stadie_'와 '종교적 단계_Det religiøse stadie_'라고 당신은 표현합니다.《이것이냐 저것이냐_Enten eller_》를 잠시 살펴봅니다. "실존의 감각적 방식은 낭만적 쾌락주의와 추상적 주지주의로써 예시되는데, 감각주의자와 주지주의자는 다같이 결단성 있게 자신들을 내맡기지 못하며, 따라서 실존과 자아를 발견하지 못한다. 선택을 통해서만 진정한 자아를 얻을 수 있다. 인생은 양자택일의 문제이다. 감각적 생활은 권태와 우울과 절망을 초래한다. 절망 속에서 결단과 의무로 향할 때, 자아는 감각적 단계에서 윤리적 단계에로 나아간다. 윤리적 단계에 있어서는 그 자신을 선택함으로써 자아는 중심을 얻게 되며 통일되고 진정하게 된다. 발전의 셋째 단계는 종교이다. 그러나 어느 단계에 있어서나 한 단계만으로써는 불충분하며, 감각적 단계는 윤리적 단계로 승화되고 윤리적 단계는 종교적 단계로 승화된다." 이러한 승화를 당신은 '질적 변증법den kvalitative dialektik'이라고 설명합니다. 종교성A를 지나 종교성B에서 그것은 정점에 다다릅니다(여기서 '선택'이라는 실존주의의 핵심개념이 등장하는 것도 우리는 주목해둘 필요가 있습니다).

친애하는 키에게고, 여기서 우리는 당신의 가장 당신다운 모습을 발견합니다. 당신의 궁극적인 지향점은 다름 아닌 '종교적'인 것, '종교성religiøsitet'입니다. 좀 더 구체적으로 말하면 '기독교적'인 것입니다. 당신은 자신을 '기독교적 저술가kristen forfatter'로 규정합니다. 그렇습니다. 한때 열심히 당신을 읽은 결과로서 내가 파악한 당신의 철학적 문제의식은 결국 '나는 어떻게 진정한 기독교인이 될 수 있는가' 하는 한마디로 수렴될 수 있을 것 같습니다. 당신의 실존은 고독한 '단독자den enkelte'이며 그는 '신 앞에 선 단독자'인 것입니다.《두려움과 떨림》에서 당신이, 사랑하는 아들 이삭을 제물로 바치라는 신의 명령에 무조건적으로 복종하는 아브라함Abraham의 경우를 하나의 모델로 제시하는 것도, 그런 당신의 종교성을 반영하고 있습니다. 죽음조차도 죽음에 이르는 병이 아니며 신 앞에서의 '절망despair'이야말로 죽음에 이르는 병이라고, 그리고 그것은 '죄sin'라고 설파하는 것도 그런 차원의 이야기입니다. … 당신의 중요한 논점들은 모두 다 그러한 맥락에서 읽혀집니다.

"내가 그것을 위해 살고 그리고 그것을 위해 죽을 수 있는 그런 진리를 발견하는 것이 중요하다Det […] gjælder om at finde en Sandhed, som er Sandhed for mig, at finde den Idee, for hvilken jeg vil leve og døe/[독]Es gilt, eine Wahrheit zu finden, die Wahrheit für mich ist, die Idee zu entdecken, für die ich leben und sterben will"라고 젊은 시절의 당신은 《길렐라이에 수기》에서 다짐했었습니다. 결과를 놓고 볼 때 당신은 그것을 발견했던 것 같습니다. 당신은 실제로 그것을 위해 살았고 그것을 위해 죽었습니다. '종교성' 즉 '기독교적 진정성'이 바로 그것이 아닐까라고 나는 정리합니다. 그것이 바로 당신의 실존이었습니다. 거기에서는 객관적 타당성을 지닌 보편적 본질 같은 것은 설 자리가 없어 보입니다. 아무리 훌륭한 관념의 궁전을 지어놓았다 하더라도 실제로 자기 자신이 그 안에 들어가 살지 않는다면 무슨 의미가 있겠습니까.

실존적인 상황들은 오늘날도 모든 인간들의 순간순간에

어김없이 찾아들고 있습니다. 우리는 이렇게도 저렇게도 살 수가 있습니다. 그러나 이렇게 사는 것과 저렇게 사는 것은 그 결과가 완전히 다른 것입니다. 그래서 성실한 당신은 그 선택을 묻지 않을 수 없었던 것이겠지요. "이것이냐 저것이냐"라고. 친애하는 키에게고, 누구나가 당신처럼 그렇게 (자신에게 엄격하게) 살 수는 없는 일이겠지만, 오직 남의 탓만 하면서 자신에 대해서는 너무나도 쉽게 면죄부를 주는 작금의 인간들을 보고 있노라면 자꾸만 당신의 존재가 그리워지고는 합니다. 사람들이 당신의 그저 한 10분의 1만큼이라도 자신에게 진지해질 수는 없을까… 하고 나는 오늘도 헛된 꿈을 한번 꾸어봅니다.

Karl Marx 1818–1883

"세계역사는 계급투쟁의 역사다."

"만국의 노동자여, 단결하라!"

"철학자들은 여러가지로 세계를 해석해왔다.
그러나 중요한 것은 세계를 변혁하는 것이다."

1818년 독일 라인란트Rheinland 지역의 트리어Trier에서 유대계 법조인 하인리히Heinrich
　　　　Marx와 헨리에타Henrietta Pressburg의 아들로 태어남.

1835년 본Bonn대학에서 수학.

1836년 베를린대학으로 전학.

1841년 예나대학에서 논문 〈데모크리토스와 에피쿠로스 자연철학의 차이〉로 철학박사.

1842년 〈라인신문〉의 편집인이 됨. 엥겔스와 만나 평생의 동지가 됨.

1843년 예니 폰 베스트팔렌Jenny von Westphalen과 결혼. 프랑스 파리로 이주.

1844년 독불연감 편집인. 《헤겔 법철학 비판 서설》, 《신성가족》 저술.

1845년 《포이어바흐에 대한 테제》, 《독일 이데올로기》 출간. 벨기에 브뤼셀로 이주.

1847년 공산당연맹에 가입. 《철학의 빈곤》 저술.

1848년 《공산당 선언》 저술.

1849년 영국 런던에 정착. 《임금 노동과 자본》 저술.

1859년 《정치경제학 비판》 저술.

1862년 《잉여가치론》 저술.

1863년 〈자본론〉 2권 저술(-1877).

1864년 〈자본론〉 3권 저술

1865년 《가치, 가격 그리고 이윤》 저술.

1867년 〈자본론〉 1권 저술.

1881년 부인 예니 마르크스 죽음.

1883년 런던에서 죽음.

마르크스에게

공산주의를 묻는다

　예전 같으면 당신의 이름을 입에 담는 것 자체가 '불온한' 일이었는데 이제는 안심하고 당신을 부를 수 있게 되었습니다. 격세지감을 느낍니다. 이른바 '반공'을 국시로 삼고 있던 시절에 성장한 우리 세대들은 당신이 아마 시뻘건 얼굴에 머리에는 뿔이 달렸고 엉덩이에는 꼬리가 달린 흉측한 도깨비 같은 사람일 거라고 생각했었습니다. 교과서 같은 데에 소개된 당신의 사진을 보더라도 그런 이미지는 어느 정도 일치하는 바가 있었습니다. 그것은 어쩌면 당신의 그 심상치 않은 눈빛과 엄청난 수염 때문인지도 모르겠습니다. 더욱이 북한 인민군과의 전쟁이 끝난 직후에 태어나 자라난 우리들의 주변에는 생생한 무용담과 함께 전쟁의 흔적들이 곳곳에 남아 있었고 따라서 '적'이었던 그 공산당의 원조라는 당신은 마치 '악'의 상징과도 같은 존재로 각인되어 있었습니다.

그런 당신에 대해 내가 조금이라도 다른 시선을 가질 수 있었던 것은 도쿄 유학 시절 전혀 각색되지 않은 당신 자신과 직접 만날 수가 있었기 때문입니다. 그때 내 주위에는 이른바 좌파 지식인들이 버젓이 교수직에서 활약하고 있었고 책방에서는 《자본론 *Das Kapital*》과 《공산당 선언 *Manifest der kommunistischen Partei*》을 비롯한 당신의 책들이 아무렇지도 않게 팔리고 있었습니다. 심지어는 공산당이 떳떳하게 거리에 그 간판을 내걸고 있었고 의회에도 진출해 있었습니다. 그런 전혀 새로운 환경 속에서 나는 '있는 그대로의 마르크스'를 알게 되었던 것입니다.

새롭게 알게 된 마르크스는 분명 다른 모습이었습니다. 당신은 적지 않은 사람들이 막연히 생각했던 것처럼 가난한 '노동자 계급' 출신이 아니었고, 반대로 부유한 변호사의 아들로 태어나 어려움 없이 자랐고 제대로 대학을 나와 박사학위를 취득한 엄연한 학자였습니다. 더구나 그 엄청난 학문적 업적이란! 당신의 그 방대한 전집을 처음 보았을 때 나는 놀라움을 금할 수가 없었습니다. 더욱이 당신이 예나대학에 제출한 학위논문의 주제가 〈데모크리토스와 에피쿠로스 자연철학의 차이〉라는 것은 뜻밖이기도 했습니다. 무엇보다도 신선했던 것은 당신이 여느 젊은이와 마찬가지로, 아니 그 이상으로 뜨거운 연애를 했었고 결혼 후에는 아내

(Jenny von Westphalen)와 자식들에 대해 남다른 가족애를 보여주었다는 것입니다. 비록 한때 가정부(Helene Demuth)에게 한눈을 판 적도 있었지만 가족에 대한 당신의 사랑은 시종 변함이 없었습니다. 엥겔스F.Engels와의 우정도 당신의 인간적인 면모를 돋보이게 해주었습니다. 그런 당신이, 말하자면 마음만 먹으면 얼마든지 편하고 행복하게 한평생을 살수 있었던 당신이, 오로지 이념을 위해 혁명의 길에 뛰어들었고 온갖 핍박을 받으며 자신의 삶을 희생했다는 것은 어쨌거나 간에 '숭고한 휴머니즘'에 해당하는 것이었습니다.

그런 휴머니즘의 결정체가 당신의 경우는 바로 '공산주의 Kommunismus'[4]였다고 나는 이해했습니다. 당신은《공산당 선언》에서 인류의 역사를 '계급투쟁Klassenkampf의 역사'로 규정하고 있습니다. 그리고 그것이 당신의 시대에 이르러 '프롤레타리아 계급'과 '부르주아 계급'의 대립으로 전개되고 있다고 진단합니다. 당신의 주장에 대해 편견을 배제한 채 귀 기울여보면, 먹고살기 위해 노동 이외에는 아무것도 할 것이 없는 헐벗은 빈곤계층들이 이른바 생산수단을 소유한 지배계층에게 부당하고도 가혹한 착취를 당하고 있었던 당시의 시대상황이 일종의 아우성이나 비명처럼 들려옴을 느

4　1932년《경제학·철학 초고》에서 천명.

낄 수 있습니다. 노동Arbeit이란 본래 생존을 위한 숭고한 인간적 행위이건만 그 결과로서 주어진 잉여가치Mehrwert가 유산계급에 의해 부당하게 착취당하는 자본주의적 상황에서는 노동의 본질이 왜곡되고 따라서 노동이 노동자 이외의 타인에게 속하게 되는 '노동의 소외Entäußerung/Entfremdung der Arbeit'가 일어난다고 당신은 간파했던 것입니다. 당시의 유럽에서는 아동과 부녀자에 대한 혹독한 공장노동도 강요되었다지요? 그런 '문제들', 그런 '모순들'을 해결하기 위해서 당신은 이른바 '프롤레타리아 단결'과 '프롤레타리아 혁명'과 '프롤레타리아 독재'라는 길을 제시했고, 그 종국에 '공산사회'의 도래를 설정해놓았던 것입니다. 그렇게 당신은 '세계를 해석하는 철학'이 아니라 '세계를 변혁하는 철학'을 제시했습니다 ("철학자들은 여러 가지로 세계를 해석해왔다. 그러나 중요한 것은 세계를 변혁하는 것이다Die Philosophen haben die Welt nur verschieden interpretiert ; es kömmt drauf an, sie zu verändern").

당신의 이런 주장의 밑바탕에는 분명히 '유물론Materialismus'이라는 것이, 그리고 '노동하는 인간'이라는 것이, 자리하고 있는 듯합니다. '하부구조가 상부구조를 규정한다'는 생각도 물질과 관련된 현실적 모순을 해결하고자 하는 그런 맥락에서 나온 것이 분명합니다. 사회의 물질적-경제적 기초인 '토대Basis'가 정치-법률-종교-예술-철학 같은 '상부구조Überbau'에 선행한다고 당신은 보는 것입니다. "인간의 의식이 그 존재를 규정하는 것이 아니라, 거꾸로 인간의 사회적 존재가 그 의식을 규정한다"는 말도 그런 취지로 한 말이겠지요. 인간들의 삶에서 물질의 가치는 결코 무시될 수 없습니다. 우리 한국에도 '사흘 굶어 담 아니 넘을 놈 없다'는 말이 있지요. 그런 점에서 당신의 말은 타당합니다. 그것은 '유항산자 유항심, 무항산자 무항심有恒産者 有恒心, 無恒産者 無恒心'이라고 한 맹자의 사상과도 상통하는 바가 있습니다.

그러나 마르크스, 나는 당신의 그런 새로운 모습들을 보면서 마냥 환호만을 할 수는 없었습니다. 왜냐하면 나는 당신의 사상이 그 후 어떠한 과정을 밟아나갔는지를 잘 알고 있었기 때문입니다. 그것은 당신이 강조해마지 않았던 실천의 발걸음을 확실하게 내디뎠습니다. 그래서 공산주의 국제 통신위원회가 결성되었고, 공산주의자 동맹으로 발전되었고 그리고 그것은 훗날의 러시아 혁명으로 이어졌습니다. 우리는 영화 〈닥터 지바고〉를 통해 간접적으로 그 현장에 있었습니다. 그 이후의 전개는 너무나도 유명합니다. 당신의 철학은 레닌과 스탈린, 마오, 호치민, 카스트로 등의 이른바 공산주의 영웅들을 만나면서 20세기의 한동안 전 세계의 절반을 지배하기에 이르렀던 것입니다. 자본주의Kapitalismus

와의 그 살벌한 대결을 우리 모두는 너무나도 생생하게 기억하고 있습니다. 당신의 사상은 실로 엄청난 파괴력을 지니고 있었던 것입니다. 생각해보면 일찍이 철학이라는 것이 현실세계에 대해 그토록 광범위하고 강력한 영향력을 행사한 적이 없었습니다. 그런 점에서 사람들은 당신을 위대한 사상가의 한 사람으로 손꼽지 않을 수가 없을 것입니다.

그런데 우리가 반드시 짚어보아야 할 것은 당신이 내뱉은 '부르주아 타도'라는 한마디 말이 얼마나 엄청난 폭력으로 연결되었는가 하는 것입니다. 헤아릴 수 없이 많은 사람들이 그 말의 연장선상에서 자신들의 재산과 생명을 잃었습니다. 당신의 이름에서는 피비린내가 풍깁니다. 바로 거기서 우리는 당신의 정당성을 회의하게 됩니다. 《공산당 선언》에서 당신이 "만국의 노동자여 단결하라!Proletarier aller Länder, vereinigt euch!"라고 외쳤을 때, 그 말의 밑바닥에는 유산계급에 대한 강한 증오가 불타고 있었습니다. 증오가 없으면 단결과 혁명은 원천적으로 불가능합니다. 혁명은 증오라는 것을 연료로 삼아 타오르는 불길과도 같은 것입니다. 그것이 과연 모순의 해결책으로서 온당한 것인가… 우리는 고민하지 않을 수 없습니다.

만일 당신의 그 숭고한 휴머니즘이 착취당하는 '무산계급'뿐만이 아니고 착취하는 '유산계급'에게까지 미쳤더라면 어땠을까… 하고 나는 순진한 상상을 해봅니다. 마치 예수 그리스도가 세리와 사마리아사람들까지 감싸 안았던 것처럼. 만일 그랬더라면 당신은 어쩌면 훨씬 더 위대한 사상가로서 인류의 역사에 영원히 남을 수 있지 않았을까 하는 생각이 들기도 합니다. '부르주아'들도 그 근본은 인간이라는 사실을 당신은 애써 외면하려 했던 것이 아닐는지요. 그들의 추악한 욕심을 굳이 두둔하려는 것은 아닙니다만, 그들도 인간인 이상, 욕망을 지닌 존재라는 것은 인정되어야 하지 않을까요? 그것을 이념의 칼로 모조리 베어버리는 것은 어쩌면 계란으로 바위를 깨려는 것보다 더욱 무모한 일일지도 모르겠습니다.

친애하는 마르크스, '인간해방'을 지향한 당신의 뜻은 참으로 숭고한 것이었습니다. 그러나 그 방법은… 다시 한 번 재고해보시기 바랍니다. 증오와 폭력은 또 다른 증오와 폭력을 낳을 뿐 결코 완전한 문제의 해결책이 될 수는 없습니다. 역사가 그것을 사실로서 증명하고 있습니다. 결국은 화해와 사랑입니다. 순진하기 짝이 없는 소리로 들리겠지만, 그래도 그것이 최선임을 사람들의 실제 삶이 여러 가지 형태로 보여주고 있습니다. 일찍이 젊은 당신은 "인간은 인간에 대해 최고의 존재이다daß der Mensch das höchste Wesen für den

Menschen sei"라고 설파했습니다. 그 인간이라는 것이 도대체 누구인지를, 우리 근본적으로 다시 한 번, 편가르기 없이, 생각해보면 어떻겠습니까. 당신이 사랑스런 아내 예니와 귀여운 자녀들을 사랑했던 바로 그런 마음으로 말입니다.

독일로 부치는 철학편지

Wilhelm Dilthey 1833–1911

"(나의) 철학적 사유를 움직이는 지배적 충동은
삶을 삶 그 자체로부터 이해하고자 하는 것이다."

"삶의 과정, 즉 과거로부터 생육되고
미래에로 확장되어가는 삶의 과정 속에
우리들 삶의 작용연관과
가치를 이루는 갖가지 실재가 포함되어 있다."

1833년 독일 비스바덴Wiesbaden의 비브리히Biebrich라는 마을에서 개혁교회 목사의 아들로 태어남.

1852년 부모의 권유로 하이델베르크대학에서 신학을 수학.

1853년 베를린대학으로 옮겨 역사학을 전공.

1856년 신학 국가시험에 합격한 후 설교 활동. 국가 시행 교사 자격시험을 치러 합격한 이후 베를린 소재 한 김나지움에서 2년 정도 교편을 잡음. 본격적으로 해석학과 철학 연구에 몰두.

1859년 슐라이어마허 재단의 현상 논문에 선정되면서 교사직을 사임.

1864년 〈슐라이어마허의 윤리학에 관한 연구〉로 철학박사 학위 취득.

1865년 〈도덕의식의 분석 시도〉라는 논문으로 교수자격 취득.

1867년 스위스의 바젤Basel대학에서 교수직 시작.

1874년 카테리네 푸트만Katherine Puttmann과 결혼해 슬하에 1남 2녀를 둠.

1882년 베를린대학에서 교수직을 얻어 정착 후 은퇴할 때까지 교수 생활(~1905년).

1883년 《정신과학 입문》 출간.

1900년 《해석학의 성립》 출간.

1906년 《체험과 시학》 출간.

1910년 《정신과학에서의 역사적 세계의 구축》 출간.

1911년 오스트리아와 헝가리에 걸쳐 있는 티롤 남부 지방 슐레른 강변의 자이스Seis에서 죽음.

딜타이에게

삶의 이해를 묻는다

일반인들에게는 당신의 이름이 조금 생소할지 모르겠습니다. 예컨대 니체 같은 사람이 유명한 것과는 대조적입니다. 그러나 철학에 관심 있는 사람들 사이에서는 제법 널리 알려져 있고, 특히 '삶의 철학'이나 '해석학' 같은 분야가 거론될 때는 반드시 언급되는 핵심적 위치에 당신이 자리잡고 있습니다.

내가 당신을 처음 안 것은 학부 시절, 이규호 교수님이 쓰신《현대철학의 이해》를 통해서였습니다. 그때 나는 '해석학Hermeneutik'이라는 것이 '현상학'과 더불어 이른바 진리탐구를 위한 필수적인 양대 방법론이 되어야겠다는 생각을 갖게 되었고, 특히 당신이 제시하신 '체험-표현-이해'라고 하는 개념들로부터는 강한 인상을 받았습니다. 그러나 당시로서는 김준섭 교수님이 번역하신 《철학의 본질》 이외에 달리 당신을 공부할 길이 없었고, 그나마 그 책은 당신의 고유한 사상을 접하기에는 부족한 바가 있었습니다. 그 후 도쿄에서 대학원 과정을 밟으며 나는 비로소 깊숙이 당신의 학문 세계를 들여다볼 수 있었습니다. 무엇보다도 하이데거를 전공하면서, 그의 중요한 업적인 '해석학' '이해' '해석' '순환' '선-구조' 등등에 대해 당신이 결정적인 기여를 했다는 것도 알게 되었습니다. 하이데거 자신도 당시의 일본인 유학생들에게 당신을 철저히 공부하라고 권했다고 하니, 그가 당신을 얼마나 중요하게 생각했는지 충분히 짐작할 수 있는 일입니다.

이제는 한국에서도 사정이 많이 달라졌습니다. 한국해석학회가 결성되어 본격적으로 당신에 대한 논의들이 진행되고, 무엇보다도 당신의 저서 《정신과학에서의 역사적 세계의 구축》 중 일부인 〈체험-표현-이해〉와 《삶의 철학 입문》 중 일부인 〈해석학의 탄생〉이 각각 이한우, 손승남 박사에 의해 번역·소개되었습니다. 반가운 일이 아닐 수 없습니다.

그런데 딜타이, 내가 당신에 대해 관심의 끈을 놓지 않는 것은 단순히 하이데거 때문만은 아닙니다. 그것은 당신 자신의 고유한 철학적 문제의식에 대해 나름의 매력을 충분히 느끼기 때문입니다. 그 핵심에 놓여 있는 것이 바로 '삶 Leben'이라는 것입니다. 당신은 "삶을 삶 그 자체로부터 이해하고자 하는 것"이 당신 자신의 철학적 사유를 움직이는 지배적 충동이라고 고백합니다. 그렇습니다, 딜타이. 철학은 마땅히 그래야지요. 삶이라는 것이 어디 보통 주제이겠습니까.

그런데 당신은 이 삶이라는 것을 어디까지나 무한한 풍부함을 지닌 '정신적 세계' 내지 '역사적 세계'에서 찾고자 합니다. 바로 여기서 딜타이다운 색깔이 드러납니다. 왜냐하면 당신은 무엇보다도 '정신과학Geisteswissenschaften의 철학적 기초 부여'라고 하는 것을 당신의 학문적 사명으로 생각하기 때문입니다. 그것을 당신은 칸트에 빗대어 '역사이성비판Kritik der historischen Vernunft'이라고 부르기도 했습니다. 삶이라는 말이 느닷없이 '정신'과 '역사'라는 말로 연결되는 것은 우리 한국인들의 언어감각으로 보면 조금 생뚱맞은 비약 같은 느낌이 들기도 합니다만, 독일적인 감각으로는 그럴 수도 있겠다 싶고 특히 그 당시의 학문적 분위기를 살펴보면 충분히 납득이 가기도 합니다. 영국에서 경험주의가, 프랑스에서 실증주의가 위세를 떨치는 동안, 독일에서는 피히테 이후 넓은 의미의 '정신주의'가 독일적인 특성을 가꾸어 왔고, 그것이 당신의 당대에 일종의 '역사주의'로 구체화되어 당신에게 영향을 주었던 것입니다. 그러나 당시의 이른바 '역사학파'에게는 철학적 기초가 결여되어 있다고 당신은 아쉬워했고, 그래서 당신이 그것을 다져보겠노라고 팔을 걷어붙였던 것이겠지요.

중요한 것은 당신이 그 정신 내지 역사를 '삶'으로 생각했다는 것입니다. 그 "삶의 과정, 즉 과거로부터 생육되고 미래에로 확장되어가는 삶의 과정 속에 우리들 삶의 작용연관과 가치를 이루는 갖가지 실재가 포함되어 있다"라는 말에서도 그런 생각이 읽혀집니다. 여기서 당신이 주목하는 것은 단순한 인식주관이 아니라, 다양한 힘들을 지닌 인간, 즉 의욕하고 느끼고 생각하는 인간wollend-fühlend-vorstellender Mensch, 전적인 인간ganzer Mensch, 전적인 인간 본성이며, 그런 인간의 심적 삶의 전체성이었습니다. 혹은 자연과학의 자연과 구별되는 '인류' 내지 그 '역사적-사회적 현실'이라고도 표현됩니다. '정신적 세계의 사실들의 관계' '자기의식의 사실, 그것과 관련하는 의식의 통일, 자유 및 자유와 결부된 도덕적 삶의 사실' '의지의 자발성' 등도 모두 그런 맥락에서 이해될 수 있는 당신의 관심사들입니다.

그리고 또 하나 중요한 것은, 당신이 그 삶이라고 하는 대상을 다루는 방식입니다. 그것이 말하자면 자연과학과 구별되는 '정신과학'입니다. 거기서는 대상들이 '밖으로부터 안을 향해 이해'되고, '오직 체험될 수 있는 것들'로 눈길이 향하고, 결국 '자기성찰'로 연결되어갑니다. 당신이 한때 "자연을 우리는 설명하고, 심적 생을 우리는 이해한다Die Natur erklären wir, das Seelenleben verstehen wir"라고 말한 것도 그런 맥락입니다. 삶에 대한 '이해'가 중요하다는 말씀이겠죠.

그런데 딜타이, 이러한 당신의 생각들이 압축적으로 드러나 있는 것이 바로 저 '체험-표현-이해'라고 말할 수 있을 것입니다. 당신은 분명히 말합니다. "인간이 정신과학의 대상으로 되는 것은 인간적 상태들이 체험erleben되고, 그것이 삶의 외화에 있어서 표현ausdrücken되고, 이 표현들이 이해verstehen되는 경우에 있어서 뿐이다"라고. "어떠한 경우에도 체험과 표현과 이해의 연관이, 인간이 정신과학의 대상으로서 우리에 대해 존재하게 되는 고유의 방법이다"라는 것이나 "정신과학은 체험, 표현, 이해의 관계에 기초한다Die Geisteswissenschaften beruhen auf dem Verhältnis von Erlebnis, Ausdruck und Verstehen"라는 언급도 그것을 알려줍니다.

그렇다면 이제 우리는 궁금해지지 않을 수 없습니다. 그 체험은 도대체 무엇이고, 표현은 무엇이며, 이해는 무엇인지. 당신의 생각들을 정리해보면 대략 이런 것 같습니다.

체험Erlebnis이란, 하나의 '삶의 범주'로서, 이른바 주관과 객관의 구별이 없는 일종의 '내적인 지각' 내지 '내화

Innewerden'입니다. 말하자면 그것은 현실을 인식하고 소유하는 것이라고도 할 수 있겠습니다. 그것은 '나'와 '나의 세계'를 포괄합니다. 당신은 이렇게 말합니다. "체험이라고 하는 개념은 현실이 나를 위해서 존재하는 그 특수한 존재형식을 말한다. 체험이란 마치 지각된 그 무엇이나 혹은 어떤 표상처럼 내 앞에 대상으로 나타나는 것이 아니다. 체험은 물건처럼 나에게 주어진 것이 아니고, 내가 현실을 인식함으로써 그리고 내가 현실을 직접 나에게 속한 것으로 소유함으로써 나에게 존재한다. 그리고 이 체험은 사유 속에서 비로소 하나의 대상처럼 된다"라고. 여기서는 모든 인식능력들이 통일되어 작용하기 때문에 이것은 이른바 감성적인 지각이나 오성적인 경험과는 다른 것입니다. 그래서 경험이 아닌 체험인 것입니다.

표현Ausdruck이란, '삶의 객관화'로서, '체험의 생생한 내용들을 나타내는' 것입니다. 이는 역사적-사회적 현실들과 그 다각적인 '작용연관'들을 모두 포괄합니다. 이 표현은 "그 어떤 내관이 가질 수 있는 것보다 훨씬 많은 정신적 연관들을 포함할 수 있다"고 당신은 말합니다. 인간들의 모든 '정신적 소산들'이 그것인 셈입니다. 명확히 말해주지는 않지만 당신이 말하는 '자서전'이나 '전기'나 '위대한 작품들', 그리고 '문서'와 '문헌' 들은 이 표현의 구체적인 형태들로 간주할 수 있을 것입니다.

이해Verstehen란, 삶의 표현들에 대한 '내적인 파악'으로서, 심리학적인 관찰과는 다른 것입니다. 이해는 '기본적인 형식'과 '고차적인 형식'으로 구별될 수 있는데, 전자에서는 하나하나의 삶의 표현이 문제되고, 후자에서는 여러 가지 삶의 표현들의 상호관계가 문제됩니다. 이해는 무엇보다도 삶의 표현들을 '추체험'함으로써 재발견하는 것입니다. 그것은 '외적으로 감성적으로 주어져 있는 표현으로부터 내면적인 것을 인식하는 과정'이기도 하며, '외적으로 주어진 심적 표출로부터 심적인 삶이 인식되기에 이르는 과정'이기도 하며, '감성적으로 주어진 표현으로부터 그 외화인 심적 삶을 인식하는 과정'이기도 합니다.

친애하는 딜타이, 바로 이 이해라는 것을 당신은 '정신과학의 근본적 방법'으로 삼았고, 이 이해의 '인식론적-논리적-방법적 분석'을 정신과학의 기초부여를 위한 '주요과제의 하나'로 설정했었습니다. 이러한 문제의식의 연장선상에서 당신의 그 해석학이라는 것을 바라볼 때, 특히 삶의 철학과 해석학을 함께 연관지어서 생각할 때, 사람들은 비로소 그것이 갖는 가치를 제대로 인식할 수가 있을 것입니다. 왜냐하면 '지속적으로 고정된 삶의 표출에 대한 기술적인 이해'가 다름 아닌 '해석Auslegung/Interpretation'이며, '정신적인 삶과 역사에 대한 우리들의 이해'에서 헤아릴 수 없는 의의를 갖는 '문헌' 또는 '인간적 현존재의 유산'인 '문서'라고 하는 기념비를 해석하는 '기술론'이 다름 아닌 '해석학Hermeneutik' 내지 '해석학적 학문hermeneutische Wissenschaft'이라고 당신은 생각하기 때문입니다. 해석학은 삶의 철학을 그 내용으로 한다는 말입니다.

생각해보면 내가 애초에 당신으로부터 느꼈던 매력은 바로 이 점, 즉 삶과 해석의 연관성에서 기인하는 것이었습니다. 삶과 해석의 사이에 바로 저 체험-표현-이해가 놓여 있었던 것입니다. 우리가 인간과 세계에 관한 철학적 진리를 탐구하고자 할 때, 우리는 그것을 향해 곧장 나아가든가 역사적-사회적 결과물들을 매개로 해서 그 의미를 찾아가든가 두 가지 길이 있을 수 있습니다. 말하자면 전자가 현상학적이고 후자가 해석학적인 것입니다. 당신은 이 중 해석학의 길을 명확하게 제시해준 공로자의 한 사람인 셈인데, 그 길이 실은 삶에 대한 이해에 다름 아니라는 것을 당신은 분명히 밝혀주었던 것입니다.

친애하는 딜타이, 우리가 만일 삶의 진실이라는 것에 대해 조금이라도 관심이 있다면 지금도 우리는 당신이 닦아놓은 그 해석학의 길을 걸어가볼 필요가 있습니다. 거기서 우리는 해석과 이해를 시도합니다. 무엇을? 표현들을! 왜? 그것들이 바로 삶의 체험이기 때문입니다. 그러한 해석과 이해를 기다리는 무수한 표현들이 지금도 우리의 이 역사적-사회적 현실 속에 그리고 문헌과 문서들 속에 가득합니다. 아아 그 속에 있는 저 어마어마한 삶의 체험들…. 그 아득한 과제들을 생각하며 나는 크게 한번 심호흡을 해봅니다.

Friedrich Nietzsche 1844~1900

"신은 죽었다. … 나는 그대들에게 초인을 가르치려 한다."

"아아, 이것이 삶이었던가. 그렇다면 다시 한 번!"

1844년 독일 작센Sachsen 주 뤼쩬Lützen 근교의 뢰켄Röcken에서 루터파 목사인 아버지 카를 루트비히 니체와 어머니 프란치스카 사이의 장남으로 태어남.

1856년 두통과 안질의 증상이 나타남.

1864년 본Bonn대학에 입학하여 신학과 고전문헌학을 공부.

1865년 라이프치히Leipzig대학으로 옮겨 고전문헌학을 공부.

1867년 나움부르크Naumburg 포병연대에 입영.〈쇼펜하우어에 대하여〉저술.

1868년 군복무 중 말에서 떨어져 가슴을 다치고 오랫동안 병원에서 치료 후 제대. 바그너와 만남. 심취. 후에 결별. 그의 부인 코지마를 연모.

1869년 24세에 바젤Basel대학의 교수가 됨. 대학의 임명 규약에 의해 프로이센 국적 포기. 라이프치히대학에서 박사학위 취득.

1870년 독불전쟁이 일어남. 자원입대하여 간호병으로 일함. 그러나 곧 디프테리아 균에 의한 급성 전염병에 걸려 제대. 바젤대학으로 돌아옴.

1871년《비극의 탄생》저술.

1878-1880년《인간적인, 너무나 인간적인》저술.

1879년 병이 악화되어 심한 두통과 안질이 일어남. 대학교수직을 사직. 이 1년 동안 심한 발작에 시달림.

1882년 루 살로메Lou Andreas. Salomé와 만남. 사랑에 빠지나 청혼을 거절당함.

1883-1885년《차라투스트라는 이렇게 말했다》저술.

1886년《선악의 저편》완성.

1887년《도덕의 계보》완성.

1888년《안티크리스트》,《이 사람을 보라》를 집필하며 정신착란의 징후가 보임.

1889년 이탈리아 토리노Torino의 카를로 아르베이또 광장에서 광기로 졸도. 바젤로 돌아와 정신병원에 입원.

1890년 어머니와 누이동생의 간호를 받으며 완전한 정신 붕괴 상태에서 10년을 보냄.

1900년 바이마르Weimar에서 죽음. 고향 뢰켄Röcken의 부모 곁에 묻힘.

니체에게

신의 죽음과 초인을 묻는다

철학자들 치고 누구 한 사람 예사로운 이가 있겠습니까만 당신은 그중에서도 유난히 특별한 느낌으로 다가오는 한 사람이라고 말할 수 있을 것입니다. 그런 특별함은 사람에 따라 긍정적인 것일 수도 있고 부정적인 것일 수도 있겠습니다만, 특별함 그 자체를 부인할 사람은 아마 없으리라고 봅니다.

니체, 당신은 분명히 대단한 사상가입니다. 내가 전공한 하이데거나 야스퍼스 같은 사람이 당신에 대해 쓴 책의 두께만 보더라도 그 점은 의심할 여지가 없습니다. 20세기 철학에 대한 당신의 강한 영향력을 부정할 사람도 아마 없을 것입니다. 당신은 진지하고 열정적인 수많은 젊은이들의 우상이기도 했습니다. 나 자신의 뜨거운 청춘에도 당신은 그런 모습으로 함께 있었습니다.

당신은 그 삶에 있어서부터 예사롭지가 않았습니다. 목사의 가정에서 태어나 자라면서 꼬마목사라는 말을 들었던 당신이 "신은 죽었다 Gott ist tot"나 "안티크리스트 Antichrist" 같은 말로 유명해진 것을 누가 예사롭다 할 수 있겠습니까. 일찍부터 천재성을 발휘하여 20대의 젊은 나이에 바젤대학의 교수가 된 것도 그렇습니다. (진위 논란이 있습니다만) 누이동생 엘리자베트와의 '수상한' 관계도 그렇습니다. 바그너에 대한 열광과 뒤이은 비난도, 그의 부인 코지마에 대한 부적절한 연모도, 루 살로메에 대한 어설픈 연정도, 파울 레와의 삼각동거도, 보통 사람들의 보통 삶과는 분명 달랐습니다. 단시간에 엄청난 분량과 내용을 지닌 저술들을 쏟아낸 것은 말할 것도 없고, 마침내 발광하여 토리노에서 쓰러진 뒤 정신병원에서 비참한 말년을 보낸 것도 또한 예사롭지가 않았던 것입니다. 그 발광의 원인이 매독균 때문이라는 설은 어쩌면 양념 같은 것일지도 모르겠습니다. 나는 당신의 그런 특이한 삶에서, 결코 안주하지 않는 어떤 역동성을 발견합니다.

어디 그뿐이겠습니까. 당신의 특별함은 무엇보다도 당신이 던져놓은 그 사상에서 여지없이 드러나고 있습니다. 나

독일로 부치는 철학편지

는 아직도, 당신의 대표적 저서 《차라투스트라는 이렇게 말했다*Also sprach Zarathustra*》를 처음 읽으며 그 힘에 넘치는 문장들이 마치 넘실거리는 파도처럼 내 정신의 한쪽 기슭을 세차게 때리던 대학 시절의 그 독특한 느낌을 추억처럼 간직하고 있습니다. 나를 포함한 수많은 젊은이들이 그런 느낌에 끌려 당신의 팬이 되어갔던 것입니다.

나는 그 문장들을 통해 전해오던, 거대한 권위에 대한 과감한 도전과 우리 인간들의 이 지상적 삶에 대한 전폭적인 긍정에 대해 어떤 전율 같은 것을 느꼈습니다. 그런 종류의 매력은 철학사 전체를 통틀어보더라도 결코 흔한 것이 아니었습니다. 당신은 "신은 죽었다"라는 말로 '모든 가치의 뒤집어엎음'을 획책했습니다. 그 밑바탕에는 전통적인 기독교 도덕을 '노예도덕*Sklavenmoral*'이나 '가축도덕*Heldenmoral*'으로 규정하고, '힘에의 의지*Wille zur Macht*'에 근거한 '주인도덕*Herrenmoral*'을 수립하고자 하는 엄청난 의도가 깔려 있었습니다. 그것은 권위로 화한 여호와와 예수에 대한, 그리고 기독교에 대한 일대 반역이었습니다. 당신이 아니고서야 그 누가 감히 그런 짓을 할 수가 있었겠습니까. 권위에 대한 도전이라는 사실만 보면 그것은 일단 '멋진' 것이 될 수 있었습니다. 하물며 그 대상이 최고의 권위인 '신'과 '신의 아들'이라면 더할 나위가 없는 일입니다. 적어도 그러한 도전정신에 대해서라면 지금도 나는 당신이 즐겨 사용하신 감탄부호를 몇 개씩이라도 찍어줄 수 있습니다. 아무런 기개도 가져본 적이 없는 듯한 작금의 한심한 젊은이들을 볼 때는 더욱 그렇습니다.

그러나 내가 진정으로 당신에 대한 지지를 느끼는 것은 무엇보다도 그 행간에서 드러나는 내용, 즉 삶에 대한 절대적인 긍정입니다. 당신은 그것을 대낮der Tag이나 대지der Erde라는 말로 상징하기도 했고, '운명애amor fati'라는 말로 표현하기도 했습니다. 결정적인 것은 《차라투스트라…》의 마지막 부분에 나오는 그 말, "아아 이것이 삶이었던가. 그렇다면 다시 한 번!War das das Leben? Wohlan! Noch Ein Mal!" 바로 그것이라고 할 수 있습니다. 생각해보면 이 지상에서의 우리 인간들의 삶은 참으로 가혹하기가 이를 데 없습니다. 우리는 영문도 모르고 태어나 자라나며 끊임없는 시련에 시달리다가 영문도 모르고 죽어갑니다. 소박한 욕망들조차도 만족에 이르기는 좀처럼 수월하지가 않습니다. 어렵게 뭔가를 이루었다고 해도 그것은 금방 지나가버리고 이윽고 늙고 병들며 마침내는 허망하게 죽음을 맞이해야 합니다. 그 삶에는 근원적인 허무nihil가, 절대적 가치의 무가치화가, 그 짙은 그림자를 드리우고 있습니다. 그것이 우리의 운명인 것은 분명합니다. 더욱이 그 허무한 삶은 끝없이 똑같은 모습으로 반복됩니다. 이른바 '동일자의 영원회귀ewige Wiederkunft des Gleichen', 노자는 이걸 '반자도지동反者道之動(되돌아옴은 도의 움직임)'이라고 말하기도 했죠. 다람쥐의 쳇바퀴, 뫼비우스의 띠 같은 끝없는 그 반복은 견디기 힘든 질곡일 수도 있습니다. 그러나! 그럼에도 불구하고! 바로 그런 운명조차도 당신은 있는 그대로 받아들이자고 말하는 것입니다. 나 역시도 그러한 제안에 동의합니다. 표현하기 힘든 그 어떤 비장한 심정으로….

그런데 그 삶을 살아가는 우리 인간이라는 것이 '끊임없이 초극되어야 할 그 무엇Der Mensch ist etwas, das überwunden werden soll'이라는 사실을 당신은 상기시켜 줍니다. … 그 점을 제대로 알고 실천해나가는 자, 즉 끝없이 자신을 넘어서 나아가는 자, 그가 바로 당신이 말하는 "초인Übermensch"인 것입니다. 당신은 차라투스트라의 입을 빌려 그 초인에 대해 가르치고자 합니다. 그는 '힘에의 의지'로 무장해 있고, '주인도덕'을 지니고 있으며, '아폴론적인 것das Apollonische'이 아닌, '디오니소스적인 것das Dionysische'에 의지하고 있습니다. 그런 그가 신이 떠나간 빈자리를 채워야 한다고 당신은 가르칩니다. 이러한 단어들에서는 힘이 넘쳐나고 있습니다.

하지만 니체, 나는 당신의 이런 걸출함을 인정하면서도

당신의 모든 것에 대해 무조건 박수만을 보낼 수는 없습니다. 그것은 무엇보다도 신에 대한 당신의 그 반역이, 비록 눈물겨운 인간성에 기초하고 있기는 하지만, 쉽게 동의할 수 없는 측면이 있기 때문입니다.

나는 당신의 사상에 강하게 끌리면서도 늘 그 어떤 기묘한 불편함을 함께 느끼고 있었습니다. 그런 사람들은 나 이외에도 적지 않다고 봅니다. 당신의·말대로 신이 죽고 니힐리즘이 문 앞에 서 있으며 초인이 새로운 깃발을 높이 쳐들었다고 한다면 이제 우리 인간의 삶은 그 깃발을 따라가기만 하면 되는 것인지… 아무래도 그것은 미덥지가 않습니다. 당신이 부정한 그 전통적 가치들은, 역사의 과정에서 비록 적지 않은 부작용들을 일으킨 것이 사실이지만, 그럼에도 불구하고 그것이 우리 인간의 부인할 수 없는 '절반'이라는 것은 엄연한 사실이 아닐는지요.

무엇보다도 기독교의 핵심에 있는 '창조'와 '사랑'이라는 것이 그렇습니다. 창조를 끌어들이지 않고는 우리가 살고 있는 이 세계에 대한 설명이 원천적으로 불가능합니다. 제대로 된 우리의 이성은 그 어떤 첨단과학의 설명으로도 만족할 수 없으며, 또한 설명 없이 내던져두는 것도 허락하지 않기 때문입니다. 창조는 세계현상에 대한 의문을 한칼에 해결해주는 기막힌 설명의 장치가 되어줄 수 있는 것입

독일로 부치는 철학편지

니다. 그것을 어찌 쉽게 포기할 수 있겠습니까. 그리고 사랑도 그렇습니다. 그것은 삶의 세계에 존재하는 엄연한 하나의 객관적 현상입니다. 현실 속의 기독교와 그 교회가 과연 그 사랑을 제대로 실천해왔는가 하는 점에 대해서는 얼마든지 반론의 소지가 있겠지만, 그렇다고 그 작지 않은 공적을 함부로 부정하는 것은 부당합니다. 그것은 하나의 상징으로서도 긍정적인 의의를 지닐 수 있는 것입니다. 드러나지 않은 채 사라져간 수많은 삶의 드라마에서는 사랑이 이룩했던 무수한 장면들이 있었습니다. 에이브러햄 링컨이나 오드리 헵번이나 마더 테레사 같은 이름들도 그런 장면의 한 부분에 있었습니다. 그들의 사랑은 분명 숭고한 그 무엇이었습니다. 당신이 비판하는 그 노예도덕과 가축도덕이 만일 단순한 '거세'가 아니라 사랑의 이름으로 맹수들의 공격을 따돌려주었다면 그것은 나름대로의 의미를 인정받는 것이 마땅합니다.

친애하는 니체, 당신이 만일 니체 대 예수라는 대결구도를 만들고 싶어했다면 그 양자는 분명 모순관계인 듯이 보입니다. 그러나 당신이 운명애로써 끌어안고자 하는 우리들의 이 대지의 삶은 애당초 모순투성이입니다. 그것은 모순으로 가득 차 있습니다. 그것은 해소될 수 없습니다. 그렇다면 우리 그 모순을 그냥 모순으로 남겨놓기로 합시다. 삶을 위해서는 니체도 있어야겠고 예수도 있어야겠습니다. 어떤 이에게는 예수가 필요하고 어떤 이에게는 니체가 필요할 것입니다. 같은 사람이라도 어떤 경우는 니체가 필요하고 어떤 경우는 예수가 필요할 것입니다. 당신이 아무리 죽음을 선언하더라도 신과 예수는 죽지 않습니다. 그것은 칼로 물이나 그림자를 베는 격이니까요. 사상으로서의 니체 역시 그렇습니다. 그러니 그냥 그렇게 계속 신의 죽음을 외치고 초인을 부르짖으십시오. 어느 쪽 깃발을 따라갈 것인지는 지금도 그리고 앞으로도 어차피 각자의 인간들이 선택할 문제가 아니겠습니까. 그런 생각으로 나는 지금도 당신과 당신의 주변을 물끄러미 지켜보고 있습니다.

독일로 부치는 철학편지

Gottlob Frege 1848–1925

"항상 논리적인 것과 심리적인 것,
객관적인 것과 주관적인 것을 구분하라."

"결코 한 낱말의 의미를 고립시켜서 묻지 말고
한 명제의 맥락 안에서만 물어라."

"결코 개념과 대상의 구분을 시야에서 놓치지 마라."

1848년 당시 공식적으로는 스웨덴-노르웨이 제국에 속해 있었지만 독일 통치 아래 있던 도시 비스마르Wismar에서 태어남(비스마르는 1908년에 공식적으로 독일 메클렌부르크Mecklenburg 주에 반환됨).

1869년 비스마르의 김나지움을 졸업.

1869년 예나Jena대학에 입학, 2년 후 괴팅겐Göttingen대학으로 전학.

1873년 사영기하학에 대한 논문으로 박사 학위 취득.

1879년 예나대학의 조교수로 임용.

1879년 《개념 표기법: 순수 사고의 산술적 형식 언어의 모형》을 출간. 이 책에서 술어 논리를 최초로 도입.

1884년 《산술의 기초: 수의 개념의 수리논리학적 탐구》 출간, 수의 개념의 심리주의적 정의를 비판.

1893년 《개념 표기법으로부터 유도된 산술의 기본 법칙 I》 출간.

1896년 예나대학의 정교수로 승진, 20여년 근무 후 은퇴.

1903년 《개념 표기법으로부터 유도된 산술의 기본 법칙 II》 출간.

1925년 메클렌부르크–포어포머른 주의 작은 마을 바트클라이넨Bad Kleinen에서 죽음.

프레게에게

논리주의를 묻는다

당신을 향해 붓을 들면서 나는 약간쯤 색다른 느낌으로 자세를 가다듬고 있습니다. 그것은 무엇보다도 당신의 철학적 관심이 수학 및 논리학이라는 다소 딱딱한 분야와 결부되고 있기 때문일 것입니다. 그것은 독일철학의 다른 경향들과 비교할 때, 조금 이질적인 인상을 줄 수도 있습니다. 무엇보다도 당신의 철학은 그 내용 면에서나 그 영향 면에서나 '분석철학' 내지 '영미철학'과 더 가까운 듯한 느낌이 있는 게 사실이기 때문입니다. 당신이 쓴 《개념의 표기 *Begriffsschrift*》, 《산술의 기초 *Grundlagen der Arithmetik*》, 《산술의 근본법칙 *Grundgesetze der Arithmetik*》 같은 저서의 제목만 보더라도 이미 그것이 드러납니다.

아닌 게 아니라 당신은 러셀, 비트겐슈타인, 카르납 등 그쪽 분야의 인사들과 더 인연이 깊었습니다. 러셀과는 서로 편지를 주고받으며 저 유명한 이른바 '집합의 역설'을 함께 고민하기도 했고, 비트겐슈타인은 당신을 찾아온 적이 있었고, 그 비트겐슈타인을 런던의 러셀에게 소개해 결과적으로 그의 진로를 바꾸어놓았으니 그것만으로도 당신은 현대 영미의 분석철학에 대해 결정적인 기여를 했다고 할 수 있을 것입니다. 또 카르납은 직접 당신의 강의를 들은 적도 있었지요.

하지만 그럴수록 나는 현대 독일철학에서 당신의 존재가 생략되어서는 안 된다고 생각했습니다. 조금만 생각해보면 금방 알 수 있는 일이지만, 철학과 수학 내지 논리학의 연관은 독일철학의 전통 중의 하나이기도 했기 때문입니다. 독일철학의 아버지로 평가되기도 하는 라이프니츠는 물론 대표적인 형이상학자이지만, 미적분의 발견자이기도 했고, 충족이유율과 '보편기호학'을 통해 논리학의 발전에 크게 기여하기도 했습니다. 뿐만 아니라 칸트는 《순수이성비판》의 서문에서 이미 수학 및 논리학에 대해 절대적인 신뢰를 보낼 뿐 아니라 그것을 형이상학 개조의 모델로 생각하고 있습니다. 종류가 조금 다르기는 하지만 헤겔이 자신의 관념론을 논리학으로 지칭했다는 것도 빠트릴 수 없는 대목입니다.

그뿐이 아닙니다. 사실 웬만한 철학도라면 기본적으로 다 알고 있는 사실이지만, 현대 영미 분석철학이라는 것이 케임브리지학파, 옥스퍼드학파와 더불어 독일어권인 이른바 빈학단Wiener Kreis(비엔나 서클)의 '논리실증주의Logischer Positivismus'를 그 한 축으로 해서 지탱되고 있다는 점을 생각해보면, 독일철학이 수학 및 논리학과 결부되는 것은 너무도 자연스러운 현상이라고 할 수 있을 것입니다. 아, 그리고 현상학의 창시자인 후설과 그 스승 브렌타노도 그런 범주에서 볼 수 있겠네요.

그런데, 프레게 당신은 그런 방향의 철학적 노력에서 일종의 선구적인 역할을 수행한 셈이니, 특별한 존재라고 아니 할 수 없을 것입니다. 나는, 비교적 일찍부터 천옥환, 이초식, 쿠로다 와타루黑田亘 같은 훌륭하신 선생님들로부터 당신에 관한 이야기를 들을 수가 있었습니다. 이른바 실존철학으로부터 철학에 입문한 나에게 수리철학, 논리철학, 분석철학, 과학철학 같은 이름들은 상당히 낯설고 부담스러운 것이 사실이었지만, 훌륭하신 선생님들 덕분에 그런 분야의 신선한 재미도 나름대로 맛볼 수 있었음을 다행스럽게 생각하는 편입니다.

내가 당신에 대해 특별한 흥미를 느꼈던 것은, 이른바 수학의 기초와 관련해서 거론되는 '논리주의Logizismus/[영]logicism'였습니다. '수학의 모든 기본 개념을 논리학의 개념으로 환원할 수 있다'고 보는 이 사상은, 수학에 대해 은근히 주눅이 들어있던 한 철학도의 입장에서는 반가운 것이 아닐 수 없었습니다. 당신은, '모든 순수 수학적인 명제 특히 순수 산술적인 명제들은 원칙적으로 순수 논리적인 명제에서 연역적으로 도출할 수 있으며, 아무리 복잡한 산술 명제도 여러 가지 단순한 논리적 명제로 구성된 생략된 표현에 불과하다'는 식으로, 말하자면 '수학에 대한 논리학의 우위'를 인정했습니다. 예컨대, 2+2=4라는 수학적 명제도 A=A라는 동일성 명제에서 연역된다는 식이었습니다. 그것은 아마도 수학의 기초개념들이, 막연한 상식과는 달리, 결코 자명한 것이 아니라는 그 한계의 인식에서 비롯되었을 것입니다.

이러한 논리주의의 입장은 당신이 《산술의 기초》에서 제시한 세 가지의 기본원리에서 구체화되고 있습니다. 즉 그것은,

1) 항상 논리적인 것과 심리적인 것, 객관적인 것과 주관적인 것을 구분하라.

2) 결코 한 낱말의 의미를 고립시켜서 묻지 말고 한 명제의 맥락 안에서만 물어라.

3) 결코 개념과 대상의 구분을 시야에서 놓치지 마라.

는 것인데, 이것들은 각각 충분한 근거가 있다고 나는 받아

들였습니다. 1)은, '이른바 심리주의와 형이상학의 주관적 오류가능성을 경계하고 한 세대에서 다른 세대로의 지식의 전수를 위해 언어의 객관성을 담보할 필요가 있다'는 것이고, 2)는, '어떤 것의 참과 거짓을 주장한다고 하는 언어 사용의 기본 목적을 담보하기 위해 그 기본 단위가 낱말이 아닌 명제(문장)임을 분명히 할 필요가 있다'는 것이고, 3)은, '한 명제에서의 주어와 술어라는 것이 수학에서의 독립변수와 함수의 관계처럼 그 논리적인 기능이 서로 다르기 때문에 고유명사와 개념어, 대상과 개념을 구별할 필요가 있다'는 것이라고, 그렇게 이해한 것입니다. 나는 이러한 사실에서 이미 강력한 논리적 지향을 발견합니다. 더군다나 나는 당신과 무관하게 이미 '명제' '문장' '판단' '주장'이라는 언어 형태의 중요성을 인식하고 있었고, 철학적 논의에서의 혼란을 피하기 위해 사실과 언어의 엄밀한 구별이 필요함을 스스로 강조하고 있었던 터라 당신의 이런 원리가 충분히 납득되었습니다.

내가 배운 바로는, 논리학이란 올바른 사고를 위해, 즉 어떤 주장·언명의 진위를 가리기 위해 유효한 추론, 판단, 개념을 검토하는 것이었습니다. 당신의 논의는 바로 그런 주제들과 연관되어 있는 것입니다. 그런 점에서도 당신의 철학은 이미 논리주의임이 분명합니다.

특히 유명한 논문 〈의미와 지시체에 대하여Über Sinn und Bedeutung〉에서 행한 '개념과 대상의 구분'이나 '의미와 지시체의 구분'은 대단히 흥미로운 것이었습니다.

1) 당신이 개념Begriff과 대상Gegenstand을 엄격히 구분하고자 한 것은, 그것이 '한 명제의 논리적 구조를 파악하기 위한 기본요소로서, 전통적 논리학처럼 이를 주어-술어 구조로 분석하는 것은 충분치 못할 뿐더러 오히려 오류의 소지가 있다'고 보았기 때문입니다. 당신은 개념과 대상의 위상을 서로 다른 것으로 파악합니다. 예컨대 그것은 수학에서의 함수Funktion/function와 독립변수argument처럼 서로 치환이 불가능한 것입니다. 그것들은 각각의 위치에서 각각의 역할을 수행함으로써 한 명제의 의미를 완전하게 드러냅니다. 그것이 구분되지 않을 때는 오류가 발생합니다. 이를테면 이런 것이 아니겠습니까? 예컨대 '로미오는 줄리엣을 사랑하고 있다'라는 명제의 경우라면, '줄리엣은 로미오에게 사랑받고 있다'라고 이를 치환해도 하나의 유효한 명제로서 성립됩니다. 그러나 '모든 사람은 누군가를 사랑하고 있다'라는 명제의 경우라면, '누군가는 모든 사람에게 사랑받고 있다'라는 식의 치환이 불가능합니다. 그것은 문법적으로는 올바르다고 할 수 있겠지만, 논리적으로는 오류임이 명백합니다.

전통적인 주어-술어 구조에서라면 술어에 올 수 있는 것과 주어에 올 수 있는 것의 치환이 가능했겠지요. 예컨대 a) '소크라테스는 사람이다'와 b) '사람은 죽는다' 같은 명제가 그에 해당할까요? 이런 명제들의 경우라면 그 형식적 구조가 동일하고 주어-술어의 치환이 가능합니다. 하지만 대상과 개념의 구조에서라면 명제 a)는 하나의 대상(소크라테스)과 하나의 개념(사람)으로 구성되는 데 반해 명제 b)는 두개의 개념(사람, 죽는다)으로 구성됩니다. a)에서는 대상이 하나의 개념 '아래' 위치하며 b)에서는 하나의 개념이 다른 개념 '안에' 위치합니다. 그러니 '개념과 대상'은 '주어와 술어'와는 엄연히 구별됩니다. 그 위상이 다르니까요. 따라서 주어와 술어가 뒤바뀔 수 있는 것처럼 개념과 대상이 뒤바뀔 수는 없는 것입니다. '개념과 대상은 한 명제가 그 의미를 온전히 드러내기 위해서 반드시 요구되는 상이한 위상의 두 요소'입니다. 그렇게 개념과 대상의 위상을 구별함으로써 당신은 대상에서 주관적인 요소를 제거하고자 했습니다. 주관적인 요소는 오직 개념 쪽에만 남겨두고, 객관적인 대상을 그 주관적인 개념과 대치시킨 것이죠. 그렇게 해서 '양화를 통한 외연논리로의 길'이 예비된 셈이기도 합니다.

2) 당신이 의미Sinn/sense와 지시체Bedeutung/reference를 군이 구분하고자 한 것은, 아마도 하나의 동일한 대상에서 그 지시하는 바, 즉 '지시체'는 같아도 그것이 주어지는 방식, 즉

'의미'는 여러 가지일 수가 있다는 통찰 때문이겠죠. 아닌게 아니라 동일한 대상에 대해 여러 가지 의미가 있을 수 있습니다. 예컨대 동일한 하나의 '금성'이 '새벽별'이기도 하고 '저녁별'이기도 한 것입니다. '숭례문'과 '남대문'과 '대한민국 국보1호'도 그렇겠지요. 당신은 이런 지시체, 의미, 관념 사이의 관계를 비유를 통해 보여주기도 합니다. 누군가가 망원경을 통해서 달을 볼 때, 달이 지시체이고 망원경 렌즈 내부에 투영된 그 달의 이미지가 의미이고 그것이 인간의 망막에 맺힌 것이 관념이라고. 머리에 쏙 들어오는 비유입니다. 따라서 의미는 인간의 주관적인 조건들에 대해 독립적으로 존재하는 객관적인 것이겠죠. 이런 구별은 "하나의 고유명사는 자신의 '의미'를 표현하고 자신의 '지시체'를 지시한다Ein Eigenname (Wort, Zeichen, Zeichenverbindung, Ausdruck) drückt aus seinen Sinn, bedeutet oder bezeichnet seine Bedeutung. Wir drücken mit einem Zeichen dessen Sinn aus und bezeichnen mit ihm dessen Bedeutung"는 설명으로 더욱 분명해집니다.

그리고 당신은 의미와 지시체의 이러한 구별이 고유명사에 대해서 뿐만 아니라 하나의 구Phase나 명제Sätze에 대해서도 적용된다고 설명합니다. 그렇게 '명제'의 구조 분석으로 눈길을 향하는 것은 당신의 학적 관심이 그 명제의 의미 즉 사유보다는 결국 진리 즉 그 명제의 지시체로서의 참과 거짓이라는 진리치Wahrheitswert eines Satzes als seine Bedeutung에 있기 때문이겠죠. 당신은 한 명제의 지시체 즉 참-거짓의 조건을 그 명제를 이루는 낱말들의 지시체들과의 관련을 통해서 살펴보려 했고 바로 그것을 위해 당신은 명제를 주어-술어가 아닌 개념-대상이라는 구조로 분석했던 것입니다. 이러한 작업을 통해 당신은 주관의 영향을 배제한 지시체 위주의 논리체계, 즉 엄밀한 외연 논리체계를 구축하고자 했던 것입니다.

친애하는 프레게, 당신이 수행한 엄격한 논리적 작업은, 당신 자신의 의도와 상관없이, 그 후의 분석철학에 대해 다대한 영향을 주게 되었습니다. 당신은, 명제의 문법적 타당성과 논리적 타당성의 불일치를 지적함으로써 일의적인 의미와 기능을 가진 객관적인 인공언어의 구성이라는 철학적 이상을 촉진하였고, 개념과 대상, 의미와 지시체를 엄격히 구별함으로써 언어의 의미론적 실상을 보다 충실하게 드러내주었으며, 수학에 대한 논리적 접근을 시도함으로써 논리학을 철학적인 문제 해결의 열쇠로 제시했습니다.

만일 사람들이 말하는 것처럼, 고대철학은 형이상학, 중세철학은 신학, 근세철학은 인식론, 현대철학은 의미론이라는 식으로 정리하는 것이 전적으로 부당한 게 아니라면, (물로 현대철학의 이런 규정은 아주 제한적이어야 합니다만) 마이클 더메트M. Dummett가 말하듯이 당신은 '현대철학의 장을 연 사람' '서양철학의 의미론화를 결정적으로 촉진한 사람'이라고 평가될 수도 있을 것입니다. 그것은 결코 작지 않은 영광임에 틀림없습니다. 나는, 비록 나 자신의 철학적 지향이 당신과는 사뭇 다른 것이기는 하지만, 그래도 당신의 논리학적 노력들이 진리에 대한 나름의 이해와 설명의 시도였다는 점에서 철학임을 인정하며, 그 성과에 대해 아낌없는 경의를 표하고자 합니다.

Sigmund Freud 1856-1939

"자아는 그 자신의 집에서 주인이 아니다."

"정신은 빙산과 같아서 그 7분의 1 정도만이 수면 위에 떠다닌다."

"이드가 있는 곳, 그곳에 에고가 있다."

1856년 오스트리아 제국의 프라이베르크Freiberg(현재 체코 공화국 프리보르Pribor)에서 유대계 부모님의 장남으로 태어남.

1860년 빈으로 이주.

1973년 빈Wien대학 입학.

1881년 논문 〈Über das Rückenmark niederer Fischarten(하급 어류종의 척수에 관하여)〉로 의학박사.

1882년 빈 종합 병원Wiener Allgemeinen Krankenhaus에서 의사 생활 시작.

1885년 파리 유학.

1886년 마르타 베르나이스Martha Bernays와 결혼. 그 뒤 자신의 신경과 진료소 개업.

1899년 《꿈의 해석》 출간.

1906년 융Carl Jung과 알게 됨.

1909년 초청으로 미국 방문. 윌리엄 제임스, 퍼트남과도 만남.

1917년 《정신분석 강의》 출간.

1930년 심리학과 독일어 문학에 기여한 공로로 괴테상 수상.

1938년 나치를 피해 오스트리아를 떠나 영국 런던으로 망명.

1939년 런던에서 구강암으로 죽음(주치의 도움으로 모르핀 자살).

프로이트에게

인간의 심층심리를 묻는다

당신이 나의 이 철학편지를 당연하게 받아주실지 의아해
하실지 조금 마음이 쓰이기는 합니다. 어쩌면 철학자들도
심리학자들도 모두 다 이러한 '철학자 취급'에 대해 이의를
제기할지 모르겠습니다. 오늘날 철학의 바깥에 심리학 혹은
정신분석학이라는 분야가 독립적으로 존재하고 당신이 그
최고 어른격이니 충분히 그럴 수 있을 거라고 나도 인정합
니다. 하지만 저 루터나 갈릴레이 같은 분도 철학자로 간주
하는 나로서는 도저히 당신을 철학자의 대열에서 제외할 수
가 없습니다. 인간과 세계에 관한 근원적 진실의 추구를 철
학으로 본다면, 당신은 분명히 철학자입니다. 더군다나 이른
바 현대철학이라는 것을 이야기하면서 만일 당신을 빠트린
다면 그 현대철학은 중요한 이빨 하나가 빠진 불구가 될 수
밖에 없을 것입니다. 현대 프랑스철학은 특히 그렇습니다.

조금 쑥스러운 이야기지만, 나는 이른바 성적인 호기심이 한창 왕성하던 고등학생 시절에 당신의 그《정신분석 입문*Vorlesungen zur Einführung in die Psychoanalyse*》과《꿈의 해석*Die Traumdeutung*》을 처음 접했습니다. 그때 히스테리니 정신분열이니 하는 이른바 정신질환이 제대로 이해될 턱은 없었지만, '무의식'이나 '이드-에고-수퍼에고' '리비도' '방어 기제' '에로스-타나토스' 등의 개념들은 이른바 학문의 맛을 느낄 수 있게 해주는 아주아주 훌륭한 음식들이었습니다. 당신의 존재는 철학의 역사에 뚜렷이 남은 위대한 발전의 한 걸음이었다고 지금의 나는 평가합니다.

당신의 가장 큰 공적은 무엇보다도 이른바 '무의식*das Unbewußte*'의 세계를 발견한 것이 아닐까 여겨집니다. 지금이야 누구나가 '무의식적으로…' 운운하지만, 사실 당신의 이전에는 그것이 완전한 비밀의 영역이었습니다. 그것은 이른바 콜럼버스 이전의 아메리카였고, 파스퇴르 이전의 세균과 같은 그런 것이었습니다. 그것은 또한 뉴턴 이전의 중력, 코페르니쿠스 이전의 지동, 다윈 이전의 진화 같은 그런 것이기도 했습니다. 어쩌면 수학에서의 '0'이나 '마이너스'의 의미에 필적할지도 모르겠습니다.

당신의 '정신분석*Psychoanalyse*'이 무시할 수 없는 설득력을 갖는 것은 무엇보다도 그것이 히스테리의 치료라는 의학적인 계기에서, 임상적인 과정에서 수행되었다는 것입니다. 거기서 당신은 "인간의 정신은 빙산과 같아서 그 7분의 1 정도만이 수면 위에 떠다닌다"는 사실을, 그리고 그 수면 아래에는 본인이 자각하지 못하는, 그리고 (마치 자율신경처럼) 본인의 뜻대로 되지 않는, 그 자체의 질서에 따라 움직이는 무의식이 작용하고 있다는 사실을 간파하고, 그것을 과학적으로 분석하고 체계화시켰던 것입니다.

한 가지 내게 특별히 흥미로웠던 것은 그 밑바탕에 역학적인 사고가 깔려 있다는 사실입니다. 당신은 일찍부터 헬름홀츠학파의 생리학자 브뤼케Ernst Brücke의 영향으로 역동적인 사고방식에 익숙해 있었다고 들었는데, 그로부터 역학의 법칙이 인간의 신체나 인격성에도 적용될 수 있겠다고 착안한 것이겠지요. 당신은 실제로 욕망의 가능적 상처에 대한 자기방어 기제Abwehrmechanismus로서, 10여 가지를 제시했습니다. 따님인 아나Anna Freud의 정리에 따르면 그것은, 1)억압Verdrängung : 드러나면 곤란한 욕망을 의식에 떠오르지 못하도록 억눌러버리는 것, 2)부인Verleugnung : 곤란한 상황을 사실대로 인정하지 않은 것(취조나 청문회의 단골 사례), 심지어는 백일몽이나 환상을 갖는 것, 3)투사Projektion : 자신의 욕망을 다른 사람의 것인 양 투영시키는 것, 4)동일시

Identifikation : 적대적 대상과 자기를 오히려 동일시함으로써 그 대상의 사랑을 얻으려는 것, 5)퇴행Regression : 안정적이었던 과거로 되돌아가고자 하는 것, 어린애짓이나 옛날타령, 6)고착Fixierung : 새로운 단계로의 이행이 두려울 때, 그것을 피하기 위해 일시적-영구적으로 그 발달을 중단시켜버리는 것, 피터팬-웬디 증후군, 7)반동 형성Reaktionsbildung : 애연가의 금연운동처럼 오히려 욕구의 반대행동에 적극 나서는 것, 혹은 '미운 자식 떡 하나 더 준다'는 것, 8)전위 Verschiebung : 종로에서 뺨 맞고 한강에서 눈 흘기는 격으로 불쾌함을 다른 사람에게 화풀이하는 것, 혹은 남을 원망하거나 남의 탓으로 돌리는 것, 9)합리화Rationalisierung :《이솝우화》의 배고픈 여우처럼 '저 포도는 어차피 시어 터져 못먹을 거야' 하고 합리적 이유를 둘러대는 것, 일종의 자기기만, 10)주지화(지성화)Intellektualisierung : 검시관, 간호사, 외과의사처럼 견디기 힘든 심적 내용을 지적으로 대상화-객관화시키는 것, 11)승화Sublimierung : 음악, 미술, 문학 등 사회적으로 공인된 예술을 통해 고통을 해소하고자 하는 것, 12)보상Kompensation : 욕망 실현이 어려울 때 실현이 가능한 다른 것을 통해 혹은 자식이나 제자 등을 통해 보상받으려는 것, 일종의 '꿩 대신 닭', 등입니다(요즘은 이밖에도 왜곡, 분리, 공격, 신체화, 행동화, 통제, 해리, 허세, 억제, 예견(대비), 이타, 유머

등도 거론되더군요). 이런 방위적 정신현상들을 다루며 당신은 심적 에네르기가 전환되는 역학적 법칙을 추구하는데, 바로 거기에, '인간이 하나의 에네르기체계이며 그 마음을 움직이는 힘이 단일하며 전환한다'라는 근본가정이 전제되어 있었다고 보입니다. 바로 그 힘이 인간 스스로도 자각하지 못하는 깊디깊은 마음의 심연에서 도도하게 흐르고 있다는 것을, 프로이트 당신은 우리에게 적나라하게 보여주었습니다. 그것은 철학적-심리학적 역학인 동시에 또한 의학인 만큼, 참으로 인상적이고 설득력이 있습니다. 자기의 욕망을 지키기 위한 무의식의 절박하고도 처절한 노력들이겠지요. 그것을 파헤친 날카로운 시선에 나는 탄복합니다.

뿐만이 아닙니다. 나는 지금도 고등학생 시절을 기억합니다만, 우리 인간의 인격성을 '이드Id'와 '자아Ego'와 '초자아Superego'로 3분하여 그 역학적 상호관계를 해명하는 것은 정말이지 흥미로운 것이었습니다. 당신의 설명에 따르면, 이드(혹은 에스Es)[5]는 원시적인 충동의 저장고로, 거기서는 오만가지의 비합리적-무의식적인 욕망들이 출렁이고 있습니다. 그것들은 끊임없이 본능적으로 쾌를 추구하고 고통을

---

5 'Id'는 라틴어, 'Es'는 독일어.

피하려는 쾌감원칙에 지배되고 있습니다. 이 정체불명의 욕망 덩어리를 그냥 '그것Es'이라고 이름 붙인 것도 나름대로 멋이 있었습니다. 그런데 당신은 이 '그것'이 신생아의 단계를 지나 성장하면서 알게 모르게 그 일부가 분화되어 '에고' 즉 '자아'를 형성하게 된다고 설명합니다. 그게 우리가 보통 '나Ich'라고 부르는 것이지요. 그 자아는 현실원칙에 따라 이제 욕구의 충족을 포기한다든지 다소간의 불쾌를 인내한다든지 하는 것을 배우게 됩니다. 그런데 또 그게 다가 아닙니다. 그 자아의 발달단계에서 우리 인간은 모종의 외적 제약들을 만나게 되는 것입니다. 예컨대 사회의 도덕적 규범, 이상, 금지 등이 그것인데, 그런 것들이 부모, 특히 아버지라고 하는 외적 권위를 통해 근원적인 욕망들에 제재를 가하게 되고 그것이 이윽고 내면화되어 내적 권위로 자리잡게 되는데, 그것이 다름 아닌 '초자아'라는 것입니다. 이게 우리가 보통 '양심'이나 '도덕'이라고 부르는 바로 그것이지요. 외적 권위의 내면화가 곧 도덕이라…, 참으로 흥미진진한 지적이 아닐 수 없었습니다.

다만, 그러한 초자아의 형성 과정에서 가장 유력한 요인으로 작용한다고 하는 이른바 오이디푸스 콤플렉스Ödipus-komplex에 대해서는 … 조금 고개를 갸우뚱하기도 했습니다. 그 발달과 억압을 당신은 이렇게 설명했었지요. 남자아이의 마음에는 어머니를 사랑하고 아버지를 미워하는 경향이 숨어 있는데, 이것이 (비록 모르는 상태이긴 하지만) 아버지를 죽이고 어머니와 결혼하여 아이를 낳는 저 그리스신화의 오이디푸스에게서 상징적으로 나타나 있다. 그런데 아이는 성장 과정에서 거세불안-거세공포를 느끼며 오이디푸스적 충동을 억제하고 오히려 어머니의 성적 대상이 되는 아버지를 모방하면서 초자아를 형성해나가게 된다. 그렇게 말입니다. 그렇다면 당장 여자아이의 양심은 어떻게 설명이 됩니까. 그것에 대한 당신의 견해가 어떤지를 나는 잘 알지 못합니다. 아무튼 여러 가지의 윤리학설을 배워서 알고 있는 나로서는 윤리-도덕이라는 것이 그렇게 심리학-정신분석학적으로 설명될 것이 아니라는 것만은 분명히 말해두어야 할 것 같습니다.

그런데 프로이트, 비단 나만이 아니라 대부분의 사람들이 당신에게서 느끼는 가장 큰 특징은 당신이 인간의 '성적인 문제'를 깊숙이 들여다봤다는 바로 그 부분이 아닐까 싶습니다. 당신은 인간의 가장 기본적인 충동력을 성적 에네르기라고 보며 그것을 '리비도libido'라는 특별한 말로 불렀습니다. 당신의 설명에 따르면 이 리비도는 맨 먼저 자신의 몸을 향하며, 이어서 타인에게로 향합니다. 그 발달의 세부 과정을 당신은 이렇게 설명합니다. 첫째는 구순기Orale Phase로,

출생에서 1세 반에 이르는 입과 입술로 쾌감을 느끼는 시기, 둘째는 항문기Anale Phase로, 1세 반에서 3세 정도까지의 항문 쾌감을 주로 하는 시기, 셋째는 남근기Phallische Phase로, 3세 에서 7세 정도까지의 남성 성기에 흥미가 집중되는 시기, 이 중 1과 2는 전 성기적 단계로 타인과 무관한 자기애적 감 정에 지배되며, 3의 경우 여자아이는 페니스선망으로 남성 에 대한 열등감이나 아버지에 대한 동경이 생겨난다. 남근 기가 끝날 무렵, 오이디푸스 콤플렉스가 억압되면서 리비도 의 쾌감 추구는 일시 중단된다. 그리고 넷째는 성적 잠재기 Latenzphase로, 7세 이후 12세까지의 이 시기에 성적 에네르기 가 승화되어 갖가지 정신적 활동력이 생겨난다. 그리고 다섯 째는 생식기Genitale Phase로, 12세 이후 성행위를 통한 리비도 의 충족을 추구하게 된다. … 그것이 당신의 대체적인 설명 입니다.

이에 대해 가타부타할 전문성은 나에게 없습니다. 다만 나는 당신의 이런 '시선'이 충분히 의미 있다는 점을 인정합 니다. 인간의 실제 삶에서 '성적인' 부분들을 배제한다면, 그 삶은 온전하게 설명될 수가 없습니다. 성은 삶의 분명한 진 실입니다. 아니 그 이전에 자연의 근본원리 중 하나입니다. 성스러운 질서인 셈입니다. 다만 나는 개인이든 사회든 성 이라는 문제를 은밀한 곳에서만 다루어서는 안 된다는 입장

　　　　　　　　　　독일로 부치는 철학편지

입니다. 전통적으로 그래왔고 지금도 그렇듯이 그러한 은밀함이 여러 가지 '문제들'을 야기하는 것입니다. 그런 점에서 나는 성과 관련된 저 엄청난 규모의 담론들이 오늘날 공공적인 자리에서 이루어지는 것을 바람직하다고 받아들입니다. 군이 쿠르베의 그림 〈세상의 근원〉이나 《노자》(도덕경)의 "곡신불사…"(골짜기 신은 죽지 않는다)를 들먹이지 않더라도, 성은 생의 근원이며 따라서 신성한 것이기도 합니다. 그것은 존재의 원리입니다. 그것은 결코 단순한 육체적-심리적 쾌락만의 문제가 아닌 것입니다. 그렇다고 육체적-심리적 쾌락을 폄하할 수도 없습니다. 성적 쾌락은 육체로서의 인간을 위한 축복이기도 합니다. 그 점에서 우리에게는 균형이 필요할 것 같습니다. 리비도의 밝은 면과 어두운 면을 함께 볼 줄 아는 균형.

프로이트, 당신의 정신적 능력은 참으로 탁월합니다. 당신은 만년에 이르러 쾌감원칙의 지배를 벗어나 또 다른 종류의 성향이 인간의 심층심리에 있음을 밝혀냅니다. 그것이 이른바 '파괴적 충동'입니다. 당신은 유아나 신경증 환자의 정신생활 속에서, 불쾌한 체험을 반복하는 '반복강박'의 경향이 있음을 발견합니다. 그로부터 당신은 에로스와는 독립된 죽음의 충동을 가정하게 됩니다. 바로 이 두 가지 본능,

에로스Eros와 타나토스Thanatos, 생과 사의 다툼이라는 시각에서 당신은 문명이라는 것을 바라보기도 합니다. 즉 문명의 발달은 인간의 근원적 충동에 대한 억압으로 시작되었는데, 그 진보 과정에서 억압은 강화되고 인간의 죄악감정은 심화되어간다는 것입니다. 이 죄악감은 에로스와 타나토스 즉 파괴충동과의 투쟁에서 생겨나는 것인데, 그 끝없는 투쟁으로 인해 인간의 문명은 파멸적인 위기로 나아가게 된다는 것입니다.

인간들의 행태를 보면 그러한 파괴충동을 쉽게 부인하기 힘들어 보입니다. 어쩌면 자살이나 각종 범죄나 전쟁 같은 것도, 그리고 무장조직의 테러 및 유적파괴도 그것과 무관하지 않은 것일지 모르겠습니다. 그런 것들을 생각해보면 어쩔 수 없이 마음이 무거워집니다. 당신의 철학은 애당초 유쾌한 것과는 거리가 있었습니다. 그러나! 어쩌면 바로 그러한 것이었기에 당신의 철학은 사람들에게 위력을 발휘할 수 있었던 게 아니었을까 싶기도 합니다. 당신이 보여준 것들은, 비록 어둡고 무겁기는 하지만, 결코 외면할 수 없는 우리 자신들의 깊은 진실이었기 때문입니다.

친애하는 프로이트, 당신이 떠난 이후 당신의 학맥을 이은 아들러A. Adler나 융C. Jung 등은 권력충동이나 집단적 무의식 같은 것을 주목하며 정신분석의 영역을 넓혀나갔습니다.

독일로 부치는 철학편지

그것은 이제 엄청난 세력으로 성장해 있습니다. 할 수 있다면 당신도 그들을 도와 심층심리학 내지 정신분석학이 개인뿐만 아니라 사회의 정신병들을 진단하고 치유하는 데도 기여할 수 있도록 부디 힘이 되어주시기를 바랍니다. 기대합니다.

Edmund Husserl 1859-1938

"문제 그 자체를 향하여!"

"본원적으로 부여하는 의식이 모든 인식의 권리원천이다."

"(현상학적 기술은) 모든 인식구성의 궁극적인 원천으로 되돌아가
그것에 물음을 던지려는 동기, 인식자가 자기 자신 및
자기가 인식하는 삶에 자기성찰을 가하려는 동기다."

1859년 당시 오스트리아 령 프로스니츠Proßnitz(현재 체코 남동부 프로스초프Prostějov)에 서 유대계 직물상의 아들로 태어남.

1876년 라이프치히대학에서 3학기 수학.

1878년 베를린대학에서 6학기 수학.

1881년 빈대학으로 옮김.

1882년 〈Beiträge zur Theorie der Variationsrechnung〉으로 빈Wien대학에서 박사학위.

1884년 2년간 베를린대학에서 브렌타노에게 배움. 그 영향으로 전공을 철학으로 바꿈.

1886년 할레대학으로 감.

1891년 《산술의 철학》 출간.

1900년 《논리학 연구》 제1권 출간.

1901년 교수자격 논문 〈Über den Begriff der Zahl(수 개념에 관하여)〉 완성. 괴팅겐대학 조 교수.

1906년 괴팅겐대학 정교수.

1907년 '현상학의 이념'에 대하여 강의.

1911년 《엄밀한 학문으로서의 철학》 출간.

1913년 《이덴》 제1권 출간.

1916년 프라이부르크대학 정교수.

1919년 하이데거가 그의 조교가 됨.

1929년 프라이부르크대학 정년퇴직. 파리에서 강연 활동.

1933년 나치에 의해 교수자격 박탈 및 활동 제한.

1935년 5월 7일 빈 문화 연맹의 초청으로 《유럽 학문들의 위기와 초월론적 현상학》강연.

1936년 《유럽 학문들의 위기와 초월론적 현상학》 출간.

1938년 프라이부르크에서 죽음. 벨기에 신부 헤르만 반 브레다Herman Leo Van Breda에 의해 극적으로 유고가 구출됨. 루뱅Leuven대학에 후설문고 설치.

후설에게

현상학적 환원을 묻는다

당신과 나의 첫 만남을 주선한 것은 이 나라에 현상학을 본격적으로 소개한 한전숙 교수님이었습니다. 나는 지금도, 그분이 쓰신 논문을 읽으며 당신의 그 어려운 개념들 사이를 곤혹스럽게 헤매던 대학 시절의 그 독특한 느낌을 기억하고 있습니다. 다행히 당시의 교과 과정에는 현상학이라는 과목이 있어서 나는 큰 기대를 했었는데 어찌된 영문인지 담당 교수님이 당신의 철학 대신 엉뚱하게도 헤겔의 '정신 현상학'을 강의하시는 바람에 나는 더 이상 당신에게 가까이 다가가는 것을 포기해야만 했습니다.

그러나 사람의 인연이라는 것은 참 묘한 것이어서, 뜻하지 않은 곳에서 그 끈은 다시 이어지게 되었습니다. 대학을 졸업하고 도쿄에서 대학원공부를 시작했을 때, 지도교수였던 와타나베 선생님이 때마침 당신의 《이덴*Ideen*》(순수 현상학과 현상학적 철학을 위한 구상들)을 세미나에서 다루었기 때문입니다. 그분은 그 책의 번역자이기도 했던 터라 수업은 치밀하기가 이를 데 없이 진행되었고 그것은 박사과정 때까지도 계속되어서 나는 철저한 현상학의 세례를 받을 수가 있었습니다. 일본의 대학원 수업이라는 것은 전적으로 교수에게 일임되어 있어서 매년 주제가 달라질 수 있고 더욱이 그분의 원래 전공이 하이데거였다는 것을 생각해보면, 내가 당신을 배울 수 있었던 것은 우연한 행운이었던 셈입니다.

뿐만이 아닙니다. 그 후 나는 당신이 몸담았던 프라이부르크대학에서 연구할 수 있는 기회를 얻었고, 우연하게도 당신이 마지막을 보냈던 집(Schöneckstraße 6)과 아주 가까운 곳에서 살게 되었습니다. 프라이부르크의 옛 거처(Lorettostraße 40)는 물론, 귄터스탈에 있는 당신의 묘소와 대학 교수회관 앞에 있는 당신의 추모석도 몇 차례 찾았던 것을 아마 당신은 모르시겠지요. 그때 나는 당신의 그 치열했던 학문적 노력과 성과들, 그리고 당신이 후계자로 지목했던 셸러와 하이데거가 각자 독자적인 행보를 했을 때 당신이 느꼈을 실망감, 유대인이라는 이유로 히틀러정권에 의해 교수자격을 박탈당하고 불행 속에서 생을 마감해야 했던 아픔 등을 생각하며 착잡한 심정에 빠져들고는 했었습니다. 그러나 후설, 이제 이 머나먼 한국에서도 당신을 추종하는 수많은 학자들이 현상학회를 결성하고 상당한 위세를 떨치고 있다는 것을, 그리고 한중일의 현상학자들이 긴밀하게 교류하고 있다는 것을, 그리고 그중 일부는 '의료현상학' 같은 새롭고 발전적인 분야를 개척하고 있다는 것을 당신이 아신다면 조금은 위안이 될지도 모르겠습니다.

친애하는 후설, 당신은 이른바 '현상학Phänomenologie'이라는 새로운 분야의 창시자로 알려져 있습니다. 그것을 통해 현대철학의 세계에서 무시할 수 없는 영토를 확보하고 있습니다. "문제 그 자체를 향하여!Zu den Sachen selbst!"라는 것을 표어로 내건 그 치밀하기 짝이 없는 학문적 노력은 당신의 표현대로 '엄밀한 학문으로서의 철학Philosophie als strenge Wissenschaft'을 수립하기 위한 것이었다고 정리할 수 있을 것입니다. 엄밀하다는 것, 학문이라는 것, 이 말들을 잘 곱씹어보면 거기에 당신의 철학적 지향이 농축되어 있음을 느낄수 있습니다.

그 기본적인 방향 설정은 당신의 학문역정이 엄밀성의 표본이라고도 할 수 있는 수학과 논리학 쪽에서 시작되었다는 것과 무관할 수 없습니다. 당신은 볼차노와 브렌타노의 계보를 잇고 있는 것입니다. 그리고 당신이 스스로의 학문적 노력을 "인식비판Erkenntniskritik"이라고 밝히는 것을 보면 역시 같은 것을 통해 철학의 학문성을 확보하고자 했던 칸트와도 무관할 수 없습니다. 이러한 노선이랄까 지향은 사실 우리 한국인의 성향으로 보면 상당히 낯선 감이 없지 않은 것입니다. 하지만 그럴수록 이제 이런 것을 비켜가서는 안 된다고 나는 학생들을 설득하고 있습니다.

그런데 그 과정을 들여다보면 참으로 감탄스러운 바가 없지 않습니다. 당신이 《산술의 철학*Philosophie der Arithmetik*》과 《논리학 연구*Logische Untersuchungen*》의 치밀한 분석을 거쳐 당시의 이른바 심리주의를 극복하면서 도달한 핵심은 이미 유명할 대로 유명해진 바로 그 '현상학적 환원phänomenologische Reduktion'(1905년 착상, 1907년 공표)이라고 말할 수 있을 것입니다. 《현상학의 이념*Idee der Phänomonologie*》과 《이덴》에서 본격적으로 전개되는 그 내용을 나는 대략 이렇게 이해했습니다.

당신은 무엇보다 먼저 이른바 '자연적(자연주의적) 태도'와 '철학적(현상학적-초월론적) 태도'를 구별합니다. 자연적 태도는 말하자면 모든 일상적-과학적 인식이 그 인식을 넘어선 초월적 존재자를 '있다'고 단정하는 것, 다시 말해 인식하는 그 주체에 진정한 의미로 주어져 있지 않은 대상이나 사태를 무반성적으로 그냥 '있다'고 단정해버리는 것을 일컫습니다(이것을 당신은 '일반적 정립' 또는 '세계정립'이라고도 불렀지요). 그것이 온갖 학문적 혼란 내지 논란의 원천이 될 수 있기에 당신은 그것을 배제하고자 하는 것입니다. 그와 더불어 전통적인 학문적 권위에 대한 무비판적 의존도 배제의 대상이 됩니다. 그러한 온갖 선입견의 배제, 바로 거기서부터 현상학적 환원은 시작됩니다. 그러나 이러한 배제는 완전한 무시가 아니라 당신의 표현대로 "판단 중지Epoche"이며 "유보Vorbehalt"이며 "괄호 치기Einklammerung"이며 "스위치 끄기Ausschaltung"입니다. 참으로 절묘한 단어들을 찾아냈다고 나는 감탄한 적이 있었습니다.

아무튼 그러한 배제를 수행한다면 거기에 이른바 '현상학적 잉여Residuum'로서 남게 되는 것이 있습니다. 그것이 바로 '의식Bewußtsein'이라고 당신은 생각합니다. '초월론적 자아'라고도 부르는 그 의식, '순수의식'을 당신은 주목하는 것입니다. 이미 데카르트가 알려주었듯이 이 의식이라는 것은 자기 자신이기 때문에 자기가 자기를 보는 것은 명증성Evidenz을 갖습니다. 더군다나 이 의식이라는 것은 당신이 스승 브렌타노에게 배운 대로 '지향적intentional'인 것입니다. 즉 의식은 애당초 반드시 '…에 관한 의식Bewußtsein von etwas'이라는 것입니다. 반드시 상관자를, 즉 내용을 갖는다고 하는 이 의식의 지향성Intentionalität 내지 그 내용의 소여성Gegebenheit이 바로 인식의 정당성을 보장해주는 것입니다. 그것을 당신은 "본원적으로 부여하는 의식은 모든 인식의 권리원천이다"라고 말했고, 그리고 이것이 "모든 원리 중의 원리"라고 규정했습니다.

좀 더 엄밀하게 말한다면 그 의식에는 의식작용인 노에시스neosis와 의식내용인 노에마noema라는 두 측면이 있습니다. 이런 언급은 마치 상분相分, 견분見分, 자증분自證分, 증자증분證自證分이라는 식으로 의식을 세분하는 불교의 유식론을 연상시키기도 합니다. 육안으로는 볼 수 없는 인간의 정신세계를 당신은 현상학적인 눈으로 꼼꼼히 들여다보고 있는 것입니다.

당신이 의식이라는 것을 주목하는 것은 그것이 무한한 내용으로써 충전되는 체험류이며 그것에는 주어지는 대상이 있으며, 특히 거기서 '정신적 대상' '이데아적인 것' '형상적인 것' '의미' 나아가 '본질Wesen'이라는 것이 보여지기 때문이기도 합니다. 그것은 이른바 '자유변경freie Variation'이라는 과정을 거칩니다. 즉 특수한 개별적 체험들을 이리저리 변경해보는 것입니다. 그 결과 변하지 않는 본질적인 것이 드러나게 됩니다. 당신이 '형상적 환원eidetische Reduktion'이라고 부르기도 하는 바로 그 과정을 거치며 이른바 '본질'이 확보되고 '본질직관Wesensanschauung'이 이루어지는 것입니다. 그것을 당신은 '현상학적 기술phänomenologische Deskription'이라고 표현하기도 합니다. 그것은 의식이 자기 자신을 말하는 것이기 때문에 '초월론적transzendental'이라고 일컬어집니다. 이것은 "모든 인식구성의 궁극적인 원천으로 되돌아가 그것에 물음을 던지려는 동기, 인식자가 자기 자신 및 자기가 인식하는 삶에 자기성찰을 가하려는 동기"에서 비롯된 것이라고 당신은 설명합니다.

극단적으로 단순화시켜 말하자면 이렇습니다. 우리가 모든 문제의 소지들을 배제하고 우리의 의식을 들여다볼 때 거기서 '무엇이 무엇이다' '무엇이 어떻다' 하는 그 무엇의 본질이 있는 그대로 가장 순수하고 엄밀하게 드러날 수 있다는 것입니다. 그것을 이른바 초월론적 태도로서 '본다'는 것, 순수하게 기술하는 것, 말하는 것, 그것이 바로 당신이 추구했던 현상학인 것입니다.

그런데 후설, 어쩌면 당연한 것이지만 당신의 이러한 현상학적 환원은 이른바 독아론이라는 비판을 피하기 어려운 측면이 있습니다. 의식의 단단한 껍질에 싸여 한 발짝도 그 밖으로 나올 수 없는 것이 아니냐는 것입니다. 실제로 그런 취지의 비판이 당신에게 가해지기도 했습니다. 그래서 당신은 《위기Krisis》(유럽 학문들의 위기와 초월론적 현상학)를 통해 그 오해를 불식시키고자 했습니다. 그 변론의 핵심이, 바로 '상호주관성Intersubjektivität'과 '생활세계Lebenswelt'라고 나는 파악했습니다. 즉 의식은 결코 고립된 나만을 의미하는 것이 아니라 신체를 지닌 '타아'를 포함하는 상호주관성으로, 그것은 결코 이른바 세계와 단절된 것이 아니라 근원적으로 세계와 연결된 것이며 그 세계란 곧 우리가 실제로 살고 있는 생활세계라는 것입니다. 이러한 정리는 당신의 그 복잡한 논의의 여러 계기들을 지나치게 단순화시켰다고 당신은 아마 불만이시겠지만, 그 기본취지는 크게 어긋나지 않을 것입니다.

그런데 후설, 나는 당신의 철학적 훌륭함을 누구 못지않게 잘 알면서도 당신의 뒤를 따라가지는 않고 있습니다. 거기에는 나름대로의 이유가 있습니다. 나는 철학이라는 것을 인간과 세계에 대한 근원적이고도 포괄적인 이성적 설명의 시도라고 이해하고 있는데, 철학의 역사를 공부해보면 묘하게도 두 가지의 서로 다른 경향이 뒤엉켜 있음을 발견하게 됩니다. 그 하나는 인간 쪽에 중심을 두고 그것을 설명하려는 일종의 '주관주의'이고 다른 하나는 세계 쪽에 중심을 두고 설명하려는 일종의 '객관주의'라고 할 수 있습니다(이 두 가지는 개인들에게서도 발견되는데, 예컨대 내가 죽고 없으면 세계는 있는가 없는가 하고 물어보면 사람에 따라 그 대답이 확연하게 다름을 알 수 있습니다. 내가 없으면 세계도 없다는 사람과 내가 없어도 세계는 있다는 사람이 있는 것입니다. 전자의 입장이 말하자면 주관주의이고 후자가 객관주의인 것입니다). 당신의 현상학은, 말하자면 철저하게 주관주의에 입각한 철학이라고 할 수 있습니다. 당신이 아우구스티누스-데카르트-버클리-흄-칸트 등을 주시하는 것만 보아도 그것은 명백합니다. 그런데 내가 추구하는 것은 헤라클레이토스-파르메니데스-라이프니츠-헤겔-하이데거 등과 같은 객관주의인 것입니다. 이른바 '브리타니카 사건'에서도 알 수 있듯이, 당신이 하이데거와 틀어질 수밖에 없었던 것은 무엇보다도 그런 노선상의 차이가 있었기 때문입니다.

하지만 잘 생각해보면 이 두 가지가 서로 모순인 것은 아닙니다. 우리는 하나의 구별을 통해 대립과 다툼을 피해갈 수가 있습니다. 즉 주관주의자의 세계는 어디까지나 '나에게 있어서의 세계'이며, 객관주의자의 세계는 '세계 그 자체'라는 것을 엄밀히 구별하고 서로 그 다름을 인정하면 되는 것입니다. 어차피 이 둘은 서로 병행하게 되어 있습니다. 인정하지 않는다고 달라지지도 않습니다. 그래서 나는 당신의 철학에 대해 '쓸데없이 번쇄하기만한 헛수고'라고 비판하지 않고 그것을 그냥 그대로 놓아두는 것입니다. 철학을 위해서는 인식론도 그리고 존재론도 다 필요하며 그것은 제가끔 자신의 고유한 의미를 지니기 때문입니다. 주관주의적 인식론을 위해 큰 업적을 이룬 당신에게 나는 한 사람의 객관주의적 존재론자로서 삼가 정중한 경의를 표하는 바입니다.

Max Scheler 1874-1928

"현대의 인간은 자기가 무엇임을 도무지 모르며
또 모른다는 것을 안다."

"자유로운 본능의 제어가 인간을 인간이게 만드는 정신이다.
세계개방성은 삶과 대면하는 원리로서 필요한 정신이며
그와 동시에 외부로부터 진화의 과정에 개입되어왔고
그래서 바로 신에게 연결되어 있다."

1874년 독일 뮌헨München에서 루터교인 아버지와 정통 유대인 어머니의 아들로 태어남 (하지만 스스로는 가톨릭 교도가 됨).

1893-1895년 뮌헨대학, 베를린대학, 예나대학에서 의학, 철학, 심리학, 사회학 등을 수학.

1899년 예나대학에서 논문 〈Die transzendentale und die psychologische Methode(초월론적 방법과 심리학적 방법)〉으로 교수자격 취득.

1901년 모교 예나대학에서 강사 시작. 후설을 알게 되고 현상학에 가담.

1907년 뮌헨대학에서 다시 교수자격 취득. 테오도르 립스나, 가이거, 팬더, 라이나하 등의 현상학자와 사귐.

1910년 뮌헨대학의 사강사를 사직. 괴팅겐과 베를린에서 재야 학자로 연구.

1913-1916년 《윤리학에 있어서 형식주의와 실질적 가치윤리학》 저술.

1917-1918년 제네바와 헤이그에서 활동.

1921년 쾰른대학의 교수가 됨. 《가치들의 전도에 관해》 저술.

1925년 《지식의 여러 형식과 교양》 저술.

1928년 프랑크푸르트대학의 교수가 됨. 《우주에서 인간의 지위》 저술. 프랑크푸르트에서 죽음.

1929년 《철학적 세계관》 출간.

셸러에게

인간의 지위를 묻는다

요즈음은 사람들로부터 당신의 이름과 철학을 듣는 일이
조금 드물어진 것 같습니다. 그것은 당신의 앞과 뒤를 장식
한 후설과 하이데거가 여전히 성업 중인 것과 묘한 대비를
이루기도 합니다. 하지만 당신이 이른바 현대철학의 흐름
속에 남긴 발자취는 결코 쉽게 지워질 수 있는 것이 아니라
는 게 나의 생각입니다.

내가 당신을 알게 된 것은 보통의 철학과 학생들과 마찬
가지로 현대철학 과목을 통해서였습니다. 수업과 시험을 거
치면서 나는 당신이 1901년에 후설을 만나 현상학에 가담했
고 그 수제자로 지목을 받았으나 이윽고 그 그늘을 벗어나
자신의 독자적인 길을 걸어감으로써 후설을 실망시켰다는
것, 그리고 자신의 길을 걸으며 이른바 '가치윤리학'과 '지
식사회학'과 '철학적 인간학'이라는 분야를 열었다는 것, 등

을 알게 되었던 것입니다. 그런 것들은, 죄송하지만 특별히 인상적인 것은 아니었습니다. 그런데 내가 당신을 뚜렷하게 기억할 한 가지 계기가 우연하게 주어졌습니다. 그것은 내가 훗날 하이데거를 전공하게 되면서 알게 된 그와 당신의 에피소드 때문이었습니다. 당신은 잘 기억하시겠지만, 하이데거는 뒤늦게 마르부르크대학에 자리를 잡은 뒤 오래지 않아 정교수 승진의 기회를 얻었는데, 10년간 뚜렷한 업적이 없다는 이유로 승진이 거부된 사건이 있었더랬죠. 그때 하이데거는 그 유명한 《존재와 시간》을 집필 중이었는데, 부랴부랴 그 미완성본을 제출했지만 결과는 마찬가지였습니다. '불충분'하다는 구실이었지만 사실은 당시 교육부 장관이 만케라는 인물을 염두에 두고 있어 하이데거가 밀린 것이었습니다. 어처구니없는 일이었지요. 그때 바로 당신이 그 사정을 듣고 베를린으로 올라가 장관에게 따졌던 것입니다. "당신이 두고두고 망신을 당하고 싶다면 하이데거의 코앞에 만케를 세워도 좋다"고. 당신의 그 말에 장관도 어쩔 수 없어 승진을 허락했다는 이야깁니다. 비단 나뿐만 아니라 많은 사람들이 이 이야기를 통해 인간적으로 '멋진 셸러'를 발견했던 것입니다.

그것이 결정적인 계기가 되긴 했지만 그게 다는 아니었습니다. 나는 그 후 강단에 서면서 당신이 만년에 전개한 그

'철학적 인간학Philosophische Anthropologie'이라는 것이 나름대로 상당한 매력이 있다고 느꼈던 것입니다. 물론 그 특유의 아카데믹한 느낌이 썩 내키는 것은 아니었지만….

아무튼 당신은 거기서 '인간이란 무엇인가'라는 문제를 정면으로 제기하였고 이 물음에 대한 충분히 만족할만한 대답이 주어져 있지 않다고 진단하면서 철학적인 인간학의 수립이 필요하다고 역설했었지요. "우리 시대가 유례없이 긴급하게 그 해결을 요구하고 있는 철학적 과제가 있다면 그것은 철학적 인간학이다. … 현대는 거의 1만 년의 역사에 있어서 인간의 여지없이 문제적이게 된 최초의 시대다. 이 시대의 인간은 인간이 무엇인지를 도무지 모르며, 동시에 모른다는 것을 안다"라고 말입니다. 애당초 철학이라는 것이 인간과 세계에 대한 근원적이고도 포괄적인 이성적 설명의 시도라고 생각하는 나로서는 그러한 문제제기 내지 방향설정에 공감하지 않을 수 없었던 것입니다. '옳거니, 제대로 묻고 있군.' 그게 나의 인상이었습니다.

《인간과 역사》라는 글에서 당신은 인간에 대한 인간 자신들의 전통적 자기이해를 다섯 가지로 정리해 설명해주었습니다. 이른바 '종교적 인간'과 '이성적 인간'과 '공작인'과 '디오니소스적 인간'과 '초인'이 그것입니다. 언뜻 들으면 지극히 교과서적인 느낌 그 자체입니다. 당신 자신이 충분히 만족할만한 설명을 해주지도 않았습니다. 그러나 나는 문득 그런 생각이 들었습니다. 이런 말들은 우리에게 아주 익숙하게 들리는 말들이 아닌가. 그것은 그저 우연일까? 아니면 거기에는 그만한 어떤 이유가 있는 것이 아닐까…. 그래서 나는 '작정을 하고' 이 말들의 의미를 한번 음미해보았습니다. 그랬더니 역시… 그것은 그저 우연히 내뱉은 말이 아니었습니다.

'종교적 인간homo religiosus'이라는 말은 물론 기독교를 염두에 둔 것입니다. 기독교는 인간을 절대자 하느님의 피조물ens creatum로 규정하고 있습니다. 아닌 게 아니라 우리는 결과물인 우리 자신에 대해 그 어떤 기여도 한 바가 없습니다. 우리는 철저하게 '만들어진' 존재입니다. 더욱이 인간은 어디까지나 하느님의 '좋으심'에 봉사하기 위해서 만들어진 존재입니다. 그런데 그 인간은 하느님의 명을 어기고 선악과를 따먹어 에덴동산에서 추방당하고 남녀 모두 '고생'의 형벌을 받게 된 '죄인peccator'의 신세가 된 것입니다. 더구나 아담과 이브의 자식인 카인은 시기심으로 아우 아벨을 죽임으로써 그 죄가 세습되게 되었습니다. 하지만 하느님은 사랑과 자비의 존재이시라 죄인인 인간을 '구원의 대상'으로 삼으십니다. 그래서 자신의 아들인 예수 그리스도를 인간의 몸으로 세상에 보내시어 그 죄를 대속하게 하신 것입니다. 그런 점들을 생각해보면 인간은 철두철미 그리고 시종일관 하느님을 향한 존재, 혹은 하느님의 하느님에 의한 하느님을 위한 존재인 것입니다. '종교적 인간'이란 당신의 말에는 이 모든 뜻이 다 내포되어 있다고 나는 해석했습니다. 물론 이런 인간규정은 유럽 내지 서양이라는 세계에 국한된다고, 따라서 온전한 것이 못된다고 우리 아시아 내지 동양 세계의 사람들은 항변할 수도 있습니다. 하지만 오늘날 전 세계를 뒤덮은 서구화의 물결을 생각해보면, 특히 세계화된 기독교의 현실적 영향력을 생각해보면, 세계의 그 어느 구석에서도 인간은 이 기독교적 인간규정에서 완전히 자유로울 수는 없는 것입니다. 뿐만이 아닙니다. 현상론적으로 보더라도 우리의 삶 자체가 이미 형벌입니다. 우리의 삶은 그토록 힘겹습니다. 저 불교에서 알려주는 2고 3고 4고 8고 그리고 108번뇌가 모두 형벌과 같습니다. 형벌이란 죄에 대한 형벌입니다. 그렇게 뒤집어 읽어보면 우리 인간이 죄인이라는 이 종교적 규정은 부인할 수 없는 진실성을 분명히 띄고 있습니다. 동서고금을 막론한 우리 인간의 '기도' 현상도 우리가 근본적으로 종교적 존재임을 뒷받침합니다.

'이성적 인간homo sapiens'이라는 것도 그렇습니다. 아리스토텔레스의 이른바 내포적-본질적 정의에 따라 인간은 이성적 동물로 규정되었습니다. '이성'이 인간에게 가장 고유한 '종차'라는 것입니다. 물론 그것만으로 인간이 온전하게 설명될 수는 없는 노릇이지만, 그것이 핵심 중의 하나임을 부인할 수도 없습니다. 굳이 데카르트와 칸트를 원용하지 않더라도 이성이라는 특별한 능력이 우리 인간에게 선천적으로 주어져 있음은 우리 스스로의 정신에 의해 어렵지 않게 확인할 수 있습니다. 바로 그 이성이라는 것이 인간을 인간답게 만들어주는 것입니다. 그것의 작용과 성과에 대해서는 물론 적지 않은 논란이 있을 수 있겠지만, 적어도 그것이 인간들의 삶에 질서와 품위를 유지해주고, 그리고 무엇보다도 그것이 철학을 포함한 이른바 학문이라는 것의 성립과 발전에 기여했다는 것, 특히 수학과 과학 그리고 기술과 산업의 발달이 (그리고 윤리-도덕-정의도 또한) 이성적 사고의 결과물이라는 것을 함부로 부인할 사람은 없을 것입니다. 이러한 것들이 우리 인간들의 삶에서 차지하는 크나큰 의미를 조금이라도 진지하게 생각해본다면 우리는 결코 이 이성적 인간규정을 가볍게 볼 수 없을 것입니다.

'공작인homo faber'이라는 것은 손과 도구를 이용해서 무언가를 만들며 일하는 존재라는 우리 인간의 모습을 보여줍니다. 이는 다소간 우리 인간의 존엄성과 거리가 있는 듯한 인상을 줄 수도 있지만 결코 그렇지 않습니다. 다른 동물들의

독일로 부치는 철학편지

경우와 비교해보면 그 의의가 확실히 드러납니다. 예컨대 우리는 개미나 벌이나 새들이 집을 짓는 것을 보고 신기해하며 대단하다고 평가하기도 합니다. 그런데 우리 인간은 어떻습니까. 그런 것들과는 애당초 비교도 될 수 없는 고도의 능력을 지니고 있는 것입니다. 나는 태어나 처음 배라는 것을 타고 바다 한가운데에 나갔던 일과 태어나 처음 비행기라는 물건을 타고 하늘을 날았던 일을 생생하게 기억하고 있습니다. 그때의 느낌은 '와아, 인간이라는 존재는 정말 대단하구나, 이 엄청난 물건을 만들어내다니…' 하는 감동이었습니다. 그것은 내가 처음으로 뉴욕의 맨해튼 한복판에 서서 까마득한 빌딩의 숲을 올려다볼 때도 그리고 중국의 만리장성에 올라 그 거대한 규모에 압도될 때도 비슷했습니다. 그런데 어디 그뿐이겠습니다. 인간이 만들어낸 엄청난 성과물들은 지금 이 지구를 가득 채우고도 모자라 우주에까지도 떠다니고 있습니다. 그것을 어찌 주목하지 않을 수 있겠습니까.

'디오니소스적 존재der dionysische Mensch'라는 것은 인간의 숭고함과는 오히려 반대되는 모습인 것도 같습니다. 하지만 인간의 실상을 파악하는 것이 과제라면 결코 여기에서 눈길을 돌릴 수는 없겠다고 나는 깊이 공감하면서 당신의 이 지적을 읽었습니다. 니체는 이 점을 확실히 부각시켜주었습니다. 생각해보면 우리 인간에게는 분명히 충동적이고 감정적인 면모가 있습니다. 인간은 기도하고 사고하고 만드는 존재일 뿐 아니라 또한 그에 못지않게 아니 그보다 더욱 근원적으로 '술 마시고 노래하고 춤을 추는' 존재이기도 한 것입니다. 나는 그러한 감정적 충동이 이른바 문화의 원동력이라고 평가합니다. 에로스적 사랑도 또한 이러한 범주에서 생각될 수 있습니다. 그러한 것들을 제거한다면 인간은 이미 인간이 아닌 것입니다. 디오니소스적 인간은 인간의 적나라한 진실입니다. 만약 그렇지 않다면 당장 오늘밤 이 지구상의 절반 이상의 조명이 꺼지고 인간의 세계는 딱딱한 돌멩이가 되거나 푸석푸석한 흙덩이가 되고 말 것입니다.

'초인Übermensch'이란 다분히 니체를 의식한 말이겠지요. 그렇습니다. 니체의 지적대로 우리 인간은 끊임없이 초극되어야 할 그 무엇임이 분명해보입니다. 사람들은 누구나 자기 자신에 대해서도 다른 사람에 대해서도 '이만하면 됐다'고 만족하지 못합니다. 나 역시도 그렇습니다. '본질적으로 모자라는 존재'가 바로 우리 인간인 것입니다. 그런데 참으로 묘한 것이 우리 인간은 끊임없이 현재의 자기를 넘어서고자 하는 지향성을, 후설이 말한 의식의 지향성과는 다른 '의지의 지향성'을 지니고 있는 것입니다. 힘에의 의지도 그것의 한 측면입니다. 그런 점을 생각해보면 초인이란 비단 니체의 이념일 뿐 아니라 인간 자신의 한 본질규정이라고도 말할 수가 있는 것입니다. 그런 초극의 의지가 없었다면 아마도 지금의 인간은 10만 년 전과 전혀 다를 바가 없겠지요.

친애하는 셸러, 그러니까 당신의 지적들은 무엇 하나 빗나가는 것이 없습니다. 우리는 그것들을 충분히 수긍할 수 있습니다. 그러나 이것들은 어디까지나 전통적 인간이해의 정리일 뿐입니다. 정작 당신 자신의 고유한 견해는 어떤 것이지요? 궁금하지 않을 수 없습니다. 나는 그것을 '정신'과 '인격'이라고 읽었습니다. 그것이 셸러의 셸러다운 모습입니다.

당신의 말들을 종합적으로 읽어보면 당신은 인간을 '정신Geist' 내지 '인격적 존재Person'로 규정하고 싶어하는 것이 분명해 보입니다. 정신은 이성의 개념을 포함하며, 직관도 포함합니다. 그리고 그 중심에 '인격'이 있습니다. 당신은 인격이라는 것을 "순수한 활동성이며 대상에 관련하는 지향적 작용을 수행하는 핵이며 개별적-구체적인 본질존재자"라고 이해합니다. 그것은 이른바 가치의 세계와 본질적으로 연관되어 있습니다. 당신은 가치들이 위계질서를 이루며 성립된다고 봅니다. 맨 아래에 '감각적 가치들sinnliche Werte'이 있고, 그 위에 '생명적 가치들vitale Werte'이, 다시 그 위에 '정신적 가치들geistige Werte'이 있고, 맨 위에 '종교적 가치들heilige Werte'이 있다고 당신은 설명합니다. 다른 기준들도 얼마든지 있을 수는 있지만…, 일단 수긍하겠습니다. 그런데 이 가치들은 형식주의적으로 파악될 것이 아니라 감정이나 호오 즉 애증에 의해 전개되는 '실질적인' 가치직관으로 성립되며, 그러한 가치감정의 한가운데서 사는 자, 즉 그 작용중심이 바로 '인격'이라고 당신은 생각한 것입니다.

당신의 그 많은 논의들을 일일이 짚어보지 못하는 것은 유감입니다만, 인간을 가치지향적 인격으로 보고자 하는 이 윤리적-가치론적 인간규정은 진지하게 고려되어야 할 주제 중의 주제라고 나는 목소리를 높이고 싶습니다. 왜냐하면 인격이라는 이 말은 그 근원적인 숭고함에도 불구하고, 오늘날 마치 오래된 흑백사진처럼 빛이 바랜 채 점점 사람들로부터 잊혀가고 있기 때문입니다.

친애하는 셸러, 그 옛날 당신이 하이데거를 위해 베를린의 교육부 장관을 나무랐던 것처럼, 이제 부당하게도 경시되고 있는 그 '인격'을 위해 이 시대를 꾸짖으러 와주실 수는 없을지…. 나는 당신도 없는 이 마당에 홀로 외로이 저 천박한 세상 속으로 씁쓸한 웃음을 흘려보내고 있습니다. 아마 앞으로도 계속 그래야겠지요. 적어도 당분간은.

Ernst Cassirer 1874–1945

"'이성적 동물'로 인간을 정의하는 대신,
'상징적 동물'이라 정의하지 않으면 안 된다. 이와 같이 함으로써 우리는
… 인간에게 열려진 새로운 길, 즉 문명에의 길을 이해할 수 있다."

"상징성의 원리는 그 보편성,
타당성 및 일반적 적용성으로 더불어 특별히 인간적인 세계,
인간문화의 세계에 접근할 수 있게 하는 마술어, '열려라 참깨!'다."

카시러에게

상징과 문화를 묻는다

이른바 현대철학이라는 것에 관심을 갖고 기웃거리는 사람들에게 당신은 비교적 낯설지 않게 다가옵니다. 예컨대 당신은 '신칸트주의' '철학적 인간학' '상징철학' '문화철학' 등과 함께 그 이름을 내보입니다. 그런데 소위 신칸트학파라고 하는 것이 20세기의 한때 독일의 철학계를 장악했던 주류였음에도 불구하고, 그 대표격인 코엔, 나토르프, 그리고 빈델반트, 리케르트 등이 오늘날 거의 관심의 대상에서 멀어지고 있는 데 비한다면, 그 막내격인 당신이 적지 않은 사람들로부터 여전히 주목받고 있다는 것은 조금 뜻밖일지도 모르겠습니다.

나는 대학 시절, 수업과는 상관없이 당신의 존재를 알게 되었습니다. 어느 날, 당시만 해도 성업 중이었던 청계천의 한 헌책방에서 최명관 교수님이 번역하신 당신의 저서《인간이란 무엇인가*An Essay on Man*》를 사게 된 것이 인연이었습니다. '인간'이라는 그 단어에 왠지 눈길이 갔던 것입니다. 그때는 아직 당신의 주저로 평가되는《상징형식의 철학 *Philosophie der symbolischen Formen*》[6]을 전혀 모르고 있었습니다만, 어쩌면 그게 다행이었는지도 모르겠습니다. 왜냐하면 그《인간이란 무엇인가》는, 유대계였던 당신이 나치를 피해 미국으로 망명해 있던 시절에 영어로 쓴 것이라 그런지 독일 특유의 그 추상성이 상대적으로 조금 덜한 듯한 느낌이었기 때문입니다.

그것을 읽으며 나는 '인간' 이외에, '상징'과 '문화'라는 뜻하지 않은 철학적 선물을 당신으로부터 받게 되었습니다. 거기서 당신은 '상징'이라는 것을 인간 이해의 실마리로 보고, 인간을 '상징적 동물animal symbolicum'로 규정했으며, 그 '상징형식'인 '신화와 종교' '언어' '예술' '역사' '과학' 등을 소상히 해명하였고, 그것을 통해 이른바 '문화철학philosophy of human culture'을 수립해나가고자 했던 것입니다. 나는 그 당시 '문화'라는 것을, 인간으로 하여금 인간이게 해주는 결정적인 것으로, 생활 +a의 그 '알파'에 해당하는 것이라고(따라서 철학도 거기에 포함된다고) 생각하고 있었기 때문에, 그 단

_____

6   방대한 이 책은 현재 박찬국 교수에 의해 번역되어 있음.

어의 존재는 반가운 것이 아닐 수 없었습니다.

 물론 당신의 일차적인 관심사는 '인간이란 무엇인가?' 하
는 인간의 '자기인식'이었습니다. 당신은 그 특유의 해박함
을 여지없이 과시하며 그 '위기'를 지적했습니다. 심지어는
'이성적 동물'이라고 하는 아리스토텔레스의 저 유명한 규
정조차도 불충분하다고 비판하면서 그 대안으로서 '상징적
동물'이라는 것을 제시한 것입니다. '상징'이라고? 그것이
저 '이성'을 대체한다고? 그것이 '인간성에의 실마리'라고?
흠, 이 양반 심상치 않은 소리를 하고 있군, 하며 나는 당신
의 논의에 빨려 들어갔습니다.

 당신이 '이성 대신 상징'을 내세우는 것은 결국 당신의 목
표이기도 한 '문화' 때문이라고 나는 이해했습니다. 문화현
상은 이성만으로는 충분히 설명될 수 없으며, '상징'이야말
로 그것을 설명해주는 키가 된다는 것이 당신의 핵심 주장
이었습니다. "이성이란 말은 인간의 문화생활의 여러 형태
들을 그 모든 풍부함과 다양성에 있어서 전체적으로 이해하
는 데는 부적당한 말이다. 그러나 이 모든 형태는 상징적 형
태다. 그러므로 '이성적 동물'로 인간을 정의하는 대신, '상
징적 동물'이라 정의하지 않으면 안 된다. 이와 같이 함으로
써 우리는 인간의 특정한 차이점을 지적할 수 있으며, 또 인

간에게 열려진 새로운 길, 즉 문명에의 길을 이해할 수 있다." 그렇게 당신은 분명히 말했습니다.

이러한 생각의 단초를 당신은 놀랍게도 생물학에서 건져 왔습니다. 당신은 윅스퀼J. v. Uexküll을 원용하면서, 모든 유기체가 그 환경에 순응하도록angepasst 되어 있을 뿐 아니라 또한 적합하도록eingepasst 되어 있다는 것, 그리고 그 해부학적 구조에 따라 모종의 수용망Merknetz과 작용망Wirknetz을 소유하고 있다는 것을 확인합니다. 물론 이 양자의 협동과 평형, 밀접한 얽힘도 놓치지 않고 지적하며, 그것이 '동물의 기능 원환Funktionskreis이라는 동일한 한 연쇄의 연결물들'임도 알려줍니다. 인간도 유기체인 이상 당연히 이러한 구조를 갖습니다.

그런데 당신은 인간에게서 '하나의 새로운 특징'을 발견합니다. 즉 인간에게는 '수용망'과 '작용망' 사이에 '상징체계symbolic system'라는 제3의 연결물이 있다는 것입니다. 그것을 당신은 외부로부터의 자극에 대해 직접적이고 즉각적인 응답이 주어지는 생물의 경우와 달리, 인간의 경우는 응답이 지체되며 느리고 복잡한 사고 과정에 의해 중단되고 늦어진다는 사실로부터 찾아냅니다. 거기에 상징체계가 있는 것입니다. '상징체계', 바로 이것이 인간생활의 전체를 변형

　　　　　　　　독일로 부치는 철학편지

시키며, 바로 이것이 인간을 현실의 한 새로운 차원 속에서 살게 하며, 바로 이것이 생물의 반응과 인간의 반응을 다르게 하며, 바로 이것이 인간으로 하여금 한갓 물리적인 우주에 살지 않고 상징적인 우주에서 살게 해주는 것입니다. 그러한 상징적인 우주가 말하자면 언어요 신화요 예술이요 종교인 것입니다. 이 모든 것이 다름 아닌 문화입니다.

"상징적 사고와 상징적 행동이 인간생활의 가장 특징적인 면들 가운데 하나라는 것, 그리고 인간문화의 진보 전체가 이 조건들에 기초를 두고 있다는 것은 부인할 수 없는 일이다"라고 당신은 확인합니다. "상징성의 원리는 그 보편성, 타당성 및 일반적 적용성으로 더불어 특별히 인간적인 세계, 인간문화의 세계에 접근할 수 있게 하는 마술어, '열려라 참깨!Open Sesame!'다"라고도 합니다. 참 표현도 멋집니다. 당신의 말대로, '상징성'이 없었다면 우리 인간의 생활은 마치저 보르네오 숲속 유인원들의 그것과 다를 바 없었을 것입니다. 인간의 생활은 그의 여러 가지 생물학적 요구와 실제적 흥미에 국한되었을 것이며, 또 종교, 예술, 철학, 과학 등에 의해 여러 가지 모습으로 그에게 열려져 있는 '이상세계'에의 길을 찾지도 못했을 것이 분명합니다. 상징이 없다면 문화도 없습니다.

이러한 논의를 이끌어가면서 당신이 보여준 지적인 해박

함은 거의 경탄스러운 수준이었습니다. 특히 언어의 상징성을 설명하기 위해 헬렌 켈러와 로라 브릿지만을 예로 든 것은 대단히 인상적이었습니다. 거기다가 당신은 인간적인 신뢰와 기품까지 갖추었다고 하니 아인슈타인이 당신을 높이 평가한 것도 우연은 아니겠지요.

아무튼 나는 당신이 해명하는 그 '상징'이란 것에 대해 고개를 끄덕이지 않을 수 없었습니다. 다른 동물들이라면, 예컨대 어떤 녀석이 자기를 공격했을 때, 곧바로 도망치든가 잡아먹히든가 하는 것으로 끝나겠지만, 우리 인간들은 그 녀석에 대해, (이를테면 소림사에 들어가 수년간 도를 닦으며) 복수를 꾀하기도 하고, 기도를 해주기도 하고, 시나 수필을 쓰기도 하고, 노래를 부르기도 하고, 아무튼 여러 가지 형태의 상징적 행위로 그 반응을 지연시키는 것이 맞기 때문입니다. 또한 그 모든 상징적 사고와 상징적 행동이 이른바 문화의 진보를 가능케 하는 근거라는 당신의 생각도 충분히 설득력 있는 것이었습니다.

친애하는 카시러, 당신은 '인간'의 본성 혹은 본질을 찾습니다. 그런데 당신은 그것을 실체적인 것으로서가 아니라 기능적인 것으로 이해하려고 합니다. 당신은 그것을, 형이상학, 내재적 원리, 경험적 관찰, 선천적 능력, 본능, 자연적 성질 같은 그런 것이 아니라, 어디까지나 '인간이 행하는 일' '여러 가지 인간 활동의 조직'에서 찾고자 합니다. 그래서 당신은 그 '성분' '부분' 즉 구체적인 내용들인 언어, 신화, 예술, 과학, 역사 등을 들여다보는 것입니다.

이때 당신은 이 여러 부분들을 하나로 묶는 '결합'을 특별히 강조하고 있습니다. "'인간에 관한 철학'은 이 여러 인간 활동의 하나하나의 근본구조를 우리로 하여금 들여다보게 하는 그리고 그와 동시에 우리로 하여금 이 여러 활동을 하나의 유기적 전체로서 이해하게 할 수 있는 철학이어야 한다"는 말은 그런 취지입니다. '하나의 공통되는 유대' '하나의 공통기원' '하나의 보편적인 종합적 견해' '통일과 조화' '하나의 공통분모' '철학적 종합' '하나의 체계적 질서 속에 정돈할 수 있는 원리와 범주' '하나의 일반적 기능의 통일' '하나의 공통되는 밑둥' … 등등의 말이 모두 그 결합에 대한 당신의 지향을 보여주고 있습니다. "철학의 임무는 바로 이 밑둥을 뚜렷이 볼 수 있고 이해할 수 있도록 하는 것이다"라고 당신은 말했습니다. 그 밑둥이 바로 '문화'였습니다. "문화의 철학은 인간문화의 세계가 흩어져 있고 고립되어 있는 사실들의 한갓 집합이 아니라는 전제에서 시작한다. 그것은 이 사실들을 하나의 체계, 하나의 유기적 전체로서 이해할 것을 추구한다"라고 분명히 선언하기도 합니다.

이러한 지향은 어쩌면 일찍이 당신이 함부르크의 바르부르크Warburg 도서관에서 신선한 충격으로 목격한 것, 즉 언뜻 보기에 서로 무관해 보이는 다양한 분야의 장서들이 하나의 도서관에서 훌륭하게 공존하고 있다는 부조화의 조화, 그것으로부터 영향받은 것일지도 모르겠습니다.

바로 그런 바르부르크 문화도서관과 같은 철학, 그것이 당신의 그 '상징형식의 철학'이 아니었을까 하고 나는 생각해봅니다. 아마 그런 면이 없지 않을 것입니다. 당신의 철학을 전체적으로 바라보면, 바로 그 '상징'과 '문화'라는 것이 언어, 예술, 종교, 과학 … 등을 하나로 묶는 띠의 역할을 수행하고 있기 때문입니다. 상징이자 문화라는 점에서 그 모든 것들은 하나인 것입니다. 이런 것들을 생각하면서 나는 《인간이란 무엇인가?》의 의미심장한 마지막 말을 음미해봅니다. 그것은 '다양성의 공존'이라는 나 자신의 철학과도 통하기 때문입니다.

"이 다양성과 이질성은 불화와 부조화를 나타내는 것이 아니다. 이 모든 기능은 서로 완전하게 하고 보충한다. 그 하나하나가 새로운 시야를 열어주고, 또 인간성의 새로운 측면을 우리에게 보여준다. 부조화는 그 자신과의 조화 속에 있으며, 반대물들은 서로 배타적인 것이 아니라, 상호의존적이다. 실로 그것은 '악궁과 칠현금의 경우에서처럼 반대 속의 조화인 것이다.'"

Karl Jaspers 1883-1969

"실존이란 내 존재의 모든 것이,
그리고 세계 안에서 나에게 고유한 존재의미를 갖는 모든 것이
그것을 중심으로 돌고 있는 축과 같은 것이다."

"한계상황이란 우리가 거기에 부딪쳐 난파하게 되는 벽과 같은 것이다."

1883년 독일 북부 올덴부르크Oldenburg에서 은행가의 아들로 태어남.

1902년 하이델베르크대학 법학부 입학 후 의학부로 전과.

1908년 의사 국가시험에 합격.

1909년 하이델베르크대학 의학박사. 하이델베르크의 리츨 교수 밑에서 정신병리학의 자
         원조교가 됨. 막스 베버와 친교.

1910년 친한 친구의 누이인 게르트루트 마이어Gertrud Mayer와 결혼.

1913년 《정신병리학 총론》 출간. 빈델반트 밑에서 심리학 교수자격 취득.

1916년 하이델베르크대학에서 심리학 강의.

1919년 《세계관의 심리학》 출간.

1920년 후설의 생일축하연에서 하이데거와 알게 됨.

1921년 하이델베르크대학에서 철학 교수직에 임명됨.

1926년 한나 아렌트의 지도교수가 됨.

1932년 주저 《철학》 출간.

1937년 나치정권으로부터 유대계인 아내와 이혼을 강요당함. 거부로 인하여 해임 당함.

1938년 저작 출판금지 처분. 고난의 생활.

1945년 종전 후 복직, 1년 뒤 하이델베르크대학의 명예이사로 임명됨.

1948년 스위스 바젤로 이주. 바젤대학 교수.

1958년 프랑크푸르트 서적 평가회에서 독일 평화상 수상.

1967년 스위스 국적 취득.

1969년 아내의 90번째 생일날 바젤에서 죽음.

야스퍼스에게

실존해명을 묻는다

남다른 친근감으로 나는 당신을 생각하고 있습니다. 이 친근감은 대학 시절 내가 특별히 존경하고 있던 박종홍 교수님이 당신을 방문한 후 남기셨던 소감을 읽으면서 처음 형성되기 시작했고, 이초식 교수님의 '현대철학' 수업시간에 당신에 관한 발표를 하게 되면서 더욱 공고해졌으며, 훗날 당신이 살았던 하이델베르크에 직접 머물게 되면서 확고한 것이 되었습니다. 당신이 언젠가 하이데거에게 보낸 편지에서 은근히 자랑하셨던 그 '새로 이사한 좀 더 큰 집'이 대학 도서관 바로 근처(Plöck 66)에 있었고 그 집이 지금 자율 카페처럼 개방되어 있었기 때문에 나는 식사 후 언제나 그 집에 가서 당신이 쓰시던 그 거실에서 차를 즐기며 당신의 흔적을 음미하고는 했었습니다.

그때 나는 사모님이 쓰시던 그 주방에서 설거지를 하며

당신의 그 뜨거웠던 사랑과 실존적인 고뇌들을 피부에 닿는 그 어떤 것으로 생생하게 느껴보기도 했었습니다. 친구의 여동생이었던 그분은 유대인이었던 관계로 당신은 히틀러정권으로부터 이혼을 강요당했고 당신은 그것을 완강하게 거부했기 때문에 해직과 출판금지의 아픔을 겪어야 했습니다. 전쟁이 끝난 후에는 다시 복직이 되셨지만 여전히 남아 있는 반유대인 정서를 당신은 용납할 수 없어 스위스의 바젤로 옮겨갔고 거기서 생을 마감하셨습니다. 이런 점들을 생각해보면 당신이 '실존'이라는 것을 그 철학의 중심에 둔 것은 결코 우연이 아니었을 거라고 짐작이 됩니다.

그러나 당신의 학문역정은 특이합니다. 당신은 법학과 의학을 전공했고 의사 국가시험에 합격했으며《정신병리학 총론》이나《세계관의 심리학》과 같은 책으로 이름을 알리기 시작했습니다. 아마 그래서 당신이 하이델베르크대학 철학과의 교수로 임용될 때 리케르트[7]가 그렇게도 반대를 했던 것이겠지요. 당신의 철학적 가능성을 알아보고 지원한 막스 베버가 가상할 따름입니다.

하지만 당신의 그러한 의학적 이력은 오히려 철학서인

---

7 이른바 신칸트학파의 거장으로 하이데거의 지도교수이기도 했다.

《현대의 정신적 상황*Die geistige Situation der Zeit*》에서 잘 살려졌다고 나는 느꼈습니다. 당신은 현대라는 시대의 병폐를 진단하고 처방을 내리는, 말하자면 일종의 의학적 철학을 전개했던 것입니다. 당신은 물질문명이 비대해지면서 인격성 대신에 사물성이, 개성 대신에 평균화가, 덕망 대신에 기능이 판을 치는 그런 시대에 대해 조심스럽게 청진기를 들이댔던 것입니다. 당신에게 판독된 현대는 '기계와 기술과 대중의 시대'였습니다. 기계기술문명은 대량생산을 통해 인간의 생활을 편리하게 만들어준 크나큰 공적이 있는 반면, 인간의 의미를 기능적인 측면에서만 보기 때문에 본래적인 인간의 가치가 상실되고 맙니다. 그래서 현대는 인간존재가 인간 자신이 만든 문명에게 노예화된 '인간부재의 시대'가 되는 것입니다. 인간은 그러한 시대적 상황 속에서 스포츠나 게임, 영화나 섹스, 파티 등에 자신을 던져보기도 하지만, 그것이 인간의 실존적인 문제들을 해결해줄 수는 없는 것입니다. 대중성 속에 추락하여 잃어버린 자아를 되찾기 위해서는 제대로 된 처방이 필요한 것입니다. 바로 그것이 당신에게는 '실존철학*Existenzphilosophie*'이었다고, 그렇게 나는 당신을 읽었습니다.

당신의 주저인 《철학*Philosophie*》이 아직도 한국어로 번역되지 않고 있는 것은 참으로 유감이지만, 그 대략적인 내용은 비교적 잘 알려져 있습니다. 당신은 거기서 '철학적 세계정위philosophische Weltorientierung'와 '실존해명Existenzerhellung'과 '형이상학Metaphysik'을 수행합니다. 그것은 각각, '객관존재'인 '세계'와, '자아존재'인 '실존'과, '자체존재'인 '초월자'를 그 내용으로 삼고 있습니다. 인간을 중심으로 밑에는 세계가, 위에는 신이 놓여 있는 형국입니다. 당신은 훗날 이세 가지를 '포괄자das Umgreifende'라는 말로 부르기도 했지요. "우리가 그것이며 또 그것일 수 있는 포괄자"는 '현존재' '의식일반' '정신' 및 '실존'이라는 양식으로 나타나고, 이에 대해 "존재 자신인 바의 포괄자"가 있는데, 이것은 현존재-의식일반-정신에 대해서는 '세계'라는 양식으로, 그리고 실존에 대해서는 '초월자'라는 양식으로 나타난다고 당신은 설명합니다. 이들 포괄자의 여러 양식들의 '지반'이 다름 아닌 '실존'이고 그 '유대'가 다름 아닌 '이성'이라고도 했습니다. 이렇듯 '이성과 실존'을 함께 바라보는 것은 야스퍼스철학의 큰 특징입니다. 당신은 실존을 논하되 결코 이성을 포기하지 않습니다.

그런데 야스퍼스, 당신의 철학에서 결정적으로 중요한 것은 역시 세계에 대해서도 초월자에 대해서도 그 지반이 되는 인간의 '실존Existenz'입니다. 실존이란 당신의 말대로 "내 존재의 모든 것이, 그리고 세계 안에서 나에게 고유한 존재 의미를 갖는 모든 것이 그것을 중심으로 돌고 있는 축과 같은 것Existenz ist gleichsam die Achse, um die alles kreist, was ich bin und was in der Welt eigentlichen Seinssinn für mich gewinnt"이며, "결코 객관이 될 수 없는 것"입니다. 그것은 "자기가 자신에 대해, 그리고 그런 가운데 초월자에 대해, 태도를 취하는 것"이며, 생각과 행동의 "근원"이 되는 것이기도 합니다. 이러한 설정 자체에서 나는 이미 그 어떤 철학적 진정성을 느끼게 됩니다. 당신은 그러한 '실존'에 세 가지의 두드러진 특징이 있음을 알려줍니다. 첫째는 그것이 자유존재이며 가능적 존재라는 것, 즉 자신의 선택과 결단으로 그렇게 될 존재라는 것이고, 둘째는 "우리는 고독에서가 아니라 교제에서 철학을 한다"는 당신의 말처럼 그것이 타인들과의 공동존재 속에서, 특히 그 교제Kommunikation 속에서, 구체적으로는 이른바 "사랑하는 싸움liebender Kampf" 속에서 자신의 참모습을 찾는다는 것이며, 셋째는 그것이 자신의 역사성을 짊어지고 있다는 것, 즉 그것은 무한한 시간의 연속선 위의 한 지점에 있어 과거성과 현재성 및 미래적 가능성의 긴장상태에 놓여 있다는 것입니다.

이와 같은 실존을 구체적으로 풀어 밝히는 당신의 이른

바 '실존해명'에서 무엇보다도 눈길을 끄는 것은, 인간을 '상황내적인 존재In-Situation-Sein'로 파악하고 있다는 것입니다. 그렇습니다. 우리의 실존은 언제나 어디서나 구체적인 상황 속에 놓여 있으며, 그것으로부터 자유로울 수가 없습니다. 특히나 당신이 "한계상황Grenzsituation"이라고 부르는 것들은 그 누구도 피해갈 수 없는 인간 실존의 근본조건과도 같은 것입니다. '고뇌Leid' '책임Schuld' '운명Schicksal' '투쟁Kampf' '세계의 불확실성Unzuverlässigkeit der Welt' '죽음Tod' '(우발적인) 상황-내-존재 자체In-Situation-Sein selber' 등이 그것일진대 그 누가 거기에서 예외일 수 있겠습니까. 특유의 실존적 무게를 지닌 이런 말들을 들으며 나는 깊은 한숨을 내쉬게 됩니다. 이것들은 당신의 표현대로 "우리가 거기에 부딪쳐 난파하게 되는 벽과 같은 것Sie sind wie eine Wand, an die wir stoßen, an der wir scheitern"임이 분명합니다. 우리는 삶의 과정에서 거의 필연적으로 이러한 좌절을 경험하고 망연자실하게 됩니다. 아아 딱하고 딱하며 딱하고 딱하나니 참으로 딱하도다 인간의 실존이여⋯ 그렇게 우리는 말하고 싶어집니다.

하지만 야스퍼스, 당신의 훌륭한 점은 그러한 난파 속에서 오히려 새로운 길을 모색하고 있다는 것입니다. 그것이 곧 '초월Transzendieren'이며, '형이상학Metaphysik'이며, '철학적 신앙Der philosophische Glaube'인 것입니다. 당신은 한계상황 속에서 난파하면서 모든 것들을 초월자의 '암호Chiffre'로, 즉 숨어 있는 신이 보내오는 암호로 여기며 그 '암호의 해독Chiffrelesen'을 시도합니다. 이는 참으로 의미심장한 철학이라고 아니할 수 없습니다. 실제로 절대적인 좌절 속에서는 풀한 포기 꽃 한 송이 나무 한 그루도 예사롭게 보이지가 않습니다. 모든 것은 제각기의 방식으로 무언가를 우리 인간에게 들려줍니다. 그럴 때 실존하는 우리는 그 어떤 초월자 즉 신의 가능성을 발견할 수 있게 되는 것입니다. 교회나 《성서》가 없더라도 그렇습니다. 그래서 당신은 '철학적 신앙'이라고 말하는 것입니다. 실존적 좌절이 절대자에게로 다가가는 하나의 유효한 통로임을 쉽게 부정할 수는 없습니다.

친애하는 야스퍼스, 나는 일찍이 격동하는 나 자신의 청춘 속에서 당신의 그런 철학을 하나의 길잡이로서 고스란히 받아들였습니다. 그래서 나는 나름의 실존적 방식으로 좌절에서 초월로 이어지는 그 길을 걸어보았던 것입니다. 나 역시 많은 암호들을 곳곳에서 발견했었고 그 암호들을 해독하면서 그 어떤, 대상화할 수 없는 초월자를 만났습니다. 그가 교회에서 말하는 저 하느님과 일치하는 존재인지 어떤지는 아직도 분명하지 않습니다만, 나는 그런 채로 그를 내 깊은 내면에 잘 간직해두고 있습니다. 언젠가는 그가 또다른 방식으로 내게 입을 열지도 모른다는 그런 기대와 함께.

Martin Heidegger 1889-1976

"도대체 왜 존재자가 있으며 도리어 무가 아닌가?"

"존재에 대한 물음은 오늘날 망각에 빠져 있다."

"인간은 존재의 목자이다."

"언어는 존재의 집이다."

1889년 독일 바덴Baden 주의 메스키르히Meßkirch에서 교회 관리인의 아들로 태어남.

1911년 프라이부르크대학 신학부에 입학하나 이듬해 철학부로 전과.

1917년 엘프리데 페트리Elfride Petri와 결혼.

1919년 후설과 가까이 지내며 현상학적 관찰법을 연구.

1920년 야스퍼스와 만남. 친교 시작.

1923년 여름학기 강의에서 '해석학'이라는 명칭을 쓰기 시작. 마르부르크대학 조교수.

1924년 제자 한나 아렌트Hannah Arendt와 교제 시작.

1927년 《존재와 시간》 출간.

1928년 후설의 후임으로 프라이부르크대학 정교수.

1929년 프라이부르크대학 취임강연. 강연내용을 《형이상학이란 무엇인가?》라는 제목으로 출간.

1933년 프라이부르크대학 총장 취임. 나치당 입당. 총장취임연설 〈독일 대학의 자기주장〉을 행하였고, 대학신문에 발표되었음.

1934년 교육부와의 갈등으로 총장 자진 사퇴. 이후 나치의 감시 대상.

1935년 《형이상학입문》 출간.

1945년 제2차 세계대전 종결. 이 해부터 1949년까지 교직활동을 금지 당함.

1951년 퇴직교수 신분으로 대학에 복귀.

1960년 헤벨 200년제에서 헤벨상을 수상.

1966년 〈슈피겔〉 지와 대담. 사후 공표.

1976년 프라이부르크에서 죽음. 메스키르히에 묻힘.

하이데거에게

존재의 의미를 묻는다

　나의 인생에서 당신의 존재가 이토록이나 결정적인 것이 될 줄은, 적어도 내가 대학에 들어가기 전까지는 상상도 하지 못했습니다. 아니 대학을 다니며 내가 당신의 이름을 알게 되고, 수업시간에 당신에 대한 발표를 하고, 졸업논문에서 당신의 철학을 일부 다루었다고 하더라도, 그 후 대학원에서 당신을 '전공'하게 되고 그 연구로 박사학위를 받고 교수가 되어 당신의 사상을 가르칠 뿐만 아니라, 하이데거연구의 대표격인 소광희 교수님을 모시고 한국하이데거학회의 중심에서 활동하게 되리라는 것은 나 자신도 짐작하지 못했던 일이었습니다. 당신과 나 사이에는 아마도 전생으로부터의 엄청난 인연이 있었던 모양입니다.

　더욱이 나는 당신이 거의 평생을 몸담았던 그 프라이부르크대학에 객원교수로 머물며, 당신의 수제자인 폰 헤르만

교수님과 개인적인 친분도 갖게 되었고 당신이 살았던 집 (Rötebuckweg 47) 근처에 살며 여러 차례 그곳을 찾아 당신과 동일한 코스로 산보를 즐기기도 했고 또 당신의 고향 메스키르히와 프라이부르크 및 콘스탄츠의 김나지움, 그리고 젊은 시절 근무했던 마르부르크대학과 토트나우베르크의 산장까지 훤하게 알게 되었으니 당신을 감히 '나의 철학자'라고 불러도 전혀 이상할 것이 없을 것입니다.

나는 당연히 당신을 최고의 철학자 중 한 사람으로 높이 평가하며 존경합니다. 하지만 당신이 전부라고 생각하는 편협한 하이데거주의자가 되지는 않으려고 노력하고 있음을 이해해주시기 바랍니다. 그래서 이른바 당신에 대한 '안티'들이, 1933년의 총장취임연설인《독일 대학의 자기주장 *Selbstbehauptungen der deutschen Universität*》과 최근에 발간된 소위《검은 노트*Schwarze Hefte*》를 들먹이며, 당신이 은근히 출세지향적이었다거나, 1933년 히틀러정권하에서 나치에 입당을 하고 총장에 취임하며 나치를 두둔하는 연설을 했다거나, 스승 후설을 학문적-인간적으로 배신했다거나, 제자였던 한나 아렌트와 '부적절한' 관계였다거나, 여러모로 도움을 준 야스퍼스에 대해 신의를 지키지 못했다거나, 하는 등등을 꼬집으며 비난을 퍼부을 때에도 입에 거품을 물고 변호를 하는 대신 적당히 웃으며 맞장구를 쳐주기도 하고 있는 것입니다. 하기야 그 점에 대해서는 당신이 아무리 변명을 늘어놓더라도[8] 그 실수들이 사라지지는 않을 것입니다.

하지만 하이데거, 나는 적어도 한 가지에 대해서는 확고합니다. 그것은 당신이 진정한 철학적 주제를 제대로 다룬 20세기의 가장 빛나는 철학자의 한 사람임을 아무런 주저 없이 인정한다는 것입니다. 당신의 모든 학문적 노력은 오직 '존재Sein'라는 한 마디 말로 집약될 수 있습니다. 이 한 마디 말의 의미를 밝히기 위해 무려 100권이 넘는 책을 썼으니 참으로 경탄할 일이 아닐 수 없습니다. 그 내용들을 '제법' 알고 있고, 두툼한 연구서까지 낸 사람으로서는 그 사상을 압축해서 생각해본다는 것이 어쩌면 가장 곤란한 모험일지도 모르겠습니다.

당신의 철학적 문제의식은 당신의 말대로 "존재의 의미에 대한 물음을 새삼스럽게 제기하는 것"이었다고 말할 수 있습니다. 웬 존재? 도대체 왜? 그게 뭐길래? 적지 않은 사람들이 실제로 느끼는 그런 의문을 스스로 입 밖에 내보면서 나는 은근한 미소를 짓습니다. 나는 당신의 깊은 뜻을 충분히 헤아리고 있기 때문입니다. 당신의 최대 강점은 이러

---

8 "아직도 오직 한 신만이 우리를 구원할 수 있다Nur noch ein Gott kann uns retten"는 제목으로 그의 사후 공표된 〈슈피겔Der Spiegel〉지와의 대담이 대표적이다.

한 문제제기가 한갓된 학문적 관심에서 비롯된 것이 아니라 문제 자체의 본질적 문제성(우위-필연성)에 입각하고 있다는 것입니다. 거기에는 두 가지의 측면이 있습니다. 그 하나는 무엇보다도 '존재'라고 하는 이 주제 자체가 우리 인간으로 하여금 자신을 묻지 않을 수 없도록 우리의 관심을 요구하고 있다는 것이고, 다른 하나는 그럼에도 불구하고 이 주제의 진정한 모습이 고대 이래로 변질되어왔으며 따라서 진부한 것으로 전락하고 말았다는 것입니다. 전자는 '적극적-직접적'인 이유가 될 것이고 후자는 '소극적-간접적'인 이유가 될 것입니다. 전자와 관련해서 당신은 '(존재의) 자기시현' '개시성' '진리-비은폐성' '부름' '울림' '말걸음' … 등등의 개념을 논했고, 후자와 관련해서 당신은 '퇴락' '존재망각' '존재이탈' '고향상실' '밤' '작위' '위험' … 등등의 개념을 논했습니다. 존재는 본래 밝은데 사람들은 대개 어두우니 '존재의 목자Der Hirt des Seins'로서의 인간이 그것을 밝혀줘야 하지 않겠느냐는 취지인 것입니다. 동의하시죠? 당신이 언젠가 시인 헤벨을 논하면서 태양과 지구와 달의 관계를 언급한 것은 참으로 시사적입니다. 그래서 나는 그 비유를 당신의 철학체계 전체에 확대 적용하여, 하이데거의 철학이란 태양의 빛을 받아 지구의 밤을 밝혀주는 달과 같은 것이라고 해석한 적이 있었던 것입니다. 당신이 논한 '철학' '현상학'‘해석학’‘해체’‘현존재분석’‘초월-형이상학’‘시작의 해명'‘사유Denken’‘청종’‘통찰Einblick’‘숙고Besinnung’ … 등등의 개념은 모두 그러한 달과 같은 위치에서 이루어지는 것들입니다. 이러한 철학적-사유적 노력이 그 기반을 두고 있는 바가 당신의 경우 다름아닌 ‘존재 그 자체’였던 것입니다. 태양에 비유될 그것의 다양한 면모들을 밝히기 위해 당신은 한평생 최고의 학문적 긴장을 유지한 채 ‘진리’‘자연’‘로고스’‘이중태Zwiefalt’‘트임Lichtung’‘세계’‘사방Geviert’‘["존재의 집"으로서의] 언어’ … ‘발현Ereignis’ 등등의 개념을 헤집고 다녔던 것입니다.

그런데 우리는 그 모든 것에 앞서 당신이 ‘기초적 존재론Fundamentalontologie’이라고 부른 ‘현존재분석’ 내지 ‘실존론적 분석론’을, 즉 주저인《존재와 시간Sein und Zeit》에서 전개한 인간존재의 탐구를 주목하지 않을 수 없습니다. 거기서 당신은 존재의 의미를 밝히기 위해, 막연하게라도 존재가 무엇인지를 알고 있는 특별한 ‘범례적 존재자’, 즉 존재의 의미가 거기서 드러나는 장소인 인간(현존재Dasein)을 그 실마리로 해서 출발합니다. 그 인간이 지니고 있는 막연한 존재이해를 ‘철저화’하는 이른바 ‘현상학적 해석학’을 통해 그 과제가 달성될 수 있다고 당신은 착안했기 때문입니다. 그 구체적인 수행은 이른바 '일상성-비본래성'의 차원과 '전체성-근원성-본래성'의 차원으로 나뉘어 이루어졌습니다.

　당신은 먼저 현존재의 일상성을 깊이 들여다보면서 '세계-내-존재In-der-Welt-sein'라는 인간의 '존재틀'을 밝혀내고, 나아가 '마음씀Sorge'이라는 '인간의 존재'를 부각시켰습니다. 우리 인간은 근원적으로 세계 안에 있으며, 세계의 사물들 및 인간들에 대해 여러 방식으로 배려하고 고려하며 관련하고 있다는 것입니다. 그것을 밝히는 과정에서 당신은 뜻하지 않게, 예리하기가 이를 데 없는 인간론을 우리에게 선물해주었습니다. 거기서는 우리 인간들에 관련된 결정적인 여러 가지 근본사실들('현사실' 내지 '실존범주')이 잘 밝혀져 있습니다. 이를테면, '세계Welt'라는 것이 우리 인간이 그 안에서 살고 있는 현사실적인 삶의 터전 내지 환경이라는 것, 그 안에는 우리 자신인 인간 '현존재'와 그것과 근본적으로 다른 '비현존재적 존재자'가 있다는 것, 그리고 그 '안에 있다In-sein'는 것이 무엇무엇 곁에서 살고 있다거나 친숙해 있다는 것, 인간의 '공동존재' 내지 '세인'이라는 존재방식, 심정성-이해-말함으로 구체화되는 '개시성', 개별적 존재방식의 전체성인 '마음씀' 등등이 어떠한 것인지를 놀라운 분석력으로 보여줍니다. 특히 사물들의 이른바 도구연관이라든지, '수다' '호기심' '애매성'이라는 것을 그 특징으로 하는 세인das Man의 실상(퇴락)이라든지, '현사실성(피투성)' '실존성(기투)' '퇴락'이라는 계기들로 구성되는 '개시성Erschlossenheit' 등은 한때 수많은 사람들의 관심을 끌며 철학의 세계를 떠들썩하게 만들기도 했습니다. 또한 그 개시성(열어 밝힘)이라는 것이 근원적인 의미의 '진리Wahrheit'라는 것도 참신한 성과 중의 하나로 평가받았습니다.

그런데 당신은 이러한 일상적인 모습의 분석으로 끝나지 않고, 그 전체적인 모습을 파악하기 위해 인간의 출생과 죽음을 주시하며 그리고 그 사이의 전개에서 이른바 '시간성Zeitlichkeit'이라는 것을 읽어냅니다. 즉 인간은 '시간적'으로 존재한다는 것입니다. 그 과정에서 당신은 우리 인간이 '죽음을 향한 존재Sein zum tode'라는 것, 그것을 향해 앞질러 가보는 '선구적 결의vorlaufende Entschlossenheit'라는 것, 그리고 '양심' '부름' '순간' 등의 이른바 실존주의적인 문제들에 눈길을 보내기도 합니다. 당신이 해석하는 '시간Zeit'은 참으로 특이해서 많은 이들의 관심을 끌었습니다. 일반적으로 말하는 과거-현재-미래를 당신은 '그랬으면서-마주하는-다다름gewesend-gegenwärtigende-Zukunft'이라고 풀이합니다. 즉 과거란 이미 지나가버리고 없다는 것이 아니라 인간이 그때마다 이미 그것으로 존재했던 바로 그것으로서 존재하고 있다는 그런 모습이며, 현재란 단순한 지금이 아니라 인간이 구체적인 상황 속에서 사물들과 맞닥뜨리면서 존재하고 있다는 그런 모습이며, 미래란 인간에게 닥쳐오는 제 3의 어떤 객관적인 실체가 아니라 인간 자신이 자기의 고유한 가능성에로 다다른다고 하는 그런 모습이라고 당신은 생각한 것입니다. 요컨대 과거 현재 미래란 어디까지나 우리 인간이 존재하는 존재의 시간적 양태들인 것입니다. 이 세 가지 계기가 하나로 어우러진 통일적 현상이 시간의 진상이라는 말씀이지요. 이것과 관련해서 당신은 '시숙'이라든지 '탈자'라든지 '유한'이라든지 하는 시간의 성격들, 그리고 '역사성Geschichtlichkeit'까지도 그 실체를 밝혀주었습니다.

그런데 무엇보다도 중요한 것은, 당신이 그 시간성이라는 것을 통해서 존재의 의미를 밝힐 수 있다고 방향을 잡았다는 것입니다. 그래서 시간을 존재이해의 '지평Horizont'이라고 말했던 것입니다. 당신의 그런 구상은 여러 가지 사정으로 처음 예정했던 대로 수행되지는 못했지만, 나는 그것이 상당히 의미심장하다고 처음부터 느꼈었습니다. 어떤 점에서 존재는 시간과 함께하는 것이 분명하기 때문입니다. 예컨대 '죽음을 향한 존재'인 우리가 죽음 이후에 더 이상 '존재'하지 않는다는 것과 죽음 앞에서 우리에게 더 이상 '시간'이 없다는 것을 함께 생각해보면, 그 둘의 필연적 연관성이 아주 자연스럽게 드러나는 것입니다. 시간이 곧 존재이고 존재가 곧 시간입니다. 존재와 시간의 그 '와und'라는 말은 그런 배경에서 붙여진 것입니다.

친애하는 하이데거, 당신은 엄청난 규모의 존재론을 치밀하게 전개한 존재의 전문가입니다만, 그 모든 것의 근저에는 오직 하나의 결정적인 존재체험이 가로놓여 있다고 나는 판단합니다. 무Nichts 자체의 자기현시Nichten와 함께 드러나는 그것은, 단적으로 "도대체 왜 존재자가 있으며 도리어 무가 아닌가?Warum ist überhaupt Seiendes und nicht vielmehr Nichts?" 하는 것, 다시 말해 '무가 아니고 존재가 있다!'라고 하는 바로 저 최고의 형이상학적 사실입니다. '이와 같구나!'라고 경탄할 수밖에 없는 엄청난 이 존재의 근본사실! 이 세상이 있다는 것, 거기에 수많은 사물들과 인간들이 있다는 것, 그리고 그것들이 각각 고유한 존재질서를 지니고 있으며 서로서로 연관되고 있다sich ereignen는 것, 그 모든 것이 본래 그렇도록 되어지고 있다는 것, 즉 '본래 그리됨Ereignis'…세상에 이보다 더한 신비는 없습니다. 한편으로 보이며 한편으로 감추는 바로 그 '결정적인 현상'을 당신은 체험적으로 만났던 것 같습니다(어쩌면 '불안Angst'과 '권태Langeweile'라는 '근본기분

Grundstimmung' 속에서?). 그렇지 않고서는 그토록 힘차고 설득력 있는 사유Denken와 언어Sprache들이 나올 수가 없는 것입니다. 바로 그 존재 자체라는 것을 나는 당신과 더불어 함께 진지하게 지켜보고 있습니다. 도대체 왜 (무가 아니며 이 모든 것이 이와 같이) 있는지, 도대체 왜 그런지, 그 영원한 수수께끼 앞에서 숨죽이면서….

독일로 부치는 철학편지

Max Horkheimer 1895-1973

"오늘날 이성적인 사회를 찾으려는 목적이 환상으로 되어버렸다고
생각될는지도 모르지만, 그러한 목적은 현실적으로
모든 인간에게 중요한 것이다."

"이 경우에 중요한 역할을 하는 것은 자신의 의지다.
때문에 예견이 진실하다면 의지를 가만히 있게 해서는 안 된다."

1895년 독일 슈투트가르트Stuttgart 교외의 쭈펜하우젠Zuffenhausen에서 태어남. 공장을
　　　경영하는 유대계 가정. 아버지의 후계자로서 사업에 직접 종사.

1922년 아버지 사업이 망한 후 공부를 시작하여 프랑크푸르트대학에서 박사학위 취득.

1925년 '칸트의 판단력 비판'에 관한 연구로 교수자격 취득.

1926년 아버지의 비서였던 로제 리커Rose Christine Riekher와 결혼.

1930년 프랑크푸르트대학 교수 취임. 사회연구소Institut für Sozialforschung 소장직을 계승.

1932년 '학문과 위기이론'을 전개하여 학문의 위기는 곧 현존하는 일반사회의 위기와 분
　　　리되어 있지 않음을 지적함.

1933년 히틀러의 집권으로 미국 망명. 뉴욕 컬럼비아대학에 사회연구소 이설.

1937년 《전통이론과 비판이론》 출간.

1947년 뉴욕에서 《이성의 부식》 발표.

1949년 서독 프랑크푸르트Frankfurt대학으로 복귀.

1950년 사회연구소의 소장.

1951년 프랑크푸르트대학 총장 취임.

1967년 《도구적 이성 비판》 출간.

1973년 뉘른베르크에서 죽음. 베른Bern의 유대인 묘지에 묻힘.

호르크하이머에게
비판과 이성을 묻는다

　당신은 아마 모르고 계실 겁니다. 이 나라 한국에서 적지 않은 청년들이 당신의 이름과 사상에 대해 큰 기대를 걸고 주목했던 '역사'가 있었다는 것을. 암울했던 우리의 1970년 대와 80년대에, 당신의 그 '비판이론Kritische Theorie'은 마치 비밀스런 하나의 손전등처럼 시대의 어두운 골목길을 밝히 며 길을 알려주는 일종의 빛, 희망의 빛이었습니다. 오늘날 그것은, 말하자면 '철학의 추억' 같은 그 무엇이 되어 이 나라 지성의 중추가 된 사람들에게 여전히 자주자주 반추되고는 합니다.

　도대체 무엇이었을까? 호르크하이머의 무엇이 우리를 그토록 강력하게 끌어당겼던 것일까…, 나는 생각해봅니다. 무엇보다도 그것은 '비판Kritik'이라는 말의 매력에서 비롯된 것이 아니었을까 하는 느낌이 듭니다. 비판해야 할 그 무엇이, 결코 외면할 수 없을 정도로 강력한 그 무엇이 거기 있었기 때문입니다. 물론 당신의 경우와 우리의 경우는 그 구체적인 내용이 서로 달랐지만, '사회의 비판' '현실의 비판' '모순의 비판' '불합리의 비판'이라는 점에서 그 구조는 동일할 수 있었습니다.

당신이 '비판'이라는 깃발을 쳐든 것은 당신의 삶과도 무관하지 않았던 것 같습니다. 당신은 이른바 유대계 독일인으로 태어났습니다. 부친은 직물공장을 경영하셨으니 유복한 가정이었겠지요. 당신은 풍부한 물질적-문화적 혜택을 받으며 성장했고 특히 사랑이 넘치는 모친으로부터 따뜻한 인간애를 배웠다고 들었습니다. 그런데 이미 어린 시절, 부친의 공장에서 일하는 노동자들의 비참한 생활에서 당신은 사회적인 불의에 대한 분노를 느꼈다지요? 당신의 철학이 마르크스주의와 무관하지 않은 까닭이 거기에 있는 것 같습니다. 훗날 부친의 뜻에 따라 당신은 고등학교를 중단하고 가업계승을 위해 필요한 수업을 쌓기도 하였고, 부친의 공장에서 일하던 8년 연상의 여비서인 로제 리커와 사귀어 1926년 결혼하기까지 거의 10년간 사회적인 신분의 차이와 기독교도라는 이유로 반대하는 부모님과 심한 갈등을 겪기도 했습니다.

아마도 결정적인 계기는, 당신이 학업을 마친 후 프랑크푸르트대학 사회철학과에 부임하고 1930년 '사회연구소 Institut für Sozialforschung'를 이어받은 것이 아니었을까 싶습니다. 바로 거기에 아도르노, 마르쿠제, 프롬, 벤야민, 폴록, 뢰벤탈 등 쟁쟁한 인물들이 모이면서 이른바 '프랑크푸르트학파Frankfurter Schule'가 결성되었던 것입니다.[9] 그 결실이 바로 '비판이론'이었습니다.

더욱 결정적인 것은 어쩌면 1933년 히틀러가 집권하면서 주로 유대인이었던 당신네 멤버들이 박해를 피해 망명의 길을 떠나고, 연구소를 미국의 컬럼비아대학으로 옮기고 전후에 다시 복귀하고 하는 '고난의 역사'를 거친 것이었는지도 모르겠습니다. 역설적인 이야기지만 그것이 결과적으로 당신의 사상을 더욱 돋보이게 해주는 측면이 있었음을 부인할 수 없을 것 같습니다. 나치와 비판이라는 '뚜렷한 대비의 효과'랄까, 그런 것이겠지요.

당신들은 그 후에도 방대한 연구와 저술활동을 통해 전후 서독의 지식층에 지대한 영향을 끼쳤습니다. 특히 그것은 68년의 독일 학생운동과 신좌파에게 중요한 이론적 틀을 제공해주기도 했었지요. 그 영향이 우리 한국에까지도 이르렀

---

9 여기서 이들의 철학을 따로 논의하지 않는 것은 오직 양적인 제한 때문이며, 그들의 철학에 대한 저평가가 아님을 양해하기 바람. 학과의 창시자라는 '호'의 대표성이 선택의 기준으로 작용했음.

던 셈입니다.

　그런데 호르크하이머, 지금 나는 추억을 반추하듯이 그 '비판이론'이라는 것을 한번 되새겨봅니다. 비판이론이란 도대체 무엇이었던가…. 이른바 '전통이론'과 대비되는 '비판이론'은 카를 그륀베르크Carl Grünberg가 이끌던 사회연구소의 소장직을 당신이 넘겨받으면서, 그 연구소의 기본입장과 방향을 특징짓는 일종의 학문적 이념으로서 표방된 것이었습니다. 사회비판적 성격의 그 이론은 당시의 유럽이 처해 있었던 정치적 상황과도 연결된 것이었습니다. 당시 독일에서는 1918년 혁명(1차 대전 패배와 맞물린 제정 붕괴, 공화국 선포)이 성과를 보지 못하면서 정치적-경제적 혼란을 틈타 파시즘이 대두했고, 소련에서는 스탈린주의가 구축되었으니까요.

　그 '비판이론'의 이론적 윤곽과 실천적 방향은, 당신이 1931년 1월에 행한 프랑크푸르트대학 사회철학과 교수 및 사회연구소 소장 취임강연인 〈사회철학의 현재 상황과 사회연구소의 과제Die gegenwärtige Lage der Sozialphilosophie und die Aufgaben eines Instituts für Sozialforschung〉에 잘 요약되어 있다고 봅니다. 거기서 당신은, 19세기의 관념주의와 실증주의에 모두 반대하면서, '사회의 경제생활과 개인의 심리상태의 발전, 그리고 문화 영역에서의 변화의 관계를 탐구하는 일', 등을 주된 목표로 내세웁니다. 그러면서 당신은 유물론적 관점에서 '전체 사회적인 운동경향들에 대한 인식'을 얻고자 했습니다. 그러니까 마르크스주의적 입장에서 독일 고전철학을 비판적으로 수용했다고도 볼 수 있겠네요. 당신은, 말하자면 관념론적인 이상을 견지하면서 동시에 유물론적인 현실의 변화를 지향했던 것입니다.

그러한 비판이론의 요체를 당신은 1937년의 저 유명한 《전통이론과 비판이론 *Traditionelle und kritische Theorie*》에서 보다 상세히 보여주셨지요. 거기서 당신은, '지식과 행위, 개인과 사회를 분리시키는 추상적인 전통이론'을 통렬하게 비판하면서, '불의가 없는 사회를 염원하는 사회이론으로서의 비판이론'을 적극적으로 개진합니다. 또한 당신은 '이론을 실천과 대립되는 것으로 보는 속류 마르크스주의'를 비판하면서, '암울한 현재의 야만적인 사회형태에서 착취와 억압이 없는 미래의 사회형태로 이행하기 위해 인간은 바로 의식적인 주체가 되어야 하고, 경제적 관계들은 새롭게 구성되어야 하며, 이성적으로 조직된 미래사회에 관심을 두는 이론적인 노력은 계속되어야 한다'고 강조합니다. 그렇듯 당신은, '경제적 계급과 관련된 사회적 불의의 지양'을 궁극적인 목표로 생각하고 있었습니다. 그런 점에서 당신은 확실히 마르크스의 계승자입니다.

친애하는 호르크하이머, 요컨대 비판이론의 핵심은 '현대 사회를 비판하고 변화시킬 수 있는 것이 무엇인가를 분명하게 드러내는 것'이라고, 그렇게 나는 이해했습니다. '사회' '비판' '변화' 같은 단어들이 그것의 방향을 알려주고 있습니다. 당신의 이론적 동지인 아도르노는 '비판'이라는 것을, "퍼져가는 타율성에 대한 저항으로서 인간으로 하여금 스스로를 주관하게 하고 체념적인 적응이 비진리라는 것을 깨닫게 하려는 사상적인 시도"라고 규정합니다. 여기서도 '타율성' '저항' '인간' '주관' '체념' '적응' '비진리' 같은 단어들이 그것의 기본성격을 알려주고 있습니다. "비판이론은 (…) 노예화시키는 사회적 관계들로부터 인간의 해방Emanzipation des Menschen을 목표로 한다"는 말에서는 그것이 더욱 분명하게 드러나고 있습니다. 그러니까, 사회의 문제들에 대해, 복종이 아닌 저항, 순응이 아닌 비판, 적응이 아닌 변화, 노예화가 아닌 해방, 그런 태도를 취하는 것, 당신의 표현을 빌리자면, "의식적인 관심을 가지고mit bewußtem Interesse" 대응하는 것, 그것이 다름 아닌 비판이론일 것입니다.

당신의 이러한 문제의식은 유명한《도구적 이성의 비판Zur Kritik der instrumentellen Vernunft》(영문판 제목《이성의 부식Eclipse of Reason》)과《계몽의 변증법Dialektik der Aufklärung》등에

서 보다 구체적으로 전개되었습니다. 제2차 세계대전이라는 끔찍한 역사를 경험하면서 당신은, 2천 년 넘게 서구문명을 주도해온 저 '계몽의 역사'를 결국 실패한 것으로 판정합니다. 당신의 사상이 이른바 '부정적 역사철학'으로 평가되는 것은 그 때문입니다.

《도구적 이성의 비판》에서 당신은, 현대사회의 위기를 '비인간화Entmenschlichung'라는 말로 진단합니다. 그 원인을 당신은 (자연의 신화적인 힘으로부터 인간을 해방시킨) '합리적 이성'이 (자연에 대한 승리를 구가해온 문명화 과정에서) '도구적 이성instrumentelle Vernunft'으로 전락해버린 사실에서 찾고 있습니다. 즉 '이성'은 본래 인류의 역사에서 개인이나 사회의 자기보존을 위한 합리적인 사고와 기술의 발달을 촉진시킨 것이었건만, 그것이 이제 그 본래의 목적을 벗어나 무제한적으로 형식화되고 주관화된 나머지 당초의 자율성을 잃고 사회적 관계에 완전히 편입되어 기능화-도구화되고 말았다는 것입니다. 도구적 이성의 문제점은, 그것이 '합리적인 생활양식을 구축하는 데 방해가 되는 인간의 자연적인 본성, 즉 신체적이고 심리적인 욕구들을 억압하고, 더 나아가 전체 사회체제를 유지하기 위해 방해가 되는 개인들의 상이한 요구들을 억압하는 결과를 낳았다'는 것입니다. 바로 이런 것이 '이성의 부식'이라는 말로 표현되었겠지요. 변질입니다. 참 적절한 표현이네요. 이러한 관점에서 당신은 '현대사회의 부정적 양상들'을 지적했습니다. 즉, 첫째, '문명화 과정에서 억압당한 인간의 자연적 충동이 독일 파시즘에서 보는 것처럼 정치적인 목적으로 이용된 결과 파괴적인 힘으로 분출하였다'는 것이고, 둘째, '근대 시민사회에서 경제적인 주체로 상승한 개인이 이제 현대 산업사회에서는 전체를 유지하기 위한 하나의 기능적인 표본으로, 즉 체제에 순응하는 대중으로 전락하였다'는 것입니다.

한편, 당신이 아도르노와 함께 쓴 《계몽의 변증법》에서는 서구 '계몽Aufklärung'의 역사가 비판의 도마 위에 올려집니다. "왜 인류는 진정한 인간적 상태에 들어서기보다 새로운 종류의 야만상태에 빠졌는가"를 당신은 묻습니다. '세계의 탈마법화Die Entzauberung der Welt'를 지향했던 계몽은, '인간의 자연지배에서 인간의 자기지배로, 즉 인간에 의한 인간의 지배로 전이되었다'고 당신은 날카롭게 지적합니다. 고대에서 현대까지 계몽의 역사적 발전을 다름 아닌 '자연지배의 연속과 확장'으로 파악하는 것입니다. '계몽의 수단이었던 이성이 개인의 자연적 충동을 억압하는 대가로 사회의 합리화된 지배체제를 공고히 하는 데 기여함으로써, 불가항력적인 신화로부터 벗어났던 계몽된 세계가 다시 불합리한 힘들이 지배하는 야만적 상태로 빠져들었다'고 당신은 꼬집

독일로 부치는 철학편지

습니다. 당신은, 바로 그런 계몽의 퇴행, 신화로의 퇴행, 즉 '계몽의 변증법'의 정점에 바로 나치즘이 선전한 '반유대주의Antisemitismus', 그리고 후기자본주의사회(관리사회)에서 번창하는 '문화산업Kulturindustrie'이 있다고 간파하였습니다. 내가 보기에 그러한 지적(이성의 변질, 계몽의 변질)은 지금도, 그리고 앞으로도 유효할 것 같습니다. 안타깝지만.

친애하는 호르크하이머, 당신의 비판이론은 지난 1970년대 이래로 내게 하나의 확고한 '사회적 시선'을 갖도록 독려해 주었습니다. '전통'과 '이성'과 '계몽'에 대해 무조건적 신뢰를 보내고 있던 나에게, 그것이 '변질'될 수도 있다는 것을 가르쳐준 것 또한 당신이었습니다. 그래서 나는 그 어떤 좋은 것에 대해서도 그것이 갖는 빛과 그늘을 함께 보고자 노력하며, 그 어두운 이면에 대한 경계를 잊지 않았습니다.

하지만 호르크하이머, 당신은 언젠가 말했습니다. "오늘날 이성적인 사회를 찾으려는 목적이 환상으로 되어버렸다고 생각될는지도 모르지만, 그러한 목적은 현실적으로 모든 인간에게 중요한 것이다"라고. 그리고 "이 경우에 중요한 역할을 하는 것은 자신의 의지다. 때문에 예견이 진실하다면 의지를 가만히 있게 해서는 안 된다"라고. 이 두 가지 것, 즉 이상과 그것을 위한 의지적 노력, 그것에 대해서는 나는 지금도 여전히 전폭적인 신뢰를 보내고 싶습니다. 그렇지 않습니까, 호르크하이머, 어떤 이론이든, 이 두 가지가 없다면 그것을 어찌 철학이라고 할 수 있겠습니까. 사회학과 사회철학의 차이를 나는 바로 거기서 발견합니다. 보다 나은 사회를 위한 사회철학의 건투를 기원합니다.

독일로 부치는 철학편지

Hans-Georg Gadamer 1900-2002

"이해란 항상 이와 같이 각각 별개로 있다고 생각되는
지평의 융합이라고 하는 사건이다."

"우리는 저 위대한 사상가들의 텍스트를 이해하는 과정에서 다른 길로는
도달할 수 없는 진리를 인식한다는 사실을 시인하지 않으면 안 된다."

가다머에게

진리의 이해를 묻는다

하이델베르크에서 생전의 당신을 잠깐이나마 뵐 수 있었던 것은 아마 평생 잊을 수 없는 추억이 될 것 같습니다. 2002년에 당신은 102세로 삶을 마감하셨지만 94년 당시 94세였던 당신의 그 정정하신 모습은 당신의 그 매력적인 '철학적 해석학Philosophische Hermeneutik'과 함께 내게 깊은 인상을 남겼습니다. 당신은 마치 살아있는 철학 그 자체 같았습니다.

당신의 주저인《진리와 방법Wahrheit und Methode》이 1960년에 나왔으니 내가 대학을 다닌 70년대에는 이미 상당한 유명인사였을 텐데, 유감스럽게도 나는 졸업할 때까지 당신의 이름을 듣지 못했습니다. 내가 당신을 처음 알게 된 것은 유학시절, 친구인 사사키 카즈야를 통해서였습니다. 함께 하이데거를 공부하던 그는 비교적 자유롭게 자신의 관심사를 발표할 수 있었던 '아포리아론' 수업에서 자주 당신을 거론했었습니다. 당신이 하이데거의 수제자로서 그 학통을 이어받은 인물이라는 것을 알게 되면서 당신은 아주 자연스럽게 내 관심의 사정권에 들어오게 되었습니다. 나는 이미 딜타이와 하이데거를 통해 '해석학'이라는 것을 알고 있었고, 그것이 '현상학'과 더불어 철학의 중요한 방법론이 된다고 믿었기에, 그것을 단순한 방법론 이상으로 발전시켰다는 당신에 대해 처음부터 호의적일 수밖에 없었습니다.

물론 당신은 슐라이어마허-딜타이의 노선에 어느 정도 비판적이고, 헤겔-하이데거의 노선에 충실한 편입니다만, 그것은 내게 큰 문제가 아니었습니다. 나에게는 그 모든 것이 하나의 '해석학' 속으로 수렴될 수 있었기 때문입니다.

그런데 가다머, 내가 접한 당신의 해석학은 '전통Tradition' 내지 '전승Überlieferung'과 그 속의 '진리Wahrheit'라는 것을 명백히 내세우고 있다는 점에서 내가 생각하던 전형적인 해석학의 형태에 가장 가까운 것이었습니다. '전통 속에 축적된 여러 진리 경험과 진지한 대화를 나눔으로써 그것을 이해하고 궁극적으로 그 진리를 공유하게 된다는 것', 그것이 해석학의 의의라고 나는 생각했던 것입니다. 당신이 전통 내지 전승을 진리의 저장고로 중시하는 것은, 당신이 박사학위논문과 교수자격논문에서 각각 〈플라톤 대화편에서의 쾌락의 본질〉과 〈플라톤의 변증법적 윤리학〉 같은 주제를 다루었다는 데서 이미 드러나고 있습니다. 내가 보기에 당신의 해석학은 무릇 우리가 무언가를 '배우고' '연구하고' '공부하고' 하는 것의 근본의의를 명확히 해주는 것이기도 했습니다.

나는 당신의 그 방대한 사상을, 좀 도식적일지는 모르겠습니다만, '누가' '무엇을' '어떻게' '왜'라고 하는 사고의 틀 속에서 해체하여 재구성해보았습니다. 그것은 내가 무언가를 이해하기 위한 전형적인 수법이니 양해해주시기 바랍니다.

먼저 1). '해석학의 누구'라는 것을 생각해봅니다. 내가 보기로 당신의 그 '철학적 해석학'의 주인공은 바로 우리 자신인 '해석자Interpret'입니다. 내용적으로 볼 때, 그는 '묻는 자'이며, '진리를 찾는 자'이기도 합니다. 그리고 무엇보다도 그는 '전통을 바라보는 자'입니다. 혹자는 그가 바로 그 때문에 본질적으로 '보수주의자'일 수밖에 없다고 비난하기도 하지만 그 점은 일단 덮어두기로 하겠습니다. 아무튼 이 경우 해석자로 하여금 해석에로 나아가게 하는 기본조건으로서 당신은 '지평'과 '선입견'을 논하고 있습니다. 당신이 니체와 후설과 하이데거에게서 차용한 이 '지평Horizont'이란, "한 점으로부터 볼 수 있는 모든 것을 포괄하고 둘러싸는 시야"를 말합니다. 지평을 갖는다는 것은 '극히 가까운 것에 제한되지 않고 그것을 넘어서 볼 수 있다'는 말이고, 지평 내에 있는 사물의 의의를 '올바로 평가한다'는 뜻입니다. 따라서 이것은 해석자가 지니고 있는 일종의 소양이나 입장 같은 것일 수도 있겠습니다.

그런데 전통을 이해-해석하고자 하는 자는 기본적으로 그 어떤 '선입견Vorurteil'에 의해 움직인다는 것을 당신은 알려줍니다. 이것은 계몽주의와 낭만주의가 철저하게 배척했던 그 '편견' 즉 '잘못된 판단'이 아니라, 유한한 역사적 존재인 인간이 가질 수밖에 없는 근본조건으로서, 나름의 '정당성'을 갖는 것입니다. 그것이 '이해'에서는 오히려 적극적인 역할을 수행하는 것입니다. 그것을 당신은 하이데거의 이른바 '선-구조'로부터 배웠습니다.

그리고 2). '해석학의 무엇' 즉 그 내용 내지 대상을 생각해봅니다. 그것이 '전통Tradition' 내지 '전승Überlieferung'임을 당신은 분명히 말하고 있습니다. 그것은 일종의 '권위Autorität', '이름이 없어진 권위'입니다. 그것은, 편견의 원천이 되기도 하지만 또한 '진리의 원천'이 되기도 하는 것입니다. 이것은 구체적으로, 당신 자신이《진리와 방법》1, 2, 3부에서 실제로 다루었던 '예술' '역사' '언어'를 다 포괄합니다. 그 가장 구체적인 형태가 아마 '문서Dokument' 내지 '텍스트Text'일 것입니다. '작품Werk'도 이에 해당합니다. '위대한 사상가들'이 그것을 남겼습니다.

여기서 중요한 것은 그것이 '인간의 세계경험' 내지 '진리 경험'을 포함하고 있다는 것입니다. 거기에는 '인식'과 '통찰'과 '진리'가 있습니다. 따라서 중요한 것은 원저자의 개성이나 의견이 아니라, '사태내용상의 진리'이며, 절실한 '진리요구Wahrheitsanspruch'인 것입니다. 역사 속에 남아 전통이 된 것은 괜히 그렇게 된 것이 아님을 알 수 있습니다. 잊지 말아야 할 것은, 여기에도 나름대로의 '지평'이 있다는 것입니다. 그것이 '역사의 지평', 말하자면 '그/그들의 시야'입니다.

그리고 3). '해석학의 어떻게'라는 것을 생각해봅니다. 이는 '해석자'가 '전통'에 관계하는 '관계방식'이라고 할 수도 있겠습니다. 그것이 바로 가다머 해석학의 핵심 중의 핵심이라고 할 수 있는 '이해Verstehen'입니다. 이해란 타자의 의견을 단순히 추수행하는 것이 아니라고 당신은 주의합니다. 무엇을 이해한다는 것은 그것을 '어떤 물음에 대한 대답으로서' 이해한다는 것이며, 그 물음을 이해하기 위해서는 먼저 자기 스스로가 그 물음을 묻지 않으면 안 된다고 당신은 강조합니다. 이해는 그저 우연히 이루어지는 것이 아니라, 이른바 진리요구에 의해 무언가가 진정으로 문제가 될 때에, 즉 당신이 말하는 '해석학적 상황Hermeneutische Situation' 속에서, 비로소 주어질 수 있는 것입니다.

그런데 자기의 물음, 타자의 물음, 그 양자에는 각각의 '지평'이 있습니다. 그래서 당신은 이해라는 것을 '서로 구별되는 두 개의 지평'이 어우러지는 '지평의 융합Horizont-verschmelzung'이라고 말하는 것입니다. "이해란 항상 이와 같이 각각 별개로 있다고 생각되는 지평의 융합이라고 하는 사건이다"라는 말이 바로 그것을 알려줍니다. 거기에서는 현재의 지평과 과거의 지평, 이해자의 지평과 역사의 지평, 그/그들의 지평과 나/우리의 지평이 움직이고 이동하면서 '유일한 지평'으로 그 접점을 찾아나갑니다. 그것은, 말하자면 자신을 간직한 채 타자를 만나는 것이고, '고차의 보편성으로 고양되는 것'이며, '가까운 것…을 넘어서 보는 것을 배우는 일'이며, 그것을 '보다 잘 보기' 위한 것입니다.

이 이해와 관련해서 당신이 '물음과 대답의 논리Logik der Frage und Antwort'를 논한 것은 참으로 온당하다고 나는 박수를 쳤습니다. 전통의 물음을 나 자신의 물음과 연관지어 생각해볼 때 비로소 그것이 제대로 이해된다는 것은 나 자신의 학문적 경험에서도 확인한 바였기 때문입니다. 그렇지 못한, 즉 그러한 진정한 물음이 없는 학문적 논의는 언제나 겉돌고 있었습니다. 그것이 없이는 아무리 많은 책을 아무리 열심히 들여다봐야 제대로 읽혀질 수가 없는 것입니다. 적지 않은 사람들이 그것 없이 헛수고하며 고생만 하는 것

독일로 부치는 철학편지

을 안타깝게 지켜본 적도 한두 번이 아닙니다. 지금도 세상에는 오직 유식을 위한 지식을 탐하는 이들이 드물지 않습니다.

한편 당신은 이해와 관련해서 '적용Anwendung/Applikation'이라는 것을 지적하기도 합니다. 우리는 텍스트의 요구에 귀를 기울이면서 그 텍스트를 해석자의 현재 상황에로 '적용'해보아야 한다는 것입니다. '보편적인 것을 구체적-특수적 상황에로 적용하는 것의 한 특수한 경우'가 곧 이해이기도 한 것입니다. 텍스트를 이해한다는 것은 해석자가 자기 자신이나 구체적인 상황을 도외시하는 것이 아니라, 오히려 텍스트를 바로 이 상황에로 관련시켜볼 때 가능해질 수 있습니다.

또한 당신은 이 이해가 '경험Erfahrung'이라는 성격을 갖는다고 지적합니다. 특히 당신 자신의 주제 자체이기도 한 '해석학적 경험hermeneutische Erfahrung'을 강조해 마지않습니다. 전승에 대한 해석학적 경험, 그것은 사태 그 자체가 알려져 오는 것입니다. 그것은 진리가 나타나오는 것입니다. 그것은 역사와 현재의 전면적인 매개를 수행하는 것입니다. 그것은 텍스트와의 대화입니다. 그것은 '물음과 대답'의 구조를 포함하고 있습니다. 바로 그것이 물음에 대한 대답으로서 전승을 이해하는 것에 다름 아닌 것입니다.

이해에는 또한 '시간간격Zeitabstand'을 넘어서 대상 쪽에 있는 '역사의 현실'과 해석자 쪽의 '역사적으로 이해하는 현실'이 서로 맞물리게 되는 측면이 있습니다. 쉽게 말하자면 '저쪽'이 '이쪽'에 작용하고 영향을 미치는 것이지요. 그것을 당신은 '영향작용사Wirkungsgeschichte'라는 독특한 말로 지적하기도 합니다.

그리고 4). '해석학의 왜'라는 것을 생각해봅니다. 그것은 사실상 이미 대답되어 있습니다. 쉽게 말하자면 '저쪽'이 '이쪽'에 작용하고 영향을 미치는 것이지요. 즉 당신의 그 '철학적 해석학'은, '해석학적 이해' 내지 '해석학적 경험'을 통해 전통 내지 전승이 포함하고 있는 '진리Wahrheit'를 공유하기 위한 것입니다. 그래서 그것은 단순한 방법론이 아니라 '철학적' 해석학이 되고, 해석학적 '철학'이 되는 것입니다. '진리에의 지향', 그것이 바로 무엇보다도 중요한 해석학의 존재이유라고 할 수 있습니다.

한 가지 더 덧붙이자면, 당신의 해석학은 주저의 제목에 나타나 있듯이, 이른바 '방법Methode'이라는 것을 극복하기 위한 것이기도 합니다. 그 방법은 '근대과학의 방법개념'을 가리킵니다. 특히 그것은 근대 자연과학에 의해 확립된 객관적-이론적 방법태도를 의미하지만, 또한 그것을 모범으로 삼는 근대 이후의 '정신과학적 방법론'도 포함합니다. 당신은 그런 것들이 놓치고 있는, 그런 것들의 지배권을 넘어서는 '인간의 세계경험' 내지 '인간의 진리경험'을 찾아내고 그 정당성을 옹호하고자 했던 것입니다. 《진리와 방법》의 그 '와und'는 이러한 대결을 의미한다고 보아도 좋겠습니다.

친애하는 가다머, 하이델베르크의 한 토론회에서 나는 당신의 철학을 '진리를 향한 우회의 길', '진리를 향한 공감의 길'이라고 규정했고 사람들은 그것을 수긍해주었습니다. 당신은 그 길을 탄탄하게 닦아놓으셨고 스스로도 그 길을 걸어갔습니다. 그 길은 이제 나의 앞에도 놓여 있습니다. 나 또한 나름대로 성실하게 그 길을 걸어왔고 앞으로도 묵묵히 그 길을 걸어갈 것입니다. 그 길에서 나는 이미 적지 않은 전승들을 만났고 진리들을 경험했습니다. 나는 그것을 '본연의 현상학'과 '인생의 구조'와 '사물의 철학'이라는 이름으로 가다듬어 세상에 내놓기도 했습니다. 그것이 저 역사의 흐름 속에서 하나의 '전승'으로 남을 수 있게 된다면, 아아 그렇게 된다면 얼마나 좋겠습니까. 당신의 지지와 응원을 삼가 기대합니다.

Hans Jonas 1903-1993

"인간의 자유가 기술을 통해 실현 가능하고
기술에 의한 환경 파괴는 불가피하다는 근대적 사유에서 벗어나지 않으면
결국 지구는 인간에게 보복할 것이다."

"너의 행위의 효과가 인간 생명의 미래의 가능성에 대해
파괴적이지 않도록 행위하라."

1903년 독일의 섬유 공업 도시, 뮌헨글라트바흐Mönchengladbach에서 출생. 유대계.

1928년 마르부르크대학에서 하이데거의 지도 아래 그노시스주의 이론에 관련한 논문 〈Der Begriff der Gnosis〉으로 철학박사. 한나 아렌트와도 친교.

1933년 나치 집권 후 영국 런던으로 망명.

1934년 영국에서 팔레스티나로 이주. 그곳에서 평생의 반려자인 로레 바이너Lore Weiner 를 만남.

1940년 유럽으로 돌아와 영국 군에 입대.

1943년 로레 바이너와 결혼.

1945년 종전 후, 헤어진 어머니를 찾기 위해 고향 뮌헨글라트바흐로 돌아왔으나, 어머니 가 아우슈비츠 수용소에서 희생된 사실을 알고 영원히 독일을 떠남.

1948년 팔레스티나로 돌아와 이스라엘 독립 전쟁에 참여.

1950년 캐나다로 이주, 칼레톤Carleton대학에서 강의 시작.

1954년 《그노시스와 고대 말기의 정신 II》출간.

1955년 미국 뉴욕으로 이주, 그곳에서 여생을 보냄.

1955-1976년 뉴욕에 위치한 독립적인 생명윤리연구소인 헤이스팅스 센터Hastings Center에서 철학과 교수이자 회원으로 활동하며 사회 연구에 몰입.

1979년 《책임의 원리》출간.

1993년 뉴욕 주 뉴로셸New Rochelle에서 죽음.

요나스에게

기술과 책임을 묻는다

나의 철학세계에서 당신의 존재는 비교적 낯선 것이었습니다. 왜냐하면 내가 처음 독일을 방문한 1993년까지도 나는 당신을 잘 모르고 있었기 때문입니다. 우리 세대가 대체로 그렇습니다. 그런데 마르부르크를 방문했을 때 나는 그곳 친구들로부터 바로 그 마르부르크를 거쳐간 당신에 대해 듣게 되었고, 길거리 노점에서 우연히 당신의 그 대표작 《책임이라는 원리-기술문명을 위한 윤리의 시도*Das Prinzip Verantwortung. Versuch einer Ethik für die technologische Zivilisation*》를 사게 되면서 소중한 인연이 생기게 되었습니다. 나는 그 인연을 감사히 생각하고 있습니다. 왜냐하면, 바로 그 인연으로 나는 그 후 '환경철학' 강의에서 당신을 다루게 되었고, 그것은 다시 최근의 동향이기도 한 이른바 '환경윤리' 내지 '생태윤리'에 대한 나의 관심을 촉발해주었기 때문입니다.

다만 한 가지, 당신의 인생역정은 나를 아프게 했습니다. 당신은 프라이부르크대학, 베를린대학, 하이델베르크대학, 마르부르크대학 등을 거치며 철학과 신학 및 예술사를 공부하고, 1928년 그 유명한 하이데거와 불트만의 지도 아래 그 노시스개념에 관한 논문으로 박사학위를 받았습니다. 하지만, 당신은 이른바 유대계였기에 1933년 히틀러의 집권과 함께 영국으로, 그리고 1935년에는 다시 팔레스타나로 망명하였고, 1945년 종전 후, 헤어진 어머니를 찾기 위해 고향 뮌헨글라트바흐로 돌아왔으나, 어머니가 아우슈비츠 수용소에서 희생된 사실을 알고 영원히 독일을 떠나셨죠. 1949년에는 캐나다를 거쳐 1955년 이후 미국으로 이주하였고 예루살렘대학, 맥길대학, 칼레톤대학 등에서 강의를 했으며, 프린스턴대학, 컬럼비아대학, 뮌헨대학 등에서 객원교수를 지냈습니다. 특히 1955년에서 76년까지 뉴욕의 '사회조사연구소New School for Social Research'에서 교수를 지내기도 했습니다. 92년에 잠시 베를린을 다녀오기도 했습니다만, 결국 93년 미국 뉴욕의 뉴로셸에서 세상을 떠났습니다. 활동무대가 넓어 일견 화려해 보이기도 하지만, 이국에서의 그 떠돌이 생활이 얼마나 고단한 것이었을지 … 충분히 이해가 갑니다. 특히 아우슈비츠로 보내진 당신의 모친 이야기는 너무나 가슴 아프더군요.

독일로 부치는 철학편지

하지만 요나스, 당신네 유대인들은 정말 대단하십니다. 특히 현대철학의 세계에서는 그 대단함이 확실히 두드러집니다. 현대철학의 쟁쟁한 거물들이 거의 유대계라고 해도 과언이 아닐 정도이기 때문입니다. 마르크스, 프로이트, 후설, 카시러, 호르크하이머, 아도르노, 마르쿠제, 프롬, 아렌트, 베르크손, 마르셀, 레비-스트로스, 레비나스, 데리다, 비트겐슈타인, 포퍼, 쿤, 퍼트남, 싱어 … 그리고 당신. … 나는 그 숫자 앞에서 잠시 말을 잊습니다. 그 엄청난 고난 속에서 당신네들이 일궈낸 저 찬란한 학문적 영광을 어찌 가볍게 볼 수 있겠습니까. 그것은 20세기의 세계를 움직이는 원동력으로 작용하기도 했습니다. 그 자부심으로 부디 위안을 삼을 수 있다면 좋겠습니다.

각설하고, 정작 중요한 당신의 그 철학에 대해 나의 몇 가지 생각들을 적어보기로 하겠습니다. 나도 그렇지만 오늘날 많은 사람들이 당신을 주목하고 있는 것은 무엇보다도 당신이 제기한 그 문제의 절박성과 대안의 참신성 때문이 아닐까 하는 느낌입니다. '무엇이 문제라는 말인가' '그래서 어쩌자는 말인가' 바로 그 두 가지 핵심이 당신에게는 아주 명백하다는 말씀입니다. 그것은 아마도 '기술'과 '책임'이라는 두 마디로 축약될 수 있을 것 같습니다. 그것은 당신이 스스로의 작업을 비트겐슈타인에 빗대어 "기술-윤리 논고Tractatus tecnologico-ethicus"라고 부르는 데서도 잘 나타나고 있습니다.

1) 먼저 그 '기술Technik'이라는 것을 생각해봅니다. 당신이 지적하고자 하는 문제들은 '기술문명die technologische Zivilisation'이라는 부제에서도 분명히 드러나 있습니다. 당신은 바로 그것이 '위험'이자 '재앙'이라는 것을 알리고 있는 것입니다. 당신은 "현대 기술의 약속이 위협으로 반전되었거나 또는 적어도 후자가 전자와 밀접하게 연결되어 있다"는 것을 논의의 '출발점'으로 삼습니다. 아니 무슨 말씀? 현대 기술이라면 우리 인간들이 가장 자랑스러워하는 것이 아니던가요? 그것은 실제로도 가장 큰 혜택을 주고 있는 것이 아니던가요? 그게 어째서… 하고 보통 사람들은 의아해할 수도 있습니다. 하지만 조금만 생각해보면 우리는 당신의 말에 수긍하지 않을 수가 없게 됩니다.

당신의 지적대로 그 '현대 기술'은 당초 인간Mensch의 행복, 인간의 문명화를 위한 것이었습니다. 하지만, 그것이 어느 틈엔가 자연Natur에 대한 '가장 커다란 도전'으로 화하고만 것입니다. 그 점을 당신은 '우주의 질서에 대한 인간의 폭력적인 침입gewaltsamer und gewalttätiger Einbruch in die kosmische Ordnung' '수많은 자연 영역을 정복하는 인간의 침략행위

Invasion der Naturbereiche'·'자연에 대한 강간행위Vergewaltigung der Natur'라고까지 표현합니다. 이러한 표현들이 결코 한갓된 과장이 아님을 우리는 오늘날 전 지구적인 규모로 진행되는 오염, 훼손, 파괴를 통해 확인하고 있습니다. 들과 산, 하천과 바다가 거대한 쓰레기장으로 변한 것은 기본입니다. 이제는 우주공간까지도 우주쓰레기들로 가득하다 합니다. 오존층의 파괴, 지구온난화로 인한 기상 이변, 수많은 동식물의 멸종위기… 등등 그 구체적인 사례들은 이제 그 종류와 규모에 있어서 인류의 생존을 위협할 정도에까지 이르렀습니다. 기술은 이제 자연뿐만 아니라 인간 자신까지도 그 대상으로 삼아, '생명의 연장'과 '행동 통제'는 물론 '유전자 조작'과 '복제인간'마저 획책하고 있는 지경입니다.

특히 당신이 강조해서 우려하는 것은 '미래Zukunft'입니다. 거기에는, 이대로 기술의 횡포를 방치할 경우 과연 인류에게 미래가 있기나 할 것인가 하는 깊은 우려가 깔려 있습니다. 구체적으로 당신이 염려하는 것은 '미래의 후손들'입니다.

우려하지 않을 수 없는 가장 근본적인 문제는, 미래의 아이들을 포함해 무릇 '그 어떤 것이 존재해야 한다'는 존재당위 자체가 위협받고 있다는 것입니다. 문제 중에 이보다 더 큰 문제가 있을 수 있겠습니까. 그것이 거의 '공포'의 수준이라는 것을 우리는 당신의 그 유명한 '공포의 발견술Heuristik der Furcht'에서 감지할 수 있습니다. "미래에 있을 수 있는 심상치 않은 상황의 변화, 위험이 미칠 수 있는 전 지구적 범위, 그리고 인간의 몰락 과정에 대한 징조, 그런 것을 통해서 윤리적 원리들이 발견될 수 있다는 것", 그것을 당신은 그런 살벌한 이름으로 불렀던 것입니다(여기에는 이른바 '좋은 예측에 대한 나쁜 예측의 우선성' '악의 인식이 선의 인식보다 무한히 쉽다'는 생각이 그 전제로 깔려 있습니다).

말하자면 이런 것이 당신이 지적한 그 문제적 상황의 개요라고 할 수 있을 것입니다. 친애하는 요나스, 당신의 이러한 지적들을 우리가 조금이라도 진지하게 귀담아 듣는다면, 우리는 모골이 송연해지지 않을 수 없습니다. 우리는 더 이상 뒷짐만 지고 있을 수는 없게 되었습니다. 상황이 급박한 것입니다. "시간이 촉박하다"고 당신이 말하고 있는 그대로입니다. "인간의 자유가 기술을 통해 실현가능하고 기술에 의한 환경파괴는 불가피하다는 근대적 사유에서 벗어나지 않으면 결국 지구는 인간에게 보복할 것"이 틀림없습니다. 그래서 당신은 사람들의 태도변화를 호소하고자 했던 것입니다. 그래서 나온 것이 바로 그 "책임이라는 원리"인 것입니다.

2) 그 '책임Verantwortung'이라는 것을 생각해봅니다. 그것은 '경외의 윤리'이며, '미래의 윤리'입니다. 그것은 '자연에 대

한 윤리'이며, '지구에 대한 윤리'입니다. 그것은 인류가 일찍이 경험해보지 못했던 '새로운 사태'에 대한 '새로운 윤리'입니다. 그렇게 그것은 하나의 '윤리'라는 형태로 나타납니다. 그것은 인간의 행위와 관련된 문제이기 때문입니다. 당신의 그 책임윤리는 참으로 시사하는 바가 많습니다.

그것은 하나의 새로운 정언명법으로 우리에게 제시됩니다. 그것은 "너의 행위의 효과가 지상에서의 진정한 인간적 삶의 지속과 조화될 수 있도록 행위하라Handle so, daß die Wirkungen deiner Handlung verträglich sind mit der Permanenz echten menschlichen Lebens auf Erden" 또는 "너의 행위의 효과가 인간생명의 미래의 가능성에 대해 파괴적이지 않도록 행위하라Handle so, daß die Wirkungen deiner Handlung nicht zerstörerisch sind für die künftige Möglichkeit solchen Lebens"라는 것입니다. 다시 말해 "지상에서 인류의 무한한 존속을 가능하게 하는 조건들을 위협하지 말아라" 또는 "미래의 인간의 불가침성을 너의 의욕의 동반 대상으로서 현재의 선택에 포함하라"라고 표현되기도 합니다. 당신은 이것을 '공리'처럼 받아들이도록 요구합니다.

당신의 이 책임윤리는, 이른바 전통윤리학이 그것에 대해 아무것도 제시해주지 못하는 그런 것, '그 종류와 규모에 있어서 전혀 새로운 것'에 대한 윤리입니다.

이것은 인간의 운명, 인간상, 그리고 신체적 생존뿐만 아니라 인간본질의 불가침성을 문제로 삼습니다.

이것은 '왜 인간은 결국 이 세계에 존재해야만 하는가? 인간의 실존을 미래에도 보장해야 하는 무제약적 정언명법이 왜 타당해야 하는가?' 하는 근본적인 형이상학적 물음을 포기하지 않고 묻습니다.

이것은 멀리 떨어진 미래를 예견하고 지구의 전 영역을 인과성의 의식 속에 포함시킵니다. 또한 미지의 운명 속에서 추후결과를 추측합니다.

이것은 인과적 범위를 전례없이 미래에까지 적용시키는 그런 행위들, 엄청난 규모의 장기적 결과와 환원불가능성을 갖는 그런 행위들, 즉 기술적 행위들을 문제로 삼습니다.

이것은 마르크스주의와 기술만능주의를 포함한 이른바 유토피아주의를 비판적인 시선으로 바라봅니다. 왜냐하면 그것은 오늘날 인류가 가진 '가장 위험한 유혹'이 되어버렸기 때문입니다. 그것은 생태학적-인간학적으로 실패했고, 목표설정의 오만성을 지니기 때문입니다.

친애하는 요나스, 당신의 논의를 따라가다 보면 우리는 '선Das Gute'과 '당위Das Sollen'와 '존재Das Sein'라는 말을 만나게 됩니다. 철학 교과서 같은 데서는 흔히 논리와 윤리를 말하면서 존재와 당위를 대립시켜놓기도 하지만, 당신에게서는 이 세 가지가 모두 하나로 연결됩니다. '존재해야 한다는 당위가 곧 선 자체'라고 그것은 정리될 수 있습니다. 그런 생각이 하나의 대전제로서 당신의 그 '책임이라는 원리'를 관통하고 있습니다. '존재해야 한다는 것' '존재하는 것이 좋다는 것', 그것이, 그 너무나도 당연한 것이, 심각한 위험 앞에, 즉 현대기술문명이 야기한 위험 앞에 노출되어 있다는 것입니다. 그 존재는 다름 아닌 인류의 존재, 미래(세대)의 존재, 자연의 존재, 지구의 존재입니다. 그것을 당신은 경고하고 있는 것입니다. 회슬레Vittorio Hösle가 당신을 '사려 깊은 경고자'라고 부른 것은 그래서 옳습니다. 무엇보다도 기본적인 것이 '존재'입니다. 그 존재가 위협받고 있다는 것은 참으로 엄청난 문제가 아닐 수 없습니다.

이런 단어들의 무게를 생각해보면, 우리는 당신의 철학에 무심할 수가 없게 됩니다. 우리는 이제 기술의 성과들을 마냥 향유만 할 처지가 못 되는 것 같습니다. 우리는 그 기술이 야기한 문제들에 대해 무한 책임을 생각해보는 것이 마땅합니다. 자연에 대한 책임, 지구에 대한 책임, 미래에 대한 책임, 생존에 대한 책임. 그 책임 여부가 결국 우리의 미래를 결정하게 되겠지요. 존재냐 무냐, 생존이냐 파멸이냐, 선이냐 악이냐, 평화냐 공포냐 하는 그런 미래를….

Jürgen Habermas 1929–

"명제의 진리의 조건은 모든 다른 사람들의 가능한 잠정적인 동의이다."

"인식 비판은 오직 사회이론으로서만 가능하다."

"이성은 반성의 실행 그 자체를 목적으로 삼는
'해방적 인식 관심'을 따른다."

1929년 독일 라인 지방의 뒤셀도르프Düsseldorf에서 태어나, 쾰른 인근 소도시 구머스바흐Gummersbach에서 자람.

1954년 본대학에서 〈절대자와 역사〉로 철학박사.

1955년 우테 베셀회프트Ute Wesselhöft와 결혼.

1956–1959년 3년간 프랑크푸르트대학 사회연구소에서 경험적 사회학의 연구조교로 지냄.

1961년 《공공성의 구조변동》으로 마르부르크대학에서 교수자격 취득. 마르부르크대학 사강사.

1962년 하이델베르크대학 원외교수.

1964년 프랑크푸르트대학의 철학 및 사회학 정교수가 됨.

1967년 뉴욕 괴테 하우스의 초청으로 독일연방공화국 안의 저항 운동에 대해 강연.

1968년 《인식과 관심》 출간.

1971년 교수직을 던지고 과학-기술 세계의 삶의 조건들의 연구를 위한 막스플랑크연구소(MPIL 슈타른 베르크 소재)의 (카를 프리드리히 폰 바이츠제커와 더불어) 공동 소장이 됨.

1973년 독일의 슈투트가르트 시로부터 헤겔상 받음.

1981년 《소통행위 이론》 출간.

1983년 프랑크푸르트대학에 복귀.

1994년 퇴직. 명예교수.

1996년 한국방문.

하버마스에게

공공성과 합리성을 묻는다

1996년 당신이 서울에 와서 강연을 했을 때, 나도 그 운집한 청중들 사이에 한 자리를 차지하고 있었습니다. 그런 것을 거창하게 무슨 '만남'이라고 할 수는 없겠지만, 적어도 나에게 있어 그것이 그저 그런 '하나의 스쳐감'이 아니었던 것은 분명해 보입니다. 나는 그때 당신이 내뱉은 '철학적 계몽' '실천적 영향력' '이론과 실천' … 그런 단어들을 통해 당신의 이른바 '사회탐구' '비판적 철학' '해방적 관심' 같은 것들을 생생한 감각으로 느낄 수 있었고, 그것은 이른바 사회철학적 주제들을 나의 의식 속에서 새롭게 되짚어보는 좋은 계기가 되었기 때문입니다.

당신이 이른바 '프랑크푸르트학파Frankfurter Schule'의 제2세대를 대표하는 인물로 호르크하이머, 아도르노, 마르쿠제 등의 '비판이론kritische Theorie'을 비판적-발전적으로 계승하고 있으며, 이른바 합리주의적 '신좌파'의 이론적 지주로서 1960년대 이후의 학생운동에 지대한 영향력을 행사했다는 것, 그러나 그 학생운동이 당신들의 이론을 왜곡하며 과격한 폭력으로 치닫자 그에 대한 실망과 항의의 표시로 프랑크푸르트대학을 떠나 막스플랑크연구소로 적을 옮겼다는 것, 등을 비롯해 기본적인 여러 사항들에 대해서는 70년대의 우리들도 비교적 잘 알고 있었습니다. 그 점에 크게 기여한 신일철 교수님이나 차인석 교수님 등에 대해 우리는 지금도 고마움을 잊지 않고 있습니다.

그런데 하버마스, 나는 당신의 철학이 나에게 전해주는 이 묘한 매력이 도대체 어디서 기인하는지를 생각해봅니다. 사람마다 평가는 다를 수 있겠지만, 나는 그것을 '사회적-실천적인 문제들에 대한 비판적-해방적 관심'과 '그 문제들에 대한 이론적-합리적인 해결의 모색'이라고 정리하고 있습니다. 더 간단히 말하자면 '공공성'과 '합리성'이 하버마스철학의 양대 지주라고 할 수 있을지 모르겠습니다. 당신이 개진하는 문제들 중 이른바 '냉전논쟁' '후기자본주의논쟁' '마르크스주의논쟁' … '대중의 탈정치화 문제' '기술론' '과학론' … 그리고 '실천' '해방' … 등등의 중요한 논제들은 전자와 관련돼 있고, '소통적 행위' '토론' '이상적 대화상황' '합의' … '사회과학의 논리' '담화윤리' … 등등은 후자와 관련돼 있다고도 할 수 있겠습니다. 물론 서로 유기적으로 얽혀 있는 그 논의들을 이렇게 도식적으로 양분하는 것에 무리가 있는 줄은 압니다. 그저 이해를 위한 편의상 그 핵심을 뽑아 내자면 그렇다는 말씀입니다.

1) 나에게 특별히 인상적이었던 것은 먼저, 당신의 관심 대상이었습니다. 무엇보다도 당신은《공공성의 구조변동 *Strukturwandel der Öffentlichkeit*》으로 그 이름을 알리면서 이미 그 방향을 보여주었습니다. 그 이전의《학생과 정치》도, 그 이후의《이론과 실천》《인식과 관심》《이데올로기로서의 기술과 학문》도 모두 당신의 관심이 사회적-역사적-현실적- 정치적-실천적-공공적인 그런 문제들을 향하고 있음을 알려줍니다. 그 모든 것의 기반이 '공공성Öffentlichkeit'이라고 나는 이해했습니다. 여기서 아주 흥미로웠던 것은, 물론 그 구체적인 내용도 내용이지만, 그에 앞서 무릇 우리의 '관심 자체가 인식을 규정한다'는 날카로운 통찰이었습니다.

인식론과 사회이론의 결합이라고도 볼 수 있는 이 특이한 생각은, 인간의 사회적 삶을 전개시키는 매체들, 즉 '노동 Arbeit' '언어Sprache' '지배Herrschaft'라고 하는 사회적 문제들을 주시하면서, 이것들이 각각 '자연을 기술적으로 지배하고자 하는 기술적 관심technisches Interesse' '전승되어 내려오는 실천적인 삶의 내용에 대한 의미를 이해하고자 하는 실천적 관심praktisches Interesse' '자연적인 제반 억압으로부터 해방하려는 해방적 관심emanzipatorisches Interesse'이라는 세 가지 관심에 대응한다고 짚어줍니다. 그런데 바로 이 관심들이 '인식을 주도하는 관심erkenntnisleitendes Interesse'이라는 것을 당신은 분명히 알려준 것입니다. 그렇습니다, 하버마스. 관심이란 애당초 주체와 대상 사이에서 성립하는 것이고, 인식은 그 대상에 대한 주체의 인식입니다. 그런데 그 인식이라는 것은 그저 어쩌다가 저절로 발생하는 것이 아니라, 우리들 주체가 그 대상에 대해 갖게 되는 현실적 관심에 의해 미리 준비되고 유도되는 것이 틀림없습니다. 예컨대 애당초 건강에 '관심'이 있어야만 정상 혈압이 얼마인지 아스피린이 어떤 작용을 하는지 '알' 수 있게 되는 것도 그런 경우겠지요. 관심은 그렇게 인식에 대해 그 어떤 '사전결정Vorentscheidung'을 제공합니다. 왜냐하면 이 관심들은 사회적-실천적인 삶의 현장에서 생겨나는 진지한-절실한-불가피한-필연적인 문제들로부터 유래하는 것이기 때문입니다. 이른바 '경험적-분석적 학문'과 '역사적-해석학적 학문'과 '비판적 학문' 들은 바로 그러한 세 가지 관심들의 인도로 결과된 인식의 형태들인 것입니다.

이렇게 해서 당신은 현대 지식사회를 지배하고 있는 지식과 정치적 의사결정의 분리적 경향, 또는 학문적 논의의 뿌리상실을 날카롭게 꼬집었습니다. 당신의 철학은 그렇게 해서 '이론과 실천의 결합' '실천적 이론'이라는 형태를 갖지 않을 수 없었던 것이겠지요. 그것이 곧 '해방적 비판'의 규범적 토대라고도 말할 수 있겠습니다.

2) 그런데 하버마스, 또 하나 나에게 인상적이었던 것은 문제를 향해 다가가는 당신의 접근방법이었습니다. 그것은 아마 '이성의 길'이라고 불러도 크게 빗나간 표현은 아닐 것입니다. 당신은 분명히 '합리성Rationalität'을 전면에 내세우고 있습니다. 그 점에서 당신의 철학은 마르크스주의와 구별되며, 제1세대의 비판이론과도 차별화됩니다. '행위와 주장의 비판가능성'이기도 한 그것은, 어쩌면, 학문에게는 비판적 정신을 부여하고 비판에게는 학문적 성격을 부여하려는 양면적 노력의 일환이었다고 평가될 수도 있겠습니다.

'합의Konsensus' 내지 '대화적 해결diskursive Einlösung'이라는 것을 그 핵심에 두고 있는 당신의 그 실천적 이성주의는 1972년에 발표한 그 유니크한 '진리론Wahrheitstheorien에서 잘 드러나고 있습니다. 나는 한때 여러 가지 형태의 진리이론들을 조사해서 수업에서 다룬 적이 있었는데, 당신의 이론은 다른 것들과 비교해볼 때 확연히 구별되는 바가 있었습니다. 물론 그것은 '지성과 사실의 일치adaequatio intellectus et rei'가 곧 '진리'라는 전통적인 진리규정을 완전히 배격하는 것은 아닙니다. 다만 그것은 '사실rei'이라는 것이 어디까지나 '역사적으로 제약된 사회의 현실'이며 따라서 진리는 역사적-사회적으로 제약되는 상대적인 것이라는 호르크하이머의 진리론을 경유하고 있는 듯이 보였습니다.

당신의 독특한 점은, 1) 진리란 실천적인 행위의 맥락에서 문제시되어야 한다. 2) 진리란 타당성의 요구주장이 문제시될 때, 비로소 거론되어야 한다. 3) 진리란 요구주장 Anspruch이 타당하다는 것을 말한다. 4) 진리란 토론으로 결정되어야 한다. 5) 진리란 다른 모든 사람들의 잠재적 동의 내지 이성적 합의이다. 라는 것이었습니다.

다소 난삽한 문장들 사이에서 드러나는 이런 생각들은 마치 울창한 숲속에서 맑은 옹달샘을 발견한 듯 신선한 느낌으로 내게 다가왔습니다. 그것은 내가 철학이라는 것을 하나의 학문으로서 전공하며 어느 틈엔가 슬그머니 잊고 있었던 저 최초의 생생한 동기를 다시금 일깨워주는 그런 것이었습니다. '그래 맞다. 진리란 그런 것이어야지. 그것은 한갓된 지적 놀음이 아니었었지. 그것은 생생한 삶의 현실에서 문제되는 절박한 그 무엇이 아니었던가. 특히 사회적인 문제들이 바로 그것을 절실히 필요로 하고 있는 것이 아니었던가.' 그렇게 나는 생각했습니다. 예컨대 미국과의 군사적 동맹을 강화하는 것이 옳으냐 그르냐 하는 정치적인 문제, FTA를 체결하는 것이 옳으냐 그르냐 하는 경제적인 문제, 증세를 통해 복지를 강화하는 것이 옳으냐 그르냐 하는 사회적인 문제, 야한 문학적 표현들을 단죄하는 것이 옳으냐 그르냐 하는 문화적인 문제, 이런 것들은 그 이해가 첨예하게 대립되는 실천적인 맥락에서 그 진위wahr/falsch 내지 시비가 문제시되는problematisiert 것들입니다. 이러한 문제들은 무한히 다양할 수 있습니다. 그것은 우리의 사회적 실천에서 끝없이 생성되고 변화하고 소멸됩니다. 그런데 그런 문제들에 대해 누구는 이것이 참이고 저것이 거짓이라고 합니다. 또 누구는 저것이 참이고 이것이 거짓이라고 합니다. '내 말이 맞다니까! 니 말이 틀렸다니까!' 그렇게 서로 자기의 생각이 타당하다고 주장합니다. 그래서 어느 쪽의 요구주장이 진리인지 가려져야 하는 것입니다. 바로 이런 것이, 진리가 논의되어야 할 바탕이라고 당신은 알려준 것입니다.

그런데 무엇보다도 당신이 당신다운 것은 이러한 대립의 해소를 '토론Diskurs'에 맡긴다는 것입니다. 토론은 하나의 민주적-합리적인 절차입니다. 그것은 이데올로기와 지배보다 우선하는 이른바 '소통적 행위kommunikatives Handeln'에 그 기초를 두고 있습니다. 그것은 단결-폭력-혁명-타도-독재 같은 마르크스적 이념과는 명백히 다른 길, 다른 노선입니다 (당신은 '민주주의'라는 것을, '지배력이 거대하게 확대되어가고 있는 객관적인 조건하에서 인간들이 어떻게 상호공존하여 살 수 있고 또 살고자 하는 것인가라는 문제에 관련된, 일반적이고 대중적인 의사소통을 제도적으로 보장한 형태'라고 이해하므로, 그것이 공존과 소통을 위한 것임은 분명합니다).

더욱이 당신은 이 토론에서 이른바 '이상적 대화상황Die ideale Sprechsituation'이 필요하다는 것을 강조합니다. 토론의 결과를 쌍방이 납득하고 수용할 수 있기 위해서는 그 어느 쪽도 특별히 유리하거나 불리하지 않은 공평한 자격을 가질 수 있어야 한다는 것입니다. 참으로 타당한 지적입니다. 정치권력과 국민이 힘의 균형을 갖지 못한다면 토론이 될 턱이 없습니다. 자본가와 노동자가 힘의 균형을 갖지 못한다면 또한 토론이 될 턱이 없습니다. 선생과 학생, 부모와 자식, 남자와 여자의 경우도 다 마찬가지입니다.

이러한 합리적인 절차의 결과로서 우리는 어렵게 하나의 '합의Konsensus'에 도달할 수가 있습니다. 바로 그것이 우리가 '진리'라고 부르는 것에 다름 아니라고 당신은 알려준 것입니다. 따라서 그것은 원천적으로 가변적-상대적인 것일 수밖에 없습니다.

친애하는 하버마스, 혹자는 당신의 이러한 합의론을 순진한 이상주의라고 비판하기도 합니다. 하지만 우리가 만일 그것을 포기한다면, 남는 것은 무엇이겠습니까. 테러? 혁명? 아니면, 굴종? 회피? … 또 다시 우리 인류가 그 험난한 길을 걸을 수는 없습니다. 전쟁보다는 어쨌거나 평화가 더 나은 것입니다. 이상은 어차피 순진한 것입니다. 그럼에도 불구하고 그것은 나름대로의 역할을 수행합니다. 그 순진한 이상이 역사상에 이루어놓은 수많은 공적들을 우리는 결코 과소평가할 수 없습니다. 물론 쉽지는 않습니다. 하지만 그 길에는 그래도 '이성'이라는 든든한 동반자가 있습니다. 그와 함께 우리는 가능한 모든 노력을 아끼지 말아야 할 것 같습니다. 그것이 비록 시시포스의 바위와 같은 그런 것이라고 할지라도….

　당신이 바라는 그 '이성적인 사회'를 위하여 나 또한 작은 촛불이라도 하나 들어야겠습니다. 온갖 불합리라는 저 어둠을 몰아내는 미미하나마 밝은 하나의 촛불을….

프랑스로 부치는 철학편지

Lettres aux Philosophes Français

Isidore Marie Auguste François Xavier Comte 1798–1857

"우리 지식의 모든 가지들은,
세 가지 상이한 이론적 상태들을 거치며 나아간다.
즉 신학적 혹은 상상적 상태, 형이상학적 혹은 추상적 상태,
그리고 과학적 혹은 실증적 상태다."

"실증주의의 신성한 공식 :
그 원리는 사랑, 그 기초는 질서, 그 목표는 진보."

1978년 프랑스 남부 에로Hérault 주 주도인 몽펠리에Montpellier에서 태어남.

1816년 수학하던 파리의 에꼴 폴리테크니크École Polytechnique가 학교시스템 재편성 문
제로 휴교하자, 몽펠리에 의대로 전학.

1817년 생시몽Henri de Saint-Simon의 제자로 들어감.

1819년 처음 자신의 이름으로 논문 〈La séparation générale entre les opinions et les
désirs〉 저술.

1822년 《Plan de travaux scientifiques nécessaires pour réorganiser la société》 출간.

1824년 지향점의 차이로 스승 생시몽과 결별.

1825년 카롤린 마생Caroline Massin과 결혼.

1826년 정신건강 문제로 병원에 입원했으나, 치료하지 못하고 퇴원함.

1827년 퐁데자르 다리Pont des Arts에서 투신 자살 시도.

1842년 이혼.

1830-1842년 《실증철학 강의》 저술.

1844년 29세의 유부녀 클로틸드 드 보Clotilde de Vaux와 불륜. 《실증적 정신론》 출간.

1948년 《실증주의 서설》 출간.

1851-1854년 《실증 정치학 세계》 저술.

1857년 파리에서 암으로 죽음, 페르 라셰즈 묘지Père Lachaise Cimetière에 묻힘.

콩트에게

실증주의를 묻는다

프랑스의 현대철학을 생각하며 나는 가장 먼저 당신을 떠올립니다. 1798년에 태어난 당신을 '현대철학자'로 취급하는 것에 대해 이의를 제기하는 사람도 있을 것입니다만, 독일의 쇼펜하우어, 영국의 벤담처럼 당신 또한 이전보다는 이후에 대한 연결성이 더 강하다고 보기 때문에 이러한 취급이 아주 터무니없는 것은 아니라는 게 나의 생각입니다. 무엇보다도 현대성이 강한 '실증주의positivisme'와 '사회학sociologie'이라는 말이 당신에게서 처음 비롯되었다는 것만 환기하더라도 아마 많은 사람들이 이 점을 수긍하게 될 것입니다.

나는 그 옛날 학부생 시절, '실증'과 '사회'라는 주제에 대해 어떤 묘한 매력을 느끼고 있었습니다. 그것은 한 애송이 대학생으로서 이제 막 학문과 사회에 눈뜨기 시작한 탓도 있었겠지만, 고등학생 시절을 낭만적인 문학도로 지냈던 자신이 이제 학문과 사회라는 다소 딱딱한 주제를 마주하게 되었다는 것 자체가 하나의 성장인 것 같은 자부심을 주기도 했었기 때문입니다. 그래서 나는 일찌감치 당신을 가까이 할 수가 있었습니다.

더욱이 당신은 그 특이한 이름 때문에, 즉 단편소설을 뜻하는 '콩트conte'와 발음이 같기 때문에, 그리고 그 기나긴 본명(이시도르 마리 오귀스트 프랑수아 사비에르 콩트) 때문에, 쉽게 잊히지 않는 존재가 되기도 했습니다(나는 그 옛날 친구들과 함께 이 이름을 외우는 '놀이'를 하기도 했습니다. '퀸투스 셉티무스 플로렌스 테르툴리아누스'와 함께 그것은 철학과 학생들의 좋은 놀이감이었습니다).

물론 당신이 말한 그 '사회학'은 아직 오늘날과 같은 그런 구체적인 주제들(예컨대 가족이나 젠더 같은 것들)을 다루는 사회학은 아니었습니다. 그것은 하나의 철학적인 이념으로 제시된 상태라는 느낌을 강하게 주었습니다. 무엇보다도 《실증철학강의Cours de philosophie positive》에서(즉 '철학'이라는 이름으로) 그것이 다루어지고 있다는 게 그 점을 잘 말해줍니다. 거기서 당신은 이른바 인간지성의 '3단계 법칙loi de trois états'을 말하고 있습니다. 인간의 지성은 '신학적 단계' '형이상학적 단계' '실증적 단계'라는 세 단계를 거치며 발전한다고 당신은 설명합니다. "법칙은 이와 같다. 우리의 모든 선도적 사고들, 즉 우리 지식의 모든 가지들은, 세 가지 상이한 이론적 상태들을 거치며 연속적으로 나아간다. 즉 신학적 혹은 상상적 상태, 형이상학적 혹은 추상적 상태, 그리고 과학적 혹은 실증적 상태다"라고 말이죠. 그 내용을 한번 확인해보겠습니다.

1) 신학적 단계l'état théologique는, '초자연적-초경험적인 능동자'를 의인적으로 설정해서 그 '자의적인 의지'로 일체 현상들을 설명하는 단계입니다. 이는 '인간정신이 최초로 품게 되는 자발적이고 단순한 상정'입니다. 중세까지의 배물교-다신교-일신교 등이 모두 이것에 해당합니다.

2) 형이상학적 단계l'état métaphysique는, 이 초자연적인 능동자 대신 '추상적인 실체' '현상의 배후에 상정된 추상적 관념' '숨어 있는 성질, 산출적 원인이라는 형이상학적 관념'으로써 세계현상을 설명하는 단계입니다. 순수한 상상보다는 이성적 추론이 우세하다는 점에서 앞 단계보다는 발전된 것입니다. 단 사실을 관찰하고 절대적 지식을 탐구하는 정신이 아직 갖추어져 있지 않기 때문에 비판적-파괴적인 경우가 없지 않습니다. 18세기의 계몽사상도 이에 해당합니다.

3) 실증적 단계l'état positif는, '경험적 사실에 대한 관찰과

인식' '현상 그 자체 사이에 지배되는 법칙의 과학적 인식'을 중시하게 되며 '절대적 지식의 추구나 추상적인 추론'은 배제됩니다. 그래서 실증적 정신은 과학적 정신과 상통합니다. 여기서는 '결합의 관념, 법칙의 관념'이 지배합니다. 이것이 인간지성의 최고 발전 단계라고 당신은 설명합니다.

바로 이러한 3단계를 기준으로 삼아 당신은 여러 학문들을 판정하셨지요. 즉 당신이 학문으로 인정하는 수학-천문학-물리학-화학-생물학-사회학은 그 대상에 따라 가장 단순하고 보편적인 것에서 복잡하고 특수한 것으로 나아가는 계열을 이루는데, 이 중 수학을 필두로 한 다른 것들은 모두 실증적 단계에 다다른 데 비해 오직 사회학만이 아직 그 단계에 이르지 못했다고 보았습니다. 그래서 당신은 사회학을 발전시켜 실증적 과학으로서의 사회학을 수립하고자 했던 것입니다. 그것을 통해 '학문의 계통hiérarchie des sciences'이 완성된다고 당신은 믿었습니다. 여기서 이른바 자연법칙을 사회현상에까지 확대 적용하고자 하는 당신의 생각이 읽혀지기도 합니다.

이러한 맥락에서 당신이 사회의 질서와 균형에 관한 이른바 '사회정태학statique sociale' 뿐만 아니라, 사회의 진보와 발전에 관한 '사회동태학dynamique sociale'까지도 살피고자 하는 대목은 특별히 눈길을 끕니다. 더욱이 실증적 사회학이 지향하는 사회의 실현은 '이타주의altruisme'를 원리로 삼는다는 것과, 이에 기초하여 만년의 당신이 과거-현재-미래에 걸친 '전인류Grand Être'를 헌신의 대상으로, 즉 신을 대체하는 신앙의 대상으로 삼고자 했다는 것, 즉 '인간성의 종교religion de l'humanité'를 제창했다는 것은 호기심을 자극합니다. 비록 표면상 좀 황당한 면이 없는 것은 아니지만, 그 기본 취지랄까 이념만은 다분히 철학적이라고 평가되어야 할 것 같습니다. 사회과학으로서의 사회학과 당신의 철학이 구별되는 이유가 바로 이런 점에 있다고도 할 수 있겠습니다.

당신의 그 사회학은 아마도 생물학을 모델로 삼고 있는 것 같더군요. '정태적 상태'와 '동태적 상태'의 구별이 그렇습니다. 그것을 준거로 당신은 사회의 존재조건의 연구와 사회의 연속적 발전법칙의 연구를 구별하셨지요. '질서l'ordre'와 '진보le progrès'라는 개념쌍이 이 구별에 대응합니다. 즉 사회적 유기체의 정태적 연구는 인간사회의 갖가지 존재조건 사이의 영속적 조화에만 있을 수 있는 '질서'의 실증적 이론이 되며, 인류의 집단생활의 동태적 연구는 사회적 '진보'의 실증적 이론이 됩니다. 이 둘은 상보적입니다. '질서와 진보'라는 당신의 이 표어는 비판과 회의의 방향이 아니라 건설과 조직화의 방향으로 사회학을 인도합니다. 그래서 그것은 점진적인 개량을 긍정하며 파괴적인 혁명에 반대합니다. 좌파적 시각에서 당신의 철학을 보수적이라고 평가하는 것은 바로 그 때문입니다.

그런데 콩트, 정작 가장 핵심적인 이야기가 늦어졌습니다. 그것은 아마도 '실증적positif'이라는 말이 과연 무슨 뜻이냐 하는 것이 아닐까 합니다. 실증적이라는 이 말은 일단 매력적입니다. 1830년에서 1842년에 걸쳐 전 6권의 《실증철학 강의》를 완간한 후, 1844년에 펴낸 《실증적 정신론》에서 당신은 실증적이라는 이 말에 여섯 가지 의미가 포괄되어 있음을 알려주었습니다. 즉 1) 현실적réel 2) 유용한utile 3) 확실한certitude 4) 정밀한précis 5) 건설적organiser 6) 상대적relatif 이라는 게 그것이었죠. 그야말로 좋은 말만 다 골라놓은 듯한 느낌입니다. 여기서 '현실적' '확실' '정밀'은 '상상을 항상 관찰에 종속시키는 것'이라는 정신하에 확실한 경험적 지식의 획득을 지향한다는 말입니다. '상대적'이란 형이상학적 단계를 특징짓는 절대적 지식의 추구를 포기한다는 뜻이고, 무익한 호기심과 회의를 억제하라는 뜻입니다. 또한 여기에 '유용'과 '건설'이라는 두 뜻이 추가됨으로써 실증적 정신은 선부른 회의나 비판을 배제하고 경험적 현실에 기초하여 인류 및 개인의 상태를 계속적-점진적으로 개선하고자 한다

프랑스로 부치는 철학편지

는 뜻을 갖습니다. 이와 같이 실증적 정신은 관찰을 중시하는 과학적 정신이라는 측면과 더불어 사회적 현실에 대한 일정한 실천적 태도 또한 지니고 있었던 것입니다. 바로 이러한 점 때문에 그것은 오늘날 우리가 이해하고 있듯이 '적극적'이라든지 '긍정적'이라든지 하는 뜻과 연결될 수도 있는 것입니다. 이렇게 보면 '실증적'이란 참으로 '포지티브'한 것이 아닐 수 없습니다.

또 한 가지 놓쳐서는 안 될 내용이 있다고 나는 봅니다. 그것은, 당신의 실증주의가 "준비를 위한 예견을 위해 아는 것savoir pour prévoir afin de pourvoir", 즉 "예견하기 위해서 본다voir pour prévoir"는 것을 준칙으로 삼고 있다는 것입니다. 실증적 탐구를 통해 우리 인간이 현상들 간의 법칙을 인식하게 되면 우리는 현상의 생기를 예측할 수 있게 된다는 것입니다. 즉 미래에 어떻게 될 것인가를 내다보기 위해서 현재 어떻게 되어 있는가를 알고자 하는 것이 다름 아닌 실증주의의 정신인 것입니다. 바로 이 점에서 즉 법칙의 발견과 미래의 예측이라는 점에서 실증주의는 사실의 관찰 내지 기계적 수집에서 머무르는 경험주의와 구별되기도 합니다.

친애하는 콩트, 어쩌면 당신의 실증주의는 자연과학의 눈부신 발전과 산업혁명의 위대한 성과를 그 시대적 배경으로 삼고 있는지도 모르겠습니다. 거기서는 '알 수 있음'과 '할 수 있음'이라는 어떤 거대한 의욕이 읽혀지기도 합니다. 또한 거기서는 '제대로 알고자 함'이라는 어떤 지적인 철저함이 읽혀지기도 합니다. 더욱이 그것은 '인간'과 '사회'를 바라보고자 합니다. 그 점에서는 어쩌면 프랑스의 시민혁명과 계몽주의를 그 배경으로 삼고 있는지도 모르겠습니다. 당신이 대혁명 당시에 창설되고 그 혁명의 정신을 당시까지 전하고 있던 파리의 이공과대학École Polytechnique에서 배우며 특히 수학과 물리학에서 우수한 성적을 거두었을 뿐만 아니라, 사회-정치-도덕 등의 문제에도 깊은 관심을 갖고 백과전서파Encyclopédistes의 서적을 탐독했다든지, 콩도르세Condorcet의 《인간지식의 진보론》을 숙독했다든지, 또 사회주의자인 생 시몽Saint Simon과의 만남과 결별을 거치면서 적지 않은 영향을 받았다든지, 하는 당신의 여러 이력들이 그러한 배경과 무관할 수 없을 것입니다.

당신의 실증주의는 이러한 역사적 맥락에서 바라볼 때 비로소 빛을 발합니다. 그것은 자연과학-시민혁명-산업혁명-계몽주의-사회주의-진보이론 등등을 그 뒤에 업고 있으며 또한 동시에 현대과학-사회학-헤겔좌파의 실증주의 및 길게는 빈학단의 논리실증주의 등등을 그 앞에 안고 있다고도 할 수 있기 때문입니다. 이 모든 것들은 싫든 좋든 오늘날 우리가 그 속에서 삶을 영위하고 있는 이 시대의 시대성 즉 '현대성'의 기초를 이루고 있는 것입니다. 우리의 삶이 거기에 결정적인 신세를 지고 있을진대 그 누가 그것을 가벼이 여길 수 있겠습니까. 친애하는 콩트, 그런 점에서 '실증주의'는 아직도 우리의 화두입니다(그것은 비록 내가 당신의 '3단계 법칙'에 전면적으로 반대하더라도 그 의의가 훼손되지는 않을 것입니다. 왜냐하면 '실증적 태도'는 '신학적 태도' '형이상학적 태도'와 더불어 각각 하나의 '영역'으로서 병립할 수 있다는 것이 나의 기본적인 생각이기 때문입니다. 신학적 태도와 형이상학적 태도가 당신의 생각처럼 결코 '뒤쳐진' 것이 아니며 그 각각의 고유한 의미를 충분히 갖는다는 나의 이 생각에 대해 긴 말씀을 드릴 여유가 없다는 것은 유감입니다만 그것은 일단 아쉬움으로 남겨둘 수밖에 없을 것 같습니다).

Henri-Louis Bergson 1859–1941

"약동은 진화의 선들로 분할되면서도 애초의 힘을 지니며,
… 스스로 축적되어 신종을 창조하는 변이의 근본적인 원인이다."

"절대적인 것은 오직 직관에 의해서만 주어질 수 있다.
한편 다른 모든 것은 분석과 관련된다."

1859년 프랑스 파리 라마르틴느 가Rue Lamartine에서 음악가인 폴란드계 유대인 아버지,
        영국계 유대인 어머니의 둘째로 태어남.

1868-1878년 고등학교에서 고전과 실증과학, 기타 인문과학을 배움. 가족은 런던으로
        이주했으나 혼자 파리에 남아 학업을 계속함.

1878년 명문 고등사범학교École Normal Supérieure(ENS) 입학.

1881년 교수자격agrégation 취득. 앙제Angers의 고등학교lycée 교사로서 근무.

1883년 클레르몽-페랑Clermont-Ferrand의 고등학교 교사.

1888년 파리에 정착.

1889년 《의식의 직접소여에 대한 논고》 출간. 소르본Sorbonne대학에서 문학박사.

1892년 14세 연하 루이즈 뇌베르제Louise Neuberger와 결혼.

1896년 《물질과 기억》 출간.

1900년 콜레주 드 프랑스Collège de France에서 강의(1914년).

1907년 《창조적 진화》 출간.

1908년 영국 런던에서 윌리엄 제임스를 만남.

1918년 프랑스 아카데미Académie française 회원이 됨. 이후 국내외의 정치문제에서 활약
        하면서 이스라엘 건설에 노력하였음.

1927년 노벨 문학상 수상.

1932년 《도덕과 종교의 두 원천》 출간.

1941년 나치 점령 하에 있던 파리에서 죽음.

베르크손[10]에게

생의 약동을 묻는다

    프랑스뿐만이 아니라 현대철학의 세계 전반에 끼친 당신의 영향을 가벼이 볼 사람은 별로 없을 것입니다. 당신은 사실상 현대 프랑스철학의 대부라고 해도 과언이 아닐 정도로 큰 산이었습니다. 나에게도 한때 당신이 우상이었던 적이 있습니다. 그것은 무엇보다도 (비록 피상적인 이해나 근본적인 오해에 근거한 것이기는 했지만) 당신이 이른바 '생의 철학'을 대표하는 한 사람으로 우리에게 알려져 있었기 때문입니다. '생la vie'이라는 것은 예나 지금이나 많은 젊은이들을 철학으로 인도하는 가장 큰 요인 중의 하나일 것입니다. 뿐만이 아니라 당신의 철학에서 만나게 되는 '직관' '의식' '지속'

---

10   우리나라에서는 보통 '베르그송'으로 통용되고 있으나 프랑스에서는 그가 폴란드계임을 감안하여 '베르크손'으로 발음한다. 원어에 가깝게 표기하는 것이 옳겠다.

'기억' '생의 약동' '창조적 진화' '열린 도덕' '동적 종교' '열린 사회' … 등등의 주제들은 이미 그 어감만으로도 젊은 지성을 매료하는 바가 있었습니다(나는 특히, 당시에 만연했던 이른바 과학만능주의를 경계하고 형이상학의 의미를 긍정하려는 당신의 노선에 깊이 공감했습니다). 거기에 덧붙여 '프랑스'라는 것이 갖는 어떤 묘한 엘레강스, 명문 고등사범학교École Normale Supérieure(ENS)에서 배우고 콜레주 드 프랑스Collège de France에서 교수를 지냈으며 프랑스 학술원Académie Française의 회원이 되었고 노벨문학상을 받았다는 당신의 이력, 아인슈타인 등과 함께 국제 평화를 위해 노력한 당신의 행적, 2차 대전이 끝나기 전 유대계라는 이유로 제대로 조명도 받지 못한 채 쓸쓸히 세상을 떠나야 했던 말년의 불운 … 등등이 당신의 인상에 매력과 관심을 더해주었습니다.

하지만 베르크손, 그러한 당신의 외적인 매력이 나의 경우 그 내용에 대한 확고한 수긍과 추종으로 연결되지 못한 것은 지금까지도 못내 아쉬움으로 남아 있습니다. 그것은 내가 오랫동안 독일적인 사고에 익숙해진 탓인지 프랑스철학 특유의 그 문학성 내지 과학성이 오히려 낯설게 느껴졌었고 따라서 나의 지적인 접근을 방해한 측면이 없지 않았기 때문이기도 합니다. 예컨대 당신의 핵심개념 중 하나로

널리 알려진 '직관'만 해도 그렇습니다. 당신은 "어떤 사물을 인식하는 데는 근본적으로 다른 두 가지 방식이 존재한다"고 전제하며 이른바 '분석'하는 '지능intelligence'과 '공감'하는 '직관intuition'을 구별했고, 그 직관을 "대상의 내부에 파고들어가 대상이 가지고 있는 특유의 것 즉 표현할 수 없는 것과 합일하는 지적인 공감l'intuition est une sorte de sympathie par laquelle on se transporte à l'intérieur d'un object pour coincider avce lui en ce qu'il a d'unique et d'inexprimable"이라고 설명했습니다. 아름답고 매력적인 표현이기는 합니다만, 에둘러 말하는 이런 문학적 표현이 오히려 즉각적인 이해를 어렵게 하는 측면이 없지 않은 것입니다(이 말이, 어떤 대상의 주위를 맴도는 '설명과 묘사' 대신 그 대상 속으로 직접 들어가는 '만남과 경험'을 강조한다는 것을 독자들이 이해하려면 더 많은 곳을 읽어봐야 합니다). 다른 것들도 대개 그런 식입니다. 하지만 그런 것을 '프랑스적'이라고 한다면, 더욱이 프랑스가 그것을 자랑스럽게 생각하고 세계의 많은 사람들이 그것을 매력적으로 느낀다면, 내가 그것을 탓할 수는 없는 노릇입니다.

그래도 한 가지 의견은 제시하고 싶습니다. 당신의 철학을 공부하다 보면 대립적인 양자를 설정하여 선명하게 대비시키려는 경향이 눈에 띄게 두드러지는데(당신의 4대 주저 《의식의 직접소여에 대한 논고》《물질과 기억》《창조적 진화》《도덕과 종교의 두 원천》 모두가 그렇습니다), 그것은 비록 그 양자의 장단점을 각각 부각시킨다는 효과가 있기는 하지만, 자칫 선과 악, 좋고 나쁨, 옳고 그름, 맞고 틀림과 같은 양자택일 구도로 사람들을 몰고 가는 부작용이 있을 수도 있으니 주의해야겠다는 것입니다. 이를테면 분석과 직관analyse et intuition, 정지와 지속immobilité et durée, 물질과 기억matière et mémoire, 닫힌도덕과 열린도덕morale close et morale ouverte, 정적 종교와 동적 종교religion statique et religion dynamique, 닫힌 사회와 열린 사회société close et société ouverte 등등의 개념쌍이 그렇습니다. 그것은 어쩌면 물체와 정신이라는, 그리고 유한실체와 무한실체라는 두 개의 실체를 대립시킨 데카르트의 영향인지도 모르겠습니다만, 훗날의 프랑스철학 예컨대 구조주의나 포스트구조주의가 그러한 이분법 내지 이항대립의 지적과 극복을 강력하게 추구했다는 사실을 굳이 들먹이지 않더라도 당신의 철학에서 내몰리고 있는, 혹은 주눅이 들어 있는 그 분석, 정지, 물질, 닫힌도덕, 정적 종교 등등의 고유한 의의도 없지는 않은 만큼, 그 또한 나름대로는 인정해줄 필요가 있지 않겠는가 하는 것이 나의 생각입니다.

물론, 그렇다고 해서 내가 당신이 강조하는 직관, 지속, 기억, 의식, 열린도덕, 동적 종교 등등의 의의를 조금이라도 폄

훼하고자 하는 것은 절대로 아닙니다. 나는 기본적으로 당신의 철학에 대한 지지자입니다. 대상 속으로 직접 들어가 그것을 공감하는 직관을 나도 지지합니다. 제논식의 분석적 단절에서는 놓쳐버릴 수밖에 없는 순수지속으로서의 시간 또한 지지합니다. 물질과는 근본적으로 그 존재방식을 달리 하는 기억도 지지합니다. 의무-억압-명령이 아닌 온전한 합리성과 인격에 기초하는 열린도덕도 지지하고, 전 인류에 대한 사랑을 가르치는 동적 종교도 지지합니다. 따라서 인간성을 질식시키는 닫힌 사회에 대비되는 열린 사회도 당연히 지지합니다. 그리고 무엇보다도 '생'에 대한 관심을 지지합니다. '생'…, 그것이 베르크손 철학의 간판이나 다를 바 없었습니다.

그런데 베르크손, 당신이 말하는 그 생은 아무래도 쇼펜하우어 및 니체의 생이나 딜타이 및 짐멜의 생과는 상당한 거리가 있어 보입니다. 조금 어폐가 있기는 하겠지만, 쇼펜하우어의 그것이 인생론적이고 딜타이의 그것이 역사학적이라면 당신의 그것은 생물학적이라고 하는 것이 그 특징의 일단을 보여주는 데 도움이 될 것도 같습니다. 초보자들의 오해는 대개의 경우 그 차이를 불문하고 당신을 저들과 함께 하나의 '생철학'으로 묶어서 취급하는 교과서들 때문에 발생합니다. 당신이 이 주제를 전개하고 있는《창조적 진화》를 대충만 훑어보더라도 당신이 니체나 딜타이보다는 오히려 다윈, 스펜서, 드 브리, 라마르크의 연장선상에서 (혹은 그들과의 대결선상에서) 문제를 바라보고 있다는 것을 알 수 있습니다. 당신은 인간의 내적 생에 대한 고찰을 통해 생명 일반의 진화를 설명하기 위한 열쇠를 찾고자 했고 그것으로 이른바 과학적 진화론을 넘어서고자 했던 것입니다. 그 핵심이 바로 '생의 약동élan vital'에 의한 '창조적 진화 l'évolution créatrice'였다고 나는 봅니다.

당신은 이 생이라는 현상을 어떤 개념적 범주에 넣으려는 것을 반대합니다. 기계론적 인과론이나 목적론으로 이것을 설명하려는 것도 반대합니다. 요컨대 고정된 이론적 틀 속에서 이해하려는 것을 반대합니다. 그 대신 '우리 인간들과 다른 생물들과의 공감을 통한 교류'에 의해 그리고 '의식으로부터 획득하는 확장'에 의해 그 고유한 본질을 파악하고자 합니다. 그렇게 해서 당신이 주목한 것이 바로 상호침투하고 무한히 계속되는 '창조'였습니다. 생의 진화는 '창조적 진화'라는 것입니다. 즉 생은 어떤 주어진 틀 속에 고정된 것이 아니라 완전히 새로운 어떤 것을 끊임없이 만들어나가는 예측불가능한 생성의 과정, 살아 움직이는 것이라는 말입니다. 이렇게 이해해도 되겠죠? 그리고 바로 그 창조적 진화가 '생의 약동'에 의해 이루어진다는 것을 당신은 직관으로 꿰뚫어본 것입니다.

　생의 약동? 이 역시 멋있는 말이지만 금방 알 수 있는 말
은 아닙니다. 설명이 필요합니다. "약동은 진화의 여러 선상
에 나뉘어지면서 본래의 힘을 지니고 변이의 뿌리 깊은 원
인이 되고 있으며, 적어도 규칙적으로 유전되고 축적되어 새
로운 종을 창조하는 변이의 원인이 된다"라고 당신은 설명
합니다. 말하자면 그것은 모든 변화의 동기가 되는 근본적인
실재로서, 모든 생물의 근본적인 내적 요소이며, 모든 사물
을 통해 깨어지지 않는 연속성 속에서 작용하는 일종의 창
조력인 셈입니다. 그런데 "우리는 그것을 맨 처음 우리 자신
의 지속적인 자아에 대한 직접적인 인식을 통해 발견한다"
고 당신은 말합니다. 즉 우리 자신의 일차적인 활동인 삶을
직관적으로 들여다봄으로써 생의 창조성을 인식할 수 있다
는 말입니다. 여기서 당신이 특별히 주목하는 것은 바로 그
자아에서 발견되는 지속-운동-전개-생성-연속입니다. 생은
부분들로 환원될 수 없는 연속적인 것이며 생의 약동에 의
해 생성되는 과정은 불가역적이라고 당신은 생각합니다.

　이런 말들을 제대로 이해하기 위해서는 아마도 당신의 최
대 발견이라고 할 수 있는 이른바 '지속durée'이라는 것을 함
께 살펴봐야 할 것 같습니다. 당신의 모든 논의에는 바로 이

'지속'이라는 것이 그 밑바탕에 깔려 있다고 나는 느꼈습니다. 의식도 시간도 정신도 자아도 그리고 생명도 도덕도 종교도 사회도 당신은 이 지속 내지 움직임이라는 관점에서 바라보고 있습니다. 이 모든 것을 제대로 이해하려면 그것이 결코 부분들로 단절될 수 없는 지속적 움직임이라는 것을 인식해야 한다는 것이 당신의 직관적 통찰이었던 것입니다. "우리들이 누구나 내부로부터, 즉 단순한 분석에 의해서가 아니라 직관에 의해서 파악하는 실재가 적어도 하나 있다. 그것은 시간을 통해서 흘러가고 있는, 즉 지속하는 우리의 자아이다" "과학적인 시간이란 지속하지 않는 것", "시간은… 연속적인 흐름continuité d'écoulement이다" "직관으로 사유하는 것은 곧 지속 안에서 사유하는 것이다. 지능은 보통 비운동적인 것에서부터 시작한다. … 반면에 직관은 운동에서부터 시작한다. … 비운동적인 지능은 오직 운동의 한 추상적인 순간, 즉 우리의 정신이 찍은 일종의 스냅사진만을 볼 뿐이다. … 지능이 이해하는 사물은 생성에서 절단되어 우리의 정신이 전체에 대치해버린 파편이다. … 직관은 지속, 곧 성장에 연결되어 있으므로 새로운 것 안에서 예측불가능한 새로움의 단절되지 않은 연속을 지각한다" "시간은… 의식conscience이 침투되어 있는 지속이며, 구분 불가능한 연속운동이다" 등등의 언급에서 우리는 그런 생각의 일단을 엿

볼 수 있습니다. 아니, 확인할 수 있습니다. '대상의 본질은 역동적이고 생동적이고 연속적인 존재 즉 지속인데, 분석은 이러한 지속을 방해하며 생과 운동을 정지시킨다는 것, 즉 참된 생 안에서 유기적으로 통합되는 역동적인 실재를 여러 개의 독립적이고 정태적인 부분으로 분리시킨다'는 것을 당신은 깊이 우려한 것 같습니다. (날아가는 화살은 날지 않는다고 한) 제논에 대한 비판, 멜로디-두루마리-눈덩이의 비유 등도 모두 그것과 관련되어 있습니다. 움직임을 놓치면 그 본질도 놓치는, 즉 움직임 자체가 곧 본질인 그런 것들입니다.

그렇습니다, 베르크손. 당신이 직관한 대로 우리가 시간-의식-자아-정신-생명-도덕-종교-사회 같은 중요한 철학적 주제들을 제대로 이해하기 위해서는 그것들을 그 자체로, 있는 그대로, 즉 살아 움직이는 것으로서 인식해야겠습니다. 분석이나 절단은 그 움직임을 놓쳐버릴 수 있습니다. 생도 곧 그런 것입니다. 살아 움직이는 것이 곧 생입니다. 살아 움직이며 새로운 것을 창조해나가는 것이 생입니다. 유년-소년-청년-중년-노년의 생이 원천적으로 같을 수가 없는 것입니다. 당신은 바로 그런 생의 역동성을 말하고 싶었던 것이라고 나는 파악합니다. 나는 지금도 나 자신과 내 주변의 여러 대상들 즉 자아-정신-의식-시간-도덕-종교들에서 그러한 움직임을 보며 베르크손 당신이 옳았다는 것을 확인합니다.

　그러나 베르크손, 그러한 지속의 철학이 예컨대 헤라클레이토스의 흐름과 파르메니데스의 부동을 대립시키는 것처럼 주제들의 영역이랄까 범주랄까 하는 것을 혼동하는 우를 범하지는 말아야겠습니다. 지속은 중요한 철학적 발견임에는 틀림없으나 그것이 모든 것에 적용될 수 있는 만능은 아닙니다. 이 세계에는 움직이는 것도 있고 움직이지 않는 것도 있습니다. 예컨대 사진과 영화는 서로 다르며 제각기의 의미를 갖습니다. 일러스트와 애니메이션도 그렇습니다. 그러니 플라톤의 이데아 같은 것에 대해, 그리고 수학적-과학적 법칙 같은 것에 대해 함부로 시비를 걸지는 말아야겠습니다. 그런 것을 서로 구별하고 각각 인정하는 '균형'이야말로 제대로 된 '건강한 이원론' '건전한 다원주의'라고 나는 말하고 싶습니다. 당신의 이해와 동의를 기대합니다.

Gaston Bachelard 1884-1962

"상상력은 어떤 하나의 상태가 아니라 인간의 실존 그 자체다."

"세계의 시적 인식은 … 대상의 합리적인 인식에 선행한다."

"세계는 진실되기에 앞서 아름답다. 세계는 검증받기에 앞서 감탄을 받는다."

"우선 경탄하라. 그러면 이해할 것이다."

1884년 프랑스 샹파뉴 지방의 바르-쉬르-오브Bar-sur-Aube에서 담배 상인의 아들로 태어남.

1902년 콜레주 드 세잔Collège de Sézanne에서 강의 활동.

1903~1905년 프랑스 북동부 뫼르트에모젤 주 퐁타무송Pont-à-Mousson에서 군복무.

1907년 르미르몽과 파리의 우체국 직원으로 근무하며 파리 이과대학에서 수학, 물리학, 화학을 전공.

1914년 잔느 로시Jeanne Rossi와 결혼.

1919년 1차대전(1914~1918)때 38개월 동안 군복무 중에도 학업을 지속. 전쟁 후 소르본대학 졸업. 바르-쉬르-오브의 고등학교 물리학 및 화학 교사로 근무 (~1930년).

1922년 철학 교수자격 취득.

1927년 소르본대학에서 문학박사.

1930년 디종대학 교수(~1940년).

1932년 《순간의 미학》 출간.

1934년 《새로운 과학정신》 출간.

1938년 《불의 정신분석》 출간.

1940년 《부정의 철학》 출간. 소르본대학에서 과학사 및 과학철학 교수(~1954년).

1941년 《물과 꿈》 출간.

1943년 《공기와 꿈》 출간.

1946년 《대지 그리고 휴식의 몽상》 출간.

1951년 명예 전당(1959년 Commandeur de la Légion d'honneur로 명칭 변경)의 메달을 수여받음.

1957년 《공간의 시학》 출간.

1960년 《몽상의 시학》 출간.

1961년 《초의 불꽃》 출간. 프랑스 문학에 크게 기여한 작가에게 수여하는 국가문학대상 Grand Prix national des Lettres을 수상함.

1962년 24권의 책을 저술하고 79세의 나이로 파리에서 죽음.

바슐라르에게

상상력을 묻는다

현대 프랑스철학에서 만일 당신의 존재가 없었다면 어쩔 뻔했을까, 하나의 축이 빠지고 기우뚱한 상태가 되지는 않았을까, 나는 그런 생각을 해봅니다. 다른 것을 다 차치하고서라도 '상상력'과 '시'라는 색다른 주제를 철학의 무대에 당당히 올려놓았다는 것은 철학의 다양화 내지 유연화에 어떤 결정적인 기여를 한 것이라고 나는 평가합니다. 그 점은 프랑스철학의 자랑이라고 해도 좋겠지요.

어떤 사람들은 당신을 일컬어 '시인 가운데 가장 훌륭한 철학자이며, 철학자 가운데 가장 훌륭한 시인'이라고 칭송하기도 합니다. 원, 세상에! 이 정도의 찬사를 받을 수 있는 바슐라르는 도대체 어떤 인물일까, 나는 당신이 부럽기도 합니다. 공교롭게도 나 또한 철학과 시라는 이 두 분야에 함께 나의 깃발을 꽂아두고 있기 때문입니다.

언젠가는 당신이 태어나 자란 바르-쉬르-오브Bar-sur-Aube
에도 꼭 한번 가보고 싶군요. 특히, 당신이 배우고 가르쳤던
그 시골 고등학교에도. 그리고, 아직 남아 있는지는 모르겠
습니다만, 당신이 한때 일했던 르미르몽Remiremont과 파리의
그 우체국도 궁금하군요. 친애하는 바슐라르, 우리가 당신을
인간적으로 주목해야 할 이유는 그밖에도 많습니다. 주당
60시간의 근무를 하면서도 독학으로 이과대학 과정을 마쳤
고, 1차 대전 때 최전방 근무를 하면서도 공부를 계속했고,
후에는 고등학교의 물리-화학 교사를 거치면서 이윽고는
소르본대학에서 박사학위를 받았고, 프랑스 최고 훈장Légion
d'Honneur과 국가문학대상Grand Prix national des Lettres을 받았다
는 이력도 그렇습니다. 디종대학과 소르본대학의 교수를 지
냈고, 《불의 정신분석》을 비롯한 수많은 저술들을 남겼고,
철학자들뿐만 아니라 장 삐에르 리샤르, 롤랑 바르트 등 유
수의 비평가들에게도 결정적인 영향을 끼쳤다는 것 또한 예
사로운 일은 아닐 것입니다. 더욱이, 대학 시절에 처음 접한
사진 속의 당신 모습도 무언가 묘한 몽환적(?) 분위기를 풍
기는 매력이 있었습니다. 거기에 더해, 여느 철학자들과는
상당히 달랐던 당신의 저서들, 《불의 정신분석》 《초의 불꽃》
《대지와 의지의 몽상》 《대지와 휴식의 몽상》 《공기와 꿈》
《물과 꿈》 《공간의 시학》 《몽상의 시학》 같은 그 저서들의

제목도 특이했고, 그리고 무엇보다도 시와 철학과 과학을 함께 아우르고자 했던("철학이 바랄 수 있는 것은 시와 과학을 서로 보충하는 일"이라고 했던) 당신의 방향설정은 바슐라르라는 이름을 우리에게 확고한 것으로 만들어주었습니다. 그렇게, 당신의 이름은 현대 프랑스철학에서 빛나고 있습니다.

내가 당신의 모든 사상들을 속속들이 꿰고 있는 것은 아니지만, '상상력imagination'에 대한 당신의 이론들은 참으로 흥미롭습니다. 당신은 블레이크William Blake와 더불어 "상상력은 어떤 하나의 상태가 아니라 인간의 실존 그 자체 l'imagination n'est pas un état, c'est l'existence humaine elle-même"라고 말합니다. 이 말에 설혹 약간의 과장이 있다 하더라도 그 의도가 폄하되어서는 안 되겠지요. 당신은 이 말로써 우리들 인간이 애당초 사고하는 존재이기 이전에 상상하고 꿈꾸는 존재임을 일깨워줍니다. "세계의 시적 인식은 … 대상의 합리적인 인식에 선행한다"는 당신의 주장은 온당합니다. 나는 이와 관련해서 당신이 남긴 저 유명한 말을 상기해봅니다. "어느 날, 디종에서 한 학생이 '살균된 나의 세계'를 상기시켜주었습니다. 그것은 하나의 계시였습니다. 인간이란 살균된 세계에선 살 수 없는 법이니까요. 거기에 생명을 끌어들이기 위해서는 세균들을 우글거리게 해야 하겠습니다. 상상력을 회복시키고, 시를 발견해야만 합니다." 대학 시절 이 말을 처음 접했을 때 나는 신선한 충격을 느꼈었습니다. 당시의 나는 이 말을, 학문적으로 구성된 지식세계가 아닌 '자연세계로의 방향설정'으로 이해했고, 그것은 나 자신의 지향과도 일치하는 것이었기에 제멋대로 일종의 동지의식을 느끼기도 했었습니다. 물론 지금의 나는 이성과 자연, 과학과 시, 사고와 상상이라는 그 두 세계가 반목 없이 양립할 필요가 있으며 실제로 양립할 수 있다는 입장이기는 합니다만…

그렇다고 당신에 대한 지지를 거두어들인 것은 물론 아닙니다. 나는 지금도 여전히 "세계는 진실되기에 앞서 아름답다. 세계는 검증받기에 앞서 감탄을 받는다" "우선 경탄하라. 그러면 이해할 것이다"라고 외친 당신에게, 그리고 "교육받은 사고로써는 꿈꿀 수 없다" "시인에 있어서 제1의 과제는 꿈꾸길 원하는 물질을 우리의 마음속에서 끌어올리는 일이다"라고 외친 당신에게 찬성의 한표를 던집니다. 꿈-시-경탄, 이런 것들이 비록 인간의 전부는 아니겠습니다만, 그런 것들이 인간을 더 한층 인간답게 하는 아름다운 요소들이라는 것을 우리는 결코 잊지 말아야 할 것입니다.

그런 사상의 한가운데에 바로 '상상력'이라는 것이 있다고 나는 파악합니다. 상상력에 대한 당신의 설명은 다소 특이합니다. 상상력이란 보통 '이미지를 형성하는 능력'이라고 생각됩니다. 하지만 당신은, "상상력은 그 어원이 암시하는 바와 같이 현실의 이미지를 형성하는 능력이 아니고 현실을 초월해서 현실을 노래하는 이미지를 형성하는 능력이다. 그것은 초인간성의 능력이다"라고 설명합니다. "상상력이란 오히려 지각작용에 의해 받아들이게 된 이미지들을 변형시키는 능력이며, 무엇보다도 애초의 이미지로부터 우리를 해방시키고 이미지들을 변화시키는 능력인 것이다"라고도 말합니다. 요컨대 상상력이란 현실이 아닌, 현실의 이미지를 변형시켜 현실 이상의 그 무엇을 만들어내는 인간의 능력을 일컫습니다. 거기서 현실과는 다른 어떤 새로운 (인간적인) 세계가 창조되는 것이겠지요. 이를테면 바로 거기에 '해리포터'나 '반지의 제왕'도 있을 것이고, '백설공주/신데렐라/로빈후드/피노키오…' 등도 있을 것이고, 또 바로 거기에 온갖 시와 예술도 있을 겁니다. "시는 진정한 의지의 범미주의적 활동이다. 그것은 아름다움의 의지를 표현한다"고 당신이 말했듯, 그것은 아름다움과 관련된 것입니다. 그러하기에 우리 인간을 위해 좋은 것임이 분명합니다. 더욱이, 그 핵심에 있는 상상력에 대해 당신이, "상상력은 미래를 시험한다. 상상력은 우선 우리를 무거운 고정성에서 벗어나게 하는 가벼움의 요인을 간직하고 있다"고 말하듯, 그것은 어떤 가벼운 것이고, 그 가벼움은 현실의 무거움에 늘

짓눌리고 시달려야 하는 우리들 인간에게는 결코 가볍지 않은 어떤 가치를 갖습니다. 아닌 게 아니라 우리 인간들이 상상한다는 것 자체가 원초적인 어떤 가치부여에 해당한다고도 볼 수 있습니다. 당신 말대로 "학자들조차도 자신의 전문분야를 떠나면 원초적 가치부여작용으로 되돌아간다"는 점을 생각해보면, 우리는 상상한다고 하는 이 독특한 인간적 행위에 대한 일정한 가치평가를 결코 양보하거나 포기할 수 없을 것입니다. 상상의 세계에서는 모든 것이 자유롭습니다. 거기에서는 어떠한 구속도 없습니다. "현실적 속박으로부터 벗어나는 … 상상력" 거기에서는 어떠한 무질서도 다 용납이 됩니다. 클로델Paul Claudel과 함께 당신은 "질서는 이성의 기쁨이다. 그러나 무질서는 상상력의 기쁨이다l'ordre est le plaisir de la raison: mais désordre est le délice de l'imagination"라고까지 말했었지요. 그렇습니다. 거기에서는 현실과 달리 모든 것이 가능하고, 그리고 그것은 기쁜 일이 될 수가 있는 것입니다.

그런데 바슐라르, 당신의 상상력 이론에서 두드러지는 특징은 아무래도 그 '운동성mobilité'이 아닐까 싶군요. 고정된 이미지들, 정지된 이미지들, 구성된 이미지들을 당신은 경계의 눈길로 바라봅니다. "그러한 이미지들은 상상적인 것으로서의 힘을 상실한 것들이다"라고 평가합니다. "상상적 원리로부터 유리되어 어떤 결정적 형태 속에 고정되어버리는 그런 이미지는 현재적 지각으로서의 성격을 점차 띠게 된다. 그것은 조만간 우리로 하여금 꿈꾸게 하고 말하게 하는 대신에 행동하게 만든다. 정체되어 있고 완수된 이미지는 상상력의 날개를 잘라버린다"라고도 말했었지요. 그리하여 당신은 "이미지의 가동성[운동성]"을 강조합니다. 형태의 묘사보다 운동의 묘사가 "더 중요한 것"이라고 당신은 단언합니다. "상상력이란 무엇보다도 먼저 정신적 가동성의 한 유형, 가장 크고 제일 활발하고 또 가장 생동적인 정신적 가동성의 한 유형이다"라는 말도 바로 그러한 취지에서 나왔겠지요.

그런데 더욱 특이한 것은 당신의 경우 이 이미지의 가동성에 구체적으로 '물질la matière'이 등장한다는 것입니다. 그래서 당신의 상상력은 '물질적 상상력l'imagination matérielle'입니다("형태를 지배하는 것은 물질이다"). 언뜻 보기에 물질과 상상은 잘 연결이 되지 않는 것도 같습니다만, 잘 생각해보면 이미 그 나름의 역사가 있습니다. 즉 그것은, 이미 고대철학에서 엠페도클레스를 통해 유명해진 저 4원소들les quatre éléments, 즉 흙, 물, 불, 공기를 염두에 두고 있습니다. 이 4원소들을 "상상력의 호르몬les hormones de l'imagination"이라고 하니 참으로 재미있는 철학이라고 아니할 수 없습니다. 그 풍부한 논의들을 지금 여기서 함께 하나하나 검토해보지 못하는 것은 유감이지만, 아무튼 당신의 문맥 속에 '대지' '난폭

한 물' '사랑스런 물' '불꽃' '공기나무' '바람' 같은 단어들이 등장한다는 점은, 적어도 시를 사랑하는 나로서는 유쾌한 일이 아닐 수 없습니다.

친애하는 바슐라르, 나는 철학자이기 이전에 당신의 시학 내지 미학을 공유하는 한 사람의 시인으로서 당신이 왜 이런 상상력이론을 전개하는지를 잘 이해하고 있습니다. 당신의 취지는 "우리로 하여금 삶의 의욕을 고취시키고 또 말하도록 부추기는 권면"이라는 당신의 표현 속에서 명백히 드러나고 있습니다. 그것을 여기에 인용해봅니다. "[고정되지 않은-변형되는] 이미지들은 전혀 새로운 것들이다. 즉 이들은 생동하는 언어의 삶을 사는 것들이다. 이들이 우리 영혼과 마음을 쇄신해준다는 내밀한 신호를 느끼면서, 이들이 주는 생동하는 시적 감흥을 통해 우리는 이들을 체험한다. 이런 (문학적) 이미지들은 우리의 정서에 희망을 주고, 진정한 (의식 있는) 인격체가 되고자 하는 우리의 결단에 특별한 활력을 부여하며, 우리의 신체적 삶에까지도 활성을 북돋우어준다. 이러한 이미지들을 담고 있는 책은 우리에게 있어 문득 어떤 내밀한 편지가 된다. 이것들은 우리 삶 속에서 어떤 역할을 수행한다. 이런 이미지들은 우리를 활력 있게 한다. 이러한 이미지들을 통해 말과 언어표현, 그리고 문학은 창조적 상상력의 위치로 격상되는 것이다. 새로운 이미지를 통해 표현될 때 사고가 풍요로워지는 동시에 언어 또한 풍요로워진다." 인용이 좀 길었나요? 그렇게, 당신의 상상력은 활력과 풍요라는 것을 지향합니다. "상상하는 것, … 그것은 새로운 삶을 향해 비약하는 일이다." "진정한 시인은 상상력이 하나의 여행이기를 원한다." "아름다운 시란 우리 내부에서 역동적 유도를 일으켜야 한다." … 참으로 색다른, 아름다운 철학입니다. 그 모든 것이 인간적 풍요를 위한 노력임을, 그 노력이 아름다운 것임을, 나는 그 누구보다도 앞장서서 지지할 것입니다. 문학적 이미지들에 철학적 직관의 시초라는 위치를 부여하고자 하는 당신의 노력에 대해서도 나는 확고한 지지를 표명합니다.

이런 종류의 철학이 우리 시대인 현대의 한 부분에 존재한다는 것은 참으로 다행스러운 일입니다. 당신의 권위에 기대어 이제 우리는 안심하고 상상하며 시를 쓸 수가 있게 되었습니다. 그것은 미학적 존재인 우리 인간의 한 아름다운 본질이기도 합니다. 바슐라르! 나도 언젠가, 내 삶의 끝자락에서, 당신과 더불어 꼭 이렇게 말하게 되었으면 좋겠습니다. "여전히 우리는 시를 꿈꾸었으며, 시를 생각했다"라고. '그렇게 우리는 아름다움을 지향했다'라고.

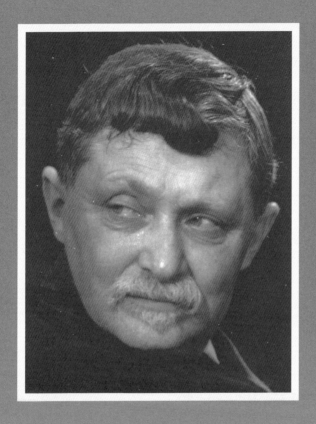

Gabriel Honoré Marcel 1889–1973

"실재란 신비에 다름 아니며 신비로서만 이해가능하다.
자아도 또한 마찬가지다."

"실존하는 것은 공존하는 것이다."

"실존한다는 것은 타자와의 관계 속에서 존재하는 것이다."

"우리는 부서진 세계에 살고 있다."

1889년 프랑스 파리에서, 스웨덴 대사였으며 후에 국립박물관장이 된 앙리 마르셀 Henri-Camille Marcel과 로르 메예Laure Meyer의 아들로 태어남.

1893년 어린 나이에 어머니를 여의고 큰 충격을 받음. 조모와 이모의 손에서 자람.

1897년 첫 희곡작품을 씀.

1907년 소르본대학에서 철학을 연구하며 학위논문 준비.

1910년 소르본대학에서 교수자격을 취득했으나 박사학위 논문은 끝내 완성 못함.

1915년 파리에서 리세 콩도르세 교사에 취임.

1919년 쟈클린느 뵈녜Jacqueline Boegner와 결혼. 그는 그녀를 "내 인생의 완전무결한 동반자"라고 불렀음.

1925년 프랑스 최초의 실존철학서 〈실존과 객관성〉이란 논문을 발표.

1929년 F. 모리악으로부터 가톨릭 입교의 권유를 받고 하느님의 부르심을 깨달음.

1935년 《존재와 소유》 출간.

1945년 주간 문학신문 〈신문학〉지의 연극 평론을 담당.

1949년 프랑스 학술원의 '문학대상' 받음.

1951년 《존재의 신비》 출간.

1956년 '괴테상' 수상.

1957년 일본에서 열린 국제 철학회의 참석.

1961년 미국 방문, 하버드대학 연속 강연.

1966년 일본 방문, 도쿄대학 NHK 강연.

1973년 파리에서 죽음.

마르셀에게

신비와 희망을 묻는다

이른바 실존주의가 아직도 건재했던 나의 대학 시절에[11] 당신은 현대철학의 확실한 대표주자 중 한 명이었습니다. 그것은 무엇보다도 실존주의의 유행에 결정적으로 기여했던 사르트르의 덕분이기도 했습니다. 그가 저 유명한 《실존주의는 휴머니즘이다》에서 '유신론적 실존주의'와 '무신론적 실존주의'를 구분하면서 후자에 하이데거와 사르트르 자신을, 그리고 전자에 마르셀 당신과 야스퍼스를 배치한 이후, 한동안 그 도식이 세상에 통용되었기 때문입니다. 그런데 그 네 명 중 유독 당신만이 우리로부터 약간 떨어진 거리에 있었습니다. 그것은 어쩌면 프랑스철학 전문가의 부족과 번역의 부재 같은 현실적인 사정 때문이었는지도 모르겠습

---

11 1970년대의 한국에서는 아직도 실존철학-사회철학-분석철학이 현대철학의 3대 주류를 이루고 있었다.

니다. 또한 당신의 큰 특징 중 하나인 비체계성이 그 원인이었을 수도 있습니다. 그래서 우리는《부서진 세계》《존재와 소유》《존재의 신비》같은 저술과, 실존, 소외, 공존, 교제, 문제, 신비, 성실, 절대적 당신, 자유 … 등등의 주제들을 그저 단편적인 지식으로서 접할 따름이었습니다.

그런데 내게는, 당신과 특별히 가까워질 수 있는 한 가지 계기가 생겼습니다. 그것은 당신과 개인적인 인연이 깊은 야마모토 마코토山本信 선생님을 대학원 은사의 한 분으로 만나게 된 것입니다. 잘 아시겠지만, 그분은 1961년 가을 당신이 하버드대학에서 연속강연을 하셨을 때 그 자리에 계셨고, 1966년 당신이 도쿄대학과 NHK에서 강연을 하셨을 때는 그 통역을 맡았었고, 당신의 저서《존재와 소유》를 번역하기도 했습니다. 수업에서 혹은 사석에서 그분을 통해 당신에 관한 여러 가지 이야기를 전해 들으며 나는 당신과 '한 다리 건너 아는 사이'가 되어버린 것입니다. 그런 당신에게 관심이 없을 수 없었습니다.

선구자격인 키에게고를 기준으로 본다면, 당신은 이른바 실존철학이라고 알려진 그 철학적 입장을 가장 전형적인 모습으로 승계한 인물일 것입니다. 당신이 철학의 체계화에 그토록 부정적이었던 것은 그것이 결국은 일면적인 한계를

　　　　　　　　　　프랑스로 부치는 철학편지

가질뿐더러 실존철학과는 어울리지 않는 방식이라고 보았기 때문이겠지요. 당신의 철학은 추상적이 아니라 구체적인 것, 객관적이 아니라 주관적인 것이었습니다(키에게고의 철학도 그랬었지요). 당신은 직접 "추상적 사유의 체계적인 연역과 균일성을 넘어서서 구체적인 것을 복구하는 것이 나의 임무이다"라고 말하기도 했습니다. 그래서 당신은 자기 자신의 내적 체험(상황, 고뇌, 절망, 성실, 희망 같은 것들)을 철학의 원천으로 삼았습니다. 당신에게는 '자기'와 그 자기의 '체험' 내지 '경험'이 문제였던 것입니다. 이러한 방향은 젊은 나에게 충분히 매력적이었습니다. 그런데 당신이 생각하는 그 '자기'란, 추상적 객체인 '자기moi'가 아니라 실존적 주체인 '나je'였습니다. 그것은, 의식도 주관도 정신도 아닌 구체적인 인간이었습니다. 그리고 그 '경험l'expérience'이란, 주체적 경험이고 상태의 경험이며 초월자의 경험입니다. 특히 '초월자의 경험'을 통해 당신은 전통적인 인식론적 경험개념을 실존적 경험개념으로 변모시켰습니다. 그러한 '나의 경험'을 당신은 비밀로 가득 찬 것, 즉 '신비'라고 파악했습니다. 당신이 인간-우주-신에 대한 비밀을 논해온 형이상학을 '신비에 대한 성찰'로 정의하는 것은 그러한 맥락입니다. 이 것을 '신비적 경험론'이라고 부를 수도 있겠습니다.

당신은 그 '신비mystère'를 '문제probléme'와 대비시키고 있습니다. 문제란, 우리가 방관자적 태도로 바라볼 수 있는 객관적인 것, 눈앞에 있는 것으로서, 대상적 사고로 파악되는 것입니다. 그에 비해 신비란, 우리가 주체적으로 그것과 관련을 맺는 것으로서, 대상적 사고, 논리적 성찰을 넘은 이른바 '제2의 성찰réflexion seconde'로 파악되는 것입니다. "문제란, 내가 부딪히는 것이며, 그 전체가 내 앞에 발견되고 그렇기 때문에 내가 그것을 둘러싸고 분해할 수가 있는 것"입니다. "신비란, 나 자신이 그 안에서 구속되고 있는 것이며, 따라서 거기서는 '내 안에서'와 '내 앞에서'를 구별하는 것이 무의미해지고 애초의 타당성[당연함]을 상실해버리는 영역"입니다. "문제는 각각 그에 합당한 기술로써 처리가능한" 것이며, "신비란 모든 기술을 초월해 있는" 것으로, 오직 "승인된다고 하는 방식 내지 승인을 요구한다고 하는 방식을 취하는" 것입니다. 그저 받아들일 수밖에 없다는 말이겠지요. 이른바 실재라는 것도, 그리고 자아라는 것도 당신은 바로 그런 신비로 파악했습니다. "실재란 신비에 다름 아니며 신비로서만 이해가능하다. 자아도 또한 마찬가지다"라고 당신은 말했습니다. 그렇습니다, 마르셀. 자아도 실재도 모두 신비라고 하는 이 견해에 나는 전적으로 공감합니다. 인간의 지적 오만을 잠시만 접어두고 생각해본다면, 나 자신은 물론, 풀

프랑스로 부치는 철학편지

한 포기에서부터 저 광활한 우주공간에 이르기까지 이 세상 모든 것이 신비 아닌 것이 없습니다.

그렇게 당신은 '나'에 대한 물음을 통해 '존재론적 신비le mystère ontologique'로 다가갑니다. 그런데 당신의 철학에서 특별히 눈에 띄는 것은 '나'의 자각이라는 것이 결코 '그lui'나 '그것cela'일 수 없는 '너toi'로서의 타자의 현전을 필요로 한다는 사실입니다(당신이 부각시킨 이 '타자의 강조'가 그리고 그 것을 통한 '이분법의 극복'이 현대 프랑스철학의 최대 특징 중 하나라고 나는 파악합니다). 이때 너를 너로 되게 하는 것은 '사랑amour/charité'입니다. 그런 맥락에서 당신은 '성실fidélité'을 강조합니다. 하여 우리는 모두 제각각 너의 부름에 대한 응답이 되어야 하는 것입니다. 이런 구도 속에서 나와 너 사이에 내밀한 '교제communauté'가 생성되며, 나와 너를 넘은 '우리Nous' 안에서 존재 그 자체가 나타납니다. 그런 연장선상에서 '절대적인 당신Toi absolu' 절대자로서의 '신dieu'도 문제됩니다. 당신에게서 신은 모든 인간을 결합시키는 근본적인 결속력으로서 오직 '증언témoignage'될 수 있을 따름입니다. 신과의 만남은 곧 모든 상호주관성의 원리가 되는 현존과의 만남입니다. 너, 타자, 신, 그리고 우리, 교제, 성실, 사랑… 이런 말들이 당신에게서 철학적 개념으로 등장한다는 것은 반가운 일이 아닐 수 없습니다. 멀게는 '네 이웃을 사랑하고 하느님을 사랑하라'고 한 저 예수에까지 이어지는 이러한 철학을 나는 '따뜻한 철학' '거룩한 철학'이라고 부르기도 했었습니다. 이 모든 점에서 당신의 철학은 다분히 기독교적입니다. 오직 이기적인 '나'만이 존재하고 '너'의 존재는 안중에도 없는 이 삭막한 시대에 당신의 이런 '너의 철학' '우리의 철학' '성실의 철학' '교류의 철학' '사랑의 철학'은 더욱 돋보이지 않을 수 없습니다. '절실히 필요한 철학'입니다.

그렇게 당신의 철학에서는 '참여'와 '함께 있음'이, 그리고 '인격'과 '우리'와 '교류'라는 것이 부각됩니다. 《현존과 불멸》에서 당신은, "실존하는 것은 공존하는 것이다" "한 개별적 의식에 있어서, 실존한다는 것은 타자와의 관계 속에서 존재하는 것이다" "환희는 존재의 전체성과의 교류communion 속에서 행위하는 것일 뿐이다"라고 말했습니다. 인간이 제대로 인간이기 위해서 무엇보다도 중요한 것은 우선 각자가 "교류의 세계 속으로" 들어가 교류의 세계를 되찾는 것입니다. 존재의 신비에 대한 탐구도 우리 인간이 타인에게 자신의 마음을 개방해갈 수 있도록 인도해줍니다. 아닌 게 아니라 우리는 타인과의 교류를 매개로 해서 자신의 존재의미를 깨달을 수 있으며, 공동체에로의 참여를 실천함으로써 참다운 진리를 획득할 수 있습니다.

당신의 철학에서 특히 '소외l'aliénation'의 문제가 젊은 나의 관심을 끌기도 했습니다. 이는 현대사회의 병폐에 대한 진단과 연관되어 있습니다. 이른바 《부서진 세계》가 그것을 상징합니다. "우리는 부서진 세계에 살고 있다nous vivons dans un monde cassé"고 당신은 말했습니다. 이를테면 '국가'와 '세계'가 실존하는 개인의 인격적 영역에까지 작용하여 '인간의 형제적 결합'과, '풍요로운 창조적-반성적 기반'을 파괴하기도 합니다. 인간존재가 한낱 통계상의 숫자로 간주되기도 합니다. 이런 세계에서 인간은 이미 고유한 권리를 갖고 자유롭게 행동하는 존재가 아닙니다. 인간존재는 특정한 기능을 수행하는 기능인으로 전락합니다. 특히 기술화된 현대 세계에서는 모든 것이 '오성적인 고찰과 계산'의 대상 즉 '문제'가 됩니다. 말하자면 이러한 시대적 상황 속에서 인간의 소외가 진행된다고 당신은 지적하는 것입니다.

그 가운데서도 당신은 특히 '소유l'avoir'의 문제를 날카롭게 들여다보았습니다. "소유는 소외의 원천이다"라고 당신은 진단한 것입니다. 기술화된 세계에서는 소유가 그 무엇보다 중요한 것으로서 맹위를 떨칩니다. 당신은 이 '소유'를 '존재l'être'와 대비시킵니다. 소유란, '누군가'에게 소속되는 '무언가'로서 결국은 외적인 것입니다. 우리에게 그 처리 권한이 있다고는 하나, 우리는 끊임없이 그것의 상실과 파괴를 두려워한다는 점에서 그것에 대해 자유롭지 못합니다. 예컨대 집이나 정원이나 공장, 직업이나 재산, 수행해야 할 특정한 기능, 그리고 이념이나 견해 등도 모두 소유입니다. 이러한 소유는, 특수한 의미에서 "우리들을 소유한다"는 측면이 있습니다. '우리가 그것을' 소유하는 게 아니라 '그것이 우리를' 소유하는, 말하자면 소유의 전도가 있는 셈입니다. 즉, 우리가 이런 것들에 도리어 사로잡히고 얽매일 위험이 있다는 말입니다. "소유를 고집하는 사람들은 사로잡힌 영혼에의 도상에 있다"는 당신의 말은 그런 뜻이겠지요. 그들은 자기중심적인 욕망으로 인해 마음의 문을 닫고 타인을 고려하지 않습니다. 그들은 타인들과 분리된 채 그 타인들의 현전에 대해 아무런 반응도 보이지 않습니다. 그래서 그들을 아예 "부재absence"라고 부르기도 합니다. 그들은 우리의 뜻대로 되지 않습니다. 이러한 뜻대로 되지 않음은 일종의 소외에 기인하며 이윽고 부정과 배신으로 나아갑니다. 우리의 위기에서 그들은 우리를 부정하고 배신합니다. 그래서 당신은 "이 세계는 배반의 장소이다"라고 지적합니다. 그들은 모두 소유에 사로잡혀 자신의 진정한 존재에, 타인들의 삶에, 그리고 신적인 삶에 참여하지 못합니다. '부서진 세계'의 실상이 대략 이런 것입니다.

　그런데 마르셀, 당신은 이러한 상황에서 절망이 아닌 '희망espérance'을 이야기합니다. 물론 당신도 다른 실존주의 철학자들과 마찬가지로 불안-절망-죽음 등 인생의 어두운 면들을 주시합니다. 하지만 당신에게서 정작 중요한 것은, 존재를 추구하고 존재론적 욕구를 느낀다는 것, 즉 삶의 충실과 자기 실현을 갈망한다는 것입니다. 그것이 곧 '문제'에서 '신비'로의 이행, "문제로서의 자기를 부정하고 신비에로 변모한다"는 것입니다. 《존재론적 신비의 위치와 그것에로의 구체적 접근》이 그것을 보여줍니다. 그러한 문제적인 것에서 초문제적인 것, 신비한 것으로 넘어가기 위한 기반을 당신은 '신앙foi' 즉 '나는 믿는다Je crois'에서 찾습니다. 당신에게 신앙은 '신적인 것에 참여하는 활동'이자 '진정한 실재에의 접근 또는 합일'입니다(비록 당신이 스스로의 입장을 '신소크라테스주의'라고 천명하기는 했습니다만, 그 근본에 있어서는 역시 '기독교적 실존주의'라고 이해하는 것이 타당할 것 같군요. 1929년 가톨릭 세례도 받았다지요?).

　친애하는 마르셀, 당신의 철학적 언어들은 우리에게 진정한 나와, 너와, 우리와, 그리고 신을 '신비'로서 열어 보여줍니다. 당신은 우리를 '문제'에서 '신비'로 이끌고자 합니다. '절망'에서 '희망'으로 이끌고자 합니다. '소유'에서 '존재'로 이끌고자 합니다. '부서진 세계'에서 '성실한 교류'로 이끌고자 합니다. 나는 거기서 어떤 근본적인 '따뜻함'을 느꼈습니다. 그런 점에서 당신은, '삶에서 정말 가치 있는 것들을 우리에게 보여주려 한 진실한 휴머니스트'였다고 할 수 있겠습니다. 그러한 당신과 당신의 철학이 유행과 상관없이 오래도록 사람들의 가슴속에서 그 온기를 잃지 않고 기억되었으면 좋겠습니다.

프랑스로 부치는 철학편지

Jacques-Marie-Émile Lacan 1901–1981

"무의식이 우리 행동의 전 영역을 지배하고 있다"

"기표가 기의를 지배한다."

"진리가 언어에 의존한다."

"주체는 끊임없이 뻗어 있는 욕망의 철길 속에
거의 광적으로 사로잡혀 있다."

1901년 프랑스 파리에서 비누, 오일 사업가인 알프레드 라캉Alfred Lacan과 에밀리Émilie 의 세 아이들 중 첫째로 태어남.

1901-1908년 콜레주 스타니슬라스Collège Stanislas에서 수학.

1927-1931년 파리대학 의학부에서 수학 후, 생 안느 병원Centre hospitalier Saint-Anne의 정신의학과에서 실습 시작.

1932년 생 안느 뇌 및 정신 질환 클리닉Saint Anne's Clinique de Maladies Mentales et de l'Encéphale에서 2년 수학 후 법정 의학자 면허 취득. 논문 〈De la Psychose paranoïaque dans ses rapports avec la personnalité suivi de Premiers écrits sur la paranoïa〉으로 의학박사.

1934년 마리-루이스 블롱댕Marie-Louise Blondin과 결혼. 같은 해, 파리 정신분석 학회 Société psychanalytique de Paris(SPP) 회원으로 선출됨.

1940년 회원으로 있던 SPP가 나치의 프랑스 침공으로 해체됨. 2차 대전(1940-1945) 동 안 파리의 발 드 그라스 군병원' hôpital militaire Val-de-Grâce에서 복무.

1941년 별거 중인 친구 조르루 바타이유Georges Bataille의 아내 실비아Sylvia Bataille와의 불륜으로 Judith (성은 친구의 성 Bataille을 따름) 탄생. Judith 출산 후 아내와 이혼, 실비아Sylvia와 1953년 재혼.

1949년 스위스 취리히에서 열린 16번째 IPA(국제 정신분석학회) 회의에서 거울 단계에 대 한 논문 발표.

1951년 파리에서 '프로이트로 돌아가자'는 모토로 정신분석적 의학 징후학에 초점을 맞 춘 개인 세미나 개최.

1953년 개인 세미나가 공식 세미나로 전환(27년 동안 지속). SPP에서의 의견차이로 라 캉을 필두로 그를 따르는 회원들이 SPP를 나가 프랑스 정신분석학 학회Société Française de Psychanalyse(SFP)를 만들었으나, IPA에서는 받아들여지지 않음. Saint Anne's Clinique에서 환자 케이스 사례를 연구하는 세미나 개최(-1964년).

1964년 파리 프로이트 학파École Freudienne de Paris 결성(1980년 해체).

1966년 《에크리》 출간.

1975년 《에크리》의 성공으로 미국 예일, 컬럼비아, MIT 대학에서 강연.

1981년 생의 말년까지 열정적으로 연구활동을 지속하다 파리에서 죽음.

라캉에게

주체와 욕망을 묻는다

오늘날 당신은 철학뿐만이 아니라 심리학, 정신의학, 기호학, 문학비평, 여성학 등 실로 다채로운 분야에서 화제가 되고 있는 것 같습니다. 당신은 이미 1966년 저 유명한 논문집《에크리*Écrits*》를 내놓으면서 일약 프랑스 사상계의 총아로 떠올랐고, 하나의 '사회적 현상'이 되었으며,《르 누벨 옵세르바퇴르*Le Nouvel Observateur*》는 당신을 '프랑스 인텔리겐치아의 마지막 거장'이라고까지 추켜세웠습니다. 이런 점들을 생각해보면, 내가 당신을 알게 된 것은 아무래도 너무 늦은 감이 있다는 아쉬움을 떨칠 수가 없습니다. 그나마 뒤늦게라도 당신의 존재와 중요성을 알게 된 것은 다행스러운 일이 아닐 수 없습니다.

당신은 1901년에 태어나 1981년에 세상을 떠날 때까지 주로 파리를 배경으로 충실하게 정신과 의사 및 정신분석학자의 삶을 살아갔다는 느낌입니다. 당신의 구체적인 삶에 대해서는, 명문 고등사범학교와 파리대학에서 철학과 정신병리학을 공부했고 의학박사 학위를 받았다는 것, 1930년대 초현실주의 화가-작가들의 무의식에 대한 관심에 영향을 받아 무의식의 정신세계를 언어학적으로 탐구하는 데에 흥미를 느꼈다는 것, 그 후 '프로이트로 돌아가라Le retour à Freud'는 깃발 아래, 주로 정신분석학의 학회들을 무대로 학문적 활약을 했다는 것, 사르트르, 메를로-퐁티, 레비-스트로스, 루이 알튀세르, 장 이폴리트, 폴 리쾨르 등 유명 인사들과 교분이 있었다는 것, 말년까지 무수히 많은 환자를 상담하고, 언어를 통해 인간의 욕망을 분석하는 이론을 정립하여 '프로이트의 계승자'라는 평가를 받았다는 것 등이 이미 잘 알려져 있는 것 같습니다. 당신은 특별히 화제를 뿌린 인물은 아닌 것 같습니다만, 차갑고 거친 성격에 제법 여성편력이 있었다는 것과 소설가 조르주 바타이유의 아내였던 실비아와 재혼하였다는 것은 사람들 사이에 곧잘 이야기꺼리가 되고 있는 것 같습니다.

그런데 라캉, 이건 나만의 느낌인지 모르겠습니다만, 당신의 문장들은 프랑스 특유의 그 '다중성' 내지 '지나친 해박함' 때문에 이른바 핵심을 포착하기가 결코 쉽지 않습니다.

　　　　　　　　　　프랑스로 부치는 철학편지

당신의 철학적 주요개념들로 알려진 '거울 단계' '상상계' '상징계' '실재계' '은유' '환유' '기표' '기의' '향유jouissance' '욕망désir' … 등등은 그 하나하나가 많은 설명을 필요로 할 뿐만 아니라, 그것들이 어떻게 서로 연결되는지도 그쪽 분야의 전문가가 아니고서는 쉽게 가늠하기가 힘듭니다. 그래서 나는 일단 나의 관심으로 당신의 사상을 비춰봅니다.

내가 보기에 당신의 철학은 '나는 누구인가' '인간이란 무엇인가' 하는 철학의 핵심주제에 대해 나름대로 중요한 대답을 제시하고 있는 것 같습니다. 특히 '주체'와 '욕망'을 둘러싼 논의들이 그렇습니다. 당신은 인간 주체의 감추어진 정체를 해명하고자 했고, 인간이 무엇보다도 욕망의 주체라는 것을 분명히 밝혔습니다. 거기서 프로이트가 결정적인 역할을 합니다. 그리고 한편에서는 소쉬르가 거들고 있습니다. 그래서 당신은 무의식과 자아를 문제 삼으며, 기표와 기의를 문제 삼습니다.

당신은 데카르트식의 이른바 의심할 수 없이 명증한 '코기토'로 주체를 이해하는 것에 이의를 제기합니다. 그래서 "주체의 확실성을 당연한 것으로 간주해버리는 것은 프로이트적인 우주에 접근하지 않겠다는 의지의 표현일 뿐"이며, "데카르트적인 주체는 신기루를 만들어낸다. 그 신기루 속에서 현대인은 자기애의 덫에 걸려 자신의 확실성을 확신할 수 없을 때조차도 주체의 확실성을 믿어 의심치 않는다"라고 비판했습니다. 주체는 고정된 형태로 주어지는 확고한 것이 아니라 "형성되는" 것이며 유동하는 '무의식적 욕망'의 소유자라는 게 당신의 중요한 착상이었던 것 같습니다. 그것을 당신은 유아기의 이른바 '거울단계stade du miroir'에서부터 추적합니다. 한번 확인해보겠습니다. 어린 아이에게 있어서는 아직 '자아'라는 것이 고정되어 있지 않습니다. 최초에는 신체도 '조각난' 것(파편화된 신체)으로서만 존재하며 통일되어 있지 않습니다. 배고픔과 배부름, 축축함과 개운함 등의 단편적인 신체감각만이 '나'를 이루고 있습니다. 그런데 아이는 거울 속에서 자신의 이미지를 인식하고 놀라며 기뻐합니다. 그때 '완전한 의미의 동일화identification'가 일어난다고 당신은 설명합니다. 이러한 것을 당신은 '거울단계'라고 불렀습니다. 그러나 이 단계의 주체는 "이미 완성된 것이 아니라 완성을 향해가는" 주체입니다. 그것이 이윽고 '타자와의 변증법적 동일시(타자의 거울로서의 자아le moi au miroir de l'autre)에 의해 객관화'되며, '언어가 그 보편 구조 속에서 주체기능을 부여'해나가게 됩니다. 그 과정에서 주체는 이른바 '상상계' '상징계' '실재계'를 거친다고 당신은 설명합니다.

1) 상상계l'imaginaire는 이른바 '거울단계stade du miroir'로서, 여기서 우리는 자신이 하나의 통일체임을 인식합니다. '거

프랑스로 부치는 철학편지

울 앞의 모습(영상-허구-이미지)과 실제의 혼동, 자신의 이미지와 타인의 이미지가 다름, 자기 몸 일부 그리고 몸 전체를 사랑하는 자기성애(나르시시즘), '자아'라는 주체성이 발달하기 시작함, 아직 자신과 타인을 구분하지 못함, 특히 어머니와 자신의 동일시, 자아의 분열과 그에 따른 혼란' 등이 이 단계를 규정합니다.

2) 상징계le symbolique는 '언어와 문화로 이루어진 보편적 질서의 세계'로서, 여기서 우리는 자아를 형성하기 시작합니다. '오이디푸스 콤플렉스를 겪으며 어머니에 대한 욕망을 아버지의 법으로 전치함, 외적 권위-억압의 경험(상상계적 자아의 억압), 그 과정에서의 무의식 생성, 자기와 동일시하던 어머니와의 분리, 상실에 대한 끊임없는 그리움과 욕망, 언어활동(언어적 질서수용)을 통한 타인의 인정 및 소통, 사회 구조 안에 자신의 위치를 등록, 사회적 자아의 정립, 자기 자신 속에 타자의 위치 마련' 등이 이 단계를 규정합니다.

3) 실재계le réel는 '출생과 더불어 시작되는 생물학적 욕구를 포함하는 경험세계 전체'로서, 여기서 우리는 의사소통이 가능해지고 사회로 진입을 하게 됩니다. '사회 속에서 이미 의미를 가지는 체험, 상상, 언어를 통해 세계와 접하기에, 있는 그대로의 세계는 미지의 세계로 남게 됨, 실재는 언제나 환상이나 신기루처럼 다가갈 수 없는 느낌, 일종의 결

핍감을 줌, 어머니와의 접촉을 통해 성감대를 발달시키면서 인간의 욕망이 드러나는 구조를 형성함' 등이 이 단계를 규정합니다.

그런데 라캉, 주체의 형성 과정에서 우리가 겪게 되는 이 세 가지 단계 내지 세계는, 자기 및 (어머니 아버지를 필두로 한) 타자와의 관계 정립, 욕망과 억압의 구조, 특히 무의식의 생성을 알려줍니다. 모든 인간이 이러한 주체 형성의 과정을 거쳐서 삶을 영위하고 있다는 점을 생각해보면, 그 과정에서 생성된 무의식inconscient의 문제, 욕망과 억압의 문제들이 결코 가볍게 취급되어서는 안 될 것 같습니다. 그 점에서 나는 당신과 프로이트의 공로를 군말 없이 인정합니다.

특히 그 무의식과 관련해서 '문자' '기표' '언어'의 의의를 부각시키는 당신의 논의는 사람들의 관심을 끌기에 충분합니다. 물론 기표signifiant와 기의signifié의 구별(예컨대 '빨간 신호'와 '멈춤')은 소쉬르의 언어학이 제공한 성과였습니다만, 그것을 무의식과 접합시킨 것, 무의식에 적용한 것은 명백히 라캉 당신의 업적이었습니다. 당신은 무의식의 담지자인 주체가 "언어에 의존함으로써만 스스로를 드러낼 수 있다"는 것, "주체는 … 언어 구조 속에 종속되어 있다"는 것(말하자면 주체에 대한 언어의 아프리오리성)을 강조합니다. "인간은 말하는 것이 아니라 말해진다"는 것도 그런 뜻이겠지요. 인간의 욕망, 또는 무의식은 말을 통해 나타난다고 보기 때문입니다. 그래서 '무의식이 단지 본능적인 충동들의 집합에 불과하다'는 명제가 재고되어야 한다고 당신은 생각합니다. 당신은 무의식의 또 다른 측면을, 즉 "무의식에 있어 문자가 갖는 권위"를 말하고자 합니다. 그것은 "문자가 주체를 지배한다"는 사실입니다. 당신은 프로이트에 기초하여 "기표와 기의가 근본적으로 구별"되며, "기표가 기의를 지배한다"는 것을 밝혀나갑니다. 당신은 화장실 문 위에 붙어 있는 'Ladies' 'Gentlemen'이라는 기표를 예로 들면서 "구체적 현실 속에서 기표가 차지하는 위상" 즉 "최종적으로 똑같은 문이 차이를 갖도록 만드는 것은 문의 위쪽에 있는 두 개의 위엄 있는 기표들"이라는 것을 확인합니다. 또한 "핵심이 되는 말이 끊겨버린 문장"을 예로 들며 그것이 우리에게 더욱더 의미를 강요한다는 것, 우리는 그 의미를 초조하게 기다릴 수밖에 없다는 것을 강조합니다. 그것도 기의를 생성하는 데 있어 기표가 그 영향력을 행사한다는 것을 알려줍니다. 또한 "기표는 매우 구체적이며 실제적인 방식으로 기의에 침투한다"는 것, "기의는 기표로서만 존재할 수 있으며 이때 기표는 필연적으로 기의의 차원에서 행해지는 모든 욕구들을 충족시킨다"는 것, "기표들은 모두 주체 속에 자리를 잡을 때에만 제 기능을 발휘할 수 있다"는 것, "주체가 마치 기의처럼 기능해야 하지만 동시에 끊임없이 기표 아래로 미끄러진다"는 것을 알려줍니다. 기표의 의의를 참 날카롭게도 꿰뚫어보셨군요. 그래서 당신은 "언어는 주체의 사상을 전달하기 위한 도구 이상"이며 "언어는 사물을 지시하는 것이 아니라 또 다른 의미작용을 만들어"내며, "언어가 기의의 전 영역을 대신할 수 있다"고 생각합니다. 심지어 "진리가 언어에 의존한다" "언어의 등장과 함께 진리의 차원이 열린다"라고까지 말합니다. 이 정도면 이것을 일종의 '언어주의'라고 불러도 좋겠죠?

한 가지 덧붙여 말해야 할 것은, "기표는 본질적으로 기표들의 연결을 통해 의미를 가능하게 한다"는 것, 즉 "의미는 어떤 특별한 기표에 의해 만들어지는 것이 아니라 기표들의 연쇄 속에서 비로소 가능해진다"는 것입니다. 다시 말해, "차이를 만들어내는 것 이외에 기표가 갖는 두 번째 특징은 체계적인 연결성" 즉 그것이 "의미연쇄를 이룬다"는 것입니다. "연결과 대체는 전이작용에서 기표에 주어지는 공식들"입니다. 이 기표들의 연결과 관련해 이른바 '환유métonymies'와 '은유métaphore'가 거론됩니다. 은유는 압축, 즉 '한 기표가 다른 기표로 대체되는 과정에서 의미를 만들어내는 것'이고 환유

프랑스로 부치는 철학편지

는 전치, 즉 연관된 다른 것에 의해 치환되는 수사법입니다. "기표들에 의해 생성되는 의미화의 연쇄 한쪽 끝에는 환유가 있고 다른 한쪽 끝에는 은유가 있다"고 당신은 말합니다. 이것들이 문제되는 이유는, 그것이 꿈을 가능하게 하는 일반적인 전제조건인 '왜곡' 또는 '변환'과 관계되며, "기표가 기의에 미치는 두 가지 효과"가 곧 은유와 환유이기 때문입니다. "환유는 무의식이 검열을 피하기 위한 적절한 수단"입니다. "인간은 사회적 검열이라는 장애물을 우회할 수 있는 힘을 환유 속에서 찾"습니다. "환유는 자신 속에 내재해 있는 노예상태를 명시적으로 드러내지 않"습니다. 한편, "또 다른 단어가 다른 단어를 대체하는 것" 이것이 "은유의 공식"입니다. "은유가 가진 창조적 섬광은 단순히 두 이미지의 제시 즉 두 기표가 동시에 구현되어 생기는 것이 아"닙니다. "창조적 섬광이 두 기표 사이에서 번득일 때 한 기표는 의미연쇄 속에서 다른 기표의 자리를 대신 차지하게" 됩니다. "자리를 빼앗긴 기표는 억압되어 눈에 보이지 않게 되지만 아주 없어지는 것이 아니라 의미연쇄 속에 있는 다른 기표들과의 관계를 통해 남아 있게 됩"니다. 이러한 설명들 속에서 우리는 언어학이 이미 철학으로 진입했음을 발견할 수 있습니다.

그런데 라캉, 당신은 프로이트가 그랬던 것처럼 '꿈^{rêve}'

을 문제삼으면서 이 주제들을 다루어나갑니다. 수수께끼 같은 무의식, 꿈은 "글자 그대로 이해되어야 한다"는 것이 당신의 착상이었습니다. "꿈의 기제는 차이를 만들어내는 기표가 담론 속에서 분석되는 방식과 똑같은 방식으로 설명될 수 있다"고 당신은 보았습니다. "꿈은 기표들로 이루어진 문자적 구조를 가지고 있기 때문"입니다. "꿈은 글쓰기의 형태를 가지고 있"습니다. "꿈 작업은 기표의 법칙을 따르고 있"습니다. "부자연스러운 이미지들은 모두 기표로서 간주되었을 때에만 의미를 가질 수 있다. 기표들은 꿈의 수수께끼 구조가 제시하는 비유들을 설명"합니다. "꿈의 판독을 가능하게 하는 언어적 구조가 바로 꿈의 의미를 이루는 원칙"입니다. 100퍼센트 납득은 아니지만 솔깃하게 하는 설득력이 있음을 인정하지 않을 수 없는 견해입니다.

그런데 라캉, 이미 확인하였듯이 당신이 이러한 주제들을 다루는 것은 그것이 우리들 인간 주체의 '무의식'에서 작용하고 있기 때문이며 "무의식이 우리 행동의 전 영역을 지배하고 있"기 때문입니다. "무의식은 의식으로 환원될 수 없는 '거기'에 존재하는 의미의 기제들"입니다. 바로 그 "무의식이 문자라는 사실"을 당신은 꿰뚫어본 것입니다. "무의식이란 기표의 활동"이며 "무의식에게 말은 단지 스스로를 재현하는 한 가지 방식"입니다. 바로 그 "무의식에 부여한 기표의 본질적 역할"을 당신은 주목한 것입니다. 그래서 "분석가는 환자의 담화 속에서 드러나는 인유나 인용, 동음이의어, 다의성과 같은 사소한 것들을 해결하는 데 주의를 기울여야 한다"고도 말했습니다. 임상적 경험에 기초한 의사선생님의 이러한 말씀을 우리가 거부할 도리는 없습니다. 그리고 이러한 설명들에서, (즉 무의식과 기표의 연관지음에서) 우리는 프로이트와 소쉬르가 라캉에게서 혼용되어 새롭게 재탄생하는 학문적 장면을 목격하게 됩니다.

그런데 이러한 기표-기의 논의의 저변에 '무의식incon-scient'이라는 주제가 있다는 것을 우리는 재차 확인할 필요가 있습니다. "무의식은 우리가 객관적으로 규정할 수 있는 지식의 대상이 아니라 우리를 인간 주체로 만들어내는 것"입니다. "예의바른 성품뿐 아니라 변덕스러움, 정신이상, 공포증, 연물주의에서도 우리는 무의식의 흔적들을 볼 수 있"습니다. 그것을 당신은 프로이트와 함께 알리고자 하는 것입니다. 바로 그 무의식에서 꿈틀거리고 있는 것이 다름 아닌 '욕망désir'입니다. 이것이 말하자면 주체의 핵입니다. "주체는 끊임없이 뻗어 있는 욕망의 철길 속에 거의 광적으로 사로잡혀 있다"고 당신은 지적합니다. "욕망은 늘 다른 어떤 것을 끊임없이 추구하는 환유적 운동을 보여"줍니다. "무의식적 욕망은 결코 소멸될 수 없다. 결코 만족될 수 없으며 단순히 소멸되지도 않는 욕구가 없다면 욕망도 가능하지 않겠지만 그러한 상태는 유기체 자체의 파멸을 의미할 뿐"입니다. 지당한 말씀입니다. "환자가 징후를 통해 부르짖고 있는 것은 욕망이 그 속에서 일구어온 진실"입니다. 그렇게 당신은 무의식 속에 숨어 잘 드러나지 않는 주체의 근원적인 욕망을 드러내보이고자 합니다. 그렇게 함으로써 억압된 욕망이 야기한 문제들을 치유하고자 합니다. 욕망은 의식적 자아의 입장에서 보면 일종의 이질성입니다. 또는 그 "근본적인 이질성에서 생겨난 인간 내부의 결핍"입니다. "주체가 자기 내부에 자기가 의식하지 못하는 (스스로 지배할 수 없는) 이질성을 가지고 있다는 사실… 이것이 바로 프로이트가 발견했던 진리요 인간의 근본조건"이라고 당신은 평가합니다. 그것을 당신은 '타자'라고도 표현합니다. "무의식이 타자"입니다. "욕망은 타자[무의식]에게 인정받기를 원하는 욕망이된다." 그래서 당신은 "나는 나 자신보다도 이 타자에 속해 있는 것이 아닐까? 내가 스스로의 자기동일성을 확증하려는 바로 이 순간에도 나를 동요시키는 이 타자는 도대체 누구인가?" 하고 묻는 것입니다. 그것도 결국은 나입니다. 그래서 당신은 다소 역설적이지만, "나는 내가 아닌 곳에서 생각한다. 그러므로 나는 내가 생각할 수 없는 곳에 존재한다"

프랑스로 부치는 철학편지

"자유자재로 사고할 수 있는 곳에서 나는 항상 내가 아니며 의식적으로 사고할 수 없는 곳에서만 나는 나일 수 있다"고도 말했습니다. 자기 속에 자기도 통제할 수 없는 어떤 또 다른 낯선 자기가 있음을 느낄 때 우리는 당신의 이 말들을 어렴풋이나마 이해할 수 있습니다. 그건 어쩌면 정신적-심리적 자율신경 같은 건지도 모르겠군요.

친애하는 라캉, 그렇게 당신은 숨어 있는 우리들 인간 주체의 정체를 드러내 보여주었습니다. 욕망, 억압, 무의식, 은유, 환유, 기표 등이 그 모습들임을 이제는 그 누구도 쉽게 부인하지 않습니다. 특히 우리가 욕망의 주체라는 것은 나에게 강한 임팩트를 남기고 있습니다. 나는 당신을 잘 알기 이전부터 이미 그 점을 주목해왔습니다. 그것이 탄생에서 죽음에 이르기까지 한 순간도 우리를 떠나지 않는 우리네 삶의 핵심이기 때문입니다. 다만 나는 그것이 훨씬 더 포괄적으로 그 범위를 넓혀 해명되어야 한다는 입장입니다. 인간의 욕망은 성적인 것만으로는 결코 만족스럽게 설명될 수 없습니다. 소유 권력 지배 명예… 등등 그 구체적인 생적 내용들이 종합적으로 언급될 때 비로소 욕망은 그 실체를 드러낼 수 있습니다. 그에 대한 탐구는 어쩌면 당신의 책무가 아닐지도 모르겠습니다. 이제 누군가가 그것을 자신의 몫으로 여기며 우리들 주체에게 청진기를 들이댈 사람이 나타날 것입니다. 아직 모를 그에게 나는 큰 기대를 걸어봅니다.

Jean-Paul Sartre 1905–1980

"실존주의는 휴머니즘이다."

"실존이 본질에 선행한다."

"인간은 자기가 어떤 것인가에 대해 책임이 있다."

"인간은 자유에 처해져 있다."

1905년 프랑스 파리에서 해군 장교의 아들로 태어남.

1907년 아버지 죽음 후, 외가인 슈바이처Schweitzer가에 들어감.

1924년 고등사범학교École Normale Supérieure에 입학, 철학을 전공(~1928년). 메를로-퐁티를 알게 됨.

1929년 교수자격 취득. 군에 입대, 투르Tours에서 기상병으로 복무(~1931년). 시몬느 드 보부아르와 계약 결혼.

1931년 르 아브르Le Havre 고등학교에서 철학을 가르치기 시작.

1933년 독일 유학. 베를린의 프랑스 문화원Institut Français에서 1년간 장학금을 받아 후설의 현상학과 하이데거를 연구.

1936년 라옹Laon의 고등학교에서 철학 교사로 근무. 《상상력》을 PUF 사의 〈신 철학백과〉에 발표 및 출간.

1938년 《구토》 출간. 단편 〈벽(壁)〉을 〈NRF〉지에 발표.

1939년 《감정 이론 초고Esquisse d'une théorie des émotions》와 단편집 〈벽〉 출간. 군에 소집.

1940년 로렌느지방의 파두Padux에서 독일군에 포로가 됨. 《상상계》 저술.

1941년 민간인을 가장하여 석방됨. 프랑스로 돌아와 파스퇴르 고교 복직.

1943년 《존재와 무》 출간.

1945년 종전. 고교 교사직을 떠나 생-제르멩-데-프레Saint-Germain-des-Pres 가의 카페를 전전하며 집필 활동에 전념. 〈실존주의는 휴머니즘이다〉라는 제목으로 강연. 비공산주의 계열의 좌익 정당을 창당하려 했으나 실패. 미국에서의 순회 강연 시작(~1946년).

1946년 《실존주의는 휴머니즘이다》 출간.

1960년 《변증법적 이성 비판 》 출간.

1964년 노벨 문학상 거부. 《말》 〈시튜아시옹 Ⅴ〉 출간. 파리에서 집필 생활.

1966년 보부아르와 함께 일본 방문.

1980년 파리에서 폐부종으로 죽음. 몽파르나스 묘지Cimetiére de Montparnasse에 묻힘.

1989년 《진실과 실존》 출간.

사르트르에게

실존을 묻는다

　　현대 프랑스철학에는 수많은 거장들이 있습니다만, 그 중
에서도 딱 한 명을 손꼽으려면 아마도 당신이 선택되지 않
을까 싶습니다. 프랑스만이 아닌 세계 전체, 전문가만이 아
닌 일반인 전체를 대상으로 했을 때, 특히 그럴 것입니다. 지
명도와 영향력을 생각해보면 다른 후보들도 대체로 수긍해
주리라고 봅니다. 나만 하더라도 이미 고등학생 때부터 당
신을 알고 있었고, 내 친구 중 하나는 당신의 책《말》이나
《구토》 같은 것을 읽고 철학과 진학을 꿈꾸기도 했었습니
다. 1993년 내가 처음 파리에 갔을 때 당신이 즐겨 찾아 철학
을 논했었다는 생 제르멩 데 프레의 그 카페 '레 되 마고Les
Deux Magots'로 발걸음을 한 것도 바로 사르트르 당신이 남긴
흔적을 느껴보기 위해서였습니다. 여하튼 당신은 유명했습
니다. 거기에는 여러 가지 이유가 있었다고 생각됩니다.

우선 첫째는 널리 화제가 되었던 당신의 인물과 행적입니다. 어머니가 저 유명한 알베르트 슈바이처의 사촌이라는 것, 어려서 아버지를 잃고 외갓집에서 자라며 독일어와 지적인 교양을 배웠다는 것, 어머니의 재혼 후 새아버지와 갈등을 일으켰다는 것, 명문 고등사범학교 출신이라는 것, 졸업 후 교수자격시험에 낙방했는데 이듬해 수석으로 합격했다는 것, 시몬느 드 보부아르Simone de Beauvoir와 이른바 계약결혼을 시도했다는 것, 베를린과 프라이부르크에서 독일 현상학을 공부했고 그것을 자기화시켜 프랑스에 전파했다는 것, 2차 대전에 참전해 곧바로 포로가 되었고 풀려난 후 레지스탕스 활동에 가담했다는 것, 그 전쟁의 와중에 주저인 《존재와 무L'être et Le néant》를 발표했다는 것, 엄청난 영광인 레종 도뇌르 훈장과 노벨문학상을 거부했다는 것, 정치 현실문제에 적극적인 태도를 취했다는 것, 메를로-퐁티와 《현대Les Temps-modernes》지를 무대로 협동하였고 한국전쟁에 대한 견해차를 계기로 결별했다는 것, 공산주의에 대해 공감과 회의의 과정을 겪었다는 것, 소설-희곡 등 문학의 형태로도 그 사상을 표현했다는 것, 주로 저널리즘을 무대로 했고 끝내 대학 강단과는 무관했다는 것, … 등등이 모두 화젯거리였습니다.

그리고 둘째는 무엇보다도 그 '실존주의l'existentialisme'입

프랑스로 부치는 철학편지

니다. 2차 대전이 끝난 후 1940년대 후반부터 구조주의가 등장하는 60년대까지, 아니 아시아지역에서는 그 후로도 오랫동안 그 실존주의라는 것이 대단한 세력을 과시하며 유행을 했었는데, 그 유행의 선두에 서 있었던 것이 바로 사르트르 당신이었던 것입니다. 물론 그것이 하나의 물결을 이룰 수 있었던 것은 선구자격인 키에게고, 그리고 넓은 의미에서 비슷한 계보에 속하는 쇼펜하우어와 니체, 그리고 당신이 같은 계열로 편입시킨 마르셀과 야스퍼스와 하이데거, 그리고 당신과 하나의 그룹을 이루고 있었던 보부아르, 메를로-퐁티, 아롱, 카뮈 등과 같은 철학적 거장들의 역량이 종합적으로 작용했기 때문이었을 것입니다. 그것은 분명하지만 그 모든 것을 하나의 '경향' 하나의 '흐름'으로 묶어 유통시킨 데는 당신의 역할이 결정적이었음을 부인할 수 없습니다. 무엇보다도 당신에게서 유래하는 '실존주의'라는 표현이 그것을 상징합니다. 위 인물들 각각의 작지 않은 차이에도 불구하고, 혹은 본인들의 부인에도 불구하고, 그 모든 것이 '실존주의'라는 하나의 깃발 아래 한 묶음이 되어 세계를 휩쓸고 다녔던 것입니다. 당신 덕분에. 특히 당신의 그 강연《실존주의는 휴머니즘이다 *L'existentialisme est un humanisme*》 덕분에.

이 강연은 나에게도 아주 강한 인상을 남겼습니다. 엄청나게 방대하고 치밀한 당신의 주저《존재와 무》보다 나는 오히려 이 간결한 강연을 더 선호했습니다. 왜냐하면《존재와 무》는 '현상학적 존재론ontologie phénoménologique'이라는 그 기본입장에서부터 아무래도 하이데거가 쓴《존재와 시간》의 아류 같은 인상이 없지 않을뿐더러 그 주제 전개 또한 하이데거에 비해 다분히 사변적이라는 느낌이 있었기 때문입니다(대단히 죄송합니다. 물론 나는, 존재, 무, 자체, 즉자존재être-en-soi, 대자존재être-pour-soi, 대타존재être-pour-autrui, 자기기만 mauvaise foi, 육체corps, 자유liberté 등등 이 책에서 논한 여러 주제들을 나름대로 이해하며 그 철학적 의의를 충분히 인식하고는 있습니다). 거기에 비해《실존주의…》는 사르트르다운 색깔이 분명히 드러나 있을 뿐 아니라, 그 주제들 또한 사상적인 진정성이랄까 문제성 같은 것을 확실히 지니고 있다고 느껴졌기 때문입니다. 단도직입적으로 말해 그 스타일과 내용 모두 마음에 들었다는 말씀입니다.

그것은 우리 자신인 인간의 정체에 대해 말해주고 있었습니다. 당신의 지적에 따르자면 우리 인간은 "주체적으로 자기의 삶을 이어나가는 지향적 존재"입니다. 스스로 자신의 삶을 '기획projet'하고 만들어나간다는 뜻이겠지요. "사람은 자기의 삶에 뛰어들어 자기의 모습을 그려내며 자기가 그려내는 그 모습 이외에는 아무것도 아니다"는 말도 같은 뜻으로 들려옵니다. 이와 관련해서 "인간은 자기가 어떤 것인가

프랑스로 부치는 철학편지

에 대해 책임이 있다l'homme est responsable de ce qu'il est"고도 말합니다. '자신의 존재에 대한 책임' '모든 타인에 대한 책임' … 중요한 사안임을 나도 인정합니다. 또한 당신은 그 지향을 '선택choix'이라고도 풀이합니다. 그렇습니다. "우리는 선택합니다." 그것은 이것이 될까 저것이 될까를 선택하는 것으로, 스스로를 선택하는 것이며, 모든 사람들을 선택하는 것이기도 합니다. 그런 점에서 나의 행위는 곧 '전 인류를 앙가제engager'하는 것(끌어들이는 것), "앙가주망l'engagement(참여, 연루)"입니다. 이른바 '불안l'angoisse'도 이와 관련되어 있습니다. 즉 그것은 자신의 선택이 인류의 선택으로 연결되기 때문에 '심각한 책임의식으로부터 벗어날 수 없다'는 것을 뜻합니다. "우리가 불안을 벗어날 수 없는 것은 확실하다. 바로 우리가 불안 그 자체이므로." "불안이란 자유가 느끼는 현기증이다." 이러한 해석은 키에게고나 하이데거의 해석과는 또 다른 것으로 '사르트르표' 불안이라고 해도 좋겠습니다.

그런데 그 밑바탕에는 이른바 '자유la liberté'가 있음을 당신은 보여줍니다. "사람은 자유로우며 사람은 자유 그것이다." 언뜻 이 말은 해방을 위한 구호처럼 들리지만 결코 그렇게 가볍지 않습니다. 이 지적은 '신이 없다'는 당신의 무신론적 전제와 관련돼 있으며, "사람은 자신의 내부나 외부에 의지할 곳이 없어 고독하다"는 뜻이기도 합니다. "사람은 고독합니다." 따라서 그것은 오히려 부담스러운 인간의 조건입니다. 그래서 당신은 "인간은 자유의 형을 선고받았다 L'homme est condamné a être libre"라는 저 유명한 말을 내뱉은 것입니다. '사람은 스스로를 창조한 것은 아닌 까닭에 선고를 받은 것이요, 세상에 한번 내던져지자 그가 행동하는 모든 것에 대해서 책임이 있는 까닭에 자유로울 수밖에 없다'는 것이 그 취지입니다. 불안, 고독, 책임, 자유, 선택, 창조, 행동, 참여… 당신은 그런 것을 말했습니다. "선택하는 것은 나 자신"이라는 당신의 말은 따라서 무거운 종소리처럼 내게 울려왔습니다.

당신은 인간의 '행동l'action'이라는 것을 특별히 강조했습니다. 내가 '삶의 기본 단위'라고 늘 나의 학생들에게 강조했던 그것을. "현실은 행동 속에 있을 뿐이다il n'y a de réalité que dans l'action … 사람은 자신의 창안 이외의 아무 것도 아니고, 자신을 실현하는 한도 내에서만 존재하고, 따라서 인간은 그의 행동의 전체 이외의 아무것도 아니고, 그의 삶 이외의 아무것도 아니다." "사람이란 자기가 영위하는 것의 종합 이외의 아무것도 아니다." "사람이란 그가 영위하는 것을 이루고 있는 모든 관계들의 총화이고 조직이며, 그 전부인 것이다." 그렇게 당신은 행동, 삶, 영위로써 인간을 규정했습니다.

참으로 온당한 지적입니다. 더욱이 그것은 객체화된 제3의 어떤 추상개념이 아니라 지극히 구체적인 나 '자신'이 행하는 것임을 당신은 거듭 강조합니다. "인간의 운명이란 인간 자신 속에 있다." 그것은 알 수 없는 운명에 모든 것을 내맡기고 자신을 포기하는 그런 사상이 결코 아닌 것입니다.

당신은 또한 '타인autrui'의 존재도 등한시하지 않습니다. "우리가 파악하는 주체성은 엄밀히 개체적인 주체성은 아니다. 코기토 속에서 사람은 다만 자기 스스로만을 발견하는 것이 아니고 타인도 역시 거기서 발견한다"며 당신은 '타인과 마주 선 우리'를 말했습니다. 이는 현대 프랑스철학이 개척한 중요한 영토의 하나임이 분명합니다. 그렇게 당신은 '코기토'가 상징하는 데카르트철학과 '의식'이 상징하는 베르크손철학의 성벽을 넘어 '나'의 바깥으로 나갔습니다. "우리에게는 타인도 우리와 마찬가지로 확실한 존재다." "타인은 나에게 있어 불가결한 것이며 내가 나 자신을 아는 데에 불가결한 것이기도 하다." 이런 사실에서 당신은 이른바 "상호주체성"의 세계를 지적합니다. "인간이 자기는 어떠한 것이며 타인은 어떠한 것인가를 결정하는 것은 바로 이 세계에서이다." '타인의 존재'에 대한 이러한 인식은 사실상 '타인의 실종' '타인의 소멸'이라고 해도 좋을 작금의 세태와 비교할 때 더욱 그 가치가 돋보입니다.

당신은 또한 인간의 '본질' 대신에 인간의 '조건la condition humaine'이 중요함을 지적합니다. 조건이란 "우주에 있어서의 인간의 기본적 시튜아시옹을 드러내는 선험적 한계"입니다. 말하자면 인간은 '상황situation' 속에 조건지어지는 존재라는 뜻이겠지요. "역사적 시튜아시옹은 변천합니다." 변천하지 않는 것은, 인간이 세상에 있고 세상에서 노력하고 타인과의 사이에 존재하고 거기서 죽어야 할 필연성입니다. "사람은 변화하는 시튜아시옹 앞에서 항상 동일한 것이며 선택은 항상 어떤 시튜아시옹 속에서의 선택입니다." 당신에게는 이를테면 '내가 이성과 관계를 가질 수 있고 자식을 낳을 수 있는 존재'라는 것도 하나의 시튜아시옹입니다. 인간이란 어떤 유기적 시튜아시옹 속에 얽매어져 있는 것이어서 그 속에 앙가제되어 있으며, 자신의 선택으로 전 인류를 어떤 방향으로 앙가제한다, 인간은 그 선택을 피할 수가 없다, 그렇게 당신은 생각합니다. '시튜아시옹'은 '변명이나 도움이 있을 수 없는 자유선택'입니다. 우리는 '창조적 시튜아시옹' 속에 있습니다. 말하자면 '아무도 내일의 그림이 어떤 것이 될 는지 말할 수 없다. 그려진 다음에야 비로소 그림은 평가될 수 있다'는 그런 셈입니다. "우리에게는 창조와 창안이 있을 따름이다. 우리가 해야 할 바를 선험적으로 결정할 수는 없다." "사람은 스스로 만드는 것이다." "인간은 가치를 설정한

프랑스로 부치는 철학편지

다. … 인간이 오직 바랄 수 있는 것은 … 모든 가치의 근거로서의 자유이다." "우리는 자유를 위한 자유를 원한다." 이것이 실존하는 우리 인간의 실상임을 부인하지 않겠습니다.

친애하는 사르트르, 당신은 우리 인간을 그렇게 보고 있습니다. 이 모든 규정의 밑바탕에는 우리의 "실존이 본질에 앞선다l'existence précède l'essence"고 하는 것과 "신이 존재하지 않는다"는 것이 대전제로서 가로놓여 있습니다. 그래서 당신은 스스로 '무신론적 실존주의l'existentialisme athée'라고 자신의 입장을 천명했습니다. 이는 "주체성으로부터 출발한다"는 뜻입니다. "가령 신이 없다면 적어도 본질보다도 앞선 하나의 존재, 또는 어떠한 개념으로도 정의되기 전에 존재하는 하나의 존재가 있게 된다" "가령 신이 없다면 모든 것이 허용될 것이다Si Dieu n'existait pas, tout serait permis"라고 당신은 말했습니다. '신이 없다면…'이라는 그 가정적 전제가 맞다면 분명 그런 측면도 있습니다. "사람은 먼저 있어서 세상에 존재하고 세상에 나타난다. … 그는 그 다음에 정의된다." "그는 나중에야 비로소 무엇이 되며 그는 스스로가 만들어 내는 것이 될 것이다. … 사람은 다만 그가 스스로를 생각하는 그대로일 뿐 아니라, 또한 그가 원하는 그대로이다. 그리고 사람은 존재 이후에 스스로를 원하는 것이기 때문에 사람은 스스로가 만들어가는 것 이외의 아무것도 아니다." 바로 이런 측면을 당신은 '주체성la subjectivité'이라 했고, 바로 이것을 당신은 "실존주의의 제1원칙"으로 삼았습니다.

그런데 당신은 이러한 실존주의가 결코 인간을 절망 속으로 떨어뜨리려고 하는 비관론이 아니라고 강조합니다. 오히려 당신은 이것을 '낙관론optimisme'이라 부르고 '휴머니즘humanisme'이라고 부릅니다. 그것은 '인간을 목적으로 삼고 최고의 가치로 삼는 학설'이 아니라 "인간은 부단히 자기 밖에 있는 것이며 자기 밖으로 스스로를 투사하고 스스로를 잃어버림으로써 인간을 존재하게 하는 것"이라는 것, "사람은 자기 이상의 것을 행하는 것이며 그러한 초월…의 한복판 즉 중심에 있다. 인간의 우주, 즉 인간의 주체성의 우주 이상의 다른 우주가 있을 수 없다"는 것을 일컫습니다. "그러한 초월성이 휴머니즘인 이유는 우리가 사람들에게 그들 자신 외에는 입법자가 있을 수 없고, 또 자기 자신을 결정하는 것은 고독 속에서라는 것을 상기시키기 때문"입니다.

친애하는 사르트르, 당신의 철학은 철두철미 인간을 바라보고 있습니다. 그것은 인간에서 출발하여 인간으로 돌아옵니다. 그것은 인간의 무한 자유와 인간의 무한 책임을 말하

프랑스로 부치는 철학편지

고 있습니다. 그것은 참으로 무거운 휴머니즘입니다. 그러나 사르트르, 실존주의의 물결이 잦아든 지금, 나는 생각해 봅니다. 인간의 주체성 이외의 다른 우주는 정말로 없는 것인가. 신은 정말로 없는 것인가. … 나는 '그렇다'라고 자신 있게 말할 수가 없을 것 같습니다. 당신의 실존주의적 입장은 충분히 이해합니다만, 그렇다고만 하기에는 '인간 없는 우주'가, '객관성의 우주'가 너무나 명백히 나의 지적인 눈에 보일 뿐만 아니라, 또한 너무나 명백히 '신의 흔적' 같은 것이 이 온 우주에서 발견되기 때문입니다. 그것은 당신의 실존주의만으로는 설명이 불가능합니다. 그래서 나는 그 우주들을 여러 개로 구별합니다. 인간의 우주, 신의 우주. 사르트르의 우주, 이수정의 우주. 실존적 우주, 본질적 우주. … 그러한 구별 위에서 이 모든 것은 공존할 수 있습니다. 공존해야 합니다. 각각의 우주는 각각의 의미를 갖는 것입니다. 당신이 말한 '주체성의 우주'도 당연히 그것의 의미를 갖습니다. 그것은 오늘날에도 여전히 유효합니다. 우리는 지금도 그리고 앞으로도 고독한 실존으로서 우리 자신의 삶을 자유 속에서 선택하고 결정하며 또한 책임을 져야 하기 때문입니다. 이러한 사상적 방향에 대해 공감을 표하며 앞으로도 당신의 실존주의가 사람들에게 망각되지 않기를 바라 마지않는 바입니다.

Emmanuel Levinas 1906–1995

"얼굴로 나아가는 것, 그게 곧 윤리다."

"얼굴이란 그 누구도 죽일 수 없는 것이다."

"얼굴은 우리의 살인을 금지한다."

"얼굴이란 하나의 의미다."

1906년 러시아 제국이었던 코브노Kovno(현재 리투아니아 카우나스Kaunas 지역)에서 리투아니아계 유대인의 아들로 태어남.

1916년 1차 대전으로 인해 가족과 함께 우크라이나의 하르키우Charkow 지역으로 이주.

1920년 러시아 혁명(1917년 2월 8월) 이후 리투아니아로 돌아옴.

1924년 프랑스 스트라스부르Strasbourg대학에 입학.

1928년 독일 프라이부르크대학에서 2학기 동안 후설에게 배움. 하이데거와 만남.

1929년 스트라스부르대학에서 《후설 현상학에서의 직관 이론(1930)》으로 박사학위 취득.

1931년 프랑스 시민권 취득.

1940-1945년 독일의 프랑스 점령 후 독일 하노버Hannover 근처의 수용소에서 포로로 지냄. 이 당시 수감된 감옥에서 적어둔 노트들은 후에 《존재에서 존재자로(1947)》, 《시간과 타자(1979)》라는 제목으로 출간됨.

1961년 《전체성과 무한》으로 교수자격 취득. 프랑스 서부의 푸아티에Poitiers대학, 파리대학에서 강의 시작. 후에 파리대학 낭테르Nanterre 캠퍼스(1967), 소르본대학(1973) 교수.

1974년 《존재와 달리 또는 본질의 저편》 출간.

1989년 발잔상Prix Balzan 철학부문 수상.

1995년 파리에서 죽음.

레비나스에게

타인의 얼굴을 묻는다

당신에 대한 나의 관심은 상대적으로 좀 새로운 것이라할 수 있겠습니다. 대학 시절은 말할 것도 없고 유학을 마치고 귀국해 강단에 선 이후에도 한동안 나는 당신의 존재를잘 모르고 있었습니다. 그런데 1990년대에 들어 프랑스철학이 크게 유행하면서 당신의 이름도 조금씩 내 귀에 들리기시작했고, 그 특이한 사상이 나의 흥미를 자극해 조금씩 당신의 사상을 알아가게 되었습니다. 일부 책들은 후설과 하이데거에 대한 당신의 관심과 비판적 논의 때문인지 당신의 사상을 '현상학의 발전'이라고 규정하기도 했습니다. 그런 규정은 윤리성이 우선하는 레비나스철학의 고유성을 오도할 위험이 없지 않지만, 아무튼 그것이 현상학에 동참하고 있는 나에게 일종의 동류의식을 느끼게 해준 것도 솔직히 부인할 수는 없을 것 같습니다. 그 후 나는 당신이 머물렀던 프라이부르크와 스트라스부르의 몇몇 지인들로부터, 그리고 한국하이데거학회의 뛰어난 동료들로부터 당신에 관한 좀 더 많은 이야기를 들을 수 있었고, 레비나스 소개의 일등공신인 강영안 교수님의 책 《타인의 얼굴 — 레비나스의 철학》을 통해 아주 가까이 당신에게 다가간 느낌입니다. 1993년에 내가 파리에 갔을 때 우리 둘은 아마 지척의 거리에 있었을 텐데, 생전의 당신을 직접 뵙지 못한 것이 지금 생각해보면 못내 아쉽습니다. 다만 수년 전 당신에 관한 연구서 《레비나스와 사랑의 현상학》을 내가 번역하게 됨으로써 나는 당신과의 개인적 인연을 갖게도 되었습니다.

그런데 레비나스, 당신은 아주 특이한 삶을 살았다는 느낌이 듭니다. 당신은 1906년 리투아니아의 카우나스에서 유대인의 아들로 태어났고, 23년에 프랑스로 건너가 스트라스부르대학에서 공부했으며, 28-29년에는 독일의 프라이부르크대학에서 후설과 하이데거에게 현상학을 배웠고, 그 후 벨기에 루벵대학과 네덜란드 레이든대학에서 명예박사학위를 받기도 했고, 그리고 소르본대학의 교수를 마지막으로 은퇴한 후 1995년에 세상을 떠났습니다. 그러니까 당신에게는 히브리와 러시아, 프랑스와 독일이 공존해 있었던 셈입니다. 그 점을 생각해보면, 프랑스의 일간지 《리베라시옹》이 당신을 일컬어 '네 문화의 철학자'라고 부른 것은 그 특징을 잘 보여주는 말인 것 같습니다. 그리고 당신은 한때 나치의 수용소를 경험하기도 했었지요. 유대인에게는 가장 혹독했던 바로 그 시간과 공간 속에서 당신은 결정적인 삶의 시간들을 보냈던 셈입니다.

레비나스, 아마도 그러한 삶의 체험이 당신의 사상과도 무관하지 않겠지요? 무엇보다도 '윤리l'éthique' 내지 '도덕la moral'을 '제1철학'으로 내세우는 데서 나는 당신의 실존적인 아픔을 감지합니다. 이른바 '타인의 얼굴le visage de l'autre'이라는 것을 말하면서 그것이 '죽이지 말라'는 '윤리적 명령le visage de l'autre est un impératif éthique'이라고 해석하는 데서도 그것이 느껴집니다. '전체성'의 비판, 그리고 '무한성' '외면성' '타자성' '얼굴' '마주함' '사귐' '응답' '환대' '책임' '정의' … 이런 당신의 핵심개념들이 한갓된 지적 개념 이상의 어떤 무게를 갖는 것도 그런 까닭입니다.

당초에 당신은 기독교의《성서》와 러시아의 문학들을 읽으며 당신의 정신세계를 형성하기 시작했고, 철학을 접한 후에는 특히 뒤르켕과 베르크손, 그리고 후설과 하이데거의 영향권에 있었다고 들었습니다.《실존에서 실존자로De l'Existence à l'Existent》가 전개하는 '일 뤼 아il y a(있음)'에 대한 논의에서도 아직은 그 뒤에 하이데거의 그림자가 어른거리고 있음이 느껴집니다. 그러면서 당신은 차츰 자신의 형태를 만들어나가기 시작하셨지요. 당신 자신의 평가대로 나는 그것을 《시간과 타자 *Le Temps et l'Autre*》에서 발견합니다. 거기서 당신은 '그저 있음il y a'에서 벗어나는 것, 즉 무의미에서의 탈출을 시도합니다. 거기에서 당신은 피곤, 게으름, 애씀, 그리고 있음 앞에서의 두려움, 무기력한 뒷걸음질, 도망질 같은 것들과 그런 것들에 대비되는 가리킬 수 '있는 것l'étant' '있는 그 무엇quelque chose' 즉 '구체적인 존재자'와 '실존자'를 일종의 해결책으로 제시합니다. 그리고 나아가 그 한계를 넘어서면서 당신은 '남과 사귀는 관계la relation sociale' '사심 없는 관계désintéressée' '남에 대한 책임성la responsabilité pour autrui' '남에 대해 있음l'être-pour-l'autre' 즉 '관계성'의 영역을 개척했고, 그것을 '그저 있음'에 대한 '구원'으로 자리매김했던 것입니다. 바로 여기서 당신의 가장 두드러진 특징이자 핵심사상인 '타인l'autre' 내지 '타자성l'altérité'이 등장합니다.

그 '타인과의 관계'를 탐구하면서 당신은 대단히 흥미로운 논의들을 제공해주었습니다. '시간(초월, 통시성, 남을 향한 개방 그 자체)'의 문제, '앎(세상을 향한 탈출, 남 옆에 함께 붙어 있음)'의 문제, '사귐le sociale(타인 앞에서 곧바로 얼굴을 마주보는 것, 직접 타인과 관계한다는 것)' 내지 '함께'의 문제, 등이 그렇습니다. 특히 '이성' '여성이라는 타자성'과의 관계(여성이 '원래 다른 것'으로서 타자성의 원조가 된다는 것), 애무의 본질(무언가를 찾는다는 사실 자체, 항상 달라 다가갈 수 없으며 그래서 늘 미래인 것과의 놀이), 친자관계(상대방이 철저하게 다르면서 동시에 그가 나인 그런 관계), 등에 대한 논의들은 정말이지 귀를 솔깃하게 만듭니다.

그런데 레비나스, 뭐니뭐니 해도 결정적인 것은, 당신이 《전체와 무한*Totalité et infini*》 및 《존재와 달리, 본질을 넘어 *Autrement qu'être ou au-delà de l'essence*》에서 전개한 이른바 '타인의 얼굴*le visage de l'autre*'일 것입니다. 처음 이 이야기를 들었을 때, 나는 약간의 당혹감을 감출 수 없었습니다. 왜냐하면 그것은 내가 알고 있는 다른 철학적 개념들과 비교해볼 때, 너무나도 다른 낯선 것이었기 때문입니다. '타인'은 그렇다 치고, '얼굴'이라는 것이 어떻게 철학적 개념이 될 수 있단 말인가…. 그런 생뚱맞은 느낌이 오히려 나로 하여금 당신에게 다가가게 만들었습니다. 그런데 그런 낯섦은 당신이 바로 그 '얼굴'을 '윤리'의 근거로 삼고 있다는 것을 알게 되면서 곧바로 해소되었습니다. "얼굴로 나아가는 것, 그게 곧 윤리*l'accès aux visage est d'emblée éthique*"라고 당신은 말했습니다. 단순히 얼굴을 쳐다보는 앎, 관찰, 지각 그런 것은 '타인과의 사귐의 관계'에 있지 않다고 거부하면서 당신은 그렇게 말했습니다. 얼굴은 그저 하나의 사물이 아니며, "얼굴이란 그 누구도 죽일 수 없는 것(죽여서는 안 되는 것le visage est ce qu'on ne peut tuer)"이라는 점에서 윤리적 성격을 갖기 때문입니다. '웃는 낯에 침 뱉으랴'라는 한국 속담의 그 '낯'도 조금은 비슷한 맥락이겠지요. '얼굴'로 상징되는 '타인'을 함부로 대해서는 안 된다는 것, 당신은 바로 그런 윤리를 '제1철학'으로 생각했던 것입니다.

"얼굴이란 하나의 의미다"라는 철학적 사실을 당신은 우리에게 알려주었습니다. "얼굴의 정직함이 있다. 숨김없이 얼굴은 드러낸다. 얼굴의 피부는 발가벗었고 헐벗은 채로 있다. … 얼굴에는 가난이 깔려 있다. … 얼굴은 위협 앞에 노출되어 있다. … 동시에 얼굴은 우리의 살인을 금지한다." 그런 식입니다. 얼굴은 예컨대 신분증에 붙어 있는 사진과 같은 그런 단순한 '인물'이 아니라고 당신은 경계합니다. "얼굴은 오직 자신에 대한 의미다. 너는 너다. 그러므로 얼굴은 '보이는' 게 아니라고 할 수 있다. 그러므로 그것은 당신이 생각으로 붙잡을 수 있는 무슨 내용물이 될 수 없다. 얼굴은 붙잡을 수 없는 것이며 당신을 저 너머로 인도한다." 그렇게 당신은 얼굴이 의미임을 역설했습니다. 얼굴은 말하자면 인격 그 자체인 타인의 상징과도 같은 것이겠지요. 그래서 당

프랑스로 부치는 철학편지

신은 '얼굴과의 관계가 곧 윤리'라고 말했던 것입니다. 그런데 참으로 인상적인 것은, 얼굴이란 누구도 죽일 수 없는 것이며, 얼굴의 뜻은 '당신은 죽일 수 없소'라고 말하는 데 있다는 것입니다. 당신은 그것을 '명령'이라고까지 말했습니다. "얼굴은 직설법이 아니라 명령법으로, 한 존재가 우리와 접촉하는 방식이다." 죽임이 얼마나 자행되었으면 이렇게까지 말했을까…. 나치에 의해 죽임을 당한 당신의 동생들을 함께 생각하며 나는 무거워지는 마음을 느끼지 않을 수 없습니다.

당신은 또한 그 얼굴을 분석하면서 다른 사람의 스승됨, 그의 가난, 나의 낮아짐, 나의 넉넉함 같은 것을 모든 인간관계의 대전제로서 밝혀냅니다. (이건 혹시 당신의 스승 슈샤니를 염두에 둔 것일까요?) 그리고 그런 것들이 다름 아닌 '윤리'의 근거가 된다고 했습니다. 바로 그런 것들 때문에 우리는 열린 문 앞에서 '먼저 들어가시지요'라고 말하게 된다고 당신은 설명합니다. '나와 타인의 관계'가 어떤 것인지, 어떤 것이어야 하는지, 어떻게 남을 높이고 나를 낮추어야 하는지, 즉 '윤리가 무엇인지' 그 뜻을 당신은 근본에서부터 헤아려보는 것입니다. 바로 그 연장선상에서 이른바 '환대 l'hospitalité'와 '정의justice'도 문제 됩니다. "타인이 우리에게 호소한다면 여기에 응답해야 한다"고 당신은 말했습니다. 호소에 대한 응답. 차가운 외면이 아닌 이 응답이 당신에게는 바로 '다가감'이며 '환대'였고, 그리고 또한 '책임'이었고 '정의'였습니다. 이 모든 것이 다 하나로 즉 '윤리'로 수렴됩니다. 참 특이하고도 매력적인 사상이라는 느낌입니다. 나는 이것을 '나에 대한 제한'과 '남에 대한 인정'으로 정리해 받아들였습니다. "타인의 얼굴은 나의 자발적인 존재확립과 무한한 자기 보존의 욕구에 도덕적 한계를 설정한다. 타인은 거주와 노동을 통해 이 세계에서 나와 내 가족의 안전을 추구하는 나의 이기심을 꾸짖고 윤리적 존재로서, 타인을 영접하고 환대하는 윤리적 주체로서 나 자신을 세우도록 요구한다"라는 당신의 말이 아마 무엇보다도 그 근거가 되어 주겠지요.

그런데 이러한 얼굴의 논의는 이른바 '전체성totalité'에 대한 비판과 연관되어 있으며, 이른바 '무한infini'과 이어짐을 간과할 수 없습니다. 당신의 철학에서는 '전체성과 무한'이 대치되고 있습니다. 단어만으로 곧바로 이해되는 개념은 아니지만, '전체성'은 인간이 자기실현을 추구하기 위해 만들어낸 체계요, 타인들과 함께 구축한 세계질서입니다. 여기서는 세계지평의 한계 안에 존재의미가 제한됩니다. 그런 의미는 죽음과 함께 끝나는 것이며, 삶에 대해 절대적 의미를 줄 수는 없습니다. 전체성은 말하자면 '동일자의 지평'이고 '인간의 자기실현의 원 속에서 끝없이 자기를 확장해가는 힘'입니다. 이와 달리 '무한infini'은 이 동일자, 자기성의 범위를 넘어섭니다. 무한은 '동일자인 나와 절대적으로 다른, 나에게로 도무지 환원될 수 없는 타인'입니다. 타인이 무한인 것은 나의 인식과 능력의 테두리 안에 가둘 수 없기 때문입니다. 타인은 전체성의 틀 바깥에 있습니다. 무한의 차원은 우리의 파악과 이해를 초월합니다. 그러나 무한은 익명적이고 무의미한 현존에 관계하는 것이 아니라 구체적인 현존, 고유한 이름을 가지고 호소로서 다가오는 타자와 관계하는 것이기에 단순한 '그저 있음'과 구별됩니다. 타자의 얼굴은 우리 '밖에서' 우리의 유한성의 테두리를 깨트리고 우리의 삶에 개입합니다. 그런 의미에서 '무한'은 인간의 내재성을 구성해주는 것입니다.

그렇습니다 레비나스, 이른바 전체성의 형이상학에서는 '나'라는 주체가 세계 전체를 의미지으려 합니다. 타인의 존재도 내가 그 의미를 부여합니다. 그렇게 나는 확고한 '주체'가 되고자 합니다. 세계 전체를 신의 심판과 같은 하나의 의미하에서 파악하려는 기독교적 사고도 그런 점에서는 전체성의 형이상학입니다. 그러나 이러한 체계하에서 '나'는 결국 그 전체의 한 항목에 불과하다는 것을 당신은 지적합니다. 이에 비해 무한은 의미로 묶어낼 수 없으며 전체성으로 회수할 수 없는 것입니다.

여기서 당신은 '수치la honte'를 요구합니다. 수치를 느끼게 하는 것은 타인의 얼굴입니다. '수치'는 평소 감추고 있던 자신의 모습을 드러냈을 때에 느끼는, 자신이기를 부정하고 싶어지는 기분입니다. 수치로 해서 나는 자신임을 견딜 수 없게 되고, 더 이상 타인을 자기가 의미 지을 수 없게 됩니다. 나는 자신을 비우고 자신을 초월한 것을 추구하게 됩니다. 그렇기 때문에 얼굴의 호소에 응답하고자 하는 윤리적 시도에는 끝이 없습니다. 그것은 무한히 계속되기 때문에 그 어떤 완결된 전체에 집어넣을 수가 없으며, 전체성의 망에 파열이 생깁니다. 그때, 나는 전체의 한 항목임을 벗어나 진정한 주체가 되는 것입니다. 요컨대 타인 앞에서 잘난 체 함부로 하지 말고 부끄러운 줄 알아야 한다는 윤리인 셈이겠죠.

친애하는 레비나스, 당신의 이런 생각들은 참으로 특이합니다. 당신의 그 '타인의 철학' '얼굴의 철학' '무한의 철학'은 일견 생뚱맞은 느낌으로 다가와서 우리의 가슴속에 잔잔한 파문을 남깁니다. 그 파문이 퍼지면서 이른바 윤리의 세계가 형성됩니다. 그것이 아마 당신의 철학이 의도한 바였겠지요. 그 점에서 당신은 분명 일정한 성공을 거두고 있습니다. 나는 이미 수년 전부터 나의 학생들에게 '너의 가슴속에 타인의 존재에 대한 의식이 자리잡고 있느냐'고, '네 가슴을 열고 그 속이 무엇으로 채워져 있는지를 확인해보라'고, '거기에 오직 잘난 자기와 자기의 욕심만이 발견되는 것은 아닌가'고 물음을 던졌습니다. 그런 나로서는 타인의 얼굴을 바라보자는, 그리고 환대하자는 당신의 그 따뜻한 철학에 동조하지 않을 수가 없습니다. 당신의 그런 윤리적 호소는 어쩌면 너무나도 거센 저 세상의 이기적 물결에 순식간에 쓸려가고 말지도 모릅니다. 그것은 '돈 안 되는 소리' '순진한 철부지 소리'로 매도될 수도 있습니다. '얼굴도 얼굴 나름'이라고, '죽이려는 얼굴도 있다'고 누군가 항변할 수도 있습니다. 분명 그럴 수도 있습니다. 하지만 인류의 역사가 그래왔듯이 '그럼에도 불구하고 말해지는' 그러한 윤리적 발언들이 그래도 인간으로 하여금 단순한 동물 이상의 어떤 존엄을 유지하는 데 기여했다는 사실 또한 무시할 수는 없을 것입니다. 그런 '윤리적 연대'를 위해 나는 당신의 손을 따뜻하게 맞잡고 싶습니다.

Maurice Merleau-Ponty 1908-1961

"우리는 의식이라는 것을 구성적 의식이나 순수한 대타존재로서가 아니라,
지각적 의식으로서, 행동의 주체로서,
세계 내 존재 내지 실존으로서 생각하지 않으면 안 된다."

"초월론적 주관성이란 … 상호주관성이다."

"최초의 철학적 행위는 객관적 세계의 앞쪽에 있는
체험적 세계에까지 거슬러가는 것이다."

1908년 프랑스 노르망디 지방의 로슈포르-쉬르-메르Rochefort-sur-Mer에서 태어남.

1924년 대입자격시험baccalauréat에 합격. 고등사범학교의 시험 준비 시작. 이때 베르크손의 철학을 열심히 공부.

1926년 고등사범학교(ENS)에 입학. 이곳에서 사르트르, 보부아르, 니장, 그리고 레비-스트로스와도 만남.

1929년 후설의 '파리강연'을 듣고 현상학에 경도.

1930년 교수자격 취득. 11월 군에 입대.

1931년 병역을 마친 뒤 여러 고등학교lycée에서 철학 강의를 시작. 형태 심리학, 행동주의 심리학, 정신분석학, 생리학 연구에 착수.

1933년 후설의 현상학과 형태Gestalt심리학 연구에 힘씀.

1935년 고등사범학교 복습교사répétiteur(~1939년).

1942년 《행동의 구조》 출간.

1945년 《지각의 현상학》 출간. 리옹대학과 고등사범학교에서 언어철학, 정신분석, 게슈탈트 심리학, 뒤르껭과 베버의 사회이론 등을 강의하기 시작.

1949년 소르본대학의 교수(아동심리학과 교육학 강좌 담당).

1952년 사르트르와 결별. 메를로-퐁티가 〈현대Les Temps modernes〉지의 편집인 자리를 그만둠으로써 영원히 깨어짐. 베르크손과 라벨의 후임으로 콜레주 드 프랑스의 철학교수.

1955년 《변증법의 모험》 출간.

1964년 《보이는 것과 보이지 않는 것》 출간.

1961년 파리에서 뇌졸증으로 죽음. 페르 라세즈 묘지Père Lachaise Cimetière에 묻힘.

메를로-퐁티에게

지각과 행동을 묻는다

당신은 이미 1940년대부터 사르트르와 쌍벽을 이루며 프랑스철학의 중심에 있었습니다. 그 점을 생각해보면, 내가 당신의 존재를 전혀 모른 채 철학과를 졸업했다는 것은 이상한 일이었습니다. 나뿐만 아니라 1970년대의 철학과 학생들 대부분이 그랬습니다. 아쉽지만 아무튼 그것이 현실이었습니다. 그나마 다행스러운 것은 대학원 시절 후설과 하이데거의 현상학을 본격적으로 공부하면서 그 현상학이 사르트르와 메를로-퐁티 당신에게로 계승되어 하나의 흐름이 되었음을 알게 되었다는 것입니다. 현대철학의 전체 양상을 생각할 때 그것은 의미 있는 현상의 하나임이 분명합니다.

그 후 나는 조금씩 당신에 대해 알아가고 있었는데, 두 가지 계기로 인해 당신에게 특별한 관심을 갖기에 이르렀습니다. 하나는 당신을 집중적으로 논한 키다 겐木田元 교수님의 책《현상학現象學》을 한국어로 번역한 것이었고, 또 하나는 내가 대학 시절부터 특별히 주목하고 있었던 김형효 교수님이 뒤늦게 당신에 관한 연구서《메를로-뽕띠와 애매성의 철학》을 내신 일이었습니다. 이 책들은 이제 몇 가지 번역서들과 함께 당신을 확고한 위치에 세워놓았습니다.

이제는 대부분의 철학도들이 당신에 대해 웬만큼은 알고 있습니다. 당신이 1908년 로슈포르-쉬르-메르에서 태어났다는 것도, 명문 고등사범학교를 나와 교수자격시험에 차석으로 합격했다는 것도, 여러 고등학교를 거쳐 고등사범학교와 리옹대학, 소르본대학, 그리고 콜레주 드 프랑스 등 최고 수준의 강단에서 두루 교편을 잡은 화려한 경력을 갖게 되었다는 것도 잘 알려져 있습니다. 그리고 일찍이 사르트르와 함께 〈현대Les Temps modernes〉지를 이끌며 레지스탕스 운동에도 가담했었고 후에 그와 엇갈린 행보를 보이다가 한국전쟁에 대한 입장 차이를 계기로 끝내 결별했다는 것도, 그리고 1961년 53세의 이른 나이에 갑작스럽게 세상을 떠났다는 것도 그렇습니다. 또한《행동의 구조》와《지각의 현상학》뿐만 아니라《휴머니즘과 테러》《변증법과 모험》《보이는 것과 안 보이는 것》《의미와 무의미》같은 저서들도 익히 알려져 있습니다.

그런데 메를로-퐁티, 당신의 철학을 접할 때, 나는 한 가지 기본적인 어려움을 토로하지 않을 수 없습니다. 그것은 당신의 사고와 언어 사이사이에 너무나도 짙게 드리워진 후설과 하이데거의 그늘을, 그리고 생리학과 심리학 등 철학 외적인 요소들을 어떻게 '처리'해야 할까 하는 곤혹스러움이 있다는 것입니다. 마치 그들의 아류 같은 인상이 들 수도 있기 때문입니다. 약간의 고민이 없지 않았습니다만, 나는 당신의 문장들을 직접 읽으면서 그것이 완전히 메를로-퐁티화, 프랑스화되어 있다는 느낌을 받았고 따라서 그런 곤혹을 그냥 버려도 좋겠다고 생각하게 되었습니다. 무엇보다도 현상학의 여러 '문제'들이 당신 자신의 문제지평에서 소화된 형태로 다루어지고 있다는 사실을 나는 높이 평가하기로 했습니다. 즉 그 출처가 비록 독일이라고 해도, 그것이 메를로-퐁티 자신의 문제로서 자기화되고 그 문제 영역이 확장되어 있다면 이미 프랑스철학이라고 말할 수 있겠다는 것입니다.

그렇게 볼 수 있는 증거를 나는 무엇보다도 당신이 강조해 마지않았던 '지각la perception'의 논의에서 발견합니다. 후설이 수립한 '의식의 현상학'을 당신은 '지각의 현상학'으로 변모시켰습니다. 지각은 '지각하는 나'와 '지각되는 세계'를 매개합니다. 당신은 지각의 양면에 있는 그 '나'와 그 '세계'

를 함께 바라봅니다. 이는 '나 자신인 인간과 그 인간이 몸담고 살고 있는 이 세계에 대해 근원적이고 종합적으로 이해하고자 하는 지적-이성적-정신적 노력'을 '철학'이라고 보는 나 자신의 기준에 확고히 부합하는 것이었습니다.

그것과 관련해 당신은 중요한 것을 말해주었습니다. 당신은 특히 그 지각하는 내가 '신체le corps'라는 것과 '상호주관성l'intersubjectivité'이라는 것을, 그리고 그 세계가 '체험적 세계le monde vécu'라는 것을 강조해 마지않았습니다. 당신네 프랑스철학에서 '나'라는 것은 기본적으로 '코기토cogito'입니다. 그것은 데카르트 이래의 전통입니다. 코기토 즉 '에고 코기탄스ego cogitans(생각하는 나)'는 사실상 영국 경험주의자들의 '경험하는 나' '지각하는 나' 그리고 칸트의 '인식하는 나'와 연결되어 있습니다. 즉 정신-경험-관념-지각-이성이 '주관'이라는 큰 틀에서는 모두 연결되어 있는 것입니다. 그것은 또한 후설의 '지향하는 의식'과 베르크손의 '직관하는 의식'과도 연결될 수 있습니다. 다소의 무리를 무릅쓰고 이런 말을 할 수 있는 것은 그것이 모두 '나'이며 나의 '정신'이며 나의 정신의 '앎'이기 때문입니다. 그것들은 모두 그 앎의 '내용' 내지 '상관자'와 연결되어 있습니다. 그것은 철학사의 중요한 성과였음에 틀림없습니다. 그러나 그것들은 나름대로 중요하고도 결정적인 성과임에도 불구하고 우리들 '인간'의 입체적인 모습을 완전하게 보여주기에는 무언가 일면적인 한계가 있었습니다. 바로 그 부족분을 당신이 채워주고 있다고 내게는 생각되었습니다. 그게 다름 아닌 '신체'고 '상호주관성'이었습니다.

그렇습니다 메를로-퐁티, "나란 나의 신체이다je suis mon corps"라고 한 당신의 말은 옳습니다. 우리 인간은 신체입니다. 그 어떤 정신-이성-의식도 신체 안에 깃들어 있음에서 예외일 수 없습니다. 신체 없는 의식은 있을 수 없습니다. "의식이란 신체를 매개로 한 사물에의 존재"인 것입니다. 바로 그 '신체'가 "지각하는 주관과 지각되는 세계를 함께 우리에게 개시하는[열어 보여주는] 것"입니다. 바로 이 '신체'가 애당초 "세계에 대한 나의 관점"인 것입니다. "신체는 자신의 세계를 갖고 있다"는 말도 같은 맥락에서 이해될 수 있습니다. 《지각의 현상학Phénoménologie de la perception》에서 당신은 이 신체와 관련해 '대상으로서의 신체' '신체의 경험' '신체의 공간성 및 운동성' '신체의 종합' '성적 존재로서의 신체' '표현으로서의 신체와 언어' 등을 치밀하게 논하고 있습니다. 특히 성과 몸짓과 표정 등에 관한 논의들은 나의 존재가 신체임을 여실히 확인시켜주는 것으로 아주 참신하며 흥미롭습니다. 이 논의들은 그동안 철학이 무심했거나 소홀했던 여러 문제 영역들을 열어 보여줍니다. 그것은 철학으로 하여금 좀 더 인간의 진실에 가까이 다가가게 합니다. 그것은 철학의 풍요에 기여합니다. 특히 당신은 이 신체가 단순한 인식의 대상이 아니라 삶의 주체라는 사실을 놓치지 않습니다. "타자의 신체를 문제로 삼든 나 자신의 신체를 문제로 삼든, 내가 인체를 인식하는 유일한 수단은 스스로 그것을 산다는 것, 즉 그 인체가 겪은 드라마를 내 쪽에서 되살피고 그 인체와 합체하는 것 뿐이다"는 말은 그런 방향을 지시하고 있습니다. 어쩌면 악수나 포옹이나 키스나 섹스나 운동이나 춤 같은 것도 모두 그에 해당하는 일들일지 모르겠군요. 아닌 게 아니라, '나는 몸'이라는 이 전제가 없다면 문화로서의 강수진, 김연아 등도 애당초 성립 불가능일 것입니다.

또한 당신은 '나'란 것이 외부로부터 격리된 고독한 코기토로 끝나지 않으며, 근본적으로 '타자' 내지 '인간적 세계'와 공존하며 교류하는 '세계내존재' '상호주관성'임을 특별히 부각시킵니다. "고독과 타자와의 교류는 동일한 현상의 양면"이라고 당신은 말합니다. "절대적 주관과 세계에 참여한 주관"을 당신은 함께 보는 것입니다. 하기야 그렇죠. 그게 별개의 것은 아니니까요. "우리는 의식이라는 것을 구성적 의식이나 순수한 내타존재로서가 아니라, 지각적 의식으로서, 행동의 주체로서, 세계내존재 내지 실존으로서 생각하지 않으면 안 된다"는 말도 그런 맥락입니다. 물론 이것들은 하이데거, 후설의 기본개념이기도 합니다. 그것을 당신은 프랑스에 이식한 셈입니다. 당신은 분명하게 말합니다. "초월론적 주관성이란 … 상호주관성이다"라고. 그리고 "실존한다는 것은 세계 내에 존재하는 것이다"라고. 그것은 '자기 자신에게도 타자에게도 열려 있는 주관성'이라는 뜻입니다. 그것은 "우리[나와 타자]가 서로 완전한 상호성 안에 있는 협력자이며, 우리의 시각은 서로 이행하고, 우리는 동일한 하나의 세계를 통해 공존하고 있다"는 것을 뜻합니다. 이러한 사실의 실마리를 당신은 '타자의 신체' '타자의 지각' '타자의 행동'을 통해 발견합니다. 타자의 신체는 '행동의 담당자'입니다. 당신이 《행동의 구조La Structure du comportement》에서 '행동le comportement'을 문제 삼는 것도 그 때문이겠지요. 그러한 신체성을 매개로 당신은 타자의 존재를 인식합니다. '내가 대상의 상태를 아는 것은 나의 신체의 상태를 매개로 한다'는 것이 타자에게도 적용되는 것입니다. "타자의 신체를 지각하는 것도 바로 나의 신체이며, 나의 신체는 타자의 신체 안에서 자기 자신의 연장 같은 것을 발견"합니다. 예컨대 '누군가가 내게 익숙한 대상을 자신을 위해 사용한다'거나 '언어' 즉 '대화의 경험' 같은 '문화적 대상'도 타자 지각의 계기로 작용합니다. 그래서 이른바 "객관적 사고 안에는 타자나 의식의 다수성을 위한 자리가 없다"고 말했습니다. "나의 의식과 내가 살고 있는 그대로의 나의 신체의 사이, 이 현상적 신체와 내가 외부로부터 보고 있는 타자의 신체 사이에는 어떤 내적인 관계가 있어서 이것이 계를 완성하듯이 타자를 출현시키는 것이다. 타자의 명증성이 가능한 것은, 내가 나 자신에게 있어 투명하지 않고, 나의 주관성이 자신의 신체를 이끌고 있기 때문인 것이다." 결국 신체를 매개로 나와 타자가 하나의 계통 속에 있는 상호주관성임이 드러난다고 당신은 설명하고 있는 셈입니다.

이러한 지적, 즉 신체, 지각, 행동을 매개로 한 타자와의 상호성, 공존, 교류의 지적이 이른바 '세계le monde'와 연결되는 것은 너무나 당연합니다. 나는 '세계에 참여한 주관'이며, '세계-내-존재'입니다. 당신은 하이데거가 말한 '세계-내-존재In-der-Welt-sein'를 'l'être dans le monde'가 아닌 'l'être au monde'로 번역함으로써 즉 '에로au/à le'라고 표현함으로써 세계에 대한 나의 귀속성을 특별히 강조했습니다. 그런데 당신의 논의에서 특별히 눈길을 끄는 것은, 이 세계가 "상호주관적 세계"이며 "체험적 세계le monde vécu"라는 지적입니다.

이 말은 이른바 '객관적 세계'를 그 대척점에 두고 있습니다. '세계'란 "그것에 대해 내가 행할 수 있는 일체의 분석에 앞서 이미 거기에 있는 것" "애당초 주관에게 대해 주어져 있는 것" "나의 모든 사유와 모든 현재적 지각이 행해지는 자연적 환경이며 영야"로, 이른바 종합작용으로 파생되는 것이 아님을 당신은 강조합니다. 그것은 곧 "현실l'actualité"이기도 합니다. 그것은 '지각'과 '기술'의 대상이며 '구축'과 '구성'의 대상이 아니라고 당신은 생각합니다. 바로 그러한 세계 안에 우리 인간은 존재하는 것입니다. "인간은 언제나 세계 안에 있으며, 바로 그 세계 안에서 인간은 자신을 안다"고 당신은 말했습니다. 바로 그 세계가 '체험적 세계'인 것입니다. 그래서 당신은 "세계의 경험과 지식expérience et connaissance du monde"을 강조했습니다. 심지어 "과학의 전 영역"도 "체험적 세계 위에 구성되어 있다"고 보았습니다. 이와 관련된, 상당히 유명해진 당신의 말을 다시 한 번 확인해보겠습니다. "최초의 철학적 행위는 객관적 세계의 앞쪽에 있는 체험적 세계에까지 거슬러가는 것이다. 왜냐하면 바로 이 체험적 세계에 있어서, 우리는 객관적 세계의 권리도 그 한계도 이해할 수 있기 때문이다." 그렇게 당신은 말했습니다.

친애하는 메를로-퐁티, 인간과 세계에 대한 이런 생각들을 통해서 당신은 말하자면 메를로-퐁티표 현상학, 프랑스판 현상학을 구축했습니다. 그것이 곧 지각의 현상학이었습니다. '지각' '주관' '신체' '상호주관성' '세계내존재' '공존' … 그런 개념들은 이제 원제조자인 후설이나 하이데거와 상관없이 메를로-퐁티의 주제가 되었습니다. 그것은 철학하는 사람들에게 하나의 훌륭한 모범이 될 수도 있습니다. 대화는 소크라테스만의 것이 아니고, 평화도 아우구스티누스만의 것이 아니고, 경험과 이성도 로크나 데카르트만의 것이 아니고, 인식과 정신 또한 칸트와 헤겔만의 것이 아닌 것입니다. 나 또한 당신을 모범 삼아 이제 그 모든 것들을 나의 것으로 가지려고 합니다. 신체도, 상호주관성도, 지각도, 체험적 세계도 이제 나의 것으로 한번 만들어봐야겠습니다. 꼭 필요하다고 나는 봅니다. 왜냐하면 무엇보다도 나 자신이 신체요 상호주관성이며, 체험적 세계를 지각하는 세계내존재이기 때문입니다. 그러한 명백한 진실이, 내가 그것을 문제삼을 수 있는 권리의 원천이 되며 그것을 문제삼아야 할 의무의 원천이 되어줍니다. 이수정표 현상학, 한국판 현상학이 어떤 모습으로 전개될지 나 자신도 흥미진진하게 그것을 기대하고 있습니다. '본연의 현상학' '인생의 구조' '사물의 철학'을 이미 내놓기는 했습니다만….

Claude Lévi-Strauss 1908-2009

"야생의 사고는 우리들의 사고와 같은 의미에서
그리고 같은 방식으로 논리적이다."

"가장 현대적인 모습의 과학정신은 야생의 사고가 예견해왔던 대로
야생의 사고와의 만남을 통해서 야생의 사고의 원리를 정당화하고
그 원리를 회복하는 데 공헌하여야 할 것이다."

1908년 벨기에 브뤼셀Bruxelles에서 유대계 화가의 아들, 랍비의 손자로 태어남.

1914년 양친과 함께 베르사유Versailles로 감. 고독한 유년시절 보냄.

1927-1930년 파리 소르본대학에서 법학과 문학 전공.

1931년 철학 교수자격 취득. 고등학교 교사로 근무.

1935-1938년 브라질 사웅파울루São Paulo대학 사회학 객원교수 역임. 인류학 연구 시작. 보로로Bororo, 남비크와라Nambikwara 등 인디오사회에 대한 현지 조사.

1939-1941년 프랑스로 귀국했으나, 파리가 함락되어 뉴욕으로 건너감. 신 사회연구원 New School for Social Research에서 강의.

1942년 망명 중 로망 야콥슨Roman Jacobson과의 친교로 언어학 특히 구조 언어학의 영향을 받음.

1946-1947년 미국 주재 프랑스 대사관의 문화문제 고문 지냄. 파리로 귀국.

1949년 파리의 인류학 박물관장으로 근무(-1950년).

1950년 소르본Sorbonne의 고등실업학교 교수이자 교장직 역임(-1958년).

1955년 《슬픈 열대》 출간.

1958년 《구조인류학》 출간.

1959년 콜레주 드 프랑스의 정교수로서 사회 인류학 강좌 담당. 이론적 탐구를 확장해서 남북 아메리카 인디언들의 신화 연구 구체화함.

1962년 《야생의 사고》 출간.

1967년 캐나다 몬트리올에서 열리는 세계 박람회에서 에드몽 자베스, 장 폴 사르트르, 알베르 카뮈와 함께 네 명의 프랑스 작가 중 하나로 선정됨.

1973년 프랑스 학술원 정회원.

2009년 파리에서 100세의 나이로 죽음.

레비-스트로스에게
야생의 사고를 묻는다

내가 처음 철학을 배우기 시작했던 1970년대만 해도 아직 당신과 당신이 제창한 그 구조주의le structuralisme라는 것은, 여전히 위세를 떨치던 실존주의의 빛에 가려져 있어서 제한된 소수의 사람들만이 그것으로 통하는 좁은 길을 걸어가고 있었던 것 같습니다. 구조주의가 애당초 실존주의를 대체하는 철학으로 각광을 받으며 1958년부터 68년까지 약 10년 간, 즉 당신의 그《구조인류학》이 출간되고 콜레주 드 프랑스에 '사회인류학' 강좌가 개설되면서 당신이 그 교수로 취임했던 바로 그 시점부터, 파리를 기점으로 전 세계에 이른바 대학분쟁의 광풍이 몰아쳤던 그 시점까지, 대단한 기세로 유행했던 하나의 사조였다는 점을 생각해보면, 프랑스와 한국 사이에는 그때만 해도 아직 상당한 학문적 시차가 존재했던 것 같습니다.

하지만 당신에 이어 라캉, 알튀세르, 푸코 등이 어떤 형태로든 구조주의라는 이름에 얽혀들면서 그 세력은 이른바 유행과 상관없이 확산되었고, 그것이 데리다를 비롯한 이른바 포스트구조주의의 부상과 함께 1990년대의 한국사상계를 주름잡으면서 당신의 존재도 어느 샌가 확고한 위치를 갖게 되었습니다. 나는 개인적으로 두 가지 인연을 계기로 해서 당신에게 가까이 다가갈 수 있었습니다. 하나는 신일철 교수님이 쓰신《현대철학사상의 새 흐름》이라는 책을 통해 그 취지를 접할 수 있었던 것이고, 또 하나는 대학원 지도교수였던 와타나베 지로 선생이 쓰신《구조와 해석構造と解釈》을 통해 그 대략의 뼈대를 파악할 수 있었던 것입니다. 그 후 당신의 저술들을 직접 읽으면서 나는 그 내용들을 하나씩 확인할 수 있었습니다.

당신에게는 몇 가지 점에서 특기할만한 것이 있었습니다. 우선 현대철학의 상당수 거장들이 그러하듯이 당신도 유대계의 한 사람이라는 것, 1931년 23세의 젊은 나이에 최연소로 소르본대학에서 철학 교수자격을 취득했다는 것, 그리고 27세이던 1935년 브라질의 사웅파울루대학에 사회학 교수로 부임하면서 이후 4년에 걸쳐 마투 그로수Mato Grosso나 아마존 남부의 인디오 주민들과 깊이 접촉하였고 그 유명한 이른바 '야생의 사고pensée sauvage'를 밝혀나갔다는 것, 그

프랑스로 부치는 철학편지

리고 한때 뉴욕에 머무르며 문화인류학 방면의 연구에 몰두했다는 것, 또 한때 주미 프랑스 대사관의 문화참사관을 지내기도 했다는 것, 그리고 《친족의 기본 구조》를 쓸 때만 해도 구조주의적 접근의 일반화에 대해 극히 조심스러워했다가 《야생의 사고》 이후 대담하게 그 일반화를 시도했다는 것, 친족의 구조나 음식의 구도나 신화 같은 것이 당신의 표면적 관심사요 탐구대상이었다는 것, 등도 모두 특별한 화제가 될 수 있는 내용들입니다. 그리고 또 하나 빠트릴 수 없는 것이 아마도 소쉬르Ferdinand de Saussure의 《일반 언어학 강의》로부터, 그리고 트루베츠코이Nikolai Trubetzkoy와 마르티네André Martinet 등의 언어학 특히 음운론으로부터 결정적인 사상적 힌트를 얻었다는 사실일 것입니다. 라캉의 선례도 있긴 하지만 철학이 언어학에 주목한 것은 분명 특이합니다.

언어학과 사회학-인류학-철학이 도대체 어떻게 연결될 수 있다는 걸까? 나는 흥미롭지 않을 수 없었습니다. 그런데 당신의 논의를 따라가 보니 과연 연결점이 있었습니다. 즉 구조주의라는 것이 갖는, '어떤 주어진 상태 안에 존재하는 체계적인 배열이나 조직'을 파악하고자 하는 경향이, 언어학이 보여준, '역사'보다 '체계'를 중시하는(즉 통시성보다 공시성을 중시하는) 사고방식으로부터 도입되었던 것이었습니다. 당신은 소쉬르로부터 중요한 것들을 배웠습니다. 소쉬르는 언어langage를 일반적인 언어체계langue와 구체적인 언어행위parole로 구분합니다. 그리고 랑그를 파롤보다 중시합니다. 랑그는 '어떤 사회적 집단에 의해 채용된 규약·제약의 전체'로서 사회적-보편적인 것이며, 파롤은 실제로 개인들의 의해 수행되는 '언어활동의 개인적 부분'으로서 개별적-구체적인 것입니다. 이 둘은 명백히 서로 다른 것이며, 그런 한편 상호보완적인 것입니다. 언어학은 파롤이 아닌 랑그를 그 고유한 대상으로 삼았습니다. 이러한 기본방향 위에서 대략 세 가지의 규범 내지 기본적 특징이 형성되었다고 나는 배웠습니다. 첫째가 '체계의 중시'이고 둘째가 '공시성의 중시'이며 셋째가 '무의식적 차원의 중시'입니다.

그런 맥락에서 특히, 언어라는 것이 고유한 질서를 갖는 '기호체계'라는 것, 그것이 이른바 '기표signifiant'와 '기의signifié'의 결합이라는 것, 기호체계인 언어의 중요한 점은 그 '자의성'과 '차이성'이라는 것, 또한 그것이 '순수가치의 체계'라는 것, 그리고 언어는 공시성synchronie과 통시성diachronie의 둘로 구별되며 이와 관련해 공시성이 우선시되어야 한다는 것, 즉 현상태의 언어를 이해하려는 언어학자는 과거를 말살해야 하며 말하는 대중에게 있어서는 공시적인 부분이 진정하고 유일한 실재라는 것, 그리고 인간 정신의 심층적 근저에 무의식적인 하부 구조가 있어서 거기서 갖가지 메커니즘이 결합되며 그것이 자연적-자동적-필연적-무의식적으로 작동하여 표층에서의 여러 언어현상이 성립된다는 것, … 이런 것들은 나에게도 대단히 흥미로운 내용들이었습니다. 학문적인 딱딱함이 좀 없지는 않습니다만.

아무튼 언어학에서 배운 이러한 특징들은 당신 자신의 고유한 구조주의가 싹트고 자라고 열매맺는 데 훌륭한 밑거름으로 작용한 것이 분명해 보입니다. 예컨대 당신은, 근친상간의 금기 및 여성교환의 규칙, 특히 외삼촌과의 친밀관계, 교차사촌혼과 평행사촌혼, 그리고 음식의 삼각형, 토템, 신화 등, 당신이 소위 '모델'로 삼은 대상들의 분석을 통해, 언어학이 가르쳐준 체계적-공시적-심층적인 이른바 '구조 structure'를 인류학적-민속학적-사회학적 현상으로부터 찾아내고자 했던 것입니다. 당신이 추구했던 것은, '언어나 사회현상의 무의식적인 하부 구조에 눈을 돌리고 거기서 요소가 아닌, 요소 간의 관계를 이해하고, 그것을 체계로서 파악하고, 그 체계들의 근저에 놓인 변함없는 구조를 꿰뚫어보고, 그것을 일반적 법칙의 형태로 인식하는 것' 그런 것이었습니다. 그것이 바로 구조주의의 '구조'였겠지요? 그 '구조'라는 것을 당신은, "변환을 행하여도 불변의 속성을 보여주는 요소들과, 그 요소들간의 관계의 총체" "요소와 요소 간의 관계로 이루어지는 전체로서, 이 관계는 일련의 변환 과정을 통해 불변의 특성을 유지한다"라고도 설명했습니다. 이건 구조개념 그 자체에 관한 많지 않은 설명 중의 하나였죠. 그런데, 거기서 중요한 것은 결국 어떤 '의미'였습니다. 당신이 주목한 소위 '기표'가 신화나 의례, 혼인규칙이나 친족체계, 관습법이나 경제적 교환양식, 신앙체계나 사회조직, 그 어느 것이건 간에, 중요한 것은 그런 사실들의 실증적 확인이 아니라 '그것들이 무엇을 의미하는가' 하는 것, 즉 '기의'였던 것입니다. 그러한 사실들 속에 '의미가 침투해 있다'고 당신은 보았기 때문입니다.

그러한 '의미'를 찾아내기 위해 당신이 행했던 분석의 작업은 참으로 흥미로웠습니다. 형이상학적 사유에 익숙해 있던 나에게는 당신의 그 문화인류학적 접근이 신선한 느낌으로 다가오기도 했습니다.

예컨대, 언어학에서 모음삼각형(a-u-i), 자음삼각형(k-p-t)이 성립되듯이, '요리삼각형triangle culinaire'이 성립된다는 것을 당신은 보여줍니다. 즉 음식에는, (1)날것 ― (2)불에 댄 것 ― (3)썩은 것이라는 삼각형이 있는데, 그 정점에 있는 날것에 대해 불에 댄 것은 '문화적 변형', 썩은 것은 '자연적 변형'이 됩니다. 1에 대해서 2와 3은 '변형된 것'이라는 점에서 대립되고, 2에 대해서는 1과 3이 문화에 대한 '자연'이라는 점에서 대립됩니다. 이중의 대립이 있는 셈입니다. 그리고 이 중 '불에 댄 것'은 다시 (1)구운 것―(2)삶은 것―(3)그 을린 것이라는 삼각형으로 분화될 수 있습니다. 그런데 이 각각에 대해 당신은 다양한 형태의 사회학적-경제학적-심 미적-종교적인 성질들의 대비가 겹쳐질 수 있으며, 그 요리 법에 따라 각 사회가 어떻게 무의식적으로 자기의 구조를 번역하는지 알 수 있다고 보았습니다. 거기서 의미들이 찾 아질 수 있는 것입니다. 그 의미들을 지금 일일이 구체적으 로 확인할 필요는 없겠지만, 그러한 착상이 참신하다는 것 은 분명히 인정해두겠습니다.

또 다른 예로 이른바 '여성교환l'échange des femmes의 규칙' 도 흥미로웠습니다. 당신은 소위 '근친상간의 금기la prohi-bition de l'inceste'라는 현상을, 사회 심층부에서 무의식적으로 이루어지는 여성교환의 규칙이라는 것으로 풀어나갑니다. 보통은 그것을 심리학적 이유나 생물학적(우생학적) 이유를 들어 설명합니다. 즉 근친 사이는 그 익숙함 때문에 성적인 느낌을 받지 않는다거나, 또 근친 사이의 교배는 기형을 낳 는 등 유전적인 문제가 야기되기 때문에 금기시된다는 것입 니다. 하지만 이른바 오이디푸스 콤플렉스의 경우처럼 근친

상간의 본능이 존재한다든지, 우생학적 지식을 알 턱이 없는 미개인들도 근친상간을 금기시한다는 현상을 보면 그런 설명들은 학문적인 설득력을 잃게 됩니다. 그래서 당신은 '여성교환'이라는 규칙을 제시한 것입니다. 즉 어느 집단이나 자기 쪽 여성을 독점하려는 본능이 있지만, 여성은 다른 사람들의 욕망의 대상이기도 하므로, 그 모순의 해결을 위해, 자매나 딸 등 자기 쪽 여성을 다른 쪽에 내어줌으로써 대신 다른 쪽 여성을 받아들이게 되고, 다른 쪽 역시 같은 사정에서 그렇게 함으로써 자연스럽게 여성교환이 이루어지게 된다는 것입니다. 중요한 것은 그러한 여성교환이 심층에서 무의식적으로 이루어지는 것이므로 그것이 보편적인 '구조'의 성격을 갖는다는 것입니다.

이러한 보편적 구조는 '여-남'의 이른바 '적합한 대위 opposition pertinente'를 형성하는 외삼촌과의 친밀관계에서도 찾아집니다. 그것은 또한 혼인이 금지되는 평행사촌혼(남-남, 여-여 관계 즉 친사촌, 이종사촌)과 혼인이 허용되는 교차사촌혼(여-남, 남-여 관계 즉 외사촌, 고종사촌)의 현상에서도 찾아지고, 주술적-신화적 사고에서도 찾아지며, 토테미즘에서도 찾아집니다. 당신의 철학은 바로 그러한 보편적 구조를 보여줍니다(특히 사촌혼의 논의는, 한때 탐독했던 《홍루몽》의 주인공

가보옥이 고종사촌인 임대옥을 사랑하고, 이종사촌인 설보채와 결혼하는 경우를 떠올리며 흥미진진하게 읽었던 기억이 있습니다).

그런데 중요한 것은, 이러한 예들에서 발견되는 보편적 '구조'가 심층에서 인간의 행동을 결정하며, 더욱이 그것이 이른바 문명사회에서만 존재하는 것이 아니라, 소위 미개사회에서도 똑같이 존재한다는 사실입니다. 당신은 바로 그 점을 아마존의 미개부족들 같은 이른바 '무문자사회société sans écriture'로부터 직접 찾아내었습니다. 그런 것을 당신은 '야생의 사고pensée sauvage'라고 불렀습니다. 아마 그것이 당신의 최대 공적이라고 말할 수 있을 것입니다. 그 야생의 사고는 결코 '야만인의 사고'나 '미개한 정신'이 아니라고 당신은 강조했습니다. 야생의 사고는 '재배되고 사육된 사고'가 아닌, 단지 '야생상태의 사고'일 따름입니다. 그것은 결코 '논리 이전의' 사고가 아니라, '논리적 사고와 동등한 것'으로 간주됩니다. 그것은 비록 '과학적인 사고'라고 할 수는 없는 '감성적 직관'의 차원이기는 하겠지만, 엄연한 '분류적 사고' '질서의 사고'임에 틀림없으며, '자기 자신을 사고하지 않는 사고'에 속하는 것입니다. 그렇게 당신은 야생의 사고를 평가했습니다.

친애하는 레비-스트로스, 당신은 친족의 구조, 동식물의 명명과 분류, 토템, 신화와 예술 등 사회적 현실의 갖가지 차원에 속하는 '배열' 사이에, '대응'과 '동등성'을 보증하는 '코드변환transcodage'을 밝히고자 했고, 그리고 무의식적으로 이러한 코드를 갖는 '야생의 사고'를 찾아냈던 것입니다. 그것은 비록 무의식적이기는 하지만 명백한 차이의 체계를 가지며, 근본에 있어서 나름의 논리를 갖는 것이었습니다. 당신의 철학은 그것을 밝혀주었습니다. 그러한 당신의 지적 노력은 결과적으로 이른바 '문명과 야만'이라는 뿌리 깊은 이분법을 초극하려는, 즉 문명의 오만을 경계하고 야만의 열등을 변호하려는, 그런 숭고한 사상으로 평가받아 마땅할 것입니다. 그러한 이항대립의 극복은 당신 자신의 의도와 상관없이 당신 이후의 푸코나 데리다에 의해 계승되어나갔습니다. 그것이 많은 사람들, 특히 많은 문명인들에게 진지한 고려의 대상이 되어, 수없이 있어왔던, 문명의 이름으로 저질러지는 저 야만적 폭력을 종식시키고, 그리하여 이제 더 이상 '슬픈 열대tristes tropiques'가 이 지상에 존재하지 않게 되기를, '야생성의 변호인'인 당신과 함께 기대해보기로 하겠습니다.

Jean François Lyotard 1924-1998

"포스트모던이란 메타서사에 대한 불신이다."

"인류라는 거창한 이름이 아닌, 고유명사가 중요시되고
고유명사들 간의 차이성이 존중되는
포스트모던적인 정의가 정립되어야 한다."

1924년 프랑스 베르사유Versailles에서 판매원의 아들로 태어남.

1947년 소르본대학에서 논문 〈윤리적 개념으로서의 무심〉으로 박사학위 취득.

1948년 앙드레 마이Andrée May와 결혼.

1950년 교수자격 취득. 프랑스의 지배를 받고 있던 알제리 북동부의 콩스탕틴 Constantine 지역에서 철학 강사로 활동(-1952년).

1954년 《현상학》 출간.

1964-1966년 〈Pouvoir ouvrier (노동자의 힘)〉 편집위원으로 활동. 알제리 해방운동의 강력한 지지자로 활동.

1968년 뱅센대학 철학 교수.

1971년 《담론, 형상》으로 학계에 데뷔.

1979년 《포스트모던의 조건》 출간.

1991년 《숭고함의 분석》 출간.

1987년 은퇴.

1993년 돌로레스Dololès와 재혼.

1998년 파리에서 죽음. 페르-라셰즈 묘지에 묻힘.

리오타르에게

포스트모던을 묻는다

저 1990년대의 프랑스철학 열풍을 나는 지금 하나의 추억처럼 반추하고 있습니다. 그 무렵 우리 한국의 지성계에서는 좀 이상하리만치 프랑스철학이 인기를 끌고 있었지요. 독일철학에 가장 익숙했던 나로서는 그 내용이나 스타일이 꽤나 낯설었지만 그만큼 호기심을 부추기는 측면도 없지 않았습니다. 아주 크지는 않았지만 그 한쪽 부분에 당신은 확고한 지분을 갖고 있었습니다. 그런데 좀 얄궂게도 내가 당신을 정면으로 마주하게 된 계기는 당신의 죽음이었습니다. 1998년 4월 당신이 세상을 뜨고 그 사실이 언론에 보도되면서 당신에 대한 집중 조명이 있었고, 그때 나는 처음으로 당신이 쓴 글들을 제대로 읽어보게 되었던 것입니다. 적어도 '한국에서의 리오타르'를 이야기할 때 당시 아직 소장학자였던 이현복 교수님의 공헌을 우리는 기억해야 할 듯합니다. 나도 그를 통해 당신을 알게 되었으니까요.

그런데 현대철학의 다른 거장들에 비해 '인간 리오타르'가 특별히 화제가 되는 일은 별로 없었습니다. 그래도 우리는 이제 웬만큼은 당신에 대해 알고 있습니다. 당신은 베르사유에서 태어나 파리에서 초등학교를 다니셨죠? 그것은 그곳의 아름다움을 알고 있는 나로서는 좀 부러운 일입니다. 그리고 당신은 어렸을 적 예술가, 역사가, 도미니크 수도승, 작가 등이 꿈이었지만 모두 포기했다죠? 그래도 15살 때 미완성 소설을 썼다는 것은 대견한 일입니다. 그리고 당신은 소르본대학에서 철학을 공부하고 파리10대학에서 박사학위를 취득습니다. 그런데 당신의 졸업논문 〈윤리적 개념으로서의 무심L'indifférence comme notion éthique〉이 선불교-스토아주의-도교-에피쿠로스주의의 무심l'indifférence을 논했다는 것은 좀 특이하다는 느낌입니다. 졸업 후 당신은 알제리에서 첫 직장을 얻었다는데 그것은 그 후 알제리 독립투쟁을 지지한 것과 모종의 관계가 없지 않겠지요. 그리고 두 차례 결혼하셨고, 한때 극좌적 사회주의에 가담했었고 그리고 거기서 멀어졌습니다. 또 알제리의 콩스탕틴 리세에서 가르치기도 했고, 파리8대학에서 가르치기도 했습니다. 그리고 무엇보다 당신은 열심히 글을 썼고 만년에 백혈병으로 세상을 떠났습니다. 그런데 당신의 이런 삶의 이력들은 어쩌면 좀 평범한 것이기도 합니다. 미국, 캐나다, 브라질의 여러 대학에서 활발하게 교수 활동을 했다는 것도 포함해서.

당신의 특별함은 뭐니뭐니 해도 역시 '포스트모던Postmoderne' 내지 '포스트모더니즘'에 응축되어 있다고 나는 파악하고 있습니다(리오타르철학의 또 다른 한 축인 숭고미학l'esthétique du sublime은 일단 별도로 칩니다). 어쨌거나 당신은《포스트모던적 조건La Condition Postmoderne》을 통해 그것을 공식화했고 그리고 그것을 지지했으니까요.

하지만 지금에 이르기까지 전문가들조차도 그 '포스트모던'이 무엇인지, 어떤 것인지에 대해서는 그 실체가 모호하다고 고백하고 있습니다. 도대체 포스트모던이란 무엇이지요? 당신은 이 말로써 도대체 무엇을 포착하고 있는 것인가요? 당신의 언어들이 나에게 여전히 낯선 것은 부인할 수 없지만, 그래도 이제 어느 정도는 나에게도 잡히는 것이 있습니다.

어쨌거나 그것은 '포스트모던'인 이상 '모던'과 무관할 수 없습니다. 그 '모던'에 대한 당신의 이해를 나는 나름대로 이렇게 정리해봅니다. 즉 '모던moderne'이란 '메타서사métarécit 혹은 거대서사grand récit라는 정당화 담론discours de légitimation에 의해 자신을 정당화하는 사유 및 행위 양식'입니다. 그러니까 그 핵심에 '메타서사' '거대서사' '정당화 담론'이 있다고 당신은 진단하는 것입니다. 거기엔 구체적으로 '기독교적 서사' '계몽의 서사' '사변적 서사' '마르크스적 서사' '자본주의적 서사' 등의 모형들이 존재합니다. 이것들은 중세와 근세를 거치며 실제로 엄청난 그림을 그렸습니다. 전문가의 정리대로 '기독교적 서사는 사랑을 통해 아담과 이브가 저지른 원죄로부터의 해방을, 계몽의 서사는 지식과 평등주의에 의해 무지와 예속으로부터의 해방을, 헤겔류의 사변적 서사는 구체적인 것의 변증법에 의해 보편적 이념의 실현을, 마르크스적 서사는 노동의 사회화를 통해 부르주아지의 착취와 소외로부터의 해방을, 자본주의적 서사는 기술산업적 발전을 통해 경제적 빈곤으로부터의 해방을' 각각 지향했습니다. 이것들은 종국적으로 '보편적 자유와 전 인류의 해방'을 목표로 삼습니다. 그리고 '진보'를 표방합니다. 그것이 '모던의 기획projet moderne'입니다. 참으로 크고도 원대합니다. 이런 모던의 기획은 '진보와 해방이라는 계몽의 이념을 실현하기 위해 보편성-절대성-통일성-전체성을 축으로 해서 개별자-구체자-다양자-상대자를 포섭하고 평가하면서 정당화'시키려 합니다. 거기에선 '동일성'과 '전체주의'가 힘을 발휘합니다. 거기에선 '인류라는 거창한 이름'이 중요시됩니다. 거기에선 '보편적 이성'이, '사변적 주체'가, '형이상학적 철학'이, 커다란 얼굴로 권좌에 앉아 있습니다.

그런데 당신은, 그리고 당신이 옹호하는 '포스트모던'은, 바로 이런 '모던의 기획'에 대해 이의를 제기합니다. 그렇죠? 그렇다고 나는 파악합니다. 그래서 당신은 "포스트모던이란 메타서사에 대한 불신이다Je définis le postmoderne comme incrédulité envers le métarécit"라고 단언합니다. 그것은 말하자면 '기존 사유양식 즉 정당화 담론'의 '탈정당화délégitimation'를 선언하는 것이기도 합니다. 그 대신에 '포스트모던'은 '개별자들 간의 불일치paralogie와 차이différence' 자체에 대한 인정을 요구합니다. '모던'에 익숙한 사람에게는 좀 불편한 요구일 수도 있지만, 이 대목에서 우리는 미묘한 동요를 느끼기 시작합니다. 모던과 포스트모던의 핵심이 진정 그러한 것이라면 모던에 대한 기대와 지지가 회의될 수 있고 포스트모던에 대한 공감과 동조가 고려될 수 있기 때문입니다. 왜냐하면 이 방향설정에서 어떤 '문제 진단'과 '가치 지향'이 느껴지기 때문입니다.

아닌 게 아니라 모던의 그러한 거대서사는 역사의 과정에서 (인간의 해방은커녕 파멸로까지 이어질 수 있는) 심각한 문제를 야기했습니다. 그것은 벽에 부딪힌 것입니다. 즉, "'현실적인 것은 이성적인 것이며, 이성적인 것은 현실적"이라는 사변적 서사는 아우슈비츠 사건이라는 벽에, 그리고 "프로레타리아적인 것은 공산주의적인 것이고, 공산주의적인 것은 프로레타리아적인 것"이라는 사적 유물론 서사는 노동자와 당이 대립된 1953년 베를린, 1956년 부다페스트, 1968년 체코슬로바키아 사건이라는 벽에, 그리고 "민주적인 것은 국민에 의한 것이고, 국민에 의한 것은 민주적인 것"이라는 의회자유주의적 서사는 사회적 일상이 대의적 제도를 와해시킨 프랑스 1968년 5월 혁명이라는 벽에, 그리고 "수요와 공급을 자유롭게 하는 것은 전반적인 번영을 약속하며, 전반적인 번영은 수요와 공급을 자유롭게 한다"는 경제자유주의적 서사는 1911년과 1929년 경제공황이라는 벽에 부딪힘으로써 각각 그 설득력을 잃게 되었다'고 할 수 있는 것입니다. 이런 과정을 거쳐 모던의 거대서사는 신뢰를 상실했고 모던적 주체는 소멸되었다고 당신은 진단하는 것입니다.

이런 문제 진단을 토대로 해서 당신은 "인류라는 거창한 이름이 아닌 고유명사가 중요시되는 또 고유명사들 간의 차이성이 존중되는 포스트모던적인 정의가 정립되어야 한다"며 이른바 "차이의 철학philosophie de la différence"을 제시했지요. 그것은 말하자면 '통일이나 통합의 사상과 대립되는 분리séperation, 분산dispersion의 사유'를 수용하는 것입니다. 요컨대 다양성의 인정이기도 합니다. 당신은 그 모델을 '소피스트들의 상대론적 입장', '아리스토텔레스의 이론적 지식과 실천적 지식 간의 분리', '파스칼의 세 가지 질서의 확립', '칸트의 이론적-도덕적-미학적-정치적 이성들 간의 구분', '비트겐슈타인의 언어게임들 간의 다양성' 등에서 찾고 있습니다. 그래서 당신은 특히 칸트와 후기 비트겐슈타인의 입장을 '모더니티의 에필로그이자 진정한 포스트모더니티의 프롤로그'라고 평가하셨지요.

모던의 거대서사가 야기한 문제적 결과들을 냉정히 돌아보며 포스트모던의 목소리에 진지하게 귀 기울여볼 때 우리는 이 목소리를 쉽게 외면할 수가 없을 것 같습니다. 왜냐하면 바로 우리 자신들이 이미 그 포스모던적 공간에서 우리의 실질적인 삶을 영위하고 있기 때문입니다.

그런데 문제가 그렇게 단순하지만은 않아 보입니다. 즉 모던과 포스트모던이 그렇게 칼로 두부 자르듯 명확히 구분되는 것이 아니기 때문입니다. 아닌 게 아니라 당신도 그점을 날카롭게 지적합니다. 즉 '포스트모던은 모던 속에 이미 포함되어 있었던 것'이라고 말이지요. 그러니까 포스트모던의 그 '포스트'는 단순한 '뒤'나 '다음'이나 '이후'가 아니라는 말입니다. 당신은 포스트모던을 모던과의 단절이 아닌 "모던의 일부분"으로, 모던의 종말이 아닌 "지속적인 탄생"으로 이해합니다. 그래서, 포스트를 '전향conversion'으로,

즉 '이전의 것 다음의 새로운 방향'으로 파악하는 것은 전적으로 모던적인 사유 방식이라고 당신은 주의시켰지요. 당신에게 있어 포스트의 의미는 "컴백come back, 피드백feed back, 플래시백flash back의 운동, 즉 반복répétition 운동이 아니라, 분석analyse, 상기anamnèse, 재생anagogie, 변형anamorphose에 있어 [현상태의] 원초적 망각을 의미하는 '아나-'[뒤로, 거슬러] 과정un procès en ana-"이었습니다. 그러니까 포스트의 의미는 모던과의 단절이나 단순한 반복이 아니라, 모던이 추구한 당초의 의미를 상기하는 것이었습니다. 다시 말해 포스트-모던은 모던을 '다시-쓰는re-écrire' 작업입니다. 포스트는 '이후après'가 아니라 '다시re'를 의미합니다. 일종의 '재검토'로 이해해도 될까요? "모던도 이른바 포스트모던도 어떤 역사적인 요소에 따라 분명하게 확인되거나 규정될 수 없는 것이기에, 포스트모던이 모던 이후에 오는 것으로 생각해서는 안 된다. 오히려 포스트모던은 모던 속에 이미 내포되어 있는 것이다"는 말도 그것을 확인시켜줍니다.

여기서 우리가 놓치지 말아야 할 것은, 결국 모더니티에도 양면이 있었다는 사실입니다. 거부하고 청산해야 할 모더니티와 상기하고 수용하고 다시-써야 할 모더니티 말입니다. 당신이 거부하는 모더니티는 '하나의 이성, 하나의 주체, 하나의 담론, 하나의 규칙, 하나의 원리, 하나의 생활형태, 하나의 사유양식, 하나의 역사, 하나의 체계, 하나의 구조를 선호하는 모더니티'였습니다. 이것들은 모두 메타, 절대, 보편, 초월의 성격을 지니면서 다양성과 구체성을 그 근저에서 지배합니다. 이는 곧 총체적 통일성 및 단일성을 지향하는 것이기에, 구체적이고 다양한 주체들에게 어떤 형태로든 폭력을 가할 수 있습니다. 따라서 절대적인 정의나, 진리나, 선이나, 미를 주장하는 입장은 포스트모던적 분위기에서는 더 이상 용납되지 않는 것이겠지요. 그래서 당신은 '데리다의 글쓰기의 해체, 푸코의 담론의 혼란, 세르의 인식론의 패러독스, 레비나스의 타자성, 들뢰즈의 유랑적인 만남을 통한 의미효과, 끊임없는 부정의 실천을 요구하는 아도르노의 부정의 변증법, 바티모의 약한 사유의 강조' 등과 같은 것을 '절대성-근원성-체계성-중심성을 해체하는 과정'이라는 점에서 포스트모더니즘의 범주에 포함시킵니다.

이제 우리는 '포스트모더니스트의 작업은 삶의 형태들 간의 공약불가능성l'incommensurablité을 드러내고, 표현할 수 없는 것을 가시화시키며, 새로운 관념을 창안해내고, 새로운 언술규칙을 발견해내는 데에 그 진정한 의미가 있다.'는 항간의 평가를 납득할 수 있습니다.

포스트모더니즘이 이러한 성격의 것인 이상 그것은 '인 간'을 생각하는 철학의 주의를 끌지 않을 수가 없습니다. 그 것은 분명 어딘가를, 그리고 무언가를 바라봅니다. 무언가를 가리킵니다. 그것은 결국 저 모던의 거대서사에 가려져 있 었던 그 무엇입니다. 소외돼 있었던 그 무엇입니다. 억압돼 있었던 그 무엇입니다. 당신이 강조했던 (있을 수밖에 없는, 근 원적인, 불가피한, 중재나 해결을 위한 보편적 규칙이나 메타규칙이 존재할 수 없는, 그런) '차이와 충돌conflits' '분쟁le différend', 거기 서 상처받았던 그 무엇입니다. 그런 점에서 당신의 포스트 모더니즘은 결국 해방의 철학입니다. 당신의 그 철학은 그 런 것들을 향한 따뜻한 시선입니다. 그런 점에서 당신의 철 학은 전형적인 20세기 현대 프랑스철학의 하나였습니다. 이 분법의 극복, 소외의 극복, 배제의 극복, 차별의 극복, 그런 것이었습니다. 다양성의 인정, 다름의 공존, 소수자-약자의 자기주장, 그런 것을 이제 나는 포스트모던의 '가치'로 선전 하고자 합니다. 그 자리에서 리오타르 당신의 이름은 그 가 치의 기수로서 빛날 것입니다.

프랑스로 부치는 철학편지

Gilles Deleuze 1925-1995

"다양, 그것을 만들어야 한다."

"다양체가 되어라!"

"하나가 다양의 일부가 되려면 언제나 이렇게 빼기를 해야 한다"

"다양체를 만들어내야 한다면 유일을 빼고서 n-1에서 써라."

1925년 프랑스 파리에서 엔지니어인 아버지 루이와 어머니 오데트의 아들로 태어남.

1944년 소르본대학 철학과 입학.

1948년 교수자격 취득. 고등학교에서 교사 생활(~1957년).

1953년 논문 〈Empirisme et subjectivité〉로 파리8대학에서 박사학위 취득.

1956년 드니스 폴 파니 그랑주안Denise Paul "Fanny" Grandjouan과 결혼.

1957년 소르본대학 철학사 강좌 조교.

1960년 국립과학연구센터Centre National de Recherche Scientifique에서 활동. 미셸푸코와 친교.

1964년 리옹대학 교수로 활동.

1968년 《차이와 반복》 출간. 어렸을 때부터 고질병인 된 호흡기 질환이 결핵으로 발전, 폐 수술을 받았으나 생애 지속적으로 고통을 받음. 만년에는 인공폐로 생존.

1969년 파리8대학(뱅센) 교수(1987년 은퇴).

1972년 《자본주의와 분열증: 안티-오이디푸스(가타리와 공저)》 출간.

1980년 《자본주의와 분열증: 천 개의 고원(가타리와 공저)》 출간.

1991년 《철학이란 무엇인가(가타리와 공저)》 출간.

1995년 파리에서 자신의 아파트 창문으로 뛰어내려 죽음. 생 레오나르 드 노블라Saint-Léonard-de-Noblat 마을 묘지에 묻힘.

들뢰즈에게

리좀, 다양체를 묻는다

"들뢰즈라는 번개가 일었다. 아마도 어느 날 20세기는 들뢰즈의 시대로 불릴 것이다." 미셸 푸코가 당신을 그렇게 평가했었지요. 극찬이 아닐 수 없습니다. 당신은 그 말이 쑥스러웠는지 부담되었는지 "우리를 좋아하는 사람은 웃게 만들고 그 외의 다른 사람들은 격노하게 만들려는 의도를 지닌 농담이다"라고 응대했다죠? 저 1980년대 대학원 시절, 소문으로 이런 말을 듣고 나는 '들뢰즈가 누구길래?' 하는 호기심으로 당신의 글들을 처음 들여다보았습니다. 그러나 곧바로 덮어버렸습니다. 왜냐고요? 죄송하지만 그건 거의 글이 아니었습니다. 그런 난해함, 그런 불친절, 게다가 그 방대함, 그 다양함. 당시의 나로서는 도저히 그걸 감당할 수가 없었습니다. 나는 서양철학의 거장 100명을 나름 열심히 연구해 온 사람입니다만, 그리고 그 어렵다는 하이데거를 나름 꿰뚫고 있는 사람입니다만, 이런 난감함을 느끼게 한 것은 (물론 그들 대부분에게 이런 면이 있긴 하지만) 당신이 단연 압도적이었습니다. 전통철학에서는 헤겔이 그리고 현대철학에서는 당신이 나를 가장 괴롭힌 케이스입니다.

그런데 푸코의 예언이 아주 빈말은 아닌 모양입니다. 적어도 일정 부분 당신은 현대철학에서 당신의 '영토'를 확보한 모양새니까요. 내가 공부했던 일본-독일-미국에서는 말할 것도 없고 우리 한국에서도 당신의 인기는 상상을 초월합니다. 김상환, 김재인, 서동욱, 신지영, 이정우, … 자주 그 이름이 들리는 들뢰즈 전문가만 헤아려도 열손가락이 모자랍니다. 나는 그분들에게 경외감을 느낄 지경입니다. 바로 그들 덕분에 이제 조금은 당신을 이해할 수가 있을 것도 같습니다. 물론 그것은 들뢰즈라는 거대한 빙산의 일각의 일각이겠지만요.

친애하는 들뢰즈, 당신은 파리에서 태어나 한평생 파리를 떠난 적이 거의 없었다지요? 쾨니히스베르크를 떠난 적이 없었던 칸트를 연상케 합니다. 그렇게 살다가 1995년에 세상을 떴으니까 내가 처음 파리를 방문했던 93년에는 우리가 지척 어딘가에 함께 있었던 셈이겠네요. 그런데 왜 그러셨어요? 당신은 아파트에서 투신해 스스로 목숨을 끊었습니다. '삶의 긍정'이 당신의 철학이었건만. 하기야 만성적인 음주벽이 있었던 데다 말년에는 폐병 때문에 인공폐로 생존하고 있었다니 당신의 그런 선택은 어쩌면 '삶의 존엄'과 모종의 관련이 있을지도 모르겠습니다. 그때 어쩌면 당신의 전 생애가 주마등처럼 스쳐 지나갔겠지요. 카르노 리세에서 배운 일, 고등사범학교에 낙방한 일, 소르본대학에 들어간 일, 저명한 캉길렘과 이폴리트 등에게 배웠던 일, 박사학위와 교수자격을 취득한 일, 리세에서 잠시 교편을 잡았던 일, 소르본대학의 철학사 강좌 조교로 근무한 일, 파리8대학 교수로 근무한 일, 그리고 베이컨, 스피노자, 라이프니츠, 흄, 칸트, 니체, 베르크손, 푸코를 비롯한 철학사의 거장들을 들뢰즈식으로 재해석하면서 당신 자신의 고유한 철학을 만들어나갔던 일, 그리고 그 과정에서 펠릭스 가타리^{Felix Guattari}라는 강력한 학문적 동지를 만났던 일,[12] 그리고 무엇보다도 저 엄청난 저작들,《차이와 반복*Différence et répétition*》《의미의 논리*Logique du sens*》《안티-오이디푸스 : 자본주의와 분열증*L'Anti-Œdipe - Capitalisme et schizophrénie*》《천 개의 고원*Mille Plateaux - Capitalisme et schizophrénie 2*》을 비롯한 엄청난 저작들

---

12 여기서 가타리의 철학을 따로 논의하지 않는 것은 오직 양적인 제한 때문이며 그의 철학에 대한 저평가가 아님을 양해하기 바람. 대표작이 들뢰즈와의 공저이므로 부분적으로는 들뢰즈가 가타리를 대표할 수 있음.

을 (일부는 가타리와 함께) 써나갔던 일, 등등등. 당신은 정말이지 "무한 질주하는 '생성'의 철학자"였지요. 아무튼 그렇게 갔지만, 그렇게 당신의 삶은 그 저작, 그 철학과 함께 아직도 살아있습니다.

그런데 도대체 무엇 때문일까요? 왜 당신의 철학은 아직도 살아있을까요? 왜 사람들은 그렇게 난해하고 어려운 당신의 철학에 열광한 것일까요? 나는 생각해봅니다. 1) 어쩌면 당신의 표현대로 '들뢰즈철학'은 '천 개의 고원'을 가지고 있기 때문일지도 모르겠습니다. '고원plateau'이라는 것이 당신 말대로 "정점이나 외부 목적을 향하지 않으면서 자기 자신을 전개하는, 강렬함들이 연속되는 지역"인 이상, 천 개의 그것은 당신이 강조한 (각각의 의의를 지니는) '다양체multiplicité(다양성)'의 상징이겠지요. 하기야 그런 면도 철학이라는 학문의 큰 매력 중 하나이긴 합니다. 2) 또는 당신이 '차이différence'를 편들기 때문인지도 모르겠습니다. "철학이 사물에 대해 긍정적이고 직접적인 관계를 갖는다면, 이는 다만 철학이 사물 자체에 대해, 그것이 무엇이냐에 따라, 그것이 아닌 모든 것에 대한 차이, 즉, '내적 차이'로서 파악함을 표방할 때뿐이다"라고 당신은 말했지요? 그렇게 '모든 동일성이 오히려 차이의 결과'라고 생각했지요? "x"와 같은 명백한 동일성은 끝없는 차이의 연속으로 구성되어 있다고, 즉 "'x'='x와 x 간의 차이'이고 'x'='… 간의 차이이고'" … 그렇게 차이는 계속 이어진다고 말이지요. 이런 '차이'의 긍정 내지 인정은 당신뿐만 아니라 현대 프랑스철학의 공통적인 특징의 하나고 그것은 저 유명한 이른바 '톨레랑스'의 이론적 기반이 되기도 하니까요. 3) 또는 당신이 이른바 '오이디푸스'로 상징되는 콤플렉스 내지 정신분열에 대해 즉, 억압과 그로 인한 문제들에 대해 '안티anti-'를 선언하고 그 극복을 추구했기 때문인지도 모르겠습니다. "우리는 오이디푸스와 '엄마-아빠'가 … 얼마나 심각한 폐해를 초래하는지를 보여 주고자 했다. 우리는 오이디푸스를 박살낼 것을 꿈꾸었다." 고 말이지요. 그것을 통해 당신이 마르크스주의와 프로이트주의를, 현대철학의 저 도도한 두 흐름을, 당신 안에서 합류시키고자 시도했기 때문인지도 모르겠습니다. 물론 내가 동조하고 있는 후설-하이데거-사르트르-메를로 퐁티 등의 현상학에 당신이 비판적이었던 것은 개인적으로 좀 아쉽기는 합니다. 긴 시간 토론이 가능하다면 그들을 대신해서 내가 당신을 설득시켜볼 수도 있었을 텐데….

하지만 나는 현상학만이 진정한 철학이라고 고집하지는 않습니다. 나는 철학적 공화주의자로서 모든 철학의 고유한 의미들을 각각 인정하는 편입니다. 그래서 당신의 철학도 당연히 인정하고 존중합니다. 아니, 나의 입장은 오히려 당신의 철학에 긍정적입니다. 호의적입니다. 특히 그중의 하나, '리좀rhizome'에 크게 공감합니다. 그것은 곧 '다양체multiplicité'이기 때문입니다. 그리고 '노마디슴nomadisme(유목)'에도 공감합니다. 그것은 내식으로 말하자면 끝없이 새로운 영역을 개척해나가는 '열린 철학'이기 때문입니다.

당신의 그 난해함 속에서도 '리좀'은 특별히 나의 주목을 끌었습니다. 내가 좋아하는 엠페도클레스의 핵심개념이었던 저 '뿌리(리조마타)'를 당신은 멋지게 재활용합니다. 당신에게 리좀은 그저 뿌리가 아니라, "땅밑 줄기의 다른 말"입니다. 그것은 '다양체'를 상징합니다. "자연에서 뿌리 자체는 축처럼 곧게 뻗어 있지만, 이분법적으로 분기하는 것이 아니라 측면으로 원모양으로 수없이 갈라져나간다"는 점을 당신은 주목했지요. "뿌리는 세계-나무의 이미지이다"라고 당신은 말했습니다. '세계의 다양성-다원성'에 대한 인정으로 나는 이 말을 이해합니다. 당신에게는 이를테면 '책'도 그런 것입니다. "정신적 실재로서의 책은, 나무의 이미지로 이해되건 뿌리의 이미지로 이해되건, 둘이 되는 하나, 넷이 되는 둘 … 이라는 법칙을 끊임없이 펼쳐간다." 그렇지요. 그 핵심이 결국 '다양체'입니다. "우리가 자연의 방법에 따라 하나에서 셋, 넷, 다섯으로 직접 갈 수 있다는 것은 의심할 여지가 없다"고 당신이 말한 것도 그 '다양'의 강조로 나는 이해했습니다. "다양, 그것을 만들어야 한다le multiple, il faut le faire"고 당신은 강조했습니다. '만든다'는 것은 적극적입니다. 그래서 당신은 "'다양체 만세'라고 말하는 것으로는 충분치 않다"고도 말했습니다. 아마도 단순한 '입장표명'이 아니라 '실천'의 강조이겠지요. 거기서 당신은 '유일l'unique' 대신 'n-1'을 강조합니다. "하나가 다양의 일부가 되려면 언제나 이렇게 빼기를 해야 한다" "다양체를 만들어내야 한다면 유일을 빼고서 n-1에서 써라soustraire l'unique de la multiplicité à constituer ; écrire à n-1." 그렇군요. 동의합니다. 읽기에 따라 이 '빼기'는 '자기의 겸양' '타자의 존중'으로 해석될 수도 있을 것입니다. 그것이 다양체 형성의 기초가 되는 것이겠죠.

바로 그런 '리좀'의 원리로서 당신은 1) 연결접속의 원리 2) 다질성의 원리 3) 다양체의 원리 4) 탈기표적인 단절의 원리 5) 지도 제작의 원리 6) 전사轉寫의 원리, 이 여섯 가지를 제시했습니다. 이 원리들에 대해 지금 일일이 해설을 하고 당신의 확인을 받을 수는 없지만, 그 핵심에는 뭐니뭐니 해도 '다양체'가 있습니다. 당신 자신이 말하고 있듯이, 당신은 "다양체가 의식과 무의식, 자연과 역사, 영혼과 육체의 분리를 어떻게 뛰어넘을 수 있는가"를 보여주려고 했습니다. 다양체의 강조는 그 자체로 이미 '분리의 초극'입니다('이항 대립 내지 이분법의 극복'은 현대 프랑스철학 전반의 가장 큰 특징 이기도 했죠). "다양체들은 현실이며, 어떠한 통일도 전제하지 않으며, 결코 총체성으로 들어가지 않으며, 절대 주체로 돌아가지 않는다. 총체화-전체화-통일화는 다양체 속에서 생산되고 출현하는 과정들일 뿐이다." 이런 사고를 전제로 당신은 "동시에 존재할 수 있는 모든 형성물들을 살펴보려고 했"던 것이지요. 당신의 문학적이고 상징적인 표현을 빌리자면, 당신의 철학은 "서로 다른 고원에 속한 노래들이 전부 합쳐 만들어내는 리트로넬로ritornello[반복곡]"가 되기를 바랐던 셈입니다. 서로 다른 고원에 속한 노래들, 그것들은 각각 '나다' '이것이다'라는 절대적 '자기'주장 대신 '타'를 무한히 전제하는, 그 타자들 사이에 있는, 리좀의, 무한한 다양체의 한 요소들입니다. "리좀은 시작하지도 않고 끝나지도 않는다. 리좀은 언제나 중간에 있으며 사물들 사이에 있고 사이-존재이고 간주곡이다. 나무는 혈통관계이지만 리좀은 결연관계이며 오직 결연관계일 뿐이다. 나무는 '이다être'라는 동사를 부과하지만, 리좀은 '그리고et … 그리고 … 그리고 …'라는 접속사를 조직으로 갖는다. 이 접속사 안에는 '이다'라는 동사를 뒤흔들고 뿌리뽑기에 충분한 힘이 있다." 당신

프랑스로 부치는 철학편지

의 이 말도 결국 그런 뜻이겠지요. 나의 감각으로는 좀 멋있고 그리고 착합니다. '이다' 즉 '존재'는 서양철학의 전통에서 '현전' '정립' '구축' '중심' '권위' 따라서 그렇지 않은 것에 대한 '배제'의 상징이었습니다. 그러니 '그리고'는 '이다'에 대한 도전인 셈입니다. 데리다 식으로 말하자면 '탈구축/해체'일 수도 있겠네요.

이른바 들뢰즈 전문가들은 뭐라고 말할지 모르겠습니다만, 나는 당신이 《천 개의 고원》 서문에서 한 말, "다양체가 되어라!soyez des multiplicités!"에 들뢰즈철학의 한 핵심이 박혀 있다고 평가합니다. 그것은 명령이고, 선언이고, 권유고, 지향이고, 고백이고, 그리고 어떤 점에서는 신음이고, 반항이고, 비판이고, 그리고 좀 과장하자면 혁명입니다. 거기에 들뢰즈철학의 힘이 있는 것이겠지요. 그러니 어떻게 보면 당신의 그 현란하고 난해한 개념들, 즉 배치agencement, 분절화articulation, 기관 없는 신체corps-sans-organes, 매끈한 공간espace lisse/홈 패인 공간espace strié, 사건évènement, 지철학géophilosophie, 운동-이미지/시간-이미지/크리스털-이미지image-mouvement/image-temps/image-cristal, 탈주선ligne de fuite, 욕망 기계machine désirante, 유목민nomade, 개념적 인물personnage conceptuel, 내재성의 평면plan d'immanence, 리좀rhizome, 반복/차이répétition/différence, 절편성segmentarité, 층strate, 영토화/탈영토화/재영토화territorialisation/déterritorialisation/reterritorialisation/코드화codage, 자본주의사회편집증, 사회분열증 … 등등도 모두 그 리좀의 한 토막들이고, 그 이전에 들뢰즈 자신이, 들뢰즈철학 자체가 철학사라는 무한한 리좀의 한 토막일 것입니다. 그렇다면 들뢰즈, 내가 종사하는, 당신이 비판했던, 그 현상학이라는 것도 그중 하나일 수는 없을까요? 그러니 그것도 그냥 맡기고 내버려두는 것이 어떠실지.

그렇게 나는 당신과의 평화로운 공존을 기대해봅니다. 물론 나도 당신의 노마드적 활동, 즉 유목을, 담담한 눈길로 지켜보기로 하겠습니다.

Michel Foucault 1926–1984

"사람들 사이의 모든 관계에서는, 많은 요인이 권력을 결정한다.
그런데, 거기서도 합리화는 부단히 작동하고 있다."

"인간에 의한 인간의 통치는 특정 유형의 합리성을 수반한다.
권력은 폭력을 도구로 수반하는 것이 아니다."

"(…) 그와 같은 권력관계가 어떻게 합리화되고 있는가?
그렇게 묻는 것이야말로 같은 목적과 같은 효과를 지닌 다른 제도들이
그들의 자리를 대신하는 것을 피할 수 있는 유일한 방법이다."

1926년 프랑스 푸아티에Poitiers에서 해부학 교수인 아버지 폴 푸코와 어머니 안느의 아들로 태어남.

1943년 바칼로레아에 합격하나, 진로를 둘러싸고 아버지와 갈등.

1946년 파리의 고등사범학교에서 장 이폴리트, 캉기엠, 뒤메질 등에게서 철학을 배움.

1948년 엄격한 어머니와 폭력적인 아버지 사이에서 힘들어하다가, 자살을 시도하였으나 미수로 끝남.

1950년 두 번째 자살 시도, 미수. 루이 알튀세르가 구조.

1951년 교수자격 취득.

1955년 스웨덴 웁살라Uppsala대학에서 강의.

1958–1960년 폴란드 바르샤바대학 및 독일 함부르크 프랑스계 학교에서 교사로 근무. 이 당시 함부르크 유흥지인 레퍼반Reeperbahn 홍등가에 출입함. 여장남자 transvestite와의 관계를 가짐.

1960년 스승 캉기엠의 지도 아래 《광기의 역사(1961)》로 박사학위 취득. 클레르몽 페랑 Clermont-Ferrand대학에서 철학과 교수로 임명됨.

1962년 콜레주 드 프랑스Collège de France 교수가 됨.

1963년 《임상의학의 탄생》 출간.

1966년 자신의 동성 연인 다니엘 드페르Daniel Defert를 따라 튀니지의 튀니스Tunis대학으로 자리를 옮김. 《말과 사물》 출간.

1968년 파리로 돌아옴. 파리8대학(뱅센Vincennes) 철학과 교수직 제안을 받음.

1969년 《지식의 고고학》 출간. 뱅센대학에서 강의 시작.

1970년 콜레주 드 프랑스로 자리를 옮김. 그 후 이곳의 교수직을 유지하며 여러 나라에서 강의 활동.

1971년 감옥에 수용된 재소자들의 인권을 옹호하는 단체Group d'Information sur les Prisons (GIP)를 공동으로 만듦. 그 외 다양한 인권보호 활동을 펼침.

1976–1984년 《성의 역사 1–4》 출간.

1984년 파리에서 에이즈로 죽음. 유산은 연인 다니엘에게 남김.

푸코에게

지식과 권력을 묻는다

나는 지금도 1980년대와 90년대의 저 '푸코가 있던 풍경'을 기억합니다. 당신 자신으로서야 생존했던 1926년에서 84년까지가 그렇겠지만, 적어도 우리 한국 사람들의 눈에 비치기로는 그때가 푸코의 시대였던 것입니다. 내가 당신의 이름을 처음으로 들었던 것은 1980년, 대학원생 시절이었습니다. 당신의 저서 《광기의 역사*Histoire de la folie à l'âge classique*》가 이미 1961년에 나왔던 것을 생각해보면, 상당히 뒤늦은 감이 없지 않은 셈입니다. 죄송하고 부끄럽다고 해야 할지 모르겠지만, 아무튼 당시의 실정이 그랬습니다. 그나마 그때라도 당신의 존재를 알게 된 것은 다행입니다. 그것은 전적으로 나와 같은 기숙사에 있었던 친구 마리-폴 게랑의 덕분입니다. 파리 출신이었던 그녀의 추천으로 나는 당신의 이른바 네 번째 주저라는 《지식의 고고학*L'archéologie* *du savoir*》을 읽게 되었고, 거기에서 '철학자 푸코'를 만나게 되었던 것입니다.

박박 깎은 머리가 상징적으로 보여주듯, 당신의 인상은 여러 가지로 특이했습니다. 해부학 교수의 아들로 태어났고, 명문 고등사범학교에서 배웠으며, 콜레주 드 프랑스의 교수를 지냈다는 것은 물론 대단하긴 하지만 드문 일도 아니니 특별히 강조할 게 못될지도 모르겠습니다. 그러나 당신이 다니엘 드페르Daniel Defert를 사랑한 동성애자였고 에이즈로 죽음을 맞았다는 것은 분명 보통일은 아닌 듯합니다. 그러나 진정으로 특이한 것은 당신의 철학방식이었습니다. 당신은 《성의 역사》《감시와 처벌》《임상의학의 탄생》《말과 사물》《지식의 고고학》… 같은 것을 저서의 제목으로 내세웠습니다. 철학책들이 이런 식의 제목을 달고 있다는 것은 당혹감을 주기에 충분합니다. 더욱이 당신은 엄청나게 방대한 자료들을 치밀하게 다루어나가며 이른바 지식의 고고학archeologie 및 계보학généalogie을 수행합니다. 거기에서 당신은 역사 속에 묻혀 있었던 중요한 사실들을 발굴해냅니다.

그러나 솔직히, 80년 당시의 나에게는 당신의 사상이 상당히 낯설게 느껴졌음을 토로하지 않을 수가 없군요. 오랫동안 독일식 사고에 익숙해 있던 나에게 프랑스식 사고와 문장은 따라가기가 애당초 수월하지 않았습니다. 프랑스철학 특유의 그 문학성과 과학성, 사회성과 실증성 같은 것이 당신에게도 혼재되어 있어서 말하고자 하는 핵심을 포착하기가 어려웠고, 더욱이 당신의 주요개념들은 거의 대부분 내가 가보지 못한 밭에서 자라난 곡물들 같았습니다. 그러나 이제 나는 그 이후의 이른바 푸코의 전성시대를 거치면서 낯설었던 그 모든 것에 어느 정도 익숙해졌고, 그중의 일부에 대해서는 그 맛을 알게도 되었습니다. 특히 '지식savoir'과 '권력pouvoir'에 대한 당신의 통찰, 그리고 광기folie·감시와 처벌surveiller et punir·섹스sexualité 등에 대한 놀라운 분석을 통해 이른바 정상과 비정상, 동일자와 타자의 이분법을 해소하고자 한 당신의 의도는 철학적으로 대단히 높이 평가할 수 있는 부분이라고 지금의 나는 인정합니다.

그 부분에 대한 이야기를 좀 더 자세히 해봐야 할 것 같습니다. 《지식의 고고학》은 정말이지 나에게 상당히 강렬한 인상을 남겼습니다. '지식savoir'에 대해서 '고고학archeologie'을 들이댄다는 것은 분명 파격적인 발상이었고 신선한 충격이기도 했습니다. 고고학은 응당 '땅地'을 파야할 텐데, 땅이 아니라 '지知'를 판다고? '지'란 뭐지? '판다'는 것의 구체적 모습은 뭐지? 도대체 뭘 어쩌자는 거지? 나는 흥미진진했습니다. 물론 전공자가 아니었던 내가 파악할 수 있었던 것은 한정되어 있었겠지만, 오히려 그런 내가 알게 된 내용이 더 의미 있는 것일지도 모르겠습니다. 내게 비친 바로는, 당신이 파고자 했던 그 '지'라는 것은, '언설discours'이었고, 구체적으로는 '과학사적 텍스트'였던 것 같습니다. 그것은 '언표l'enonce'와 '문서고l'archive'라고 표현되기도 합니다(그것은 당신이 설정한 특이한 '단위'들이었습니다). 그래서 당신은 '고고학'을 '언설의 형성과 그 변환에 대한 분석'이라고 규정합니다. 그 작업을 당신은 '대상의 형성' '언표행위적 양태의 형성' '개념의 형성' '전략의 형성'으로 분절하여 구체화시켜 나갑니다. 그 논의의 과정에서 나는 몇 가지의 두드러진 특징들을 포착했습니다. 그것은 우선 당신이 무언가 반대하고자 하는 것이 있다는 것이었습니다. 그것은 예컨대 '지성사', 현상학, 해석학, 변증법, 그리고 초험적인 주체의 철학, 같은 그런 것들입니다. 헤겔은 여기에 당연히 포함됩니다. 그리고 또 하나의 특징은 당신이 지의 역사를 연속적인 것이 아니라 단층적으로(불연속적인 것으로) 파악하려 한다는 것이었습니다("고고학은 단절들에 대해, 단층들에 대해, 무에 대해, 실증성의 전혀 새로운 형태들에 대해, 그리고 갑작스러운 재분배에 대해 말한다"고 당신은 설명하셨지요). 그 점은 무엇보다도 당신의 그 특이한 개념 '에피스테메episteme'에서 잘 드러납니다. 원

프랑스로 부치는 철학편지

래 그리스철학에서 '참된 진정한 존재에 대한 참된 진정한 인식'을 의미했던 이 말을 당신은 독특하게 자기화시켰습니다. 당신은 그것을, '한 주어진 시대에 있어서 인식론적 구조물들을, 과학들을, 경우에 따라서는 공식화된 체계들을 발생시키는 언설적 실천들을 묶어줄 수 있는 관계들의 집합'이라고 설명합니다. 또는 '한 주어진 시대에 있어서, 과학들 사이에서, 그것들을 언설적 형성의 수준에서 분석할 때 발견할 수 있는 관계들의 집합'이라고도 설명합니다. 요컨대 한 시대의 특징적인 지를 가리킵니다. 그래서 나는 이 개념을 '지층(知層)'이라고 번역해도 좋겠다는 생각입니다. 그러나 그것은, '다양한 과학들을 관통함으로써 한 주체의, 한 정신의 또는 한 시대의 지고한 통일성을 드러내는 인식의 한 형태 또는 합리성의 한 유형'은 아니라고 주의합니다. 어떤 절대적 통일성은 아니라는 말씀이지요. 요컨대 당신은 오늘날 우리가 지배적인 '지'라고 생각하는 것들이 사실은 절대적인 것이 아님을, 특히 우리가 오늘날 '비정상' '타자'라고 규정하여 '배제'하는 '지'들이 언제나 항상 그러했던 것은 아니라는 점을, 고고학을 통해 보여주려 했던 것이 아닐까, 그렇게 나는 당신을 읽었습니다.《광기의 역사》는 그것을 구체적으로 보여주고 있습니다. 이른바 '광기la folie'는 자본주의적 생산체제에 적합하지 않은 것으로 배제의 대상이 되지만, 한때는 그것이 특별한 능력으로 존경의 대상이 되기도 했음을 당신은 환기시켜줍니다. 바로 그러한 고고학적 노력을 통해 당신은 예컨대 '우리의 발전이 어떻게 가능한가' 하는 것보다 '어떻게 그런 일이 일어났는가' 하는 것을 묻습니다. 당신은 아마도 '지금 일어난 일이 과거의 일보다 반드시 개선된 것이라든지 발전된 상태만은 아니다'라는 것을 보여주고 싶었던 것이겠지요. 나는 그것을 일종의 '시간에 대한 평등주의'라고 해석합니다.

친애하는 푸코, 나를 탄복케 한 당신의 또 하나의 사상은 그 '권력pouvoir'론입니다. 권력이란 충분히 설득력 있는 철학적 주제라고 생각됩니다. 그런데 당신의 권력론은 그냥 권력론이 아닙니다. 범상치가 않습니다. 권력이라고 하면 보통 정치권력을 가장 먼저 떠올리지만 당신은 그것을 넘어 권력이라고 하는 것이 인간관계에 내재하는 보편적인 원리임을 전면에 부각시켰습니다. "권력의 그물망le réseau du pouvoir"이라는 말이 그것을 대표합니다. 참으로 절묘한 표현입니다. "섬세한 모세혈관처럼 퍼져 있는 권력"이라고도 "미시적인 권력 메커니즘"이라고도 그것은 표현됩니다. 그것은 결국 "사회 전체에 퍼져있는 다양한 세력관계"를 지칭합니다. 조금만 눈을 들어 인간들의 삶을 관찰해보면 그것은 부인할 수 없는 진실임이 곧바로 드러납니다. 당신은 '억압과 배제를 실현하는 주체'가 '사회환경이나 가족, 부모, 의사 등'이라는 것도 언급합니다. 듣고 보면 분명히 그렇습니다.

당신은 물론 역사 속에 존재했던 (예컨대 파시즘과 스탈린 체제 같은) 광포함과 공격적이고 때로는 어리석어 보이기도 했던 여러 가지 사건에 간간이 엿보인 권력의 모습에도 주목합니다. 그러한 배경에서 당신은 권력의 속성이 무엇이냐를 질문합니다. 권력이 작동하는 매개체는 무엇이며, 권력이 작동하는 방법이 다양해졌다면 그 섬세한 그물망은 무엇이며, 그 효과는 어떻게 전달되는지도 묻습니다. 당신은 권력에 대한 자유주의적 시각이나 마르크스주의적 시각을 넘어서는 새로운 권력개념을 완성하고자 합니다. 그것을 위해 당신은 인식의 전환을 역설하며, '권력'은 주어진 실체도 아니며, 따라서 교환되거나 되찾을 수 있는 것도 아니며, "행사되는 영향력" "행사되는 움직임"이라고 개념화합니다. 그래서 권력은 '결코 경제를 유지하고 재생산하는 매개체라기보다 사회 속에 퍼져 있는 세력관계'라고 말하는 것입니다. 그 의미를 당신은 이렇게 대답합니다. 즉 권력은 기본적으로 '억압하는 것, 자연을 억압하고 본능을 억압하고 계급과 개인을 억압하는 것'이라고. 그러나 그것이 다는 아니고 또한 투쟁이나 갈등 그리고 전쟁이 가져다주는 정치적 결과로서의 억압도 권력이라는 것을 말해줍니다. 이를 당신은 '권력을 개념화하는 두 가지 시각'으로 요약합니다. 하나는 '계약과 제재로 파악하는 사법적 모델'이고 또 하나는 '지배-억압, 또는 전쟁-억압의 모델'입니다. 그러나 당신은 '현대사회에서 작동하는 권력의 움직임과 그 효과를 포착하기 위해서' '억압répression'이라는 그 개념조차도 넘어서려 합니다.

당신의 문제의식은 이렇습니다. 즉 '진실을 구성하는 담론을 생산함에 있어서 권력관계는 어떠한 규칙을 생산하는가? 우리 사회에서 영향력을 발휘하는 진실의 담론을 생산하기 위해서 어떠한 종류의 권력이 작동하는가?' 이러한 문제의식은 권력과 지식의 관계에 대한 분석으로 이어져나갑니다. 지금 여기서 권력으로서의 지식을 논하는 그 논의들을 구체적으로 추적할 수는 없습니다. 그러나 당신이 권력의 주제화를 통해 우리 인간의 중요한 실상을 지적해 보여주었다는 것은 거듭 강조해둘 필요가 있을 것 같습니다. 아닌 게 아니라 우리 인간은 인간인 한 권력의 그물망을 벗어날 수가 없을 것 같습니다. 권력은 인간이 있는 모든 곳에 편재합니다. 왕으로 상징되는 이른바 '죽음의 권력pouvoir de mort'만이 권력은 아닙니다. 오늘날 우리는 온갖 종류의 '삶의 권력pouvoir de vie'에 끌려다니고 있습니다. 그것은 새로운 종류의 권력, 얼굴 없는 권력입니다. 누군가가 우리를 TV 앞으로, 신문 앞으로, PC 앞으로 오도록, 스마트폰을 켜도록 명령합니다. 누군가가 우리를 학교로 회사로 가도록 명령합니다. 누군가는 우리를 야구장으로 축구장으로 가도록 명령합니다. 누군가는 우리를 노래방으로 가도록 명령합니다. 그 누군가는 정체불명입니다. 하지만 분명한 실체입니다. 그런 명령은 삶의 세계 도처에서 들려옵니다. 당신의 권력론에 과연 이러한 부분이 포함되어 있는지는 더 연구해볼 일이지만, '사람을 움직일 수밖에 없도록 만드는 실질적인 힘', 이것이 푸코 권력론의 연장선에서 나올 수 있는 화제임은 분명합니다.

친애하는 푸코, 당신의 말들에서 나는 문제 그 자체와 더불어 씨름하는 진정한 철학자의 모습을 목격합니다. 특히 당신의 문맥 속에서는, 당신 자신이 의도했건 하지 않았건, 중심의 바깥에 있는 것들, 연약한 것들, 소외된 것들, 별것 아닌 것으로 치부되는 것들, 배제된 것들, 그런 것들에 대한 따뜻한 시선이 느껴지기도 합니다. 정상과 비정상, 동일자와 타자, 중심과 주변, 그런 이분법을 넘어서 억압되고 배제되었던 것들을 다시 조명하고자 했던 것이 바로 당신의 고고학이고 계보학이 아니었을까 그렇게 나는 당신을 읽었습니다. 그런 점에서 당신의 철학은 '온기 있는 철학' '표정 있는 철학'이라고도 말할 수 있을 것입니다. 그런 푸코철학을 갖게 되었다는 것은 누가 뭐라든 현대철학의 큰 행운이었다고 나는 서슴지 않고 당신을 선전宣傳할 생각입니다. 앞으로도 이어져나갈 철학의 각축에서 당신의 선전善戰을 기대합니다.

프랑스로 부치는 철학편지

Jean Baudrillard 1929–2007

"현대사회에서 현실이란 없다. 진실이나 원본도 없고
그 모사물(시뮐라크르)이나 모사물의 모사물만이 존재한다."

"모사본(복제인간)이 더욱 발전하면
원본(인간)과 모사본의 차이는 결국 사라질 수도 있다."

1929년 프랑스 북동부 랭스Reims에서 농부인 조부모와 경찰 아버지 밑에서 태어남.

1960–1966년 소르본대학에서 독일어와 문학을 전공 후 고등학교 독일어 교사로 근무
하며 출판사에서 편집일 및 독일 문학에 대한 글들을 발표.

1966년 박사학위 취득. 파리10대학(낭테르Nanterre)에서 앙리 르페브르의 조교로 지내며,
언어, 철학, 사회학 등을 수학. 이 해 10월부터 동 대학에서 사회학을 가르침.

1968년 박사학위 논문 《사물의 체계》 출간. 기호학, 마르크스의 정치경제학, 소비사회
사회학을 결합한 현대 사회를 탐구하는 필생의 연구를 시작.

1970년 낭테르대학 전임강사로 임명됨. 마르크스의 혁명론과 거리를 두기 시작했지만
다른 한편으로는 마르크스의 상품 생산 비판을 바탕으로 한 자본주의 비판을 이
어나감.

1970–1973년 미국 콜로라도, 일본 등지로 여행을 다님.

1981년 첫 카메라를 장만한 후, 사진가로도 활동을 시작. 《시뮬라크르와 시뮬라시옹》 출간.

1986년 파리9대학(도피네Dauphine)의 정보경제사회연구소Institut de Recherche et
d'Information Socio-Économique로 자리를 옮김.

1994년 스위스 자스-페Saas-Fee에 유럽대학원EGS이 설립되자 교수로 활동했고, 숨을
거둔 2007년까지 근무.

2002년 한국 방문.

2004년 독일 칼스루에Karlsruhe에서 열린 국제 보드리야르 연구 학회에 참가함.

2005년 한국 다시 방문.

2007년 파리에서 죽음.

보드리야르에게

시뮐라시옹을 묻는다

2002년과 2005년 당신이 두 차례 한국을 방문했을 때, 그리고 2007년 당신이 세상을 떠났을 때, 한국의 미디어들은 떠들썩하게 당신을 부각시켰었지요. 그때 그 장면이 어느새 하나의 추억처럼 희미하게 떠오르는군요. 그렇습니다. 희미하게. 그러나 당신이 남긴 메시지들은 아직도 내게 뚜렷이 남아 있습니다. 왜? 당신의 시선이 향했던 그 문제들이 여전히 현재진행형일 뿐 아니라 오히려 더욱 심화되고 있기 때문입니다. 시뮐라시옹도, 그 결과물인 시뮐라크르들도, 그리고 그것들의 소비도, 다 우리 자신들의 엄연한 현실입니다. 이제 이른바 VR(가상현실)의 시장이 확대되면 당신은 또 어떤 식으로든 다시 거론이 되고 화제가 되겠지요.

아마 많은 사람들이 그렇겠지만, 나의 경우도 저 영화 〈메트릭스The Marix〉를 통해서 당신의 존재에 다가갔습니다. 그 첫 장면에서 주인공 네오가 당신의 책《시뮬라크르와 시뮬라시옹*Simulacres Et Simulation*》을 펼쳤었지요. 나도 철학에 몸담고 있는 만큼, 그리고 당신의 소문을 듣고 있었던 만큼, 호기심이 없을 수 없었습니다. 물론 당신의 그 본격적인 '호기심'에 비한다면야 나의 그것은 그야말로 표피적인 얄팍한 학자적 호기심일 뿐이었습니다. 당신이 세상을 떴을 때 프랑스의 유력지 〈리베라시옹〉이 그렇게 말했다지요. "섹스, 언어, 기호, 상품, 전쟁 등 그 어떤 것도 이 사회학자의 역설적인 분석으로부터 벗어날 수 없었다. 장 보드리야르는 호기심 그 자체였다"고. 그렇습니다. 당신의 호기심은 뒤따라가기가 벅찰 정도였습니다. 한국에 번역·소개된 당신의 책만 하더라도《소비의 사회》《시뮬라시옹》《기호의 정치경제학 비판》《섹스의 황도》《생산의 거울》《유혹에 대하여》《사물의 체계》《예술의 음모》《아메리카》 … 등등. 어휴. 그 모든 것에 다 정통하지 못한 것을 부디 탓하지는 마시기 바랍니다. 그나마 당신에 대해 기본적인 몇 가지 것들을 알고 있으니 내가 자주 하는 말로 '그것만 해도 어디야' 하며 좀 뻔뻔해지기로 하겠습니다.

당신은 프랑스 서부 랭스Reims에서 경찰공무원의 아들로 태어나셨고, 대학에서 독일어를 배웠고, 좌파인 앙리 르페브르의 지도로 박사논문 〈사물의 체계〉를 썼고, 파리 낭테르대학 조교로 있으면서 68년 5월 혁명에 참가하셨지요. 오랫동안 고등학교에서 독일어 교사로 일한 후 파리10대학, 파리9대학에서 교수를 지내셨고요. 미국의 뉴욕대학, 캘리포니아대학에서도 강의하셨고, 그리고 2007년 장티푸스로 세상을 떠나셨지요. 이른바 대표적인 포스트모더니스트, 탈현대 사유의 거장, 하이테크 사회이론가, 포스트모더니즘 문화이론가, 현재성에 대한 뛰어난 해석자 라는 세간의 평에 당신이 납득하시는지는 잘 모르겠습니다. 그리고 나는 알고 있습니다. 당신의 그 호기심이 무엇보다도 우리가 살고 있는 이 시대를, 이 시대의 '세계'를, 이 세계의 '양상'을, 그중의 한 특수한 현상을, 향해 있었다는 사실을 말입니다. 거기서 당신의 철학적 시선에 포착된 것이 바로 저 유명한 '시뮐라시옹simulation'과 '시뮐라크르simulacres'와 그 '소비consommation'였습니다. 당신이 이곳 한국에 왔을 때도 강조하셨듯이, 당신은 이것들을 통해 이미지와 기호, 시뮐라크르들이 지배하는 세상을 보여주면서 도덕적-철학적인 메시지를 전하고자 했습니다. 대단히 '의미 있다'고 나는 평가합니다.

그러나 사람들은 이 개념들 앞에서 당혹감을 느낍니다(당신의, 그리고 현대 프랑스철학자들 거의 대부분의, 그 난삽한 문장들은 말할 것도 없습니다. 당신네들은 [프랑스어의 그 아름다운 울림과는 달리] 핵심을 종잡기 힘든 그런 이상한 글쓰기를 멋스럽다고 생각하시는 모양이지요? 나는 그 부분에 대해 엄청난 불만을 느끼고 있지만 그래도 그것에 매료되는 사람들이 많으니 어쩔 도리는 없습니다). '시뮐라시옹'과 '시뮐라크르', 그게 도대체 뭘 말하는 것인지요? 영어로 '시뮬레이션'이라고 하면 '모의실험' 같은 것이니까 바로 이해가 되는데, 당신의 개념은 아무래도 그것을 넘어서는 느낌입니다. 혹자는 그것을 '모사' '복제' '재현' '가장' 등으로도, 그리고 그 결과물을 '모사품' '복제품' '재현물' 등으로도 번역하지만 스스로 만족스럽지는 않은지 거의 대부분 낯선 프랑스어인 '시뮐라시옹' '시뮐라크르'를 그대로 통용시키고 있습니다.

내가 이해하기에 당신이 말하는 시뮐라시옹의 의미 핵심은 '실재'와 그 실재에 대한 '모사' 내지 그 실재의 '기호화'에 있는 것 같습니다. 그러니 그 결과물인 '모사품' 내지 '기호' 같은 '가상실재' 혹은 '대리실재'가 시뮐라크르이겠지요. 다시 말해 실재가 실재 아닌 '파생실재hyperéel'로 전환되는 작업이 '시뮐라시옹'이고, 실재의 인위적인 대체물이 '시뮐라크르'이겠지요. 그런데 당신이 날카롭게 지적하는 것은 이 시뮐라크르가 단순히 원본에 대한 복사본이나 모사본이 아니라는 것입니다. 그리고 이것이 원본 이상의 원본 노릇을 하게 되었다는 것입니다. 즉 "실재가 이미지와 기호의 안개

속으로 사라진다"는 것입니다. 그래서 '실재의 인위적 대체물' '가상실재'인 이 시뮬라크르 자체가 심지어 실재보다 더 실재 같은 "극실재l'hyperréalité"로서 작용한다는 것입니다(피노키오, 백설공주, 햄릿, 대장금, 준상이, 벤허, 지바고 등등등 무수한 소설, 드라마, 연극, 영화의 저 캐릭터들과 그들의 이야기도 그 실례라고 나는 이해합니다). '빙고!'라고 당신이 말해주면 좋겠네요. 아닌 게 아니라 지금 우리가 사는 이 현대세계에서는 이미지와 기호가 넘쳐나고, 그것들이 이미 그 원본과 상관없이 별개의 엄연한 실체로서 힘을 갖습니다. 그리고 사물의 내재적 실체성은 증발해버리기도 합니다. 모사된, 복사된, 제작된, 가장된 그 이미지가 현실을 대체해버립니다. 그런 채로 그런 이미지들, 기호들 즉 시뮬라크르들이 대중들에게 소비됩니다. 물건의 본연적 기능보다도, 아니 그 이전에, 그 물건 그 상품을 통해 얻게 되는 위세와 권위 즉 기호가 소비됩니다. 이미지가 소비됩니다(이를테면 '루이뷔통'이나 '샤넬' 등 명품의 소비는 그 상징입니다. 상품 그 자체의 기능만 보자면 그것들과 남대문 짝퉁 사이에 큰 차이는 없습니다. 그런데도 소비자들은 그 '명품'에 광적인 충성을 표시합니다. 이른바 '아이돌'도 유사하겠지요). 그것들은 객관적인 실체로서 위력을 갖습니다. 그런 기호적 장악력, 그런 특이한 물화, 그것을 당신은 참으로 날카롭게 꿰뚫어보았습니다. 바야흐로 복제와 복제품, 시뮬라시옹과 시뮬라크르의 시대입니다. "현대사회에서 현실이란 없다. 진실이나 원본도 없고 그 모사물(시뮬라크르)이나 모사물의 모사물만이 존재한다"고 당신이 말한 그대로입니다.

나는 개인적으로 원본 중의 원본인 이데아를 신봉하는 보편 실재론자, 본연주의자입니다만, 그렇지만 당신이 말하는 시뮬라크르의 실재를 부정하지는 않습니다. 다만 원본과 시뮬라크르의 실재 방식이 다르다는 것은 강조될 필요가 있겠지요. 시뮬라크르의 개념을 이해하기 위해, 혹은 설명하기 위해 혹자는 자동차 내비게이션을 예로 듭니다. 혹은 컴퓨터상의 미사일 연습을 예로 듭니다. '디즈니랜드'도 설명도구의 하나가 됩니다. 그것들은 각각 원본에 해당하는 '도로'나 '표적'이나 '고성' 등을 전제 혹은 바탕으로 하지만, 이미 그것들과 무관하게 하나의 실체로서 작용합니다. 그래서, 모사된 이미지가 실재를 대체하면서 실재와 가상, 현실과 가상, 원본과 복사본의 구분도 모호해집니다. 차이도 없어집니다("원본과 모사본의 경계가 어느 순간 모호해지고, 인간들은 어느 것이 진짜 현실인지 분간할 수 없게 된다"고, 그리고 "이러한 상황은 사회가 기술적으로 발전하면서 더욱 가속화된다"고 당신은 한국에 왔을 때 말했었지요). 저 걸프전 당시 당신이 "걸프전은 일어나지 않았다"고 말해 지성계에 파문을 불러일으킨 것도 결국 그 참혹한

프랑스로 부치는 철학편지

실제 전상을 사람들이 안방에서 TV로 지켜보면서 마치 컴퓨터게임 속의 가상현실처럼 받아들이는 현상을 꼬집은 상징적인 말이었겠지요. 그렇게 실재와 이미지는 마치 별개인 것처럼 따로 놉니다. 그렇게 보면 저 9·11 테러도 없었고, IS도 없었다고 말할 수 있을지 모르겠습니다. 그렇게 보면, 당신이 한국에 왔을 때 말했던 것처럼, "복제실험은 자연현실의 부정이라는 점에서 시뮬라시웅의 극단적 사례"일지도 모르겠습니다. "문화와 예술, 행동양식에서 기호를 통한 현실의 재현을 가리켰던 근대의 시뮬라시웅과 달리, 현대의 시뮬라시웅은 급격한 변화와 전이, 도약을 통해 더 이상 재현이 아니라 가상현실로 넘어갑니다." 지금 우리들의 현실이 딱 그렇습니다. 이른바 사이버세계가 실제세계보다 더 우선시되는 그런 삶을 살고 있는 사람들이 이미 적지 않습니다. 언젠가 우리 인류는 시뮬라크르로 가득 찬 세계에서 거의 전 인생을 살게 될지도 모르겠습니다. 아니 그 이전에 어쩌면 극단적인 시뮬라크르인 '복제인간clone'이 진짜인간인 우리를 모조리 대체하는 그런 세상이 될지도 모르겠군요(시중에 판매되고 있는 이른바 '섹스로봇'은 그것이 이미 부분적으로 현실화되어 있음을 보여주는 상징적 사례일지도 모르겠습니다). 당신도 그 점을 경계하셨지요. "유전자 게놈 지도가 완성되는 등 인간의 유전공학기술은 무한히 발전하고 있지만, 이 결과로 파생된 복제

인간은 극단적인 시뮐라시옹의 한 형태"로서, "모사본(복제인간)이 더욱 발전하면 원본(인간)과 모사본의 차이는 결국 사라질 수도 있다"고 말이지요. 이 말은 결국 작금의 무분별한 시뮐라시옹에 대한 경고로 읽혀집니다. 아닌 게 아니라 당신은 한국의 한 신문과의 인터뷰에서 이렇게도 말씀하셨지요. "[인간의 삶에서의] 점진적 변화는 인정하지만, 그것이 더 나은 것으로의 변화라고 단정할 수는 없다. … 진실과 그 모사물의 경계가 모호해지고 인위적 가상현실만 존재하면서 분열과 분절이 일어나고 있다. … 하지만 이에 대해 무조건적 거부와 비관보다는 새로운 형태의 존재로 받아들여야 한다." 바로 이런 점이 당신의 사상을 단순한 사회학이 아닌 '철학'으로 높이는 이유라고, 그렇게 나는 해석하고 있습니다.

친애하는 보드리야르, 그런데 당신은 원본이겠지요? 설마하니 내가 아는 보드리야르가 시뮐라크르는 아니겠지요? 철학공부를 하다보면 심지어 잘못된 이미지들이 진짜를 대체하는 경우도 없지 않아서 말이죠…. 이른바 포스트모던이 아무리 설치더라도 나는 그래도 저 원본들의 세계, 이데아적 가치들을 수호하기 위해 버티어볼 작정입니다. 당신의 철학이 그 공격이 아닌, 오히려 그 방어를 위한 무기가 되어주기를 기대합니다.

프랑스로 부치는 철학편지

Jacques Derrida 1930-2004

"일반적으로 어떠한 중심에 다른 중심을 대립시키는 것은
문제해결에 도움이 되지 않는다."

"만일 (…) 위험을 무릅쓰고 해체론에 대한 정의를 내린다면,
나는 간단명료하게 '하나의 언어 이상으로plus d'une langue'라 하겠다."

"해체는 모두 '탈-전유'의 운동들이다."

1930년 프랑스령 알제리의 엘 비아르El Biar의 유대계 가정에서 태어남.

1949년 루이 르 그랑 고등학교Lycée Louis-le-Grand에서의 수학을 위해 프랑스로 옴.

1952년 고등사범학교École Normale Supérieure(ENS)에 입학.

1954년 후설에 관한 논문으로 철학 박사학위 취득.

1956년 교수자격 취득.

1956년 미국 하버드대학에서 보조금을 받으며 다시 공부 시작.

1957년 마르그리트 아쿠튀리에Marguerite Aucouturier와 보스턴에서 결혼.
　　　알제리 독립운동(1954-1962) 기간 동안 군인 자녀들의 영어와 프랑스어 교사로
　　　활동(-1959년).

1960-1964년 파리 소르본대학에서 철학 강의 활동.

1964년 고등사범학교(ENS)에서 종신 교수로 임명되어 교수생활 시작(-1984년)

1966년 미국 존스-홉킨스대학에서 강의.

1967년 《그라마톨로지에 대하여》, 《목소리와 현상》, 《글쓰기와 차이》 출간.

1972년 《여백들》, 《입장들》, 《산종》 출간.

1980년 국가 박사학위 취득.

1983년 켄 맥멀렌Ken McMullen 감독의 영화 〈고스트 댄스〉에 텍스트 제공 및 출연.

1984년 파리의 사회과학고등연구원École des Hautes Études en Sciences Sociales의 정교수
　　　로 임명됨.

1985년 《시선의 권리》 출간.

1986년 미국 캘리포니아대학 어바인교UC Irvine에서 교수로 활동.

1990년 《정신에 대하여》 출간.

2002년 영화 〈데리다〉 출연.

2004년 파리에서 췌장암 수술 도중 죽음.

데리다에게

해체를 묻는다

실례를 무릅쓰고 솔직히 말씀드립니다만, 나는 당신을 생각하는 일이 좀 불편했습니다. 당신의 사고와 언어, 특히나 '해체'로 대표되는 그 사상의 방향이 그랬습니다. 비록 모든 입장들을 긍정적으로 평가하고 수용하려는 '철학적 공화주의'가 나의 기본자세이기는 합니다만, 유독 당신의 철학에 대해서는 여간해서 잘 적응이 되지를 않더군요. 1980년대와 90년대를 가로지르며 당신의 그 특이한 철학이 '해체주의 le déconstructivisme' 또는 '포스트구조주의post-structuralisme'라는 이름으로 마치 광풍처럼 이 사회에(아니 전 세계에) 몰아쳤고, 그 과정에서 적지 않은 추종자들을 만들어냈던 사실을 생각해보면, 나의 이런 반응은 어쩌면 유별난 경우일지도 모르겠습니다. 하지만 느낌이 그런 건 어쩔 수가 없었습니다. 그럼에도 불구하고 나는 당신을 이해해보려고 나름대로는 애썼던 편입니다. 부디 그 노력만이라도 가상히 여겨주신다면 다행이겠습니다.

혹시 기억하실지 모르겠습니다. 1998년에 당신의 초청으로 도쿄대학의 타카하시 테츠야高橋哲哉 교수가 파리에 머물고 있었습니다. 그는 나의 대학원 시절 친했던 동료로, 당신의 존재를 일본에 소개한 일등공신 중의 한 명이었습니다. 나는 그 친구를 통해 학생 시절에 일찌감치 당신의 인물과 사상을 접하게 되었습니다. 당시 주변의 몇몇은 당신을 찬양하고 있었고, 다른 몇몇은 상당히 거부적이었습니다. 나는 (하이데거 연구로 여념이 없었기에) 그저 그 한켠에서 수상한 눈빛으로 당신을 힐끔힐끔 쳐다보는 정도였던 것 같습니다.

아무튼 그런 과정에서 나는 조금씩 당신을 알아갔습니다. 이를테면 당신이 1930년 알제리의 엘-비아르El Biar에서 출생-성장하였고, 6학년 개학하던 날 (유대인이라는 이유로) 학교에서 쫓겨난 적이 있었으며, 1년간 몰래 결석하기도 했다는 것, 그런 것들, 그리고 43년 벤 아크눈 리세에 재입학한 이후에는 스포츠에 열중했다는 것, 48-49년 무렵에 철학을 지향했다는 것과 특히 키에게고와 하이데거에 감명을 받았다는 것, 그리고 49-50년 프랑스를 처음 여행했고, 고등사범학교에 응시했으나 낙방하였다는 것, 하지만 이듬해 입학하여 알튀세르, 푸코 등 선배들과 친교를 가졌다는 것, 57년 마르그리트 오쿠튀리에와 결혼하여 두 아들을 두었다는 것, 알제리 독립전쟁 때 군무에 임했고, 60-64년에는 소르본에서 강의했고, 67년 '차이' 강연 이후 외국 특히 미국에서의 호평과 프랑스 본국에서의 거부적 반응이 있었고, 일본 멕시코 독일 남미 미국 이스라엘 캐나다 소련 체코 등을 여행한 적이 있으며, 80년 소르본에서 국가박사 학위를 받았고, 1983과 2002년에는 영화에 출연한 적도 있었다는 것(이건 아주 인상적이었지요), 83년 사회과학고등연구원 교수가 되었다는 것, 등등, 당신의 인물에 대해서도 대충은 알게 되었습니다. 한 다리 건너서 아는 사이라 그런지 2004년 10월 9일, 당신이 세상을 떴다는 뉴스를 접했을 때는 (98년 당시 파리에서 타카하시 교수로부터 당신의 근황을 들었던 일들, 예컨대 노년의 당신이 새삼 유대적 전통에 관심을 기울이고 있더라는 이야기 등을 떠올리기도 하며) 특별한 감상에 잠기기도 했었습니다.

친애하는 데리다, 당신은 정말이지 특이합니다. 대표적인 저서들부터가 나에게는 너무나도 낯설게 다가옵니다.《기하학의 근원》《그라마톨로지에 대하여》《글쓰기와 차이》《목소리와 현상》《철학의 여백》《산종》《입장들》《조종》《에프롱》… 어느 것 하나도 수월한 것이 없습니다. 프랑스적인 글쓰기 방식에 이미 혀를 내두른 나입니다만, 당신의 글들은 나에게 결정타를 날리는 것이었습니다. 기대했던 '설명'들은 좀처럼 잡히지 않고 다짜고짜 '해체'를 실행하고 있는 듯한 당신의 그 전략적 개념들….(어휴) 당신에 대한 나의 불편함은 거기서부터 비롯된 것일지도 모르겠습니다. 그런데 그런 방식에 대해 오히려 매력을 느끼는 분들도 적지 않으니 당신의 그 난해함과 특이함을 나의 기준으로 함부로 탓할 수도 없는 노릇입니다.

하여 일단은 당신의 말에 귀를 기울여봅니다. 아니, (당신은 음성언어가 문자언어에 우선하여 '중심centre'에 버티고 있는 것을 못마땅해 하니) 듣겠다기보다는 살펴보겠다고 하는 게 더 나을지 모르겠군요. 살펴보면, 당신의 텍스트에서는 어쨌거나 다음과 같은 개념들이 특별히 눈에 띕니다. 해체, 로고스중심주의, 음성중심주의, 목소리, 에크리튀르(글쓰기, 문자언어), 차이/차연, 여백, 흔적, 산종, 보충, 미메시스, 반복, 서명, 컨텍스트, 파르마콘 …. 이것들이 대체 뭘까 싶지만, 뭔가 매력적인 느낌이 없지도 않습니다. 하지만, 이것들에 대한 친절한 설명은 정말이지 찾기가 어렵습니다. 당신을 깊이 연구한 전문가들도 이것들이 '해체의 설명이 아닌 실험, 실천, 행위'라고 알려줍니다. 이런 점이 이른바 '현대적'이라는 단어에는 더 어울리는 것인지도 모르겠네요. 추상적이고 파격적인 '현대시' '현대음악' '현대미술' '현대무용'처럼 말이죠.

그러나 한 가지 분명한 것은 있습니다. 그것은 당신의 철학이 '전통적인 철학(이른바 현전의 형이상학métaphysique de la présence)에 대한 반항' '도전' '비판' '파괴' '해체'이며, 그런 점에서 '새로운 철학의 선언'이라는 것입니다.

그 선언의 핵심에는 이른바 '해체deconstruction'라는 것이 있습니다. 그리고 그 배경에는 (당신이 "형이상학의 역사는 모든 의미에 있어서 '현전'으로서의 존재에 대한 결정들로 이루어져왔다. 근본적인 것, 원칙들 또는 중심에 관련된 모든 용어들은 언제나 현전—에이도스, 아르케, 텔로스, 에네르게이아, 우시아, 알레테이아, 초월성, 의식이나 양심, 신, 인간 등—이라는 불변적인 것을 지시해 왔다는 사실을 보여준다"라고 말한 대로) 2,600년 동안 '구축'되어온 이른바 '현전의 형이상학'이 있고 그 틀 안에 로고스, 음성(언어), 서양, 문명, 남근 … 등등이 있습니다. 당신이 창을 겨누고 있는 곳은 바로 그러한 것들이 거들먹거리고 있는 이른바 '중심', '…중심주의-centrisme'입니다. 당신은 그 대단한(?) 것들을 못마땅한 눈초리로 바라봅니다. 그래서 그것들을 해체하고자 시도합니다. 하지만, 그것들이 무너진 빈자리에 다른 무언가를 (이를테면 당신이 강조해마지않는 '문자언어 écriture' 등을) 새로운 '중심'으로 세우려하지는 않습니다. "로고스중심주의에 문자중심주의를 대립시키거나 일반적으로 어떠한 중심에 다른 중심을 대립시키는 것은 문제해결에 도움이 되지 않는다"라고 당신은 분명히 말했습니다. 내가 이해하기에 당신의 시야에는 일종의 이항대립(이를테면 '중심과 주변')이 있습니다. 당신은 그것을 극복하고자 합니다. 내가 보기에 그것은 프랑스 현대철학의 최대 특징이기도 합니다. 당신은 그중 한쪽의 문제점을 지적하고 다른 한쪽을 옹호 내지 변호하고자 합니다(당신이 말하는 "문제점을 이동시켜 놓는 작업déplacement"도 그런 맥락이겠지요). 그렇게 생각하면 어느 정도 이해가 됩니다. 권위의 결점에 대한 지적과 소외된 존재에 대한 두둔이라는 점에서 그것은 윤리적으로도 의미가 있습니다.

조금만 더 구체적으로 이야기해볼까요? 당신은 이른바 중심에 있는 것, 즉 '현전의 형이상학'을 공략하기 위해 여러 가지 도구들을 사용합니다. 그 대표적인 도구의 하나가 바로 저 유명한 '차연différance'이었지요. 당신이 만들어낸 이 이상한 말 내지 개념은 정말이지 그 실체를 포착하기가 용이치 않습니다. 차이différence라는 말에서 철자 하나를 바꿔놓으면서(e→a), 명사에는 없는, '달리하다, 연기하다différer'라는 동사적 의미를 부가한, 이 괴상한 기호로 당신은 도대체 무엇을 말하고 싶은 것일까… 나는 오랜 고민 끝에 그것을,

'고정불변의 현전에 대한 부정'으로서의 '달라짐' 정도로 일단 해석하기로 했습니다. '기원origine과 전혀 다르지 않은, 그 자체와 완전히 동일한 현전이란 원천적으로 불가능하다는 것(전문가의 해석을 빌리자면, '존재가 자기 자신과 약간의 어긋남도 없이 자기현전한다는 것은 있을 수 없는 일' '존재는 기원에 있어서 이미 자기에 대한 거리와 지연이 있게 마련'이라는 것)'이 당신의 착안점인 것 같습니다(예컨대 "현전이 [그것 자체가 아니라] 그 표상 기호 흔적 속에서 알려지고 실현된다"는 것). 그렇지요? "차연의 역할은 어떤 순간, 어떤 방법으로든지 본래 스스로 (현존하면서) 자신에 대해서만 지시하는 단순한 요소가 존재하는 것을 막는 종합과 참조에 있다"는 말이나 "차연은 차이들, 차이들의 흔적들, 요소들을 상호연관시켜주는 '공간내기espacement'의 체계적인 활동이다"라는 말에서도 그런 착상이 드러납니다('흔적trace'이라는 개념적 도구도 또한 그와 관련된 것이라고 나는 이해했습니다. "순수한 흔적은 차연인 것이다"라고 당신이 말했듯이).

요컨대 당신은 이 '차연'이라는 점을 지적함으로써 형이상학의 중심에서 으쓱대어온 '현전'이라는 것을, 그 왕좌에서 끌어내리려 하는 것이겠지요. 뭐, 좋습니다. 적어도 당신이 그런 작업을 통해 이른바 '중심'의 주변부 내지 바깥에 있던 것들에 따뜻한 관심을 기울이고 돌보려한다는 점에서 나도 일단은 박수를 치고 싶습니다. 특히 나는 당신이 말한 '여백marges' 혹은 '백색blancs'이라는 개념에 대해서는 상당한 흥미까지 느끼고 있음을 고백합니다. '보충supplément'이라는 개념 또한 그렇습니다. 당신의 작업이 "모든 텍스트에서 '중요성을 떠맡고 있는' 이러한 '백색들'(여백들)의 필요성을 환기시킨다"라는 말은 멋있습니다.[13] 아닌 게 아니라, 본문의 주변부에 위치하는 서문이나 각주의 경우를 생각해보더라도 당신의 지적은 온당합니다. 어떤 텍스트에서는 서문이나 각주가 본문보다 훨씬 더 중요한 경우도 많으니까요. 어디 그뿐입니까. 사실 조금 확대해서 생각해보면, 이 '주변'이나 '여백'에는 세상의 온갖 소외된 것들이 다 포함될 수가 있습니다. 소외된 채 기죽어 있는, 아니 실제로 죽어버리기도 하는 온갖 불쌍한 것들…. 이른바 중심이 '더' 존재이고, 이른바 주변이 '덜' 존재인 것은 결코 아닌 것이지요. 당신이 말하는 소리와 문자의 관계가 그렇고, 문명과 야만의 관계가 그렇고, 남성과 여성의 관계가 그렇고, 의식과 무의식, 자본가와 노동자, 우등생과 열등생, 서울과 지방, 등등 … 그러한

---

13 참조: "데리다 자신이 쓴 책들은 서로의 여백에 스스로를 위치시키는 구조를 이루고 있다. 상호교차하여 위치시키는 그의 이러한 작업을 통해 그는 어느 것이 주된 것이고 어느 것이 그에 딸린 것인지 분간할 수 없도록 주와 종의 위치와 역할을 끊임없이 교환함으로써 주와 종이라는 서열과 자리매김이나 가치지움을 폐기하려 한다" - 이광래

프랑스로 부치는 철학편지

경우는 무한히 많습니다. 당신의 철학은 말하자면 텍스트의 검은 글자에 밀려 주목받지 못하는 흰 여백(혹은 흰 글자들)을 가리켜 보여준다는 점에서 결정적인 의미를 지닌다고, 그렇게 나는 긍정적으로 해석합니다.

하지만 친애하는 데리다, 나름대로 열심히 철학의 역사를 공부해온 사람의 입장에서는 '현전의 형이상학'을 매도하는 당신의 논리가 마냥 유쾌하지만은 않습니다. 왜냐하면, 첫째, 당신의 논의들이 정통 형이상학(존재론)의 진정한 '문제성'을 심각하게 왜곡시킬 수 있는 위험성을 내포하고 있고, 둘째, 소외되어온 주변부가 그러한 옹호를 통해 결국은 (당신의 의도와 상관없이) 중심을 장악하면서 전통적인 중심들이 지녔던 소중한 가치들을 여지없이 망가뜨릴 수 있는 위험성 또한 엄존하고 있기 때문입니다. 자칫 유리알들을 챙기다가 정작 수정이나 다이아몬드를 잃어버릴 수도 있다는 말씀이지요. 작금의 상황이 실제로 그렇습니다. 유대인이라는 태생적 조건 때문에 결정적인 아픔을 겪으면서 당신이 이른바 중심의 폭거에 이론적으로 항거한 것은 충분히 이해되지만, 모든 중심이 해체의 대상은 아니라는 것을 당신이 이해해주었더라면 더 좋지 않았을까 하는 아쉬움이 내게는 어쩔 수 없이 남아 있음을 말하지 않을 수가 없군요.

당신의 그 스산한 해체작업 이후 펼쳐진 지적 풍경을 나는 약간은 흥미롭게, 또 약간은 우려스럽게, 그렇게 오늘도 지켜보고 있습니다. 부디 평안하시기를.

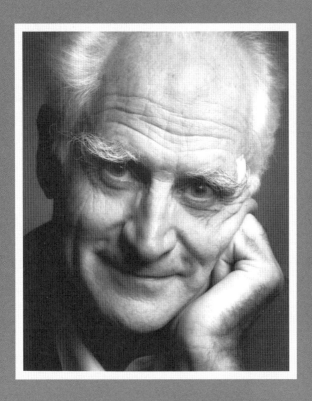

Michel Serres 1930–

"인간은 인간에게 이(기생충)이다."

"역사에는 정치적 기식자들이 사라진 적이 없다.
그것은 이들로 넘쳐나고, 어쩌면 이들에 불과할 것이다.
기식자들의 집에서 식탁은 남이 차려준다."

1930년 프랑스 남서부 로트에가론느Lot-et-Garonne의 아쟁Agen에서 바지선 선장의 아들로 태어남.

1949년 해군사관학교École Navale에 입학.

1952년 고등사범학교 입학.

1955년 교수자격 취득. 해군으로 근무.

1968년 박사학위 취득 후 파리에서 강사 생활 시작.

1969년 파리1대학(Panthéon-Sorbonne) 교수.

1969-1980년 《에르메스 I-V》 출간(-1980년).

1980년 《기식자》 출간.

1984년 미국 스탠퍼드대학에서 교수로 근무 중(-현재).

1985년 레종 도뇌르Légion d'honneur 서훈.

1990년 프랑스 학술원Académie française의 회원으로 선출됨.

1993년 《천사들의 전설》 출간.

2012년 《엄지세대, 두 개의 뇌로 만들 미래》 출간. 마이스터 에크하르트 상Meister Eckhart Prize(2년마다 열리며, 존재론에 대하여 뛰어난 성과물을 낸 학자에게 수여되는 상) 수상.

2013년 《새로운 시대》 출간. 혁신적이고 학계간의 놀라운 업적을 이룬 학자에게 수여되는 단 다비드 상Dan David Prize 수상.

세르에게

기식자를 묻는다

 나의 이 편지가 직접 파리로 배달되지는 않겠지만, 지금 이 순간 우리가 같은 하늘 아래서 같은 공기를 마시고 있다는 것은 어떤 특별한 친근감을 느끼게 하는군요. 내가 좀 더 일찍 좀 더 자세히 당신에 대해 알았더라면 예전 몇 차례 파리를 방문했을 때 당신을 한번 만나볼 수도 있었을 텐데, 그 점은 못내 아쉽습니다. 그렇지만 내 철학적 관심의 한 부분에 당신이 확실한 지분을 갖고 있다는 것은 전해드리고 싶군요. 그건 일차적으로는 내 지인이기도 한 김진석 교수의 덕분입니다. 오래전 그가 내게 건네준 그의 저서 《니체에서 세르까지》를 통해 나는 처음으로 당신의 이름을 접했습니다. 여러 사정상 그것을 제대로 읽은 것은 한참이나 시간이 흐른 후였습니다. 그런 사정은 그도 아마 비슷할 테니 이해해주리라 기대합니다. 아무튼 세르철학과의 첫 대면에는 약간의 충격이 있었습니다. 내게는 낯선, 신선한 시선이 당신에게 있다고 느껴졌기 때문입니다. 그것은 당신에 대한 호기심으로 이어졌습니다.

당신은 1930년 아쟁Agen에서 태어나 자라셨더군요. 나는 가보지 못했지만 프랑스 서남부이니 기후도 아마 좋겠지요? 그런데 장성한 후 해군사관학교에 입학했다가 중퇴하고 명문 고등사범학교에 다시 들어가 과학과 문학을 공부했고 그 후 해군장교로 함대에서 복무한 경력은 좀 특이하다고 느꼈습니다. 그 후 클레르몽-페랑대학에서 시작된 당신의 교수생활은 파리8대학, 파리1대학 그리고 미국의 명문 스탠퍼드대학 등으로 이동하며 그 독특한 철학을 형성하는 무대가 되었었지요. 그런 환경들은 좀 부럽습니다. 그런데 당신은 아무래도 평범한 강단철학자 타입은 아니었던 것 같더군요. "스승도 제자도 없는" 사람이라는 당신의 자평도 그런 면모와 무관하지 않겠지요. 또 어떤 학파에도 속하지 않았던 것도 그렇고, 또 당신을 분류할 적절한 기준이 없는 것도 그렇습니다. 당신은 온갖 학문 영역들을 종횡무진 자유자재로 넘나들었습니다. 과학, 철학, 문학, 법학, 인류학, 종교, 등 그야말로 경계가 무의미했지요. 그런 점은 어쩌면 학제적-융복합적인 사유를 요구하는 이 시대의 한 상징이 될지도 모르겠습니다.

일견 국외자처럼 비치기도 했던 당신의 그런 모습은 1990년 프랑스 학술원Académie française의 회원으로 선출됨으로써 공식 인정을 받은 셈이 아닌가 싶기도 합니다. 현재의 영향력에서도 그렇습니다.

물론 당신의 그 거대한 학문세계를 나는 다 알지 못합니다. 공식적인 나의 전공은 독일철학이니 알아야 할 의무도 없습니다. 그러나 적어도 한 가지는, 철학에 관심 있는 자라면, 확실하게 알아둘 필요가 있다고 나는 생각합니다. 그것은 '인간'에 대한 당신의 통찰입니다.

당신이 동의할지 모르겠습니다만, 내 나름으로 정리한 세르의 '인간l'homme'은 이렇습니다. 그는 우선 세 가지의 얼굴을 가지고 있습니다.

첫째는, '헤르메스적 존재Hermés'입니다. 당신의 대표저서 중 하나인《헤르메스》가 이를 상징합니다. 당신이 보여주고자 하는 헤르메스의 핵심은 '사자使者' '메신저'입니다. 그 역할은 '의사소통communication' '간섭interférence' '번역traduction' '배분distribution' '항해passage de nord-ouest' 같은 것입니다. 이 낯설고 추상적인 단어들이 공통적으로 전제하고 있는 것은 이쪽과 저쪽입니다. 다양성입니다. 이질성입니다. 그것을 헤르메스는 이어줍니다. 그러니까 그는 닫혀 있지 않고 열려 있습니다. 폐쇄적이 아니라 개방적입니다. 그는 이어주는 자이고 회통하는 자입니다. 안내자입니다. 전하는 자입니다. 그는 커뮤니케이션의 상징입니다.

실제로 당신 자신이 그런 역할을 했다고 사람들은 평가합니다. 당신은 과학과 철학, 과학과 문학 사이를 이어줍니다. 과학사와 인식론이 그 통로였다죠? 라이프니츠가 그 모델이었다죠? 모든 과학은 자신의 고유한 인식론을 가지고 있다는 '다원적 인식론'이 그 기반이었다죠? 그런 헤르메스적 노력은 대립하는 지식들을 화해시켜줍니다. 그런 커뮤니케이션은 적대적이고 공격적인 지식의 오만을, 지적 패권주의를 무력화시킵니다. 나는 그런 사고방식, 그런 입장에 박수를 칩니다. 폐쇄된 지적 오만의 위험을 잘 알기 때문입니다. 당신이 이른바 "백과사전l'encyclopédie"을 긍정적으로 강조하는 것도 그 때문이라 여겨집니다. 그것은 "하나의 연속체로서 운동들과 교환들의 본거지이고, 그 속에서 방법들과 모델들과 결과들은 모든 곳으로부터 수입되고 모든 곳으로 수출되면서 유통된다"라는 당신의 말에서 그것의 철학적 의의가 명백히 드러납니다. 아닌 게 아니라 그것은 '광대하고 열려 있고 끊임없는 상호간섭이 일어나는 놀이의 장'이 분명합니다. 당신이 《엄지세대: 두 개의 뇌로 만들 미래》에서 이른바 '엄지세대'를, 즉 손가락 하나로 온갖 다양한 정보들을 넘나드는 새로운 인간을, 인터넷을 또 다른 나의 뇌로 여기는 그들을, 긍정적으로 평가하는 것도 또한 그 때문이겠지요. 《천사들의 전설La Légende des Anges》에서 당신이 강조하는 또 하나의 이름 '천사ange'도 그런 맥락이라고 나는 가늠합니다. 종합적 지식인, 예술적 철학자, 철학적 예술가는 바로 당신 자신의 이름이 아닐지, 그리고 당신이 바라는 인간의 모습이 아닐지, 그렇게 나는 생각해봅니다.

둘째는, "시간을 뛰어넘는 존재"입니다. 나는 재미삼아 이것을 '축시적 존재'(이른바 '축지법'에 비견되는 '축시법'의 사용자)라고 불러봅니다. 그 실마리를 당신은 "변이의 체험시간을 영(zero)으로" 만들어낸 인간에서 찾고 있습니다. "인간은 수십억 년 동안 인간과 무관하게 행해진 우발적 진화의 주요 요소를 이성과 증가의 방식으로 다스린다." 그렇습니다. 우리 인간은 '기술적 혁신'을 통해 그것을 '짧은 시간에 압축해내는 능력'을 보여줍니다. 인간은 '끈질긴 진화와 기나긴 적응의 시간을 기다리지 않고 적응의 시간을 단축해서 시간의 층위를 환상적으로 압축'합니다. 그 핵심에는 '고전적 의미의 진화처럼 자연계에 어떠한 힘도 사용하지 못하는 상황이 아니라 적극적으로 자연의 변이를 제어하는' 인간의 능력이 있습니다. 그런 능력을 통해 인간은 시간을 지배합니다. 그것을 당신은 "시간에 대한 새로운 지배력"이라고 표현합니다. "시간에 대해 우리가 아무것도 할 수 없다는 평계는 얼마나 어리석은가"라고 당신이 말하는 것은 바로 그런 지배력을 염두에 두고 있는 것이겠지요. 당신은 이렇게도 말씀하셨지요. "우리의 손에 세상의 체험시간, 진화의 시간, 새로운 종의 형성, 그리고 사람화가 쥐어진 것인가? 그렇다." 그렇습니다. 우리에게는 분명 그런 면모가, 그런 측면이 있습니다. "수백만 년에 걸쳐 조성된 환경에 대한 영향력과 관련된 포괄적 문제점들을 자문하고" 심지어 "종잡을 수 없는 시간이 소요되는 변이를 제어"하려 합니다. 바로 그 보상으로 "우리는 우리 자신을 탄생시킨다"고 당신은 말했습니다. "우리의 기나긴 기억 속으로 들어가면서 우리는 우리의 본성을 간파하고 이로부터 하나의 문화를 만든다. 그러니 인간이란 무엇이겠는가. 자가진화의 길을 가는 생물이다"(이를테면 '옷'이 그런 것이라고 당신은 예를 들었지요? "'옷을 벗기'라는 기이한 이점을 발견"했다는 것입니다. 필요에 따라 빨리 입고 빨리 벗기 위해 옷을 착용한다는 것입니다. 인간의 독보적이고 획기적인 발견에 해당합니다. 동물의 표피나 털과 같은 고집스런 해법이 아니라 '착용과 해체'의 재량권이라는 자연의 보수성을 초월하는 고도의 적응력이며, 동물들에게 지난의 시간을 요구하는 '기관의 변화'를 '도구'라는 '착탈식 기관'으로 변경한 것입니다). 시간의 제약을

프랑스로 부치는 철학편지

벗어난 이런 '자율성', 이런 '자아에 의한 자아의 창조', 이게 당신의 인간이해였고 인간규정이었습니다.

셋째는, "기식자^{le parasite}"입니다. 나에게 충격으로 와 닿았던 바로 그것입니다. "인간은 인간에게 이(기생충)이다 l'homme est un pou pour l'homme"라고 당신은 선언했습니다. 당신은 인간에게 존재하는 (그리고 동물, 식물, 자연에도 존재하는) 하나의 근원적인 현상으로서 "주인과 기식자[혹은 숙주와 기생자]"라는 관계를 너무나 인상적으로 지적해 보여줍니다. 아닌 게 아니라 당신의 말대로 그렇습니다. 인간에게 있어 숙주 A와 기식자 B의 관계는 실로 보편적입니다. B는 A에게 "얹혀살면서 호식하고 지냅"니다. 그는 '아양을 떨고 … 가로채려 합'니다. 그는 '베푸는 자들을 뜯어먹고 삽'니다. 그는 "[A가] 모든 것을 베풀고 아무것도 받지 않는 동안 모든 것을 취하면서 보답하는 게 아무것도 없습니다." "조금이라도 기회가 보이면 … 근본적 균형으로 향하기라도 하는 것처럼, 남에게 의지하는 행위 속으로 도피"합니다. 그는 '아무것도 생산하지 않'습니다. 그는 '자신을 위해 가로챌 줄 압'니다. 그는 A를 '꼼짝 못하게 만들고, 무질서를 야기하고, 다른 질서를 유포'시킵니다. 그는 '결코 기회도, 조그만 먹을 것도 놓치지 않'습니다. 그는 A를 '사취합'니다. 그는 A를 '밀어내고 자리를 차지하려 합'니다. '추방하려 합'니다. 그것은 부조리입니다. '제3자'인 그는 '협잡꾼'이기도 하고, '마취제'이기도 합니다. 당신은 이렇게도 말했지요. "역사에는 정치적 기식자들이 사라진 적이 없다. 그것은 이들로 넘쳐나고, 어쩌면 이들에 불과할 것이다. 기식자들의 집에서 식탁은 남이 차려준다." 이런 말을 들으면 벌어진 입을 다물 수가 없습니다. 100퍼센트 고스란히 진실이기 때문입니다. 인간에서의 이런 관계는 이른바 '교환'을 무의미하게 만듭니다. "인간집단이 일방적 관계의 방향으로 조직화되고, 한쪽이 다른 한쪽을 뜯어먹고 살지만, 후자는 전자로부터 아무것도 끌어낼 수 없다." "교환은 중요하지도 않고 본원적이지도 근본적이지도 않다. … 불가역적이고 되돌아오지 않는 단순한 화살의 관계가 자리를 차지하기 때문이다." 바로 이런 '반도체적 현상, 이러한 밸브, 이러한 단순한 화살, 방향의 전도가 없는 이 같은 관계'를 당신은 '기식적'이라 부르고 있습니다. 이런 관계를 설명하기 위해 당신은 (분과들을 넘나드는) 온갖 지식을 다 동원합니다. 몰리에르의 타르튀프, 푸케의 집에 초대받은 라퐁텐, 애인(바랭부인)의 집에서 기거하는 루소, 수많은 삼류 작가들, 징세관 집에 숨어 사는 서울쥐와 그에게 초대받은 시골쥐, 바이러스-박테리아-곤충-절지동물들-이-촌충, 겨우살이와 일부 버섯들(착생식물), 심지어

　　　　　　　　　프랑스로 부치는 철학편지

통신선 속에서 돌아다니는 지속적인 잡음, 언어활동에서의 궤변, 데생에서의 파선, 대화에서의 오해, 통로에서의 잡음, … 그 하나하나의 기식적 사례들을 너무나 흥미롭게 들려줍니다. "젖소-나무-황소는 인간에게 우유-온기-주거-일-고기를 주지만, 인간은 그것들에게 무엇을 주는가? 그는 무엇을 주는가? 죽음이다"라고 당신은 말합니다. 인간 자체가 이미 이 자연계에서의 '기식자'인 셈입니다. 하기야 우리 모든 인간은 이미 어머니의 자궁 속에서 기식하며 우리의 삶을 시작했고, 가정이라는, 부모라는 숙주, 그리고 사회라는 혹은 직장이라는 숙주에 기생하며 그 영양을 빨아먹기도 합니다. 아니, 에덴에서부터 우리는 이미 그랬습니다. 세상의 모든 자식들은, 따라서 모든 인간은, 다 그 부모라는 숙주에 대한 기식자입니다. 부모는 다시 그 부모에 대해, 또 그 부모에 대해, 또 그 부모에 대해 … 그렇게 거슬러 올라가면 결국 저 에덴의 아담과 이브에까지 도달하게 됩니다. 그러니 모든 인간이 다 그런 거지요.

친애하는 세르, 혹자는 당신의 이런 철학을 난해하다고도 말하지만, 적어도 우리 한국인들은 이런 '기식자' 이론을 단숨에 이해합니다. 안타깝고 한심스럽기 짝이 없지만 우리는 그에 해당하는 무수한 역사적 사례들을 알고 있기 때문입니다. 이른바 당파와 조정에 빨대를 꽂고 영양을 빨아먹은, 그리고 아무런 기여도 하지 않고 그 숙주를 망하게 한 (최소한 병들게 한) 저 조선의 유림들, 일제 강점이라는 역사적 상황 속에 빨대를 꽂고 이익을 취한 친일파들, 역시 국가기관이라는 숙주에 빨대를 꽂고 사욕을 취한 부정하고 부패한 공직자들, 그리고 무엇보다 최고의 권력인 대통령이라는 숙주에 빨대를 꽂고 피를 빨아 상상도 못할 이익을 취한 국정 농단자들을 우리는 알고 있기 때문입니다.

그러나 세르, 우리는 우리의 이런 모습 앞에서 그저 탄식하고 절망해야만 하나요? 아마 그건 아니겠지요. 나는 당신이 남긴 이 말을 음미해봅니다. "이야기는 끝나지 않았다. 그것은 질병에 불과했다. 그것은 죽음이 아니었다. 발진이었고, 한바탕의 열병이었다. 이를 치료하기 위해서는 출혈로 족했다. 란세트를 들이대자, 붉은 입의 기식자는 달아났다. [이] 희극의 규범적 인물은 환자이다. 그는 자신의 모자, 잠옷, 그리고 무질서한 침대로 웃긴다. 그렇다. 내일이면 그는 일어나 있을 것이다." 그렇습니다. 우리 인간들은 기식자로 인해 열병을 앓고 있습니다. 그러나 우리는 죽지는 않을 것입니다. 언젠가는, 혹은 어디선가는, 혹은 누군가는, 이 열병을 이겨내고 일어나 있을 것입니다. 희망은 나의 조촐한 습관이지만, 나는 그 습관을 마지막까지 버리지는 않을 것입니다.

프랑스로 부치는 철학편지

Alain Badiou 1937–

"수학은 존재론이다."

"진리들은 다수이다."

"모든 단독적인 인간의 삶은 셀 수 없이 무한하다."

1937년 프랑스령 모로코의 라바Rabat에서 수학자이자 제2차 세계대전 때 레지스탕스 일원으로 활동한 레이몽 바듀Raymond Badiou의 아들로 태어남.

1955–1960년 루이 르 그랑 고등학교Lycée Louis-Le-Grand 및 고등사범학교(ENS)에서 수학.

1960년 스피노자의 윤리론을 연구한 논문 〈Structures démonstratives dans les deux premiers livres de l'Éthique de Spinoza〉로 석사학위 취득.

1960–1963년 랭스Reims 고등학교에서 교사로 근무.

1964년 랭스대학 문학부 교수로 옮김. 첫 소설 《알마제스트Almagestes》 발표.

1969년 신생 파리8대학(Vincennes-Saint Denis)으로 자리를 옮김(–1999년).

1985년 국제철학콜라주Collège international de philosophie 창설.

1988년 《존재와 사건》 출간.

1992년 《조건들》 출간.

1999년 고등사범학교의 철학과장 역임.

2002년 프랑스현대철학연구소 창설.

2009년 《사랑예찬》 출간.

2013년 한국 방문.

2014–2015년 글로벌 고등학술연구센터Global Center for Advanced Studies(GCAS)의 명예 회장.

2017년 현재 스위스 자스-페Saas-Fee에 위치한 유럽대학원European Graduate School(EGS)에서 르네 데카르트 석좌 교수로 근무 중.

바듀에게

존재, 진리, 사건을 묻는다

2013년 당신이 한국을 방문했을 때 당신의 따끈따끈한 철학을 육성으로 직접 들었더라면 우리처럼 철학에 종사하는 사람으로서는 평생의 추억과 자랑으로 남았을 텐데 아쉽게도 나는 그때 미국 보스턴에서 연구년을 보내고 있었던 터라 그 아까운 기회를 놓치고 말았습니다.

내가 당신을 처음 알게 된 것은, 좀 늦은 감이 있지만, 1993년 처음 파리를 방문했을 때였습니다. 그때 예전 도쿄에서 알고 지내던 알랭 마르텡이라는 친구와 몽파르나스의 한 카페에서 만나 이런저런 이야기를 나누었는데, 그 친구가 자기와 이름이 같은 '알랭 바듀'를 아느냐고 묻더군요. 나는 '알랭 들롱'은 알지만 알랭 바듀는 모른다며 그게 누구냐고 되물었습니다. 죄송합니다. 1970년대에 철학을 공부한 우리 세대는 데카르트, 파스칼, 루소, 베르크손, 사르트르 이외에 이른바 프랑스 현대철학자들은 거의 배울 기회가 없었습니다. 아무튼 그 친구가, 아주 적극적으로 '철학자라면《존재와 사건*L'Être et l'Événement*》을 쓴 바듀를 반드시 알아야 한다'며 당신을 '소개'해 주었습니다. 그래서, 비록 아주 조금씩이지만, 차츰 당신을 알아가게 되었습니다. 물론 전적으로 이해하고 동의한 것은 아니지만요.

당신은 1937년, 당시 프랑스의 지배하에 있던 모로코의 라바Rabat에서 태어나셨다지요? 당신의 아버지는 레지스탕스 활동을 한 사회주의자였고, 2차 대전 이후 툴루즈 시장을 지내기도 했다지요? 그리고 파리로 상경해 루이 르 그랑 리세를 다녔고 그 유명한 고등사범학교를 수석으로 들어가셨다지요? 그것만으로도 이미 대단한데 그 후의 인생역정은 더욱 예사롭지 않다고 나는 느꼈습니다. 저 유명한 알튀세르에게 배웠고 함께 활동했고 후에 그가 혁명에 미온적이라 결별했다는 것, 그리고 사르트르의 영향을 강하게 받아서 참여와 실천에 적극적이었다는 것(1958년 프랑스와 알제리의 전쟁을 반대한 연합사회당 설립에 주도적으로 참여했다는 것 등)도 일단은 흥미로웠습니다. 그리고 68년 5월 혁명에 적극 가담했고, 선배격인 들뢰즈를 규탄하기도 했고, 그 이후 한동안 마오주의에 빠져 있었다는 것은 더욱 흥미로웠죠. 그런데 그 후 마오주의가 쇠락하면서 다른 대안을 찾아나섰다고요.

그 대표적인 결실이 바로 '얼마 전(1988)'에 나온 저《존재와 사건》이라고 알랭이 소개하더군요. 그동안 당신은 69년부터 파리8대학, 99년부터 고등사범학교 철학과 교수를 거쳐 데리다가 초대의장을 지낸 국제철학콜라주Collège international de philosophie 등에서 교편을 잡았고, 2002년에는 고등사범학교에서 부설 프랑스현대철학연구소를 창설하기도 했다지요. 그리고 지금은 스위스 자스-페Saas-Fee에 있는 유럽대학원European Graduate School, (EGS)의 르네 데카르트 석좌교수로 있다고 들었습니다. 그리고 고등사범학교의 명예교수로 매달 한 번씩 수요일에 세미나도 진행하신다고요. 참 대단하십니다. 요즘 한국에서 뜨고 있는 슬라보예 지젝Slavoj Žižek과 함께 '라캉 닷 컴lacan dot com'에서 활동하신다는 것도 여기서는 화제가 되곤 합니다. 화제가 될 수밖에요. 지젝도 지젝이지만 당신 자신이 이미 이곳에서 꽤나 저명인사가 되어 있기 때문입니다. 비록《세계의 논리》는 아직 한국어판이 나와있지 않지만,《존재와 사건》을 비롯해《사랑예찬》《윤리학》《조건들》등 당신의 주요 저서 대부분이 한국어로 번역되어 있으니 더 이상 군말이 필요 없지요. 당신의 제자인 서용순 교수님을 비롯해 김상환, 김상일, … 등이 바듀 철학의 보급에 큰 역할을 했다는 것도 알려드려야겠군요.

그런데 바듀, 내가 보기에 당신은 현대 프랑스철학의 지도에서 좀 특이한 위치에 있는 것 같습니다(당신이 철학박사인 동시에 수학박사로서 칸토어 괴델 코엔 등의 집합론으로 철학을 풀어나가며 "수학은 존재론이다les mathématiques sont l'ontologie"라고 주장하는 특이성뿐만이 아닙니다. 정치, 사랑, 예술, 과학 등 인접분야를 넘나드는 그런 양다리 내지 문어다리는 오히려 현대 프랑스철학자 거의 모두의 특징이기도 하니까요). 당신에 대한 연구자들의 평을 보면 당신에게는 '반플라톤주의에 대응하는 신플라톤주의의 수호자' '진리와 주체의 철학자' '탈근대 시대에 철학적 합리주의의 복원을 꾀하는 철학자' ··· 같은 수식어가 붙어 다닙니다. 플라톤, 진리, 주체, 보편, 체계 ··· 다른 현대 프랑스철학자들이 알레르기 반응을 보이는 것들입니다. 당신은 아예 전통철학의 핵심인 '존재l'être'를 전면에 내세우기도 합니다. 푸코와 데리다를 비롯한 대부분의 '현대 프랑스철학자'들이 '니체주의' '마르크스주의' '프로이트주의' 그런 입장에서, 이른바 플라톤주의를 비롯한 전통 주류철학에 대해 부정적-비판적-파괴적 태도를 취하는 데 비해, 당신은 그 복권 내지 수호 내지 재구성 쪽으로 방향을 잡고 있는 듯한 느낌입니다. 나는 플라톤주의를 (아니 그 이전에 존재론의 시원인 파르메니데스주의를) 지지 내지 옹호하는 사람으로서 이런 노선이 일단은 반갑지 않을 수 없습니다(물론 나는 이런 바 '반플라톤주의'의 입장도 이해하며 구체-개별-경험의 중시라는 그 고유의 철학적 의의를 긍정적으로 평가하기도 합니다. 그리고 당신의 철학이 전통의 전면 긍정이 아니라 새로운 가능성의 모색이라는 것도 이해합니다. 철학의 역사에서는 모순의 공존-양립이 가능하며 또한 가능해야 한다는 게 내 생각입니다).

그렇다면 당신은 도대체 무엇을 말하고 싶었고 왜 그것을 말하고 싶었던 것일까? 나는 궁금했습니다. 전문가들은 당신의 철학을 "탈이성과 해체에 맞서 '합리주의'를 복원하려는 시도", "사유에서 배제된 '혁명적 정치'를 복원하기 위한 철학적 전제를 마련하는 데 바쳐진 노력", "여러 철학자에 의해 부정된 '진리'를 혁신적인 방식으로 복원시키려는 치열한 몸짓"이라는 말로써 설명해줍니다. 나도 동의합니다. 이런 말에서 이미 무언가가 드러납니다. 당신은 '존재, 진리, 주체' 이런 것들을 부정하지 않고 그 의미를 새롭게 구축하고자 합니다. 당신은 '존재l'être'를 거론합니다(단, 그것은 내가 전공한 하이데거의 존재론과는 명백히 다릅니다). 그리고 당신은 '존재'에 대한 물음으로부터 연장되거나 구별되는 지점인 '진리verité'로 나아갑니다. '존재'라는 것, '진리'라는 것 자체가 이른바 거대담론으로서 꺼려지는 이 포스트모던 시대에 그것에 대한 비판을 양해하면서도 보편적인 무언가를 포기하지 않고 지향하는 것이 당신의 철학을 '진리철학'으로 불리게 하는 까닭이겠지요.

그런데 특이하고도 흥미로운 것은 당신이 주장하는 '진리'가, 존재가, '다수le multiple'라는 개념과, 그리고 '사건 l'événement'이라는 개념과 밀착돼 있다는 것입니다.《존재와 사건》에서 당신은 존재를 '일자le Un'가 아닌 '다수'로 파악합니다. 현대 프랑스철학자 대부분에게 공통된 특징인 이분법 내지 이항대립의 지적과 극복이라는 관점에서 보자면 당신에게는 '일자vs다수'의 대비가 있는 셈입니다. "존재로서의 존재는 순수한 다수, 즉 원자들로 구성되지 않는 다수이다." "진리들은 다수이다." 다시 말해, '존재하는 것으로서의 일자는 없다. 일자는 단지 작용으로서[그 다수성의 일자화로서] 실존할 뿐이다.'[14] "존재의 교설의 기축을 이루는 테마는 비일관적인 다수성이다." 당신은 그렇게 생각합니다. 그런데 이런 말은 거두절미하고 들으면 이해하기가 정말 쉽지 않습니다. 나 같은 형이상학 전공자라도 마찬가지입니다. 머리에 쥐가 납니다. 이런 논의에 익숙하지 않은 사람들이야 오죽하겠습니까. 하지만 한 가지 실마리는 있습니다. 당신은 현시된 다수성으로서의 존재 내지 세계를 '상황la situation'이라

---

14 그의 이런 '일자의 배격'에 대해서는 좀 더 전문적인 논의가 필요하다. 플로티노스의 '일자to hen'와는 일단 구별해서 생각해야 한다.

고 표현하기도 합니다. 그것은 곧 인간의 삶의 상황일 것입니다. 즉 "모든 단독적인 인간의 삶은 셀 수 없이 무한하다"는 것이 결국 그 '다수'라는 것의 실질적 의미인 셈입니다. 그렇다면 이 다수가 '인간들의 삶의 진리라고 말할 수 있는 다양한 경우들'이라는 해석이 가능해집니다. 그것은 이해가 가능합니다. 당신의 철학은 바로 이것, 즉 삶의 다양한 경우들에 기반을 둡니다.

그런 기반에서 당신은 존재 내지 진리의 내용으로서 역사성을 특징으로 갖는 '사건événement'을 언급합니다. 그것은 '순수다수'인 '자연적 존재'와 구별되는 것으로서 '일자를 넘어서는 것l'ultra-Un'입니다. 그래서 "진리들은 다수"라고 당신은 단언합니다. 이것은 우리가 알고 있는 전통적 '진리', 즉 무한한, 시공의 한계를 초월하는, 영원성으로서의 '진리'와 일단 구별됩니다. 당신은 국지적이고 복수적인 '진리'를 그려냅니다. "상황들이 있고 진리들이 있다"는 언급도 그걸 말해줍니다. '진리'에 대한 당신의 이런 인식은, 당신의 또 다른 주제인 '사랑l'amour' '윤리l'éthique' '주체le sujet' 등의 문제에도 반영되어 전통과는 다른 새로운 모습을 펼쳐냅니다.

그렇다면 전통적인 '진리'나 '윤리'에 맞서 당신이 제시하는 '사건'으로서의 '진리', 그리고 그에 수반되는, 사건에 대한 '충실성fidélité'으로서의 '윤리' '주체'란 무엇일까… 우리는 궁금해집니다. 옳음에 대한 당위성이 흔들리는 이 시대에, 비록 지엽적이고 한시적이지만 그럼에도 보편성을 갖는 '진리'를 주장한다는 것은 어떤 철학적-실천적 함의가 있는 것일까? 우리는 묻게 됩니다.

모든 철학적 물음이 그 시대의 현실적 상황을 배경으로 삼았다는 점은 "'지금maintenant'과 '여기ici'를 중시하는 실천적 철학자 바듀"에게도 예외가 아닌 것 같습니다. 철학의 임무는 (소크라테스처럼) "젊은이들을 '타락'시키는 것"이라고 당신은 역설적으로 말했었지요(타락이란 즉 '기존의 질서와 의견들에 대한 맹목적인 복종을 거부하는 것' '철저히 지배적 질서와 의견들에서 벗어나, 새로운 질서의 가능성을 모색하는 것' '지배적 질서에 대항하고, 지배적인 의견들을 거부할 수 있는 가능성' '새로운 질서를 고민하는 모든 시도들' '기존 질서에서 벗어나는 일탈'). 특히 바듀철학의 배경에 놓인 것은 '동구권 사회주의의 몰락' '모든 절대적 가치의 해체' "'다양'과 '차이'의 강조' 그런 상황입니다. 그래서 당신의 진리론은 더욱 특별합니다.

당신의 설명에 따르면 '사건'은 그 이전과 이후를 매개합니다. 기존의 것에서 '사건'은 새로운 것을 만들어냅니다. 그것을 당신은 "진리의 절차procédure de vérité"라고 부르기도 했지요. 당신에게 사건이란 "비가시적이었던 것 또는 사유 불가능하기까지 했던 가능성을 나타나게 하는 어떤 것"입니다. 사건은 그 자체로 현실의 창조는 아닙니다. 하지만 적어도 "어떤 새로운 가능성의 창조l'événement c'est création d'une possibilité nouvelle"이고 어떤 가능성을 열어젖힙니다(이른바 '이념'이 그 새로운 가능성의 지평을 제시하기도 합니다. 당신에게는 '공산주의'도 그중 하나였지요?). 그것은 알려지지 않았던 가능성이 실존한다는 것을 우리에게 가리킵니다. 그것은 일종의 '제안'입니다. 사건을 통해 제안된 이 가능성이 세계 안에서 포착되고 검토되고 통합되고 펼쳐집니다. 바로 그것이 '진리의 절차'라고 당신은 이해합니다. 사건에 의한 바로 이 가능성의 창조에 이어 '집단적 작업'과 '개별적 작업'이 이어질 때 비로소 "그 가능성이 현실이 된다"고 당신은 말합니다. "그 가능성이 세계 속에 단계적으로 기입되는 셈"이지요. "현실세계 속에서의 결과들"을 당신은 중시하는 것입니다. 그렇습니다. "사건은 세계 속에 진리 절차의 가능성을 창조한다." 사랑, 권력, 국가, 혁명, … 언뜻 이질적으로 보이는 모든 것들이 다 그 사건들입니다. "사건"은 우리가 일반적으로 생각하듯이 정치혁명과 격변 같은 것에 국한되지 않고 예술작품의 창조나 과학적 발견과도 관계가 있는 '어떤 특별한 일'입니다. 단, 당신은 특정 상황의 여러 요소들 가운데 기존의 것과 모순되는 요소들이 어떻게 지배적인 기존 질서를 뒤집는 새로운 "진리"를 만들어내느냐에 주목합니다. 바로 그 상황의 요소들이 갖는 모순이 표출될 때 "사건"이 발생합니다. "진리절차의 기원"인 이 '사건'은 "새로운 형상의 돌발"이라고 표현되기도 합니다.

친애하는 바듀, 당신의 존재론 내지 진리철학은 추상적이기 짝이 없지만, 차근차근 당신의 논의를 따라가다 보면 그것이 실은 너무나도 구체적인 현실적 문제들과 결합되는 것을 확인하게 됩니다. 심지어 그게 ("둘의 무대"이자 "사건"인) 사랑, 윤리, 혁명 등 이질적인 현실들을 모두 포괄한다는 것은 좀 의외이면서도 또한 바로 그 점 때문에 매력적이기도 합니다. 이런 느낌은 비단 나에게만 그런 것도 아닌 것 같습니다. 한국 지성계의 저 가볍지 않은 반응이 그렇습니다. 우리는 당신이 《철학과 사건》에서 밝혔던 그 각오를 지금도 주목하고 있고 그리고 앞으로도 그럴 것 같습니다. 당신은 아직도 활동 중이시니까요.

"기성 질서에 맞서는 일반적 대안에 대한, 상황 속에서 충돌을 야기하는―불복종과 위반의 실천을 포함할 수 있는―실험들에 대한 살아있는 이념을 위한 이데올로기적 노력, 마침내 조직의 문제에 대한 끊임없으면서도 실험적인 성찰, 이것이 나의 '무엇을 할 것인가'일 것입니다."

이렇게 아직 '다음'을 기대할 수 있다는 것은 현대철학의 큰 장점인 것 같습니다. 부디 100세를 넘긴 저 가다머만큼이나 장수하시기를 기대합니다. 당신이 좋아하는 아리스토텔레스의 말로 마지막 인사를 대신합니다.

"불멸의 것으로 살라!Vivre en immortel!"

영미로 부치는 철학편지

Letters to the British & American Philosophers

Jeremy Bentham 1748-1832

"자연은 인류를 고통과 쾌락이라는 두 군주의 지배하에 두었다.
우리가 무엇을 하게 될 것인지를 결정하는 것은 물론,
우리가 무엇을 해야 할 것인지를 지적하는 것도
오로지 이 두 군주에 달려 있다."

"최대 다수의 최대 행복이야말로 도덕과 입법의 기초가 된다."

1748년 영국 런던의 부유한 집안에서 태어남. 세 살 때부터 라틴어를 배우는 등 영재로 소문이 남.

1755년 웨스트민스터 스쿨Westminster School 입학.

1763년 옥스퍼드대학 퀸즈 칼리지Queen's College에서 학사학위 취득.

1766년 동 대학에서 석사학위 취득.

1769년 변호사가 됨. 그러나 곧 법조계에 환멸을 느낌.

1776년 《통치론 단편》 출간. 이것으로 사회적 명성을 얻음.

1789년 《도덕과 입법의 원리 서설》 출간.

1802년 뒤몽이 《도덕과 입법의 원리 서설》을 프랑스어로 번역. 이것으로 파리의 명예시민이 됨. 이 무렵 교도소 개혁의 일환으로 판옵티콘 프로젝트 추진.

1809년 정신적 동지인 제임스 밀James Mill을 만나 각종 법률개정운동에 몰두.

1811년 《처벌과 포상》 출간.

1817년 《의회개혁론》 출간.

1823년 제임스 밀과 〈Westminster Review〉지를 공동 창간함. 젊은 제자들과 함께 철학적 발본주의Philosophical Radicals로 영국 사회에 영향을 미치기 위해 분투함.

1830년 《헌법전》 출간.

1832년 런던 웨스트민스터Westminster의 자택에서 죽음. 죽기 한 달 전까지 자신의 시신 해부와 이른바 '오토 아이콘'을 위해 세심하게 준비함.

벤담에게

공리주의를 묻는다

'현대 영미철학'에 관한 편지를 맨 처음 당신에게 보내는 것은 어쩌면 '현대'의 범위를 규정하는 시각에 따라 몇몇 사람들에게는 시빗거리가 될 수도 있겠습니다. 당신이 1748년 생이니 당연히 그럴 수 있겠지요. 하지만 당신이 세상을 뜬 게 1832년이었고 1800년 이후에도 활발하게 저술활동을 했으니 어쨌든 19세기 사람인 것 또한 분명한 사실이고, 당신의 주저격인 《도덕과 입법의 원리 서설*An Introduction to the Principles of Morals and Legislation*》이 비록 1789년에 나오긴 했지만, 예컨대 1822년에도 이 책에 대한 주석을 단 적이 있으니, 폭을 조금만 넓게 해서 보면 당신에게 '현대철학자'의 자격이 전혀 없는 것은 아닐 것입니다. 또한 당신이 남긴 말, "우리가 살고 있는 시대는 바쁜 시대다. 거기서는 지식이 완성을 향해 신속하게 진보하고 있다.The age we live in is a busy age; in which knowledge is rapidly advancing towards perfection"는 마치 우리의 20/21세기를 두고 하는 말 같은 느낌을 주기도 합니다.

내가 당신에게 애착을 가지는 것은 무엇보다도 당신이 펼쳤던 철학이 '현대'라는 이 시대의 형성에 무시할 수 없는 공로가 있다고 평가하기 때문입니다. 이를테면 당신은 당신의 후계자격인 밀Mill 부자, 특히 존 스튜어트 밀에게 결정적인 영향을 주었고 그의 《자유론》은 현대세계의 결여할 수 없는 한 사상적 원천이기도 하니 그런 계보상으로도 당신은 분명히 '현대'의 일부에 걸쳐 있습니다. 하지만 그 이전에 당신 자신의 철학으로 세상에 널리 알려진 이른바 '공리주의utilitarianism'와 《통치론 단편》의 저 유명하고도 유명한 '최대 다수의 최대 행복The greatest happiness of the greatest number is the foundation of morals and legislation'이라는 말만 가지고서도 당신은 충분히 '현대철학자'의 신분증을 받을 만합니다. 적어도 나는 그렇게 평가합니다(1809년에 쓰고 1817년에 낸 《의회개혁론A Catechism of Parliamentary Reform》에서 선거의 연례화, 선거구의 균등화, 참정권의 확대, 비밀투표 등을 주창한 점도 당신의 현대성을 입증하는 하나의 자료가 되겠지요).

나뿐만이 아니라 우리 세대 모두에게 당신은 일단 '유명인사'입니다. 고등학교 윤리시간에 일찌감치 우리는 당신에 관해 배웠기 때문입니다. 물론 그때는 아직, 당신이 법학을 전공하고 변호사가 되었다든지, 교수의 강의에는 실망했다든지, 공리주의적 입장에서 자연법을 비판했다든지, 국제법학에 영향을 주었다든지, 법의 성문화를 역설했다든지, "모든 법은 자유의 한 침해이다Every law is an evil, for every law is an infraction of liberty"라고 말했다든지 등등, 법학과도 얽혀 있다는 사실은 잘 몰랐고, 더욱이 international, codify, minimize, maximize 같은 조어를 당신이 만들었다는 흥미로운 사실도 알지 못했고, 요사이 드물지 않게 이슈가 되는 '동성애' 문제에 대해 당신이 일찌감치, 그것은 아무에게도 해를 끼치지 않는다는 점을 논거로, 그 합법화를 제창했다는 것도 몰랐습니다. 원형 감옥 구상인 이른바 '판옵티콘panopticon'과 당신의 유해를 박제화한 이른바 '오토 아이콘Auto-Icon'에 대해 들은 것은 대학에 입학한 다음이었습니다(미셸 푸코가 당신의 그 판옵티콘에 대해 분석과 비판을 시도한《감시와 처벌》이 유명한데, 당신의 반응을 들어볼 수 없는 것은 좀 유감이군요).

좀 아쉬운 일이기는 하지만 나의 경우, 대학에서나 대학원에서나 당신의 철학에 대해 정식으로, 본격적으로 배울 수 있는 기회를 갖지는 못했습니다. 하지만 넓은 의미에서의 사회철학적 관심을 자연스럽게 촉발했던 저 1970, 80년대의 문제적 상황 속을 지나오면서, 우리 젊은 철학도들은 '행위의 원리'에 대한 관심의 끈을 놓지 않았고, 그런 맥락에서 당신의 그 '최대 다수의 최대 행복'이라는 원리도 우리들이 폈던 논의의 테이블에 빈번히 올려지고는 했었습니다.

나는 지금 그 시절의 논의들을 추억처럼 되짚어봅니다. 대학 도서관에서 처음 당신과 마주했던 때가 생각나는군요. 당신의 그《도덕과 입법의 원리 서설》첫 페이지〈공리의 원리에 대하여〉를 장식했던 저 멋있는 말은 지금 다시 보아도 그대로 멋있습니다.

"자연은 인류를 고통과 쾌락이라는 두 군주의 지배하에 두었다. 우리가 무엇을 하게 될 것인지를 결정하는 것은 물론, 우리가 무엇을 해야 할 것인지를 지적하는 것도 오로지 이 두 군주에 달려 있다. Nature has placed mankind under the governance of two sovereign masters, pain and pleasure. It is for them alone to point out what we ought to do, as well as to determine what we shall do."

'진리는 그 단순함-당연함 때문에 곧잘 간과된다'는 것을 나는 거듭 강조해왔습니다만, 당신의 이 말도 거기서 예외는 아닌 것 같습니다. 내 식으로 바꿔 말하자면 무언가가 나/우리에게 좋으냐 나쁘냐 하는 것이 우리의 행위를 결정하는 기준이 된다는 말입니다. 더욱이 당신은 이어지는 곳에서 "그것들(고통과 쾌락)이 우리가 행하고, 말하고, 생각하

영미로 부치는 철학편지

는 모든 것에 있어서 우리를 통치한다"고 말하고 있는데, 그 세 가지 즉 생각과 말과 행위가 철학이라는 활동 그 자체의 핵심들이니 당신의 통찰은 곧 철학의 한 지표가 되기도 할 것입니다.

아무튼 바로 그 고통을 줄이고 쾌락을 늘리기 위한 지침으로 당신이 제시한 것이 '공리의 원리principle of utility', 다시 말해 '최대 다수의 최대 행복', '최대 지복greatest felicity', '최대 선greatest good'이라는 원리였습니다. 그것을 당신은, "이해 관계가 걸려 있는 당사자의 행복을 증가시키거나 감소시키는 (또는 촉진시키거나 억누르는) 경향에 따라 모든 각각의 행위(개인의 모든 사적인 행위뿐 아니라 정부의 모든 법령의 작용까지를 포함하는 것)를 승인하거나 부인하는 원리" "이해 당사자 측에 쾌락·선·행복을 제공하고 손해·고통·악·불행을 방지해주는 경향이 있는 어떤 대상의 속성"이라고도 설명했었지요. 우리가 무언가를, 특히 사회적인 차원에서 무언가를 행할 때, 그것이 가장 많은 사람의 가장 큰 행복과 연결될 수 있는지를 기준으로 생각해보자는 이 원리는 얼마나 아름답고 숭고한 것인지요. 특히나 오로지 나 한 사람, 또는 내 가족, 내 패거리의 행복만이 절대적인 기준으로 작용하는 요즈음의 세태를 보면 당신의 이 원리는 마치 희미한 옛사랑의 그림자 같은 그립고도 아련한 느낌으로 다가옵니다.

물론 나는 이론적으로 따지기 좋아하는 사람들이 당신의 이 원리에 대해 걸었던 시비들을 들어 알고 있습니다. 예컨대 다수의 행복을 위해 소수의 불행을 대가로서 요구하는 것은 정당한가, 즉 사회 전체의 안전을 위해 누군가를 고문하는 것이 필요하다면 그것이 정당화될 수 있는가 하는 식입니다("선원이 배를 타다가 난파하여 선원 몇이서 작은 보트에 소량의 식량을 싣고 바다에 표류하게 되었다. 식량이 다 떨어지게 되어 전원 아사의 위기상황. 이때 선원 중 한 명이 병에 걸린 선원을 죽여서 식량으로 쓰자고 제안하였다. 그들은 그렇게 해서 연명했고 이윽고 구조되었다. 이 경우의 식인은 과연 정당화될 수 있는가?" "어느 마을에서 한 소년이 살았다. 그런데 이 소년에게 좋은 일이 생기면 마을 전체에 나쁜 일이 생겼다. 마을 사람들은 마을 전체의 행복을 위하여 소년을 빛도 들지 않고 추운 방에 가두었으며, 먹을 것도 제대로 주지 않아 소년을 병약하게 만들었다. 이런 구속은 과연 정당한가?" 이런 예화도 바로 그런 시비의 일종입니다. 이런 식의 논의들은 선풍적 인기를 끌었던 마이클 센델의《정의란 무엇인가》를 통해 한국사회에서도 유명해졌죠). 하기야 구체적인 상황에서는 숙고하며 따져보아야 할 그런 세부사항들이 어디 한둘이겠습니까. 당신도 그것을 알고 있었으니 "행복계산[혹은 쾌락계산: 강력성, 지속성, 확실/불확실성, 원근성, 다산성, 순수성, 영향을 받는 사람들의 수라는 일곱 가지 기준에 의한]"이라든지 "행복지

수"와 같은 것도 고려를 했던 것이겠지요. 그런데도 당신의 이런 고귀한 지향을 이른바 '양적 쾌락주의'라는 말로 폄하하는 것은 좀 부당하다고 나는 봅니다. 또, "모든 처벌은 해이며 그 자체로 악All punishment is mischief; all punishment in itself is evil"이므로 더 큰 악을 배제할 가망이 있는 한에서만 사용해야 한다는 당신의 말을 들어보면, 당신이 다수의 행복을 위해 무조건 소수의 희생을 용인한 것이 아니라는 것도 분명합니다. 이렇게 나는 당신을 변호하고 싶습니다.

무릇 철학의 효용이라고 하는 것은 방향의 설정 내지 제시라고 나는 생각합니다만, 그런 점에서 당신의 손가락은 우리가 나아가야 할 방향을 제대로 지시해주었습니다. 쾌락-행복-공리-선이 그것이었습니다. 더욱이 당신은 그것이 '최대 다수'의 선이어야 한다고까지 말해주었습니다. 물론 최대 다수를 언급했다고 해서 당신이 구체적인 개인을 무시한 것도 결코 아니었지요. 그 증거로 나는 "개인의 관심이 무엇인지를 이해함이 없이 사회의 관심을 논하는 것은 헛된 일이다It is vain to talk of the interest of the community, without understanding what is the interest of the individual""사람들은 별을 잡으려고 손을 뻗으면서 너무나 자주 자기 발치의 꽃을 잊어버린다Stretching his hand up to reach the stars, too often man forgets the flowers at his feet"라는 당신의 말을 제시할 수도 있을 것입니다. 전체의 이익과 부분의 이익이 언제나 배치되는 것만은 아닙니다. 소수의 이익이 반사회적이고 이기적인 것이거나, 다수의 이익이 부도덕하고 정의롭지 못한 예외적인 경우를 제외하고는 그것은 대체로 일치합니다. 객관적 '정의'라는 조건, '정의에 입각한 행복'은 대단히 중요하고도 필요한 보충이겠지요. 그런 점에서 나는 당신이 저 마이클 샌델Michael Sandel과 하나의 콤비를 이루어주었으면 좋겠습니다(당신이 '최대 다수'를 언급했다는 사실 자체가 이미 그런 객관적 정의를 염두에 둔 것이라고 나는 해석하는데, 좀 지나친 두둔일까요?).

당신은 어쩌면, 사소한 트집이라도 잡아 어떻게든 비판을 해보려는 반대자들을 이미 의식하고 있었는지도 모르겠습니다. 저 《…원리 서설》에서 "공리의 원리에 반대하는 것을 즐기는 듯한 편견들의 극복…"을 당신이 언급하는 것은 혹시 바로 그 때문이 아니었나요?

금욕주의에 대한 당신의 논의들, 특히 "금욕주의 원리는 잘못 적용된 공리의 원리"라는 당신의 입장은 또 다른 맥락에서 인상적이었습니다. 그것은 아프리오리하게 무한생성-변화를 거듭하는 저 '욕구'라는 것을 삶의 한 원리로 승인하고 그것의 성취와 좌절에서 인생의 행복과 불행을 읽어내려는 나 자신의 입장과 어디선가 맞닿아 있기 때문입니다.

그런 논의들을 포함해서, 만일 언젠가 내게 충분한 정신적-시간적 여유가 주어진다면, 나는 당신이 펼쳤던 그 '고통과 쾌락의 … 제재 또는 원천' '쾌락 또는 고통의 가치가 어떻게 측정될 수 있는가?' 하는 문제들, '쾌락과 고통의 종류들' 그리고 가능하다면 '범죄와 처벌'이나 '동물의 권리'에 관한 당신의 논의 같은 것도 한번 심도 있게 들여다보았으면 좋겠습니다.

친애하는 벤담, 나는 개인적으로, 지나간 과거의 철학들이 지니고 있었던 반짝이는 가치들을 복원하여 그 빛을 되살리고 현재화시키는 것을 하나의 과업으로 생각합니다만, 그런 시각으로 볼 때 당신은 19세기라는 저 흘러간 시간 속에 묻어두기에는 참으로 아까운 보석이라고 여겨집니다. 다른 것은 차치하고서라도 '쾌락과 고통'이라는 것에 대한 주목, '공리' '최대 다수의 최대 행복' '최대 선'이라는 것에 대한 지향, 이것만은 사람들이 언제나 가슴속 깊이 품어주기를 나는 기대합니다. 제발 좀 그렇게 생각하고 그렇게 말하고 그렇게 행동하면서 그렇게 좀 '공리주의적으로' 살아주었으면 좋겠습니다. 이론적인 시비걸기나 트집잡기 같은 그런 것들 대신에.

John Stuart Mill 1806-1873

"만족한 돼지보다는 불만족한 인간이 되는 게 낫다.
만족한 바보보다는 불만족한 소크라테스가 되는 게 낫다."

"인류가 그들 동료 중의 어떤 사람에 대해서
그 행위의 자유에 개인적 또는 집단적으로 개입하는 것이 정당화되는 것은
자기보전을 목적으로 하는 경우뿐이다."

1806년 영국 런던의 펜톤빌Pentonville에서 스코틀랜드 출신의 철학자이자 역사학자인 제임스 밀James Mill의 6남매 중 장남으로 태어남.

1819년 공교육을 받지 않고 아버지와 함께 공부. 아버지에게 제출한 보고서가 나중에 《정치경제학 원리》의 초고가 됨.

1820년 프랑스 몽펠리에Montpellier의 과학대학Faculté des Sciences에서 화학, 동물학, 논리학 강의 청강. 개인교습을 통해 고등수학을 배움. 자유당의 여러 지도자들을 만났고, 또 생시몽과 같은 파리의 저명인사를 만남.

1823년 아버지를 따라 영국 동인도회사에서 근무(-1858년), 연구와 저술에 몰두함.

1827년 신경쇠약으로 고생. 마르몽텔과 워즈워스의 작품을 통해 '구름이 점차로 걷힘'.

1843년 《논리학 체계》 발표.

1851년 21년 동안의 교제 끝에 해리어트 테일러Harriet Taylor와 결혼. 이후 헤리어트의 영향으로 여성 권리를 옹호하는 입장이 강해짐.

1858년 동인도회사 사직. 아내 해리어트와 프랑스 여행 중 아내가 폐혈증으로 사망.

1859년 아내의 영향을 많이 받은 《자유론》 출간.

1865-1868년 세인트앤드류스대학의 학무위원장으로 선임, 런던 웨스트민스터 선거구에서 하원의원(아일랜드 부담 완화 정책, 여성 권리 강화 정책을 포함하여 각종 사회개혁을 주장함).

1869년 의회 안에서 최초로 여성의 투표권을 주장함. 아내의 영향을 받은 《여성의 예속》 출간.

1873년 프랑스의 아비뇽Avignon에서 죽음, 아내 곁에 묻힘.

밀에게

자유를 묻는다

　내가 당신을 처음 알게 된 것은 저 아득한 고등학생 때였
는데, 지금 생각해보면 그 사실 자체가 참 대단한 일이었던
것 같습니다. 입시공부로 정신이 없던 그 와중에도 우리는
당신의 《자서전Autobiography》은 물론 《자유론On Liberty》《공
리주의Utilitarianism》 등을 읽고 토론하고 했으니까요. 절친이
었던 김수일 군이 언제나 좋은 말상대가 되어주곤 했었지요
(그는 훗날 미국에서 박사학위를 받고 귀국해 교수가 되었고 한국을
대표하는 저명한 조류학자로 이름을 날렸습니다만 애석하게도 일찍
세상을 뜨고 말았습니다). 하지만 고등학생이 철학에 제법 관
심이 있었다고 한들 당신에게는 명함도 못 내밀겠지요. 당
신은 그야말로 진짜 신동이고 영재였으니까 말입니다.

　당신은 비단 철학뿐만 아니라 인물과 삶에서도 참 이야
깃거리가 많았습니다. 확인 삼아 한번 되짚어봅니다. 만년에

저 러셀의 대부이기도 했던 당신은 1806년 런던에서 태어나셨고 아버지 제임스 밀에 의해서 가장 모범적인 조기교육을 받았었지요. 또래들과 어울려 놀지도 못하면서 3살 때 이미 라틴어를, 8살 때는 그리스어를 배웠고, 14살 때까지 고전, 논리학, 역사, 문학, 수학, 경제학까지 다 섭렵을 했다지요? 그 나이에 애덤 스미스와 리카르도의 경제학도 읽고 노트에 정리해 제출했고, 그게 훗날 부친의 《정치경제학 요론》으로 출판돼 나왔을 정도라니 조숙도 그런 조숙이 없습니다. 또한 벤담의 도움도 직접 받았으니 당신이 그의 공리주의를 계승한 것은 어쩌면 당연한 일이기도 하겠습니다. 그리고 14살 때 벤담의 동생인 사뮤엘 벤담의 초청으로 프랑스에 건너가 1년간 견문을 넓히기도 했었지요. 귀국 후 당신은 케임브리지나 옥스퍼드에서 교육을 받는 대신 부친이 근무하던 동인도회사에서 직책을 얻어 일을 했었고, 심사국장이라는 요직에까지 이르렀다고요? 그러면서도 사색과 논의와 집필을 계속했다니 정말이지 당신의 부친에게도 당신에게도 경의를 표하지 않을 수가 없군요. 하지만 정서가 배제된 이성의 특훈이 아무래도 무리였던지 1826년경부터 한두 해 동안 '심적 위기'를 겪었었지요. 그런데 그것조차도 워즈워드Wordsworth의 시와 콜리지Coleridge의 이상주의를 통해 이내 극복했다니("구름이 점차 걷혔다"니). 참 할 말을 잃게 됩니다.

　　　　　　　　　　　　　영미로 부치는 철학편지

또 하나 잊을 수 없었던 이야기는 당신과 해리어트 테일러 Harriet Taylor의 그 유명한 사랑입니다. 런던의 약종상 존 테일러의 부인이었던, 그러니까 유부녀였던 그녀를 당신은 사모했고 무려 20년에 걸친 청순한 사랑을 지속했다죠? 우연인지 그녀의 남편이 병으로 세상을 뜨고 마침내 (주변의 반대에도 불구하고) 결혼을 성사시켰다니 그것도 참 대단한 사랑이 아닐 수 없습니다. 하지만 그 대단한 사랑도 그녀의 병사로 7년 만에 끝났다고 하니, 더구나 이제 막 은퇴하고 연금으로 만년을 누리기 위한 유럽여행 중에 그녀가 떠났다고 하니, 참으로 애석한 노릇입니다. 그녀가 당신의 집필에 크게 기여할 만큼 지적이었다는 점을 생각하면 더욱 그렇습니다. 그러니 그녀의 사지인 프랑스의 아비뇽과 당신이 하원의원직을 수행하던 런던을 반반씩 오가며 여생을 보냈다는 것도 충분히 이해가 됩니다. 그 과정에서 당신은 저 유명한《자유론》《공리주의론》《자서전》은 물론《논리학 체계》《경제학 원리》《여성의 예속》등의 명저를 써내셨으니, 당신이 1873년 부인이 묻혀 있는 아비뇽에서 숨을 거둘 때, "나의 일은 끝났다You know that I have done my work"고 말했다는 것은 생애 전체에 대한 어떤 충족감의 표현이었는지도 모르겠습니다. 비록 부친의 교육에 결정적으로 힘입었다고는 해도 당신 본인의 능력과 노력 없이야 어찌 가능한 일이었겠습니까. 나는 지금도 그 모든 것에 에누리 없이 탄복하고 있습니다.

아마 고등학생 이상이라면 거의 대부분의 한국인들도 당신이 남긴 저 명언을 알고 있을 것입니다. "만족한 돼지보다는 불만족한 인간이 되는 게 낫다. 만족한 바보보다는 불만족한 소크라테스가 되는 게 낫다.it is better to be a human being dissatisfied than a pig satisfied; better to be Socrates dissatisfied than a fool satisfied." 당신이 '돼지'나 '바보' 대신에 선택한 (혹은 권유한) 그 '인간'과 '소크라테스'에는 어떤 '존엄'이 전제돼 있다고 나는 해석합니다. 그리고 바로 그 존엄이 구체적으로 짙게 반영된 것이 당신의 그《자유론》이 아닐까, 그렇게 나는 이해합니다. 1970년대 초반의 밑줄이 아직도 선명한 그 책을 다시 들춰보면서 나는 당신의 사상을 반추해봅니다.

당신은 "시민적 혹은 사회적 자유civil or social liberty"를 주제로서 공언했습니다. 그러니까 전통철학이 다루어왔던, 특히 칸트류의 이른바 '의지의 자유'와는 다른 자유입니다(당신은 알 턱이 없으시겠지만 하이데거류의 이른바 존재론적 '자유Freiheit'와도 당연히 다른 자유입니다). 당신의 주된 관심사였던 이 자유는 "사회가 개인에 대해서 정당하게 행사할 수 있는 권력"이라는 것과 짝을 이루고 있습니다. 그 배경에는 "자유와 권력의 싸움"이라는 '역사'가 깔려 있습니다. 당신은 정확히 께

뚫어보고 있었습니다. 저 '치자' '정치적 지배자' '통치집단' '정부'라고 불리는 그들(당신이 '맹금'이라고 부르기도 한 그들)의 '권력' '폭압'을 말입니다. 그래서 당신은 그 '제한'을 논했던 것이지요. '다수자의 폭압'은 일반적으로 '사회가 경계해야 할 악의 하나'로 간주됩니다. 그것을 당신은 "[개인들에게 가해지는] 사회적 폭압은 생활의 구석구석까지 파고 들어가서 인간정신 그 자체를 노예화하는 것"이라고 진단합니다. 그리고 "원래 개인의 독립성에 대한 집단적 여론의 정당한 간섭에는 한계가 있다"고도 진단합니다. 그래서 "한계를 찾아내고 그 한계를 여론의 침해로부터 보호-유지해간다는 것은 양호한 인간 생활환경을 위해서는 정치적 압제에 대한 보호의 경우와 마찬가지로 불가결한 것"이라고 선언합니다. '강제의 부당성'을 선언하는 당신의 문장에 대해 어떤 흥분을 느끼던 1970년대의 그 감각이 조금 되살아나는군요. 당신은 말했었지요. "이 논문의 목적은 … 강제와 통제의 방법으로 사회가 개인을 다스리는 것을 절대적으로 좌우할 하나의 단순한 원리를 주장하려는 데 있다"고 말이지요. 그게 바로 "인류가 그들 동료 중의 어떤 사람에 대해서 그 행위의 자유에 개인적 또는 집단적으로 개입하는 것이 정당화되는 것은 자기보전을 목적으로 하는 경우뿐이다"라는 것이었습니다. "위해의 방지" 오직 그것만이 정당화될 수 있다는 것이지요. 그것 말고는, "어떤 사람에게 그렇게 하기를 또는 그렇게 하지 말기를 강제한다는 것은 정당한 일일 수가 없다"고 당신은 단언했습니다. '충고' '이해' '설득' '탄원'은 할 수 있지만, 타인에 대한 '위해'가 아닌 한 '강제'나 '처벌'은 부당하다는 것이지요. "어떤 사람의 행위에서 그 사람 자신이 사회에 대해 책임을 지고 있는 부분은 다만 다른 사람들과 관계되는 부분뿐이다. 오직 그 자신에 관계되는 부분에 있어서는 그의 독립성은 당연히 절대적이다. 자기 스스로에 대해서, 그 자신의 육체와 정신에 대해서는 그는 군왕인 것이다." 사람에 대한 사람의 폭압이라는 엄연한 역사와 현실을 생각할 때 이런 말들은 신성한 것이 아닐 수 없습니다. 개인에게 가해지는 그런 폭압을 직접 경험했던 우리 한국인들에게는 특히 그렇습니다.

벤담주의자이기도 했던 당신에게 정당화되는 것은 오직 '공리(공공의 복리utility)'였습니다. 그 '공리'라는 것을 당신은 "모든 윤리 문제에 관한 궁극적인 판정자"라고 말했습니다. 공리는 "인간의 항구적 이익"과 관련되는 것입니다. 그래서 그것은 숭고합니다. 오직 그것만이 "외적 통제에 대한 개인적 자발성의 종속을 정당화한다"고 말해집니다. 그런 것이라면 나도 군말 없이 동의합니다.

물론 당신은 '위해'나 '가해'에 대한 '책임responsibility'론을 빠트리지 않습니다. "어떤 사람이 다른 사람들에게 해를 끼치는 데 대해서 그 사람의 책임을 묻는다는 것은 원리-원칙"이라고 당신은 분명히 말하고 있습니다. "책임을 져야 한다 must take responsibility"는 말은 《자유론》의 도처에서 발견됩니다. 그러니까 당신의 자유는 무책임한 방종과는 엄연히 구별되는 것이지요.

이런 사상을 기초로 당신은 지극히 구체적인 자유들을 논해나갔습니다. 그게 바로 '사상의 자유' '언론의 자유(말하는 자유, 글 쓰는 자유)', 그리고 '행복의 한 요소로서의 개성' '개인에 대한 사회적 권위의 한계' 등이었습니다.

논의의 마지막에서 당신이 제시한 두 개의 '공리'를 나는 지금도 소중히 가치로서 간직하고 있습니다. 1) "개인은 자기의 행위에 관해서 그것이 그 자신 이외의 여하한 사람의 이해와도 관계되지 않는 한 사회에 대해서 책임이 없다." 2) "다른 사람들의 이익을 해치는 행위에 관해서는 개인은 당연히 사회에 대해서 책임을 져야 한다." 뿐만이 아닙니다. 또 있습니다. "국가의 가치는 궁극에 있어서는 국가를 구성하고 있는 개인들의 가치이다"라는 말도 그렇습니다. 소중한 말이 아닐 수 없습니다. 그 '개인individual'의 한 사람으로서 나는 당신의 이런 문장에 대해 크나큰 고마움과 동지의식을 느낍니다. "그 이름에 합당한 유일한 자유는 우리의 고유한 방식으로 우리의 고유한 선을 추구하는 자유이다. 우리가 타인들의 고유한 선을 빼앗고자 시도하는 않는 한에서, 혹은 그것을 얻으려는 그들의 노력을 방해하지 않는 한에서"라는 말도 그렇습니다. 그것은 그저 한낱 사상이 아니라 그대로 당신의 가치이자 인격이었습니다.

친애하는 밀, 당신의 19세기와 우리의 20세기 및 21세기는 비록 얼마간의 시차가 있기는 합니다만, 지금 우리가 여기서 누리고 있는 이 자유주의와 개인주의가 당신의 철학과 직접 닿아 있다는 것을 부인할 수는 없을 것 같습니다. 우리는 당신의 성과를 실질적으로 향유하고 있습니다. 물론 이 자유와 개인의 존중이 전적으로 당신에게만 유래하는 것은 아니겠지만, 그것이 일정 부분 당신에게 빚지고 있다는 것은 틀림없습니다. 그러나 아직도 당신이 지적했던 그 폭압들이 지상에서 아주 사라진 것은 아닙니다. 지금도 여전히 세계 이곳저곳에서는 폭압에 시달리는 개인들의 신음소리가 들려옵니다. 사상을 이유로 누군가는 투옥되기도 하고 목숨을 잃기도 합니다. 또 누군가는 입에 재갈이 물려지고 누군가는 붓을 꺾이기도 합니다. 지금도 어디선가는 개성이 무시되고 사회는 개인보다 우선시됩니다.

영미로 부치는 철학편지

물론 구체적인 세부사항에 들어가면 논의가 그렇게 단순하지만은 않을 겁니다. 개인과 사회의 관계가 그렇습니다. 오늘날 이른바 개인주의는 많은 문제점들을 노출시키고도 있습니다. 타인과 사회에 대해 피해를 끼치기도 하고 자기 자신을 황폐화시키기도 합니다. 자유주의도 마찬가지입니다. 많은 사람들이 이 문제들과 씨름해왔고 지금도 그렇고 앞으로도 그럴 것입니다. 하지만 그렇다고 그 문제들이 개인의 존엄과 자유의 가치를 원천적으로 훼손할 수는 없습니다. 그래서 당신의 자유론은 여전히 유효합니다. 그것은 무제한한 이기주의는 아니니까요. 나는 당신의 이 발언에서 그것을 확인합니다.

"나는 내 욕망들을 만족시키려 시도하기보다 그것들을 제한함으로써 내 행복을 찾는 법을 배워왔다.I have learned to seek my happiness by limiting my desires, rather than in attempting to satisfy them."

절제도 아는 이런 인격이니 어찌 영국인들이 당신을 자랑하지 않을 수 있겠습니까. 언젠가 아비뇽에서 당신의 묘소에 헌화라도 하게 될 날을 기대해봅니다.

Charles Robert Darwin 1809–1882

"종은 개개의 독립성을 갖고 창조된 것이 아니고,
변종과 같이 다른 종에서 유래된 것이다."

"생존경쟁은 모든 생물들이 증식하고자 하는
높은 비율에 따라 불가피하게 일어난다."

"인간은 하등동물에서 유래되었다."

1809년 영국 슈루즈브리Shrewsbury에서 부유한 의사인 아버지 로버트 다윈과 어머니 수잔나의 6남매 중 다섯째로 태어남.

1825년 가업을 물려받기 위해 에든버러Edinburgh대학 의학부 입학. 그 자신은 박물학에 관심.

1827년 '피에 대한 거부감'으로 의학에 흥미를 잃고 에든버러대학 자퇴.

1827년 성공회 신부가 되길 바라는 아버지의 뜻에 따라 케임브리지대학 신학부Christ's College로 재입학. 여름, 유럽여행.

1831년 케임브리지대학 신학 학사.

1831년 로버트 피츠로이가 선장인 '비글호HMS Beagle' 탐험선에 박물학자로 승선(~1836년). 지질학, 자연사 수집물을 수집, 해안을 탐사하고 지도를 그림.

1837년 적색 메모장Red Notebook에 최초로 종의 변화에 관한 착상을 기록함. 지질학회 평의원으로 선출됨.

1838년 지질학회 서기로 선출됨. 지리학자로도 활동하며, 동물학 연구에 전념.

1839년 훌륭한 조수이자 외사촌인 엠머 웨지우드Emma Wedgwood와 결혼. 《비글호 항해기》 출간.

1842년 생물계에 관한 최초의 연구서 〈산호초의 분포와 구조〉를 발표. 종의 발생에 관해 착상.

1844년 〈화산도의 지질학적 관찰〉을 출간.

1846년 비글호 탐험에서 얻은 자료를 바탕으로 〈남미의 지질학적 관찰〉을 출간.

1858년 린네 학회 총회에서 월리스의 논문과 함께 〈진화론〉 발표.

1859년 《종의 기원》 출간.

1868년 《사육 동식물의 변이》 출간.

1871년 《인간의 유래와 성선택》 출간.

1872년 《인간과 동물의 감정 표현》 출간.

1881년 영국 켄트 주 다운Downe에서 73세의 나이로 죽음.

다윈에게

진화를 묻는다

영면 중인 당신에게 무슨 의미가 있을지는 모르겠습니다만, 학교를 조금만 다닌 사람이라면 찰스 다윈이라는 이름을 모르는 사람이 없을 정도로 당신은 지금 전 세계적인 초저명인사가 되어 있습니다. 당신의 개념인 "진화"나 "생존경쟁" "자연선택[자연도태]" 등도 마찬가지지요. 나도 일찍부터 이런 것들을 들어 알고 있었습니다. 언제부터였는지 어떤 계기에서였는지는 워낙 오래전이라 좀 감감합니다. 하지만 한 가지, 저 아득한 중학생 때(1969년이었던가?) 엄청 인기를 끌었던 찰턴 헤스톤 주연의 영화 〈혹성탈출Planet of Apes〉을 보고 난 후 아주 자연스럽게 당신을 떠올렸던 일은 생생하게 기억납니다. '아하, 그렇구나. 인간과 원숭이는 사촌이구나.' 대단히 막연하고 순진하지만, 뭐 그런 생각. 그때도 그런 생각은 이미 하나의 지배적인 '상식'이었습니다. 진실 여부와 상관없이.

그런데 다윈, 그런 상식에 의하면 당신은 생물학자, 지질학자, 혹은 (상대적으로 좀 낯선 말이기는 하지만) 박물학자로 분류되고 있습니다. 그러니 '철학사'를 논하는 이 편지가 당신을 상대로 쓰여지는 것은 어떤 사람들에게는 좀 의아할지도 모르겠습니다. 하지만 나의 기준으로는 당신을 '현대 영국철학자'의 목록에서 제외할 수가 없습니다. 스펜서Herbert Spencer 등 철학자들은 물론 현대 지식사회 전반에 끼친 그 절대적인 영향을 생각해도 그렇고, (다윈을 빼놓고는 현대철학도 없다"는 평가도 있습니다) 또 애당초 철학이라는 것이 '인간과 세계에 대한 근본적인 이성적-학문적 설명' 내지 '일가견'인 이상, 당신의 그 파격적-혁명적인 인간이해, 인간론은 철학이 아닐 수가 없기 때문입니다. 실제로 지금은 백과사전에서도 당신을 엄연한 철학자로 인정하고 있습니다. 그러니 당신을 포함하는 나의 이 리스팅은 정당합니다.

그렇기는 하지만, 내가 당신과 당신의 철학을 조금이라도 가까이 혹은 적극적으로 생각하게 된 것은 그다지 오래된 일은 아닙니다. 그럴 기회도 없었고 그럴 의무도 없었으니까요. 그런데 지난 2009년 당신의 탄생 200주년과 《종의 기원》 출간 150주년을 맞아 〈조선일보〉와 〈다윈포럼〉이 '다윈이 돌아왔다'는 특별기획을 연재했고, 그것을 토대로 《21세기 다윈혁명》이라는 책이 출판됐고, 그것을 기념해 이화여대에서 '다윈과 현대사회'라는 공개강좌가 개최되는 등 아주 떠들썩했었습니다. 그때 비로소 조금, 적극적인 관심을 갖게 되었습니다. 당신 개인의 '인간과 삶'에 대해서 일부나마 알게 된 것도 그때가 처음이었습니다. 이를테면, 당신이 1809년 잉글랜드의 슈루즈브리Shrewsbury에서 태어났고, 아버지는 부유한 의사였고, 어렸을 때부터 식물-조개-광물 등 박물학적 수집과 원예에 취미가 있었고, 박물학자였던 할아버지가 쓴 책들을 읽으며 생물에 대한 관심을 키워왔고, 16세 때 아버지의 뜻으로 에든버러대학 의학부에 진학했지만 만족하지 못했고, 또 케임브리지대학 신학부에도 다녔지만 그것도 만족하지 못했고(박물학자 헨슬로John Stevens Henslow와의 만남과 그의 영향이 성과라면 성과였죠), 결국 당신의 관심은 박물학으로 향했다는 것 등등도 그때서야 알았습니다. 그 이전에 알고 있었던 것은 유일하게 당신의 그 유명한 '비글호HMS Beagle 항해'였습니다. 1831년 12월 당신은 그 배를 타고 5년간의 항해에 따라나섰지요. 그 체험이, 특히 남미 갈라파고스에서의 체험이, 당신 개인의 삶에서나 이른바 진화론의 형성에 있어서나 결정적인 것이었지요. 영국 플리머스 항 출항 ⇨ 브라질 사우바도르 항구 ⇨ 리우데자네이루 ⇨ 우루과이 몬테비데오 ⇨ 포클랜드 섬 ⇨ 남아메리카 남단을 돌아서 ⇨ 칠레 발파라이소 ⇨ 에콰도르 갈라파고스 섬 ⇨ 태평양 횡단 ⇨ 뉴질랜드 ⇨ 오스트레일리아 시드니 ⇨ 아프리카 남단을 돌아서 ⇨ 대서양의 어센션 섬 ⇨ 다시 브라질 살바도르 항구 ⇨ 영국 플리머스 항구 도착까지 지구를 한 바퀴 돈 그 항해는 정말 대단한 것이었습니다. 1839년 훌륭한 조수이자 외사촌이기도 했던 엠머 웨지우드Emma Wedgwood와의 결혼은 물심양면으로 큰 도움이 되었다지요? 그리고 1856년부터 쓰기 시작한 《종의 기원On the Origin of Species》을 1859년에 출간해 생물학자와 신학자들의 엄청난 반대와 함께 격렬한 논쟁을 불러일으켰었지요. 그것은 당시의 지성계에 코페르니쿠스의 지동설만큼이나 큰 충격을 주었습니다. 그 후 《가축과 재배 식물의 변이The Variation of Animals and Plants under Domestication》, 《인간의 유래The Descent of Man》 등의 저서도 잇따랐습니다. 1882년 세상을 떠나면서 남긴 마지막 말은 "나는 죽음 앞에서 일말의 두려움도 갖고 있지 않다"는 것이었다죠? 이래저래 하여간 대단하십니다. 당신의 그 엄청난 집중적 연구가 자폐증에 기인한다는 설도 있고, 만년에 "나는 《성서》를 믿지 않는다"고 쓴 편지가 고가에 경매되었다는 이야기도 있습니다만, 그런 게 중요한 사안이 되는지는 잘 모르겠습니다.

영미로 부치는 철학편지

친애하는 다윈, 나는 사실 당신의 철학에 대한 전문가는
아니지만, 그래도 그《종의 기원》과《인간의 유래》는 좀 관
심을 갖고 읽어보았습니다. 내게 익숙한 일반적인 철학서와
는 좀 달랐지만, 그 유명할 대로 유명한 개념들을 직접 만나
는 즐거움도 없지는 않았습니다. 그것은 분명 화제가 될 만
했습니다. 더욱이 "나는 박물학자로서 군함 비글호에 승선
하여 항해를 하는 동안에 남아메리카의 생물의 분포와 과거
에 서식하였던 생물과 현존하는 생물과의 지질학적인 면에
서 어떤 관련성이 있음을 보고 깊은 감명을 받았다"는 그 서
언 첫마디는 당신의 견해가 단순한 사변이 아닌, 엄밀한 생
물학적-지질학적, 즉 과학적 근거 위에서 이루어진 것임을
시사하고 있었습니다. 그건 설득력의 중요한 항목 중 하나
가 된다고 곧바로 느꼈습니다. 그리고 당신은 결정적인 '그
결론'을 제시했지요. 즉 "종은 개개의 독립성을 갖고 창조된
것이 아니라, 변종과 같이 다른 종에서 유래된 것이라는 결
론"입니다. 그걸 뒷받침하기 위해 당신은 "변이variation" "환
경적응environmental adaptation" "생존경쟁struggle for existence" "자
연선택natural selection[자연도태]" "적자생존survival of the fittest" 등
을, 그리고 "본능instinct" "잡종hybrid" 등도 구체적으로 그리
고 치밀하게 논의해나갔습니다. "수없이 되풀이되는 생존경
쟁이 일어나기 때문에 어느 개체가 복잡하고 변화하는 생활

조건 아래에서 … 그 자신에 유리한 방법으로 변이해간다면 생존하는 데 더한층 유리한 기회를 포착하므로 마침내는 '자연적으로 선택'이 되는 것이다"라는 것이 당신의 중요한 착안점이자 포인트였습니다. 그리고 다시 한 번 강조했습니다. "나로서는 가능한 한 신중하게 연구하고 냉정한 판단을 한 결과 … 각개의 종이 개별적으로 창조되었다고 생각하는 견해는 잘못되었다고 하는 것은 조금도 의심할 여지가 없는 것이다"라고 말이죠. 이건 사실 지금 생각해보면 획기적인 혹은 역사적인 발언이었습니다. 나는 숨을 죽이며 당신의 말을 읽었습니다. 그리고 중요한 주장을 만날 때마다 밑줄을 그었습니다. 나는 그 부분들을 추억처럼 되읽어봅니다.

"하나하나의 작은 변이가 유용할 경우 보존이 된다고 하는 이 원칙을 나는 '자연선택natural selection'이라고 부른다. … '적자생존'이라는 말이 더 정확하며 때로는 이 말이 쓰기에 한결 편리하다." "모든 생물은 심한 경쟁에 놓여있다. … 보편적인 생존경쟁의 진리 …" "생존경쟁은 모든 생물들이 증식하고자 하는 높은 비율에 따라 불가피하게 일어난다." "유익한 개체의 차이와 변이의 보존, … 자기에게 유해한 형질을 가진 생물은 파멸되고 만다는 사실을 나는 '자연선택' 또는 '적자생존'이라고 부르고자 한다." "모든 생물에 대해 …

유리한 변이가 일어날 때, 그 특질화된 개체는 틀림없이 생존경쟁에 있어서 보존되는 가장 좋은 기회를 얻게 된다. 그리하여 확고한 유전의 법칙에 따라 그들 개체는 똑같은 형질을 가진 자손을 생산하는 경향을 갖게 된다. 이러한 보존의 원칙 또는 적자생존의 원칙을 나는 '자연선택'이라고 이름한다. 이 자연선택은 각 생물을 … 생활환경과의 관계에 있어서 개량하는 것이며 … 체재의 진보라고 할 수 있는 방향으로 유도해나가게 된다." "사용은 어떤 부분을 강하고 크게 하며, … 불사용은 그것을 약하고 작게 한다. … 이러한 일시적 변이는 유전된다." "더 중요한 구조상의 변화를 발생시키는 것은 유리한 차이가 계속적으로 누적됨으로써 이루어진다." "오늘날 대부분의 박물학자들은 어떤 형태에 있어서의 진화evolution를 시인하고 있다." "그 유용한 것을 조성하고 해로운 것을 배제하는 이 힘에 과연 어떤 제한이 가해질 수 있을 것인가." "자연선택은 본질적으로 아주 진실된 것처럼 생각된다." "변종이거나 종이거나를 막론하고 용불용use and disuse은 큰 효과를 낳을 것처럼 생각된다." "… 개별적인 창조이론으로는 전혀 설명할 수 없는 사실이다." "… 이런 사실은 창조이론에 의해서는 조금도 설명될 수 없음이 증명되었다." "생명은 최초에 창조자에 의하여 소수의 형태로, 모든 능력과 더불어 불어넣어졌다는 그리고 이 혹성이 확고한 중력의 법칙에 의해서 회전하고 있는 동안에, 이러한 단순한 발단으로 해서 이와 같이 가장 아름답고 경탄할만한 무한한 형태가 생겨났고, 또한 진화되고 있다는 견해에는 장엄함이 깃들어 있다. …"

좀 길어졌습니다만, 내가 그 당시 밑줄을 그어뒀던 부분들입니다. 어떻습니까. 핵심을 잘 집어냈나요? 뒷받침하는 구체적인 실증 자료들이 있는 만큼 당신의 이런 주장들은 대단히 설득력이 있습니다. 참으로 날카로운 통찰이라고 나는 탄복합니다. 그런데 이게 다가 아닙니다. 당신의 이런 기본적인 인식 내지 통찰은 우리 자신인 인간에게도 적용되었습니다. 저《인간의 유래》에서 당신은 '인간의 유래' '인간의 기원'에 관심을 기울이며, "인간이 하등동물에서 유래되었다man is descended from some lower form"고 단언합니다. 당신은 "인간의 기원과 그의 역사에 한 줄기 빛이 비춰졌다"는《종의 기원》의 말을 상기시키며 그것이 "인간이 지구상에 출현한 방법이 다른 생물들과 동일하게 취급되어야 함을 뜻한다"고 주장합니다. 그리고 당신은 말했지요. "옛날에 살다가 지금은 사라진 하등동물과 우리 인간이 동일한 조상에게서 갈라져 나온 공동 자손이라는 결론은 결코 새로운 것이 아니다. 라마르크는 이미 오래전에 사람과 동물이 한 조상에게서 갈라져 나온 공동 자손이라는 결론을 얻었다"라고 말입니다(라마르크Jean-Baptiste Lamarck의 권위를 일종의 방패로 동원하는군요). 이런 주장의 근거로서 당신은 "인간의 신체에는 하등동물에게서 물려받은 것이 거의 확실한 흔적들이 남아 있다"는 사실을 제시합니다. 그리고 다른 동물들과 인간을 비교하면서 그 '유사성'을 주목합니다. 이를테면 골격, 근육, 신경, 혈관, 내장기관, 뇌, 그리고 동물들과 주고받는 질병들. 공수병, 천연두, 비저병, 매독, 콜레라, 수포진, 카타르, 결핵, 뇌졸중, 내장염증, 백내장, 고열, 그리고 약물의 같은 효과 그리고 동일한 미각, 그리고 기생충 감염, 그리고 임신 등 달의 주기에 의한 영향, 그리고 상처재생 등 똑같은 치유 과정, 그리고 구애-출산-양육 등 생식의 전체 과정, 그리고 동물과 마찬가지인 암수-남녀의 차이, 그리고 일반 구조, 조직의 미세 구조, 화학적 조성, 체질의 유사성, 그리고 배발생, 흔적기관, … 등등등 철저하게 그 유사성 내지 동일성을 제시합니다. 그리고 이런 주장에 이르렀지요. "같은 계급의 구성원들이 동일한 조상에서 유래되어 다양한 조건에 적응했다는 사실을 인정한다면, 그들이 보이는 상동 구조의 전반적인 설계는 명료한 것이다." "… 모두 비슷한 유형을 보인다는 사실은 다른 견해로는 절대 설명할 수 없다. 이들 모두가 동일한 이상적 계획으로 독자적으로 형성되었다고 주장하는 것은 과학적 설명이 되지 못한다." "그러므로 우리는 어떻게 인간과 그 외의 다른 모든 척추동물이 동일한 보편적 모형에 따라 만들어졌고, 왜 그들의 배발생 초기 단계가 모두 동일하며, 또 왜 그들이 특정한 흔적을 보편적으로 갖고 있는지에 대한 이유를 이해할 수 있을 것이다. 결과적으로 우리는 이들 모두가 동일한 계통에서 갈라져 나왔다는 것을 솔직하게 인정해야만 한다." 그리고 덧붙입니다. "우리가 이러한 견해를 받아들이지 않는다면 그것은 단지 선천적인 편견이며, 우리의 조상이 반신반인에서 유래되었다고 선언하는 오만불손함이 우리에게 있기 때문이다." "… 각각의 생물을 독자적인 창조활동의 작품이라고 믿었다는 사실이 불가사의하게 여겨질 날이 머지않아 오게 될 것이다." "현재 대부분의 젊은 세대는 진화론을 받아들인다. 진화론을 인정하는 박물학자들은 모든 인종이 하나의 원시적인 줄기에서 갈라져 나왔다는 것을 인정한다."

이런 발언들에서는 대단한 확신이 느껴집니다. 나도 당신의 논의를 따라가면서 연신 고개를 끄덕입니다. 그렇지요. 생존경쟁? 틀림없는 진실입니다. 자연선택? 적자생존? 그렇고말고요. 실제로 환경에 적응하지 못해 도태되고 멸종된 것들을 우리는 화석을 통해서도 확인합니다. 짧은 세월 속에서도 확인됩니다. 변이? 그것도 확인됩니다. 변이의 유전?

그것도 확인됩니다. 진화? 그렇고말고요. 당연히 있죠. 더군다나 당신이 제시하는 과학적인 증거들은 정말이지 흥미진진합니다. 우리 같은 순수 철학자들에게는 그런 과학성 자체가 이미 매력이자 방어하기 힘든 무기이기도 합니다. 과학 운운하면 바로 주눅이 들어버리는 것은 칸트 이래의 전통이기도 합니다. 하여간 다 맞습니다. 다 좋습니다. 그런데! 마지막 단계에서, 결정적인 단계에서, 나는 고개를 좀 갸우뚱하게 됩니다. '하등동물로부터의 유래'? 동일한 조상? 그게 그렇게 곧바로 연결될 수 있을까? 나는 거기서 일종의 논리적 비약 같은 것을 감지합니다. 유사성이 곧 동일성일 수는 없습니다. 예컨대 나비와 참새와 파리 사이에도 유사성은 얼마든지 존재합니다. 그렇다고 이들이 공동의 조상을 갖는다고 말하는 것은 무리입니다. 동과와 호박과 수박에도 유사성이 있지만 그들의 조상이 같다고 보는 것은 무리입니다. 쌀과 밀, 콩과 팥도 그렇습니다. 나는 일찍이 "탱자는 100년이 지나도 오렌지가 되지는 않는다"고 말한 적이 있습니다(물론 윤리적인 의미입니다만). 당신의 논의로는, 그게 아무리 치밀하더라도, 이 지상에 존재하는 저 무수히 많은 종들의 존재를 설명하기에는 역부족입니다. 그것들은 각자 너무도 다양합니다. 우리의 인식의 한계인지는 모르겠습니다만, 우리는 그 종들의 '단적인 존재'를 (특히 변이-진화 이전의 존재를) 그냥 있는 그대로 인정할 수밖에 없습니다. 그게 꼭 '신의 창조'에 의한 것이 아니어도 좋습니다(물론 나는 여전히 그것이 만유에 대한 가장 강력한 설명방식이라고 인정하는 입장입니다만). 존재론자의 한 사람으로서 존재의 인과론적 원인 내지 궁극적인 기원에 대해서는 완벽한 무지를 인정할 수밖에 없기 때문입니다. 그래서 저 명민한 철학자들도 처음부터 '경이'와 '신비'를 출발점으로 삼을 수밖에 없었던 것이지요(당시나 지금이나 사람들이 진화론에 열광하는 것은 창조로 상징되는 기존질서, 권위, 특히 종교로서의 기독교에 대한 반감이 작용한 결과일 거라고 나는 해석합니다. 그런 현상은 저 니체의 '망치를 든 철학' '모든 가치의 전도' '신의 죽음' '초인'의 철학이 인기를 끈 것과 구조적으로 대단히 유사합니다).

친애하는 다윈, 인간은 처음부터 인간이었고, 원숭이는 처음부터 원숭이였습니다(원숭이의 진화는 좀 더 똑똑한 원숭이로의 진화일 따름이지, 인간으로의 진화일 수는 없습니다). 그게 우리 이성의 가장 자연스런 판단입니다. 그것은 무화과와 자두가 다른 것처럼, 쌀과 보리가 다른 것처럼, 참새와 박새가 다른 것처럼, 애당초 다른 것입니다. 이성은 결코 바보가 아닙니다.

물론 그렇다고 10만 년 전의 인간과 현대의 인간이 같다는 주장은 아닙니다. 진화를 비롯한 다윈 인간론의 전면 부정은 절대 아닙니다. 그 사이에는 당신의 해명처럼 명백한 진화가 있습니다. 변이도 있습니다. 생존경쟁, 자연선택, 적자생존 다 있습니다. 그러나 그 모든 것들은 말하자면 어디까지나 '종의 범위 내에서의 진화'입니다. 혹은 '창조의 범위 내에서의 진화'입니다. 창조 자체가 허용한 '변화(변이)의 폭' 내지 '진화의 범위'라는 게 종 그 자체 안에 원천적으로 있는 겁니다. 진화가능성 자체가 창조의 내용에 포함되어 있는 것입니다. 지금도 그런 허용 범위 내에서 진화는 진행 중일 것입니다. 앞으로도 그럴 것이고요. 그렇게 나는 진화도 창조도 다 인정합니다. 그것은 모순적 대립이 결코 아닙니다. '창조의 허용 범위 내에서의 진화' '본질로서의 진화가능성' 그것이 진실이기 때문입니다. 그렇게 나는 진화론과 창조론의 화해, 조화, 공존을 주선하고 싶군요.

친애하는 다윈, 이런 논의가 부디 당신의 학적 노력과 권위에 대한 도전이 아님을 이해해주신다면 좋겠습니다. 중요한 것은 결국 진실 그 자체일 뿐입니다.

Charles Sanders Peirce 1839–1914

"아마 실제적인 영향을 지닐 무슨 결과(효과)를
우리가 우리의 개념화의 대상이 지니리라고
마음에 떠올리는지 잘 생각해보라.
그러면 이러한 결과(효과)들에 대한 우리의 개념이
그 대상에 대한 우리 개념의 전체이다."

1839년 미국 매사추세츠 주 케임브리지cambridge에서 하버드대학 천문학 수학 교수인 벤자민 퍼스Benjamin Peirce의 차남으로 태어남.

1859년 하버드대학 학사. 미국 연안측량부 기사로 근무(~1891년).

1862년 하버드대학 문학 석사.

1863년 하버드대학 로렌스 사이언티픽 스쿨Lawrence Scientific School 화학 학사(최초의 화학과 숨마 쿰 라우데summa cum laude).

1867년 미국 예술-과학 아카데미American Academy of Arts and Sciences 회원으로 선출됨.

1869–1872년 하버드 천문대의 조수Assistant로 근무(별의 밝기와 은하수의 형태를 관찰하는 데 중요한 역할을 함).

1875년 부인 해리어트 멜러시나 페이Harriet Melusina Fay와 헤어지고 1883년 이혼.

1877년 〈신념의 고정〉 발표.

1878년 〈우리의 관념을 명석하게 만드는 법〉 발표.

1879년 존스홉킨스대학에서 논리학 강의.

1884년 줄리엣Juliette Froissy과의 부적절한 관계로 인해 존스홉킨스대학 교직을 사임함.

1887년 줄리엣과 함께 펜실베이나 주 밀포드Milford 근교에 은거. 기고, 서평 등으로 어렵게 생활.

1890년 철학 학술지 〈The Monist〉에서 학술서 발표.

1891년 미국 연안측량부 퇴직.

1907–1910년 그의 오랜 친구인 윌리엄 제임스William James의 도움으로 보스턴 지식인들에게서 생활비를 지원받음.

1914년 미국 펜실베이니아 주의 밀포드에서 죽음. 사후 하버드대학에서 그의 《전집》 8권 간행.

퍼스에게

프래그머티즘을 묻는다

이것이 미국으로 보내는 첫 편지이군요. 네오 프래그머티스로 알려진 로티는 원조 프래그머티트 3인방 중 당신을 제임스나 듀이에 비해 덜 주목하지만 나는 오히려 그들보다 당신을 더 주목합니다. 그건 내가 당신이 태어나 자랐던 케임브리지에 한때 살아봤다거나 당신이 배우고 가르쳤던 하버드대학에서 한때 연구생활을 했다는 개인적 인연 때문만은 아닙니다. 그건 무엇보다도 내가 '처음' 혹은 '시작'이라는 것의 의미를 크게 평가하기 때문입니다. 당신은 바로 그 '프래그머티즘pragmatism'이라는 것을 처음으로 주조해낸 공로자일 뿐 아니라 사실상 '미국철학'의 본격적인 개시자이기 때문입니다. 이른바 '분석철학'이라는 것이 대표적인 미국철학으로 알려져 있지만 엄밀하게 말하자면 그것도 유럽철학의 수용 내지 승계이니 미국에서 자생한 그리고 지극히

'미국적인' 당신의 프래그머티즘과는 그 성격이나 의미가 같다고 할 수 없죠. 지난 20세기는 물론 지금 21세기도 미국이 세계를 주도하는 시대이니 그 미국의 정신인 미국철학의 의미는 결코 가벼울 수 없다는 게 내 생각입니다.

나는 일찌감치 고등학생 때부터 당신의 존재를 알고 있었습니다. '윤리' 시간에 배운 것도 물론 있지만, 입시를 대비해서 읽었던 영어 부교재에 우연히도 당신의 초기 대표작 중 하나인 그 《우리의 관념을 명석하게 하는 법*How to make our ideas clear*》의 일부가 실려 있었기 때문입니다. 수험 공부라 인상이 좋을 턱은 없었지요. 특히 그 유명한 '프래그머티즘의 준칙'은 문장 구조가 좀 꼬여 있어 그걸 해석하면서는 "아후, 이게 뭐가 명석해?" 하며 툴툴거리던 기억이 새삼스럽네요. 하지만 대학에 들어가 그 철학을 제대로 알게 되면서 나는 '오우, 이거 심상치 않은 철학인데?' 하며 당신을 다시 보게 되었고 그 인물에 대해서도 좀 살펴보았습니다.

당신은 1839년 미국 매사추세츠 주 케임브리지에서 태어나 자라셨더군요(훗날 내가 한때나마 그곳의 주민이 되리라고는 당시로서는 정말 상상도 못했습니다. 인생이란 게 참 알 수가 없죠? 당신의 생가인 '3 Phillips Place', 지금 레슬리대학 인문사회과학 대학원의 일부가 된 그 근처를 일상 속에서 가끔 거닐던 그 시절의 기억이 새롭군요). 그런데 참 복도 많으시지. 아버지가 하버

영미로 부치는 철학편지

드의 수학교수님이셨다죠? 그런 지적 분위기에서 자라셨다니 당신이나 형제들이 훗날 지식인으로 장성한 것도 ("만일 내가 뭔가를 한다면 그건 다 아버지 덕분이다"라고 한) 당신의 말마따나 다 아버지 덕분일 수도 있겠네요. 그리고 당신이 명문 하버드에서 공부를 한 것도, 한때 거기서 강의를 한 것도 우연은 아니었겠죠(내가 거기서 한때 연구생활을 한 것은 우연한 복이었지요. 당신도 같은 장소에 있었는지는 모르겠습니다만, 철학과 건물인 에머슨 홀 2층의 로빈스 도서관에서 나는 당신 생각을 하며 당신의 책들을 다시 읽기도 했었지요). 그런데 졸업 후에는 특이하게도 미국 연안측량국US Coastal Survey의 기사가 되었고, 한편 7-8명의 동지들과 '형이상학 클럽Metaphysical Club'을 만들어 철학을 연구했다죠? 바로 거기서 그 '프래그머티즘pragmatism'이 싹튼 것이고요. 그중 윌리엄 제임스가 있었던 것도 어쩌면 당신 인생의 큰 복이었는지 모르겠군요. 바로 그가 당신의 프래그머티즘을 전미에 그리고 전 세계에 보급한 결정적인 파트너가 되어주었고, 그리고 나중에 당신이 어려운 처지였을 때 물심양면으로 도와주기도 했었으니까 말입니다. 그런데 1914년 당신이 펜실베이니아에서 암으로 세상을 뜰 때까지 당신의 삶이 그다지 순탄하지 못했던 것은 좀 안타깝습니다. 젊은 한때 하버드에서 가르치며 촉망받았던 것과는 달리 해리어트Harriet Melusina Fay와의 이혼, 줄리엣Juliette Froissy과의 재혼으로 인한 사회의 냉대는 물론 한동안 근무했던 존스홉킨스대학에서도 해임되었고, 측량국에서도 사임하고, 클라크, 위스콘신, 미시간, 코넬, 스탠퍼드, 시카고 등 수많은 대학들도 당신의 노크에 문을 열어주지 않았고, 결국 좋아했던 철학을 업으로 삼지 못한 채, 사전이나 잡지에 서평이나 기고로 혹은 번역으로 근근이 지내는 궁핍과 안면신경통 등 질병에 시달렸고, 당신의 그 대단한 철학도 당대에는 빛을 보지 못했으니까요. 생계용 서평을 위해 이집트학-범죄학-언어학-심리학-수학-역학-천문학-화학-측량-사회학-역사-문예평론-신학-전기 등 분야를 가리지 않고 읽었고 엄청난 분량을 썼다는 사실, 그리고 고통에 시달릴 때 당신이 거의 멍하거나, 냉담하거나, 침울하거나, 의심하거나, 조그만 반대도 견디지 못해 폭력적으로 격앙되거나 했다는 사실은 듣는 이의 가슴을 아프게도 합니다. 특히 만년의 20년간 난방도 없이 겨울을 지내고 얻은 빵으로 끼니를 때우고 무엇보다 문방구를 살 돈이 없어 낡은 원고의 여백에 글을 썼다니 참으로 딱한 노릇이 아닐 수 없습니다.

하지만 퍼스, 이제 영혼이나마 좀 편해지십시오. 그 모든 고난이 다 지난 지금은 오직 당신의 그 업적만이 철학사의

한 부분으로 빛나고 있으니까요. 그 핵심에 당신이 창출한 그 '프래그머티즘pragmatism'이 있습니다. 물론 당신의 학문적 노력과 업적은 수학-형이상학-미학-윤리학-기호론-… 특히 논리학 등 광범위에 걸쳐 있지만 퍼스하면 역시 뭐니 뭐니 해도 '프래그머티즘'입니다(훗날 당신은 제임스 등에 의한 통속화를 우려하며 이걸 '프래그머티시즘pragmaticism'으로 개칭해 구별하셨지요). '프라그마πράγμα(실제, 실무)'라는 그리스어와 'pragmatisch(실제적, 실용적)'라는 칸트의 용어에서 유래하는 이 철학은 '문제problems'에 대응하는 태도 내지 사고방식으로서 의미를 갖는다고 나는 이해했습니다. 그 태도 내지 사고방식은 이미 유명할 대로 유명해진, 그리고 내가 고등학생 때 고생고생 해석했던 저 "프래그머티즘의 준칙pragmatic maxim"에 단적으로, 그리고 압축적으로, 드러나있습니다.

　"아마 실제적인 영향을 지닐 무슨 결과[효과]를 우리가 우리의 개념화의 대상이 지니리라고 마음에 떠올리는지 잘 생각해보라. 그러면 이러한 결과[효과]들에 대한 우리의 개념이 그 대상에 대한 우리 개념의 전체이다.Consider what effects that might conceivably have practical bearings you conceive the objects of your conception to have. Then, your conception of those effects is the whole of your conception of the object."(이를테면 '다이아몬드의 단단함'이란 개념

은, 이게 다른 많은 것들에 의해 밝혀지지 않을 거라는 그 "실제적 결과[효과]"를 생각해보라는 거죠. 그게 핵심이라는 거죠. 즉 그 성질의 개념 자체가 그것에 대해 생각되어지는 결과에 달려 있다는 거죠. 그래서 당신은 "검사에 회부되기 전까지는 [즉 결과를 확인하기까지는] 단단한 것과 부드러운 것 사이에는 절대적으로 아무런 차이도 없다"고도 말했던 거죠?)

배배 꼬인 듯한 문장이지만, 지금의 나는 이 말의 의미를 이해합니다. 그리고 이런 생각에 탄복합니다. 당신이 동의하실지 모르겠습니다만, 이 말이 갖는 철학적 의미의 핵심은 '결과effects'와 '실제적 영향practical bearings'이기 때문입니다. 그 다음으로 중요한 것이 '개념' '대상' '생각[숙고]'입니다. 이 모든 단어들이 결국은 다 중요합니다. 하지만 그중에서도 가장 중요한 '결과'와 '실제적 영향', 바로 이것이 '미국적인 가치'의 반영이라고 나는 해석합니다. 그렇게 나는 읽었습니다. 대학생 때 나는 이렇게 생각했습니다. '하기야 그렇지. 미국 사람들은 이렇게 생각할 수도 있겠네. 아니 이렇게 생각할 수밖에 없었을지도 몰라. 유럽 사람들이야 기나긴 역사를 통해 이미 많은 지식을 확보한 상태니 일반적-보편적 원리를 대전제로 삼아 연역을 하면 새로운 구체적 지식을 확보할 수도 있고, 또 역사적 노력의 결과 안정적인 사회상태가 확보돼 있으니 여유 있게 구체적-개별적-경험적 사례들을 기초로 귀납을 하면 새로운 보편적 원리를 알 수도 있겠지만, 미국 사람들이야 역사도 없고 미지의 서부를 개척해가다 보면 어디서 인디언의 화살이 날아올지, 어디에 낭떠러지나 폭포가 있을지 아무것도 모르는 상황이니 (혹은 그런 상황을 살아왔으니) 그 상황과의 대처가 유럽 사람들과 같을 수는 없었겠지. 그 모든 것이 목숨과 이익으로 직결되는 실제상황이니 생각 하나인들 구체적인 결과를 최우선시하지 않을 수 없었겠지. 그러니 이런 철학이 나왔던 게지.' 그렇게 말입니다. 좀 비약일지도 모르겠지만 그런 사고방식이 오늘날의 미국을, 미국의 풍요와 강성을 건설한 기초가 되지 않았을까 그렇게 나는 짐작합니다. 그리고 바로 이게 '우리의 관념을 명확히 하는 법'의 핵심이기도 했죠. 하긴 명확한 핵심을 놓친 흐리멍텅한 생각이 의미 있는 실제적 결과를 가져다줄 수는 없겠죠.

그런데 퍼스, 이런 준칙의 배경에 당신의 엄청난 학문적 노력이 깔려 있음을 아는 사람은 의외로 많지 않습니다. 이게 어쩌다 우연히 나온 게 아닌데 말이죠. 당신은 고대의 '범주론'도 공부했고, 중세의 '유명론'도 비판적으로 들여다봤고, 근세의 '칸트'도 공부했고, 현대의 '진화론'에서도 영향을 받았었지요. 그리고 나름의 형이상학과 윤리학과 미학도 갖고 있었습니다. 그런 바탕 위에서 당신은 무엇보다도 '탐구의 방법들'을 면밀히 들여다보았습니다.《신념의 고정*The Fixation of Belief*》에서 묘사한 그 얼개는 대략 이랬습니다. 당신은 "탐구inquiry"라는 것을, 즉 '신념belief의 상태를 성취하기 위한 투쟁'을 주목합니다. 물론 그것은 '의심doubt'에서 출발합니다. 거기서 '의심의 소멸', 즉 "신념의 고정"으로 나아가는 게 곧 탐구입니다. "탐구의 유일한 목적은 의견의 정착이다"라는 당신의 말은 그런 뜻입니다. 일반적으로는 거기에 네 가지 방법이 있습니다. 당신은 그것을

1) 고집의 방법the method of tenacity : 자신의 믿음에 집착하여 의심을 품지 않고, 남들의 의견을 전혀 고려하지 않는 것

2) 권위의 방법the method of authority : 믿음을 결정하는 어떤 제도를 통해 사람들 위에 군림하여 확정된 믿음을 전체에게 주입하는 것

3) 선험적 방법the method of the apriori : 관찰된 사실에 근거하기보다 체계의 토대적 명제가 이성에 부합하는지 여부를 척도로 삼는 것

4) 과학의 방법the method of science : 의견과 사실의 일치를 보장해주는 것

이렇게 네 가지로 정리했습니다. 당신이 지지하는 것은 '과학'의 방법이었지요. "이 방법은 반드시 모든 인간의 궁극적 결론이 같은 그러한 것이어야만 한다. 그러한 것이 과학의 방법이다." 그것의 "근본적 가설"은 이렇습니다. 즉 "실재하는 사물들이 있고, 그것들의 특징들은 그들에 대한 우리의 의견들과는 전적으로 독립적이다. 그들 실재들은 규칙적 법칙들에 따라 우리의 감각들에 영향을 미치고, 그리고 비록 대상들에 대한 우리의 관계들이 다른 만큼이나 우리 감각들이 다르다고 할지라도 지각의 법칙들을 이용함으로써 우리는 사유에 의해 사물들이 실제로 그리고 참으로 어떠한지를 확인할 수 있다. 그리고 누구이건 그가 충분한 경험을 지녔고 그것에 관해 충분히 사유한다면 하나의 참인 결론에 도달할 것이다. 여기에 결부된 새로운 개념이 실재의 개념이다." 그렇게 당신은 말했습니다. 이 방법에 대한 신뢰와 지지가 확인됩니다. 실재와 지각-사유-경험에 대한 신뢰입니다.

그런데 이런 방법은 퍼스철학의 전체 구도에서 봤을 때 '논리학'과 밀접하게 관련됩니다. 일반적으로 '논리'에는 '연역deduction'과 '귀납induction'이 있습니다만, 당신은 그것들이 각각 지니는 한계를 넘어 제3의 논리를 제시하셨지요. 그게 바로 저 '추정법abduction'이었지요(혹은 짐작법. 혹은 발상법. 전문가인 박우석 교수님은 가설과 추정이라는 의미를 동시에 살려 '가추'라고도 번역하더군요). 유명해진 예지만,

> 법칙 : 이 자루에서 나온 콩은 모두 하얗다.
> 결과 : 이 콩들은 모두 하얗다.
> 사례 : 이 콩들은 이 자루에서 나왔다.

이게 추정입니다(여기엔 물론 가설-검사로서의 '귀추retroduc-tion'도 공조합니다). 이런 추정이 실제로 필요한 사고방식, 즉 실용적이고 과학적인 사고방식이라고 당신은 생각하신 거죠? 당신은 이런 것에 신뢰를 보냅니다. "과학의 모든 관념들은 추정이라는 길을 통해 나타난다." "추측, 또는 더 정확히 말해, 추정은 사유하는 이에게 귀납이 검증할 문제의 이론을 제공해준다. 주어진 상황에서 예상했을 바와 다른 현상과 마주쳤을 때 그는 그것이 지닌 측면들을 살펴보고 어떤 괄목할 만한 특징이나 그것들 간의 관계에 주목하고, 그는 곧 그것을 그의 정신에 이미 저장되어 있는 어떤 개념의 특징으로 인식하여 그 현상에서 놀라운 바를 설명해줄 (즉, 그것을 필연적으로 만들어줄) 한 이론이 시사된다. 그러므로 그는 그 이론을 받아들여 더 이상의 검토를 요구하는 이론들의 목록에서 그것이 높은 자리를 차지하도록 한다. 추정은

새로운 관념들을 공급하는 유일한 사유 유형이고, 이런 의미에서 종합적인 유일한 유형이다." 그렇죠. 바로 이런 게 실제로 이루어지는 우리의 사고형태인 만큼 나도 지지합니다. 물론 추정은 필연적으로 오류가능성을 지니고 있지만, 또한 절반의 사실가능성도 지니고 있으니 결코 무시할 수는 없습니다. 하지만 연역과 귀납도 그 나름의 의미는 결코 작지 않습니다. 새로운 것은 '+1'이지 옛것을 무효화시키는 '×0'은 아닙니다.

친애하는 퍼스, 당신의 철학에는 여기서 확인하지 못한 흥미로운 논점들('진리론' '과학론' '기호론' '범주론' '진화의 형이상학' '프래그머티시즘' 등등)이 너무너무 많습니다. 당신은 곤경 속에서도 실로 대단한 열정으로 광범위에 걸친 그 '퍼스의 철학'들을 개진했습니다. 아직도 그 전모가 다 드러난 것은 아닙니다만, 지금 확인해본 것만으로도 이미 당신은 위대한 철학자로 우뚝 섭니다. 미국인들은 아마 당신을 '위대한 미국인'의 한 사람으로 자랑해도 좋을 것 같습니다.

William James 1842–1910

"진리라는 관념이 주는 실용성이야말로
우리가 그것을 좇게 되는 유일한 이유다."

"실제를 떠난 의미란 우리에게 있을 수 없다."

1842년 미국 뉴욕에서 종교사상에 관해 많은 저서를 쓴 헨리 제임스의 장남으로 태어남.

1855-1858년 영국, 프랑스, 스위스, 독일에서 지냄.

1858년 귀국.

1860년 잠시 화가를 지망하나 단념.

1861년 하버드대학 로렌스 사이언티픽 스쿨 화학과에 입학.

1864년 화학에서 생물학으로 연구 분야를 바꾸고 하버드대학 메디컬스쿨에 진학.

1865년 아가시Louis Agassiz를 대장으로 하는 탐험대에 가입, 브라질로 떠나 이듬해 돌아옴.

1869년 하버드대학 의학박사.

1872년 하버드대학 생리학 강사에 임명됨. '형이상학 클럽' 가입. 퍼스 등과 친교.

1876년 심리학 조교수가 됨. 생리학적 심리학에 대하여 강의.

1879년 철학 강의를 시작함. 철학에 관한 최초의 논문 〈합리성의 감정〉을 영국의 철학잡지 〈마인드〉에 발표

1881년 하버드대학 철학 조교수

1885년 동 대학 교수.

1896년 로웰협회에서 '이상심리상태'에 대한 연속강의를 함.

1898년 캘리포니아대학에서 〈철학적 개념과 실제적 효과Philosophical Conceptions and Practical Results〉라는 제목의 강연을 함.

1902년 《종교적 경험의 다양성》 출간.

1903-1904년 《근본적 경험주의(1912)》에 수록된 논문의 대부분을 집필.

1907년 컬럼비아대학에서 〈프래그머티즘〉에 관한 연속강연을 행함. 《프래그머티즘》 출간. 하버드대학 교수직 퇴임.

1908년 영국 옥스퍼드대학 힉비어터 강의에 초빙되어 〈철학의 현장〉이란 제목으로 연속강연을 함. 이 강연은 《다원적 우주(1909)》라는 제목으로 출간.

1909년 《진리의 의미》 출간.

1910년 뉴 햄프셔 주 탬워스Tamworth의 처코루어Chocorua에서 심장병으로 죽음. 매사추세츠 주 케임브리지의 묘지에 묻힘.

제임스에게

유용성을 묻는다

　당신은 나에게 좀 특별합니다. 그것은 내가 한때 연구자로 머물렀던 하버드대학에서 당신이 학생으로 배우고 교수로 가르치고 했다는 작은 인연 때문만은 아닙니다. 물론 그것도 없진 않지요. 철학과 건물인 에머슨홀 2층 로빈스 도서관에서 나는 〈하버드의 꽃그늘〉이라는 글을 쓴 적이 있는데, 거기서 당신과 당신의 그 '다람쥐' 이야기를 언급하기도 했었으니까요(나무둥치를 돌고 있는 다람쥐를 보이지 않는 반대편에서 똑같은 속도로 따라 도는 것은 그 다람쥐의 주위를 도는 것인가 아닌가 하는 그 흥미로운 논란, 기억하시죠? 당신은 그걸 '주위를 돈다'는 말의 '의미의 차이에 대한 지적, 혹은 구별'로 해결하셨지요.). 하지만 그건 사소한 것이고 진짜 특별한 이유는 저 아득한 1970년대 학부생 시절, 당신의 《프래그머티즘》을 처음 읽으며 느꼈던 강한 인상 때문입니다. 그때부터 나는 이미 독일철학에 익숙해 있었는데, 그 때문에 당신의 그 '프래그머티즘'은 너무나 특이하게 다가왔던 겁니다. 단적으로 그 '프래그머티즘'은 지극히 현실적인 미국적 사고의 전형 같았고, 그리고 그것을, 퍼스로부터 계승한 그것을, 사고의 한 정형으로 확립한 당신은 '미국 그 자체'라는 느낌조차 없지 않았죠. '아, 미국과 독일은, 앵글로-섹슨과 게르만은, 같은 서양인데도 이렇게 다르구나' 싶을 정도였으니까요. 무엇보다 독일은 객관적-절대적-초월적-선험적인 진리의 존재를 전제하고 그것을 인식하는 주관 혹은 이성을 신뢰하는 경향이 상대적으로 강한 데 비해, 당신은 그리고 프래그머티즘은, 진리는 "[미리] 존재하는 것이 아니라" "진리로 '되는' 것이며 여러 사건에 의해 '만들어지는' 것"이라고, 그러니까 우리에게 '유용한 것이 곧 진리'라고, 그렇게 단언했으니까요. 특히 "진리라는 관념이 주는 실용성이야말로 우리가 그것을 좇게 되는 유일한 이유"라고, 그렇게 단언했으니까요. 그 논의는 나에게 좀 충격이었습니다. '실용, 실제, 혹은 결과, 효과'를 핵심에 두는 사고방식, '이런 게 미국의 힘인가?' '이런 게 미국의 실력으로 연결된 건가?' 그렇게도 느꼈습니다. 그렇게 당신은 나의 철학적 관심에 들어왔습니다.

당신은 1842년 뉴욕의 유복한 가정에서 태어나셨더군요. 그런데 55년 유럽으로 이주해 파리, 제노바 등에서 살다가 58년에 미국으로 되돌아왔고 60년에는 화가를 지망해 유명한 화가의 문하에 들어갔지만 반년 만에 재능이 없음을 깨닫고 그만 두셨다죠? 61년 남북전쟁이 발발했을 때는 입대를 망설이다가 전쟁이 끝나는 바람에 마음의 부채로 남았다고요? 그런데 그 후의 이력이 참 특이하더군요. 그 후 당신은 (7살 때부터 3년간 초등학교를 다닌 것 말고 학교교육을 받지 않았는데도) 61년 하버드대학에 들어가 64년까지 화학을 전공했고, 65년 브라질 탐험팀에 참가하기도 했고, 돌아와서는 하버드 메디컬 스쿨에서 해부학 등을 배워 69년 의학박사가 되었지요. 그리고 거기서 생리학-해부학-심리학 강의를 시작했고, 75년에는 미국 최초로 심리학 실험실을 설립해 미국 심리학의 시조가 되었지요. 같은 프래그머티즘이라도 퍼스가 논리학과, 듀이가 교육학과 겹치는 데 비해 당신은 심리학에 걸쳐 있는 셈이죠. 그리고 81년부터 하버드의 조교수 그리고 교수로서 심리학과 철학을 강의하며 《심리학 원리》《믿으려는 의지》《종교적 경험의 양상들》《순수경험의 세계》《프래그머티즘》 등등 중요한 저술들도 잇달아 발표하셨지요(부드럽고 매력적인 말투의 강의는 학생들에게도 큰 인기를 끌었다죠?). 그러면서 당신은 미국을 대표하는 철학자-심

리학자가 되었습니다. 그렇게 살다가 1910년 68세 때 뉴햄
프셔의 탬워스에서 심장병으로 세상을 떠났습니다.《근본적
경험주의》와《철학의 문제들》을 유작으로 남기고. 명예로
운 일생이라는 느낌이 드는군요. 사이사이 유럽 각지를 여
행하며 베르크손이나 빈학단의 인물들과도 친교가 있었다
니, 그 만남을 머리에 그려보면 그것도 참 흥미롭습니다.

하지만 제임스, 그 어느 것보다도 흥미로운 것은 역시 당
신의 그 철학입니다. 그중에서도 그 '프래그머티즘'입니다.
나는 지금도 가끔 이남표 교수님이 번역하신 누렇게 바랜
정가 350원짜리 중판《프래그머티즘의 철학》을 들춰봅니
다. 특히 그중의 두 논문 〈프래그머티즘의 의의〉와 〈프래그
머티즘의 진리관〉에는 1970년대 중반 대학생 때 그어놓은
밑줄들과 메모들이 빽빽합니다. 중요한 단어에 동그라미를
쳐두는 것은 나의 공부법 중 하나입니다만, 그 동그라미 속
에는 '실제'와 '구체'와 '행동'과 '결과'와 그리고 '유용'이라
는 말이 현저하군요. 그게 아마도 제임스철학의 핵심이겠
죠? 저 '다람쥐 논쟁'에서도 당신은 "어느 쪽이 정당한가는
… 둘레를 돈다는 말이 '실제로 무엇을 의미하느냐'에 달려
있다"고 말씀하셨지요. 찬성! 지지! 동의! 그런 '실제' 그리고
'구별' 내지 '분별'은 혼란의 해소를 위해 내가 평소에 강조

하는 방법이기도 합니다. 막연한 추상과 표현 및 의미의 혼동이 종종 논의의 혼란을 야기하기도 하죠.

당신은 그런 생각을 '실용주의적 방법pragmatic method'이라고 정리합니다. 그것은 "개념의 실제적 결과를 살펴서 각기 개념을 해석하려고 하는 것"이라 설명됩니다. 일원이냐 다원이냐, 운명이냐 자유냐, 정신이냐 물질이냐 같은 형이상학적 논쟁에서도 대립하는 양 개념의 "실제상의 어떤 차이"가 해결의 열쇠임을 당신은 강조하셨지요.

같은 '형이상학 클럽'의 멤버였던 퍼스가 최초로 제창한 저 프래그머티즘은 바로 당신에 의해 그 원리를 확립합니다. 선명해집니다. 그 배경엔 이런 생각들이 있었습니다. "우리의 신념이 행위의 규칙이다." "어떤 생각의 의의를 발전케 하려면 그 생각이 만들어낼 가장 합당한 행위가 무엇인가를 결정하는 것이 필요하다. 이 행위야말로 그 생각의 유일한 의의이다." "모든 생각의 구별은 … 실제상의 차이에 다름 아니다." 퍼스의 핵심을 당신은 그렇게 간추립니다. 거기서 그 "실용주의의 원리principle of pragmatism"도 간추려졌죠. 즉 "어떤 대상에 관해 우리가 갖게 되는 생각을 완전히 분명한 것이 되게 하려면 우리는 단지 그 대상이 어떤 '실제적인 결과'를 가져올 수 있을 것인가를 살펴볼 필요가 있다" "이들 결과에 대한 우리의 개념이 … 그 대상에 대하여 우리가 갖고 있는 개념의 전체이다"라는 것이죠. 여전히 좀 긴가요? 그래도 당신은 그 핵심을 분명히 밝혀줍니다. 즉 "[프래그머티즘이라는] 이 용어는 그리스어인 '프라그마pragma'에서 나온 말이며, 그 뜻은 '행동deed'이다. 그리고 이 말에서 영어의 '실제practice' '실제적practical'이라는 말이 생겨나왔다"라고 말이죠. 그러니까 프래그머티즘은 '실제주의'인 셈이겠죠. 그래서 "실제를 떠난 의미란 우리에게 있을 수 없다"고도 말씀하셨지요. 당신은 또 "모든 실재는 우리의 행동에 영향을 미치고 있다. 이 영향이 실재의 의의다"라는 오스트발트Wilhelm Ostwald의 말도 같은 의미로 원용하셨지요.

당신은 이런 생각을 재차 삼차 강조합니다. 즉 "그 구체적인 결과를 살펴야 한다" "구체적인 사실과 그 사실의 결과에서 오는 행동" "당신과 나에게 어떠한 결정적인 차이를 가져올 수 있느냐 하는 것", 그게 당신의 판단기준이었고 원리였죠. 이런 기준으로 당신은 철학의 역사도 바라보았고, 우군과 적군도 판가름했습니다. 이를테면 소크라테스, 아리스토텔레스, 로크, 버클리, 흄, 허치슨 등을 그 선구자 내지 전주자로 보았고, 경험주의, 유명론을 우군으로, 그리고 단적으로 형이상학과 주지주의를 적군으로 생각했던 것처럼 내게는 읽혀졌습니다. "실용주의자는 경험주의자의 기질을 갖고

영미로 부치는 철학편지

있는 반면에 이성주의자의 기질을 버린다"고도 말했으니 아마 틀림없을 겁니다. 그렇게 '경험주의자'로서 당신은 구체성-적절성-사실성-행동-힘 등을 "인정"했고, 상습적인 습성, 추상, 불충족, 구두해결, 그릇된 선험적 추리, 일정한 원리, 결말을 내린 사상체계, 가장된 절대, 기원 등에 "반대"했습니다. 당신이 훗날《근본적 경험주의》를 저술한 것은 결코 우연이 아닌 셈이지요.

당신의 이런 실용주의적 생각은 무엇보다도 '진리론'과 '형이상학 비판' '이성주의 비판'에서 확실하게 그 모습을 드러냅니다. 당신은 절대적-초월적-객관적 진리의 존재를 전제하지 않습니다. 당신은 "독립된 진리, 단순히 우리가 발견하는 진리, 인간의 필요에 부합할 수 없는 진리, 한마디로 교정할 수 없는 진리"를 인정하지 않습니다. 대신에 당신은 "진리의 성장 과정"을, 즉 "새로운 종류의 사실이라든가 또는 낡은 종류이기는 하나 거기서 생기는 새로운 사실을 우리의 경험에 첨가하는 것"을 주목합니다. 그러니까 진리란 고정적으로 존재하는 것이 아니라 "생겨져서 존재할 따름"인 것이며, "단순한 가감법에 의해 충족되는 것"이며, "그러한 새 내용을 우리가 무엇으로 보는가에 관한 우리의 의견"일 따름입니다. "순전히 객관적인 진리, 말하자면 경험의 낡은 부분을 새로운 부분과 결합하여 우리를 만족시키는 기능을 가진 진리란 전혀 존재하지 않는다." 나는 당신의 이 말에 그리고 다음 말들에 밑줄을 그었습니다. 확인 삼아 인용합니다. "프래그머티즘은 사실과 이탈하면 불안하나 이성주의는 추상의 세계에서만 평안하다." "실용주의자는 진리를 복수로 보며 진리의 이용과 충족 또는 그 활동의 성공 여부를 이야기한다." "프래그머티즘은 구체성을 지니고 있으며 사실과 밀접한 관계를 갖고 있다. 그것이 프래그머티즘이 모든 사람을 만족시킨 가장 큰 특이성이다." "우리의 실생활에 이로움을 준다고 믿을 수 있는 한 어떤 관념은 진리이다." "진리는 선의 일종이며 보통 생각하듯이 선과 구별되는 범주이거나 선과 동격인 것이 아니다." "진리란 무엇이든 간에 신념 속에서 선한 것으로 증명되며 동시에 명확하고도 지적할 수 있는 이유에서 선이라 부를 수 있는 것에 대한 명칭이다." 그렇게 당신은 '선good'과 '진true'을 동일하게 보셨지요.

이런 진리관의 핵심에는 "믿는다believe"는 것이 있었습니다. "사실 자체는 진이 아니다. 사실은 단지 존재할 뿐이다. 진리란 사실 사이에 생겨서 이를 규정하는 신념의 기능이다."라고 분명히 말씀하셨지요? 그리고 "좋다good" "유용하다useful"는 것이 있었습니다. 당신은 '유용하다(유익하다)'는 것과 '참되다true'는 것을 동일시합니다. 당신은 '유익하다'와

'참되다'는 것의 분리를 반대합니다. 그래서 말하셨지요. "믿는 것보다 좋은 것은 우리에게 없다! 이것이 진정한 진리의 정의인 것처럼 들린다"라고 말이죠. 이는 다른 말로, "우리가 믿어서 좋은 것은 그것이 다른 가치 있는 이익과 상치되지 않는 한 참된 것이다"라는 것을 의미합니다. 그렇게 당신은 "실제적인 유용성" "실제적인 중요성" "실제적인 적절성" "실제적인 결과"를 강조합니다. 그래서 "그것이 진리이기 때문에 유용하다it is useful because it is true" "그것이 유용하기 때문에 진리이다it is true because it is useful"라고 말하기도 합니다. 가히 '프래그머티즘의 결정적인 발언'이라고 해도 좋겠죠.

바로 이런 생각이기에 당신은 형이상학, 이성주의, 주지주의를 비판합니다. 당신은 그런 것을 유치한 연구법, 불법적인 마술, 주문, 정령, 마신, 괴신, 잡귀신, 수수께끼, 입만 놀리는 해결책, 무가치한 질문, 형이상학적 추상 등의 용어를 동원하며 강하게 부정합니다. 심지어 "실용주의는 하나의 요구 및 방법으로서의 이성주의와 일전을 불사하기 위해 무장태세를 갖추고 있다"고까지 선언합니다. 좀 살벌하기까지 하네요. 또 "프래그머티즘에는 독단이 없으며, 방법을 수호하기 위한 교리도 없다" "프래그머티즘은 어떠한 편견도, 방해가 될 만한 독단도 갖고 있지 않으며, 또한 증명이 될 만한 엄격한 규칙도 없다"는 말로 형이상학을 (그 독단, 교리, 편견, 규칙을) 비꼬기도 합니다. 어떻게 보면 프래그머티즘은 형이상학처럼 닫혀 있지 않고 열려 있다는 말이기도 합니다. 그래서 프래그머티즘은 "중재자이고 조정자이며, … 학설을 부드럽게 하는 것" "온유하며 어떠한 가설일지라도 증명일지라도 존중한다" "무엇이든지 포용코자 하며 논리학이든 감각이든 좇아가며 비근한 개인적 경험일지라도 고려한다" "신비적 경험이라도 고려한다"고 말했겠지요. 당신의 말대로라면 그것은 분명 "민주적"입니다. "프래그머티즘의 태도는 다종다양하며 융통성이 있습니다." "그 방법은 풍부하고 무한하며 그것이 내리는 결론은 대지의 그것과도 같이 친근미가 있습니다." 다 좋은 말들입니다. 단, 한 가지 조건이 있었지요? "실제적 결과가 있다면" 그렇다는 거지요. "프래그머티즘의 입장에서 볼 때 구체적인 현실과의 일치 이외에 또 무슨 진리가 있을 수 있겠는가?" 이 말은 당신의 결론처럼 들립니다.

친애하는 제임스, 당신의 프래그머티즘은 쉽게 거부하기 힘든 매력이 분명히 있습니다. 거기엔 '실제'와 '유용'이라고 하는 너무나 강력한 무기가 있으니까요. 아닌 게 아니라 바로 그것이, 그런 생각과 태도가 효과 내지 결과 내지 성과를 만들었겠지요. 아무래도 중시가 집중을 야기했을 테니까 말입니다. 그게 세계 1등의 미국을 만들기도 했겠지요. 하지만… 그게 만능일까요? 그게 다일까요? 나는 오늘날의 미국의 번영과 함께 미국이 노출하고 있는 많은 부작용들을 함께 바라봅니다. 그 결과주의-실제주의 덕분에 성공한 1퍼센트와 바로 그 때문에 그 경쟁에서 밀려난 저 99퍼센트의 고난을 대비해봅니다. 이것도 하나의, 아니 결정적인 문제가 아닐는지요. 이 문제의 해결을 위해서는 어떤 새로운 진리가 필요할까요? 나는 그런 문제를 프래그머티즘의 과제로 제시하고 싶군요. 당신이 내놓을 그 대답이 나는 참으로 궁금합니다.

(형이상학 비판에 대해서도 존재론자의 한 사람으로서 할 말이 너무너무 많지만, 그것은 다른 기회를 기약해봅니다. 일단 하이데거를 한번 읽어보라고 권하고도 싶군요.)

John Dewey 1859–1952

"도구주의는 향후 결과의 실험적 결정에 있어서 어떻게 사고가
기능하는가를 우선적으로 고려함으로써, 다양한 형태의 개념들,
판단들, 추론들의 정확한 논리적 이론을 수립하려는 시도이다."

"탐구란 한 불확정적 상황의 확정적으로
통일된 상황으로의 관리되고 제어된 변환이다."

1859년 미국 뉴잉글랜드 지역 버몬트Vermont 주 벌링턴Burlington에서 아버지 아치볼트 듀이와 어머니 루시나의 4남 중 3남으로 태어남.

1879년 버몬트대학 졸업. 2년 정도 오일 시의 고등학교와 샬롯 시의 초등학교에서 고전, 과학, 수학 과목 교사로 근무.

1884년 존스홉킨스대학에서 〈칸트의 심리학〉이라는 논문으로 철학박사 학위 취득. 미시간대학에서 강의 시작(-1894년).

1894년 시카고대학 철학과, 심리학과, 교육학과 주임(-1904년).

1899년 미국심리학회 회장. 《학교와 사회》 출간.

1904년 컬럼비아대학에서 강의 시작(-1930년).

1905년 미국철학회 회장.

1910년 《사고하는 방법》 출간.

1916년 《민주주의와 교육》 출간.

1919년 일본, 중국에서 해외 강연. 《철학의 재건》 출간.

1922년 《인간성과 행위》 출간.

1927년 부인 앨리스Alice Chipman와 사별. 후에 로버타Roberta Lowitz Grant와 재혼.

1928년 소련 방문.

1929년 《확실성의 탐구》 출간.

1934년 남아프리카 공화국 방문.

1938년 《경험과 교육》, 《논리학: 탐구의 이론》 출간.

1952년 뉴욕에서 92세로 죽음. 버몬트대학 내 아이라 앨런 교회Ira Allen Chapel에 묻힘.

듀이에게

도구와 탐구를 묻는다

현대철학을 이야기할 때 미국철학을 빠트릴 수 없고, 미국철학을 이야기할 때 프래그머티즘을 빠트릴 수 없고, 프래그머티즘을 이야기할 때 듀이 당신을 빠트릴 수 없습니다. 그 이유는 한두 가지가 아니겠지만, 무엇보다도 퍼스가 그것의 제창자, 제임스가 그것의 보급자, 그리고 당신이 그것의 '완성자'로 평가되기 때문입니다. 소위 '기능심리학' '교육학' '실험학교' '민주주의' 등에 대한 당신의 기여를 별도로 치더라도, 당신은 이미 그 '프래그머티즘(당신의 표현으로는 '도구주의' 혹은 '실험주의')'만으로도 충분히 현대철학의 거장 중 한 명으로 그 이름을 남겼습니다.

나는 학부 시절 당신의 철학에 대해 자세히 배울 기회가 아쉽게도 없었는데, 도쿄대학 대학원 시절, 당신이 바로 거기에 와 강연을 했고 그것이 저 《철학의 재건*Reconstruction in*

Philosophy》이라는 책으로 나왔다는 이야기를 들은 후, '삶의 한때 같은 장소에 있었다'는 뭔가 좀 특별한 인연이랄까 친근감 같은 것을 느끼게 되었습니다. 그래서 일부러 당신에 대해 공부를 해보기도 했었지요.

그 무렵 알게 되었지만, 당신은 버몬트 주 벌링턴Burlington에서 평범한 중산 가정에 태어나셨다죠? 그리고 15세에 버몬트대학에 들어가 차석으로 졸업하고 한때 오일 시에서 고등학교 교사를 지내기도 했다죠? 그러다가 1882년 존스홉킨스대학 대학원에 진학해 84년 박사학위를 받으셨고요. 그 후 시카고대학 강사를 시작으로 미시간-미네소타-시카고-컬럼비아대학의 교수로 활동하며 열정적으로 저서들을 발표하셨지요.《민주주의와 교육》《인간의 본성과 행위》《논리학: 탐구의 이론》《확실성의 탐구》《경험과 교육》등은 이곳 한국에서도 제법 유명합니다.

철학뿐만 아니라 교육학-심리학 등에 걸친 당신의 학문적 관심과 기여는 참으로 방대하다고 알고 있습니다. 그 모든 것에 정통하지는 못합니다만, 나는 당신의 그 '도구주의'와 '탐구의 이론'에서 작지 않은 흥미를 느꼈습니다. '도구'와 '탐구'라는 이 단어 자체가 이미 뭔가 끌어당기는 것이 있습니다. 왜냐하면 이것들은 우리가 수행하고 있는 저 수많은 사고들과 이론들의 실제적 의미를 건드리고 있기 때문입

영미로 부치는 철학편지

니다. 도대체 왜 우리는 사고를 하고 이론을 만드는 거지? 그 본질은 뭐지? 한 번쯤은 근본에서 물어야 할 이런 질문에 당신은 "도구"라는, "탐구"라는 대답을 제시한 셈이죠.

당신이 말하는 '도구주의Instrumentalism'란, '개념들과 이론들은 단지 유용한 도구들이라는 것, 그리고 그것들의 가치는 그게 참이냐 거짓이냐 혹은 실재를 제대로 반영하느냐 어떠냐 하는 것으로 측정되는 것이 아니라, 그게 얼마나 효과적으로 현상들을 설명하고 예견하느냐 하는 것으로 측정된다는 것'이라고 정리됩니다. 그리고 그것은 '한 관념의 진리는 문제의 실제적 해결에서의 성공으로, 그리고 한 관념의 가치는 그것이 인간경험에서 갖는 기능으로 결정된다는 것을 옹호하는 것'이라고 정리됩니다. 이런 정리에 특별한 이의는 없으시겠죠?

실제로 당신은 1925년에 펴낸 논문 〈미국 프래그머티즘의 발전〉에서 '도구주의'를 네 가지 점에서 '실용주의'나 '실험주의experimentalism'와 구별하기도 했었지요.

1) 이론들은 경험에서 발견되는 수단-목적 관계를 그리려는 사고의 도구라는 것

"도구주의는 향후 결과의 실험적 결정에 있어서 어떻게

사고가 기능하는가를 우선적으로 고려함으로써, 다양한 형태의 개념들, 판단들, 추론들의 정확한 논리적 이론을 수립하려는 시도이다."

2) 이론들은 목적 달성을 위한 수단 사용의 결과들을 예견한다는 것

"한 이론의 검증은 ··· 개별적 사실의 관찰에 의해 수행된다."

3) 이론-발전은 구체적 사실들의 제한적 관찰에 대한 보편적 언명에 기초하는 귀납적 추론을 요구한다는 것

"[경험적 철학자는] ··· 일반화의 기초가 될 개별적 사례들을 먼저 찾아내지 않으면 안 된다."

4) 도구적 이론들의 적용에 의해 알려질 수 있는 것의 뒤편이나 저편에는 어떠한 실재도 없다는 것

"우리가 진리라 불리는 것의 실례들을 찾아내는 것은 ··· 개념들을 경험의 통제에 따르게 하는 것에 있다."

당신의 이런 발언들에서 우리는 그 도구주의가 대략 어떤 것인지를 파악할 수 있습니다. 이론 그 자체, 관념 그 자체가 중요한 것이 아니라, 그것들의 사용, 적용, 결과, 효과, 경험이 중요하다는 생각이고, 이론들은 도구 즉 수단이지 목적이 아니라는 생각이지요. 그런 점에서 당신은 어쩔 수 없이

퍼스와 제임스의 후배이군요.

하기야 당신이 말하는 그 이론-사고-관념-개념이라는 말을 요즘 유행하는 '지식'이라는 말로 대체해보면 그 의미가 더욱 선명히 드러납니다. 우리 주변에는 '지식' 그 자체가 목적이 되어버린 지식인들도 적지 않게 있습니다. 그게 도대체 무엇을 위한 지식인지 그 본질을 망각한 채 '많이 알고 있음' 그 자체가 최종 목적이 되어버린 그런 경우가 말입니다. 당신이 명시적으로 그런 표현을 한 적이 있는지는 일일이 뒤져보지 않아 확인할 수 없습니다만, 그 목적이 어떤 형태로든 '삶에 대한 기여'와 무관하지는 않겠지요. 철학적 지식들, 개념들, 이론들도 예외는 아니라고 나는 해석합니다. 그런 도구주의라면 나도 기꺼이 당신의 곁에 서겠습니다.

그리고 저 '탐구의 이론The Theory of Inquiry'도 당연히 그런 도구로서 사용이 되겠죠. 그것의 의미도 나는 주목합니다. 왜냐하면 당신이 생각하는 '탐구'란 '삶'과 무관할 수 없는 '문제'의 '해결'을 위한 것이기 때문입니다.

1938년에 낸《논리학: 탐구의 이론》 2.6 〈탐구의 패턴The Pattern of Inquiry〉에서 당신은 '탐구'란 것을, '불확정적 상황의 확정적 상황으로의 변환transformation of an indeterminate situation into one that is so determinate'이라고 설명하셨지요. 즉 "탐구란 한 불확정적 상황의 확정적으로 통일된 상황으로의 관리되고 제어된 변환이다." "탐구란 한 불확정적 상황의 그 구성하는 특징들과 관계들에 있어서 확정적 상황으로의 제어되고 관리된 변환이다. 원상황의 요소들이 하나의 통일된 전체에로 변형되는 것처럼"이라고 말입니다. 쉽게 말하자면 '문제를 내포하는 상황에서 문제가 해결된 상황으로 (더 단순하게는 '문제에서 해결로') 이행하는 과정'이라는 말이겠죠. 이는 탐구를 '의문에서 신념에 이르는 과정'으로 설명한 퍼스와 기본적으로 유사합니다.

당신의 말을 직접 확인해봅니다. "원래의 불확정적 상황은 탐구에 '열려 있을' 뿐만 아니라, 그 구성요소들이 서로 일치하지 않는다는 의미에서 열려 있다. 한편 확정적 상황은, 탐구의 결과로서, 닫힌, 그리고 … 완료된 상황 혹은 '경험의 우주'이다." "탐구란 주어진 어떤 경우에도 조작이 관여해 그것이 한 객관적으로 통일된 실존적 상황의 수립을 실제로 끝낼 정도로 능력이 있다." "탐구란 조작들이 관여하는 어떤 주어진 경우에 있어서도, 하나의 객관적으로 통일된 실존적 상황의 수립을 실제로 완성할 정도로 역량이 있다." 이게 다 그 탐구에 대한 설명이었지요. 그렇게 확정된 상황을 당신은 "제어되고 관리된 변환controlled or directed transformation"

상태라고 표현하기도 했습니다.

이런 탐구의 과정을 당신은 다섯 단계로 세분합니다. 간략히 정리하자면, 1) 불확정적 상황the indeterminate situation 2) 문제의 설정institution of a problem 3) 문제-해결의 결정the determination of a problem-solution 4) 추론reasoning 5) 사실-수단의 조작the operation of facts-meanings 6) 확정적 상황the determinate situation, 대략 이렇습니다. 이 과정들을 좀 더 자세히 들여다보겠습니다.

1) '탐구의 선행조건'인 '불확정적 상황'은 의문스럽고 불확실하고 불안정하고 어수선하고 곤란하고 애매하고 혼란스럽고 모순되고 불명료한 상황입니다. 이러한 상황은 유기체가 그 속에 처하기 어려운 불균형 상태이며, 이는 주관적인 것도 정신적인 것도 아닌 엄연한 객관적 환경조건이 되는 것입니다. 이런 문제적 상황problematic situation을 극복하기 위해서 우리는 능동적으로active 또는 조작적으로operational 문제를 해결해야 합니다.

2) 먼저 문제가 무엇인지를 아는 '문제의 설정'이 있어야 합니다. 불안정하고 불확정적인 상황이라는 말 자체가 이미 탐구의 주제가 되는 과정에서 '문제적'인 것임을 알려줍니다. 그것은 단순히 '지적'이나 '인식적'인 문제가 아니라 마

치 유기체의 '굶주림'처럼 '실존적인 원인'으로부터 존재하게 되는 그런 '선인식적인' 것입니다. 그래서 탐구 유발의 첫 번째 단계는 그 상황을 받아들이고, 판정하고, 문제로 삼는 것, 즉 한 상황이 탐구를 요구한다는 사실을 '보는(아는) 것to see'이지요. 이렇게 "문제가 잘 정해졌다는 것은 이미 절반의 해결이다that a problem well put is half-solved"라고 당신은 강조합니다. 제대로 된 문제설정이 없으면 탐구는 마치 어둠 속에서 눈먼 상태로 더듬거리는 것과 같습니다. 이 문제설정을 바탕으로 자료의 취사선택도 제대로 이루어집니다. 이렇지 못한 작업은 '죽은 작업dead work'입니다.

3) 문제의 설정 다음에는, 그 문제를 해결하기 위한 적절한 관념 즉 '가설suggestion'이 필요합니다. 이런 관념은 문제의 설정단계에서 문제를 구성하는 요소를 잘 파악하면 떠오를 수 있습니다. 그렇게 떠오르는 관념 즉 해결책은 어떤 결과에 대한 예상입니다. 사실facts of the case에 대한 관찰observation과 암시된 관념suggested ideas은 서로 대응해서 발전합니다. 소위 '가설'이라 할 이 관념은 '그저 우리에게 번뜩이며 떠오르는 것, 아직 논리적 상태가 아닌 것'으로, 하나의 가능성에 대한 암시이지만, 외면적 활동에 대하여 방향을 부여하고 상황을 타개해나가는 수단이 될 수 있습니다.

4) 그 다음 필요한 것이 '추론reasoning'입니다. 이는 머리에

영미로 부치는 철학편지

떠오른 힌트가 과연 적절한 기능을 발휘할 것인지 검토하고
check 따져보는examination 것입니다. 암시된 의미를 경솔하게
받아들이면 탐구는 더 이상 진행되지 않고 중단됩니다. 혹
우연히 해결되더라도 그건 탐구의 결과에 의해 근거지어진
것은 아닙니다. 암시된 관념이나 의미를 여러 가지로 검토
하는 것(가설을 받아들일지 거부할지 등)은 그것이 귀속되는 세
계 속에서 여러 가지 다른 의미와 관련시켜 일정한 정식화
를 하는 것입니다. 그 정식화로 하나의 명제가 구성됩니다.
우발적으로 떠오른 암시적 관념이 이렇게 다른 의미들과 체
계적으로 연결되면서, 논리적으로 근거지어지고, 보다 적절
한 해결로 다가가는 것입니다.

　5) 그 다음 필요한 것이 '테스트test'입니다. 사실도 관념도
일반적으로 '조작적operational'입니다. 관찰을 촉진시키고 방
향을 준다는 의미에서 그렇습니다. 특히 '관념'은 현실의 조
건에 작용하기 위한 제안proposals이고 계획plans이며, 새로운
사실에 빛을 주어 선택된 모든 사실들을 조직해서 하나의
정연한 전체를 구성한다는 점에서 조작적입니다. 한편 '사
실'은 그것이 기능적이라는 점에서 조작적입니다. 그러나
사실과 관념이 그 자체로 곧 현실은 아니므로 현실에 비추
어 '조작적 힘'이 있는지 '해결의 기능'이 있는지 테스트해보
아야 하는 것입니다.

6) 테스트한 결과 추론에서 전망했던 결과를 얻으면 최초의 불확정한 상황은 '확정된 상황'에로의 전환점에 이르게 됩니다. 이런 전환으로써 비로소 '보증된 언명가능성warranted assertability'이 얻어집니다. 이는 일단 검증된 것이지만, 탐구가 계속되면서 다시 수정될 수도 있습니다. 아무튼 이렇게 해서 탐구는 마무리됩니다. '문제 해결'인 셈이지요.

당신의 탐구 과정은 대략 이렇습니다.

친애하는 듀이, 나는 당신의 이런 탐구논리나 도구주의에서 어떤 실제성이랄까 실질성이랄까 그런 것을 강하게 느끼지 않을 수 없습니다. 관념이나 이론이 그저 막연한 머릿속의 장식품은 아니라는 말이겠죠. 현실적인 의의, 즉 결과 내지 효과를 반드시 전제하고서야 그 존재의미가 있다는 것이겠지요. 당신의 다른 저작들,《사고하는 방법How We Think》이나 《확실성의 탐구A Quest for Certainty》도 그런 점에서 다 하나로 연결된다는 느낌입니다. 전자에서 당신이 그토록 강조했던 "반성적 사고reflective thinking"라는 것도, 후자에서 강조했던 "확실성certainty"이라는 것도, 다 하나의 방향, 즉 "의문적 상황에서 긍정적 상황에로"라는 지극히 현실적인 방향성을 갖는 것이었지요. "위험에서의 도피"나 "작용하는 관념"이라는 것도 결국 마찬가지라고 나는 이해합니다.

나는 그것을 충분히 이해하고 인정합니다. 특히 한때나마 미국에서 살아보니 더욱 확실히 느끼겠더군요. 그런 사고방식이, 그런 태도가, 저 인디언들의 고요한 대륙을 현대문명의 중심으로 바꿔놓았겠지요. 그런 점을 존경하는 데 인색하지 않겠습니다. 다만, 나의 단골발언이지만, 그것이 다도 아니고 절대적도 아니고 더욱이 최고도 아니라는 것을 당신과 당신의 동지들이 고려해주기를 나는 기대합니다. 철학에는 현실적 효과와 무관하게 그 자체로서 인정되어야 할 가치들도 얼마든지 있으니까요. 2,600년 전, 철학의 시작도 애당초 어떤 현실적 효과를 기대하고 이루어진 것은 아니었죠. 그래도 당신이 혹 반대하신다면, 나도 좀 양보해서, 그 효과라는 것 자체에도 실로 다양한 의미들이 있고, 이해라는 것 자체도 하나의 효과일 수 있다며 계속 당신을 설득해볼 생각입니다. 아무튼 지금 나에게는 '도구주의'라는 것 자체가 하나의 탐구대상입니다. 우리에게는, 우리 앞에는, 탐구해야 할 문제들(불확정적 상황들)이 너무나도 많이 놓여 있고, 그것들은 논리적 탐구의 절차를 기다리고 있고, 관념이든 이론이든, 그것을 위한 도구를 필요로 하기 때문입니다. '도구주의' 자체가, '탐구논리' 자체가, 어떤 식으로든 하나의 효과적인 도구가 되어주겠지요. 기대합니다.

Bertrand Arthur William Russell 1872–1970

"확실성에 대한 요구는 인간에게 자연스러운 일이지만,
그럼에도 불구하고 하나의 지적인 악습이다."

"그 어떤 사안이든, 오랫동안 당연한 것으로 받아들였던 생각들에
가끔씩 물음표를 달아보는 건 바람직한 일이다."

"당신의 생각이 상식과 달라도 두려워하지 말아라.
지금은 인정받는 생각들도 처음에는 다 이상해 보였었다."

1872년 영국 웨일스, 트렐레크Trellech의 정치 명문가에서 태어남(조부는 자유당의 전 수상).

1875년 3세 때 부모를 여읨. 조부모 밑에서 자람.

1890년 케임브리지Cambridge대학의 트리니티 칼리지Trinity College에서 수학과 철학 전 공(−1895년). 무어, 화이트헤드와 알게 됨.

1894년 앨리스 스미스Alice P. Smith와 결혼.

1995년 선임연구원follow이 됨.

1896년 런던대학의 런던경제학교London School of Economics, LSE에서 독일 사회 민주주 의 강의.

1903년 《수학의 원리》 출간.

1910년 케임브리지대학 강사. 이 무렵 비트겐슈타인이 찾아와 제자가 됨.

1911년 왕립 협회 영국 학술원Royal Society의 회원으로 임명됨.

1916년 제1차 세계대전을 반대하는 평화운동, 여성해방운동으로 인해 트리니티 칼리지 에서 해임됨(1919년 복귀되어 1949년까지 근무).

1918년 6개월간 투옥.

1920년 러시아 방문. 레닌과 토론.

1921년 이혼. 도라 블랙Dora Black과 재혼(1932년 이혼).

1927년 두번째 아내인 도라와 함께 실험적 학교인 비컨 힐 학교Beacon Hill School(−1843년) 을 설립함.

1931년 조부의 작위를 계승한 형의 사망으로 백작 작위 승계.

1936년 아이들 보모였던 페트리샤Patricia Spence와 세 번째 결혼.

1938년 세 번째 아내와 미국으로 이주.

1940년 그의 정치적 발언과 윤리성의 문제로 뉴욕주립대학 초청 교수로의 부임 좌절.

1944년 영국으로 귀국.

1945년 《서양철학사》 출간. 베스트 셀러로 등극.

1949년 메리트 공로 훈장Order of Merit 수상.

1950년 《결혼과 도덕에 관한 10가지 철학적 성찰(1829)》로 노벨문학상 수상.

1952년 에디트Edith Finch와 네 번째 결혼.

1955년 아이슈타인과 함께 반핵 선언.

1961년 반핵 시위로 인한 치안방해 죄로 7일 동안 브릭스톤 감옥Brixton Prison에 투옥됨.

1970년 97세에 웨일스, 펜린데이드라스Penrhyndeudreath에서 독감으로 죽음.

러셀에게

논리적 분석을 묻는다

　내가 당신을 처음 접했을 때와 지금을 비교해보면 당신의 이미지가 상당히 달라졌음을 느낍니다. 물론 당신이 변했다는 게 아니라, 나의 인식이 변했다는 뜻이죠. 내가 당신을 처음 알게 된 것은 저 아득한 고등학생 시절, 입시준비를 위해 읽었던 영어 부교재에서였습니다. 거기 당신이 쓴 그 "행복의 정복The Conquest of Happiness"이라는 글의 일부가 실려 있었지요. 그래서 막연히 당신을 그 시절 유행하던 '교양계열'의 인물로 알았었지요. 그런데 대학에 들어가 철학사를 배우며 당신의 그《서양철학사A History of Western Philosophy》를 부교재로 읽었습니다. 그때는 또 '철학사가'의 이미지가 있었습니다. 그러다가 현대철학 시간에 비로소 당신의 그 진면모를 만나게 되었습니다. 당신이 (프레게, 무어, 비트겐슈타인과 더불어) 이른바 분석철학의 대표적인 정초자라는 것, 언어의 논리적 분석이 당신의 주무기라는 것, 그 대표작이 뜻밖에도 화이트헤드와 함께 쓴 《수학의 원리*principia mathematica*》라는 것 등을 말입니다.[15] 이초식 교수님으로부터 당신의 그 '논리적 원자론' '수학의 논리적 환원' '집합의 역설' '유형이론' '기술의 분석' 그런 걸 배우던 일이 이젠 아련한 추억으로 떠오르는군요. 수학에는 알레르기가 있었습니다만, 다행히도 논리학은 좋아했던 터라, '수학의 논리적 환원' 같은 이야기에서는 약간의 쾌감 같은 것도 없지 않았습니다. 물론 그것이 수학에 대한 철학의 우위를 보증해주는 것은 아니었지만요.

그렇게 나는 조금씩 당신을 알아갔습니다. 당신에게는 이야깃거리도 참 많더군요. 이를테면 당신이 3살 때 조실부모하고 곧이어 할아버지도 돌아가시고 엄격한 할머니 밑에서 자랐다는 것, 집안이 엄청 대단한 귀족가문이라는 것, 나중에 조부의 작위를 계승한 형도 죽고 당신이 그걸 승계해 '러셀 경*Sir*'이 되었다는 것, 명문 케임브리지대학에 들어가 배우고 그 교수가 되었다는 것, 그 시절 비트겐슈타인이 학생으로 찾아와 그의 재능을 알아보고 키워주었으며 그에게서 결정적인 영향도 받았다는 것, 화이트헤드-무어-프레게 등

---

15 여기서 화이트헤드의 철학을 따로 논하지 않는 것은 오직 양적인 제한 때문이며, 그의 '수학기초론' '유기체의 철학' '과정철학'에 대한 저평가가 아님을 양해하기 바람.

영미로 부치는 철학편지

과도 각별한 학문적 교류가 있었다는 것, 《수학의 원리》등 방대한 그리고 광범위한 주제의 저술을 남겼다는 것, 그 공로로 그 대단한 노벨문학상을 받았다는 것, 반전-반핵-평화운동 등으로 옥살이도 하면서 적극적인 사회활동을 했다는 것, 국회의원에도 세 차례 출마했지만 낙선했다는 것, 레닌과도 토론한 적이 있다는 것, 대단히 개방적인 성도덕의 소유자로 혼전-혼외관계도 옹호했고 실제로 네 번씩이나 결혼했다는 것, 그 때문에 비난도 많았다는 것, 무신론자로 《나는 왜 기독교인이 아닌가?》를 저술했다는 것, 97세로 장수했다는 것, … 등등 떠오르는 대로 대충만 짚어봐도 참 많네요. 복도 참 많았던 것 같습니다만, 그런데도 "세상은 근본적으로 무섭습니다. 우주는 근본적으로 부당하며 공평하지 못합니다"라고 말했다니, 그래서 이 사실을 인정하는 것이 행복의 비결이라고 말했다니, 당신의 화려한 경력들도 행복의 조건은 아닌가 보네요. "단순하지만 누를 길 없이 강렬한 세가지 열정이 내 인생을 지배해왔으니, 사랑에 대한 갈망, 지식에 대한 탐구욕, 인류의 고통에 대한 참기 힘든 연민이 바로 그것이다. 이러한 열정들이 나를 이리저리 제멋대로 몰고 다니며 깊은 고뇌의 대양 위로, 절망의 벼랑 끝으로 떠돌게 했다"라는 당신의 말은 그야말로 당신의 인생을 요약하는 듯한 느낌이 드는군요.

그런데 러셀, 우리 같은 학자들에게는 역시 뭐니뭐니 해도 '러셀의 철학'이 곧 러셀입니다. 그 방대한 내용을 다 살펴보는 것은 애당초 불가능하지만, 그 핵심을 한번 확인해 보겠습니다. 무엇보다 먼저 언급해야 할 것은 당신이 제자 비트겐슈타인과 공유하고 있는 (혹은 그로부터 배운) 그 '논리적 원자론logical atomism'입니다.《외부세계에 대한 우리의 인식》제2장 '철학의 기본으로서의 논리학'에서 당신은 "언어의 본질적 기능은 사실을 주장하거나 부정하는 데 있다"고 천명합니다. 그러니까 언어의 의미는 사실과의 관계에서만 성립됩니다. 이 관계 즉 언어와 사실의 완전한 일치를 당신은 "이상적 언어ideal language"라고 규정합니다. 그리고 이것을 추구합니다. "사실fact"이란, 세계에 존재하는 사물들이 여러 가지 성질들을 가지며 또한 상호 간에 여러 가지 관계를 맺는다는 것입니다. 이 사실들은 복잡하며, 그것을 언명하는 명제들도 복잡합니다. 그런데 당신은 이 사실에 대응하는 언어들, 즉 이상적 언어를 추구합니다. 그러기 위해 그 언어들을 "분석"합니다. 그 분석의 결과 언어들은 더 이상 분석할 수 없는 사실로 환원될 수 있다고 당신은 생각합니다. 사실도 그렇고, 그 사실에 대응하는 언어도 그렇습니다. 더 이상 분석할 수 없는 그런 것을 당신은 "원자적 사실atomic fact" "원자적 명제atomic proposition"라고 불렀습니다. 원자적 사실은

영미로 부치는 철학편지

우리가 지각을 통해 알 수가 있고, 그 진위도 확인할 수 있는 것입니다. 그리고 이런 원자적 명제들이 '이면if' '이고and' '이거나or' '아닌not' 등으로 결합되어 복잡한 명제를 구성하는 경우, 그것을 당신은 "분자적 명제molecular proposition"라고 불렀습니다(단, "분자적 사실"은 없다고 했죠).

그리고 당신은 이 명제들의 진위를 검토합니다. 원자적 명제의 진위는 지각을 통해서 확인할 수 있고, 분자적 명제의 진위는 그것을 구성하는 원자적 명제의 진위에 의존합니다. 즉 분자적 명제는 원자적 명제의 "진리함수truth function"입니다. 거기서 우리가 수학시간에 배우기도 하는 저 '진리계산calculation of truth-values'이 성립되는 거죠.

p	T T F F	p	T T F F	p	T T F F
q	T F T F	p	T F T F	q	T F T F
p·q	T F F F	p∨q	T T T F	p⊃q	T F T T

(T = true, F = false, · = and, ∨ = or, ⊃ = if… then)

'p이고 q'일 때는, p와 q 모두가 T라야만 T이다. 'p거나 q'일 때는, p와 q 어느 하나만 T라도 T이다. 'p이면 q'일 때는, p가 T인데 q가 F일 때만 F이다. 그렇게 되는 거죠. 이런 식이었지요. 고등학생 때, 이거 제법 재미있었습니다. 그리고 당신은 "일반적 명제general proposition"도 검토합니다. '모든 인간

은 죽는다' 같은 게 그런 경우죠. 또 순수한 논리적 명제로서
"항진명제tautology"와 "항위명제contradiction[모순명제]"도 검토
합니다. 전자는 '내일은 비가 오거나 오지 않는다' 같은 경우
고, 후자는 '내일은 비가 오는 것도 아니고 안 오는 것도 아
니다' 같은 경우입니다. 이런 것들은 '현실을 그리는 것이 아
니고 현실에 대해 아무 것도 말하지 않는다'는 점에서 "무의
미한senseless" 것이고, '논리적 규칙을 어기는 것은 아니다'는
점에서 "비의미적인nonsensical" 것은 아니라고 하셨지요. 여
기서 당신은 명제의 진위가 순수한 논리성에 의해 결정되
는 것과 경험적 사실에 의해 결정되는 것을 구별합니다. 기
본은 원자적 명제입니다. 이상적 언어에 있어서는 사실을
기술하는 명제들은 모두 원자적 명제의 진리함수라야 하며,
그런 구조 속에서 모든 언어가 통일되어야 한다고 당신은
생각합니다. 이렇게 당신은 언어분석의 모범을 보였습니다.

한편 당신은 '논리주의logicism'를 내세우며 지극히 흥미로
운 일련의 분석을 전개하셨지요. '수학의 논리적 환원'을 비
롯한 '집합의 역설' '유형이론' '기술이론' ⋯ 나처럼 전형적
인 문과생조차도 끌어당기는 논의들이었습니다. 하나씩 간
단히 확인해봅니다.

먼저 '수학의 논리적 환원reduction of mathematics to logic'. 당신

은 수학자 페아노Giuseppe Peano가 대수학을 하나의 연역적 체계로 구성하기 위해 제안한 다섯 개의 공리에서, '영zero' '수number' '계승자successor'라는 수학의 세 기초개념이 정의되지 않은 채 원초적 개념으로 받아들여지고 있음을 지적하면서 이것들을 추상적 실재 혹은 영원한 실체처럼 간주하는 것은 잘못된 존재론에 빠지는 오류라고 비판합니다. 그래서 당신은 그 정의를 시도했죠. '성원member' '관계relation' '집합class/set'이라는 개념을 도구로 동원해서 말이죠. 이를테면, "0"은 '단 하나의 성원도 갖지 않는 집합, 즉 공집합이다.' '1'은 '어떤 y라는 대상을 성원으로 하는 집합 x로서, 만일 임의의 대상 z가 x의 성원이라면 z는 x와 동일하다.' 즉 '1은 단 하나의 성원만을 갖는 집합이다'라는 것이죠. 또 '2'는 '어떤 y라는 대상과 z라는 대상을 성원으로 갖는 집합 x로서, y와 z는 동일하지 않고, 임의의 대상 u가 x의 성원이라면 u는 y와 동일하거나 z와 동일하거나이다.' 즉 '2는 서로 다른 두 개의 대상을 성원으로 갖는 집합이다.' … 이런 식이죠. 무조건 받아들이는 것이 아니라 좀 더 엄밀하게 규정이 이루어진 셈입니다. 혹은 "x와 y는 일 대 일의 관계에 있다"는 식으로도 설명될 수 있습니다. 이는 'x 이외의 어떠한 것도 y에 x처럼 관련되어 있지 않다.' 그리고 'y 이외의 어떠한 것도 x에 y처럼 관련되어 있지 않다.'는 의미입니다.

그리고 '계승자(1의 계승자는 2, 2의 계승자는 3, … 그런 계승자)'는 이렇게 정의됩니다. 즉 'n이라는 임의의 수에 대한 계승자는 x라는 집합으로서, x에서 하나의 요소를 빼면 남는 것이 n의 요소가 되는 집합이다.' 좀 더 엄밀하게 말하면, 'n의 계승자는 집합 x로서, 어떤 y라는 대상이 x의 성원이고, 그리고 y가 아닌 것들과 x가 공통적으로 갖는 성원(들)이 n의 성원인 그런 x이다.' 이런 식이죠.

그리고 '수'는 이렇게 정의됩니다. 즉 '수는 0이거나, 0의 계승자이거나, 0의 계승자의 계승자이거나 … 이다.' 이런 식이죠. 0과 계승자는 이미 정의되었으니 수의 이런 정의는 정당합니다.

이렇게 당신은 0, 계승자, 수라는 세 가지 원초적 개념들을 논리적 개념들로서 엄밀하게 정의했습니다. 이렇게 수학의 논리적 환원은 이루어졌습니다. 그런데! 완벽해 보였던 이 시도에 문제가 발견되었습니다. 그 환원의 도구였던 '집합'에 흠결이 있었던 겁니다. 그게 바로 "집합의 역설Russell's paradox[일명 러셀의 역설]"이었지요.

'집합의 역설'이란 대략 이런 것이었습니다. 무릇 집합에는 '자체요소집합'과 '비-자체요소집합'이라는 구분이 있을 수 있는데(즉 그 집합 자체가 자신의 성원이 될 수 있는가 없는가를 기준으로, 될 수 있으면 자체요소집합, 될 수 없으면 비-자체요소집합. 예컨대 (사람)이라는 집합이나 (꽃)이라는 집합은 어디까지나 집합이지 그 자체가 사람이나 꽃이 아니므로 비-자체요소집합이고, (사유의 대상)이라는 집합이나 (죽지 않는 것)이라는 집합은 그 자체가 사유의 대상이 되고 또 죽지 않는 것이므로 자체요소집합), 그런데 바로 여기에서 문제가 발견된 것이죠. 즉 '비-자체요소들의 집합을 성원으로 하는 집합들의 집합the class of all classes that are not members of themselves(일명 the Russell class)인 임의의 집합 K의 경우, 이 집합 K는 그 자신의 성원인가 아닌가' 하는 것입니다. 만일 '그렇다'면 K는 그렇지 않은 것들의 집합이므로 자격이 없고, 만일 '아니다'라면 K는 그렇지 않은 것들의 집합이므로 자격이 있게 되는 겁니다. '그렇다면 아니고 아니라면 그렇고!' '역설paradox'입니다. '모순contradiction'입니다. 도구인 집합 자체가 이렇게 흠결이 있다면 그것을 이용한 수학의 논리적 환원도 완벽할 수가 없다, 그런 난관에 봉착한 셈입니다. 당신은 난감했고 프레게와도 그 난감함을 공유했었지요. 그런데 역시 러셀입니다. 당신은 숙고의 결과 이 문제를 저 '유형이론'으로 극복했습니다.

'유형이론theory of types'이란, 쉽게 말하자면 'x는 y이다' 같은 '명제함수propositional function'들의 경우에 있어서처럼, '명제함수의 의미는 그것을 만족시켜줄 후보가 될 대상의 범위가(즉 x라는 독립항의 구체적인 내용이) 정해지기까지는 규정되지 않는다'는 원칙을 주목하는 거지요. 그래서 '그 함수 자체에 의해서 정해진 어떤 것을 이 후보들 속에 포함시키는 것은 아무런 의미도 없다'고 생각하는 겁니다. 다시 말해 '그 자신의 성원이 아닌 집합들의 집합이 그 자신의 성원이냐 아니냐 하는 것은 참도 거짓도 아닌 무의미nonsense한 것이다'라는 겁니다. 즉 여기서 결정적인 것은 명제함수 자체가 여러 유형type으로 이루어진 하나의 체계라는 것을 깨달은 겁니다. 예컨대, 그 가장 낮은 층에는 개체에 적용되는 함수가 있고, 다음에는 그 첫째 계층에 적용되는 함수가 있고, 그 위에는 둘째 계층에 적용되는 함수가 있고, … (즉 t1, t2, t3 …) 그런 식입니다. (이 계층들은 각각 그 동일 차원에서 동일 의미를 지니므로) '한 계층에 속하는 대상들에 대해 참 또는 거짓으로 말해지는 것을 다른 계층에 동일하게 적용하는 것은 애당초 무의미하다'는 것이 당신의 타개책이었습니다. 집합의 경우도 마찬가지. 그러니까 집합K와 그 성원도 유형type이 각각 다르므로 K가 그 성원이 되느냐 아니냐 하는 물음 자체가 애당초 무의미한 물음이라는 거지요. 그러니 그 점을 정확하게 지적하면 집합의 역설은 역설이 아닌 것이고, 따라서 집합은 흠결이 없고, 그 집합을 이용한 수학의 논리적 환원도 문제가 없다, 그렇게 이 건은 일단 해결되는 것입니다. 남는 문제가 없는 것은 아니라고 에어A. Ayer는 알려주지만, 하여간 참, 이런 예리함과 명석함에는 혀를 내두르게 됩니다.

유명한 '기술의 이론theory of descriptions'도 그렇습니다. 그 상세한 논의를 충실하게 추적하는 것은 생략합니다만, 램지 Frank P. Ramsey에 의해 "철학의 패러다임"이라고도 불리는 이 이론에서, 당신은 '실재에 대한 언어적 형식'에 분석적으로 접근합니다. '아무리 추상적인 이론이나 논리도 실재에 대한 느낌을 잘 반영해야 한다'라고 당신은 생각했습니다. 그래서 언표될 수 있는 모든 것, 한 명제의 논리적 주어가 될 수 있는 모든 것을 "명사term"로 인정하면서, '표현의 의미는 그 표현이 지칭(지시)denote하는 것이다' '이름의 의미는 그 이름이 지칭하는 대상과 동일한 것이어야 한다'라고 말했습니다. 이런 이름과 그것이 지칭하는 대상은 한도 없이 많죠. 단, 후에는 초기《수학의 원리》의 이런 세계상 속에 존재자의 수가 너무 헤프게 증가되었다고 느끼면서 자체 수정을 가하기도 했죠. 《지시[지칭]에 대하여on denoting》에 보이는 그 핵심은 '이름proper name과 기술구(지시구)description를 구분하는 것'이었습니다. '이름의 의미는 지칭이지만, 기술구는 지칭적이 아니다'라는 것이죠. 이렇게 '기술구'가 분석의 주된 대상이 됩니다. 예컨대 "모자를 쓴 사람" 같은 부정관사 기술구와 "프랑스의 왕" "웨이벌리의 저자" 같은 정관사 기술 어구를 다루면서 당신은 기술구가 '문장이 아닌 명제함수와 비슷한 것'으로서, '불완전한 기호incomplete symbols'로서, '실재를 함의한다거나 지칭대상이 있다거나 하는 것이 아니다'라는 것을 말하려 합니다. 단, 정관사 기술구는 '지칭하는 것이 없으므로 지칭대상과의 관계에서 의미를 갖는 것이 아니라, 문장 안에서 사용될 때 그 의미를 갖게 된다'는 것을 지적하기도 합니다. 즉, 이 '기술구가 들어있는 문장은 의미를 가지게 되어 참일 수도 있고 거짓일 수도 있게 된다'는 것입니다.

다시 한 번 정리하지만, 당신은 '확정 기술 혹은 불확정 기술로 분류되는 표현은, 그것이 의미를 갖기 위해 반드시 어떤 대상을 지시해야 한다고 할 수는 없으며, 따라서 그런 표현은 이름으로 사용되고 있는 것이 아니다' '이러한 표현들은 고립적으로는 의미를 지니지 않는다' '이런 표현들이 반드시 무언가를 지시하고 있어야 한다고 할 수는 없다' '반드시 지시하는 대상을 갖지 않아도 무방하다'고 생각합니다. '문장 안에서 사용될 때만 의미를 갖게 된다'는 것이지요. 그래서 결국 '존재란 바로 명제함수의 한 성질이다'라는 생각으로 이어집니다.

영미로 부치는 철학편지

친애하는 러셀, 당신은 실로 날카로운 분석력으로 언어의 구조와 의미를 파헤쳤습니다. 그것이 '분석철학'이라는 철학적 건축물의 기초를 놓았습니다. 이런 것도 철학인가? 전통 형이상학 쪽에서는 그런 의구심을 드러내는 이도 없지 않지만, 나는 당신의 철학을 엄연한 철학으로 인정하고 평가합니다. 당신이 모범을 보인 철학적-논리적 언어 분석은 오늘날 수학이나 논리학 뿐만 아니라 인지과학이나 인공지능(AI) 분야에도 알게 모르게 영향을 주고 있다고 들었습니다. 분석은 드러나지 않는 밑바탕에서 움직입니다. 그런 움직임이 이윽고 사고의 발전을 이룩합니다. 특히 바닥의 바닥까지 파내려가는 그 치밀함과 철저함, 그런 사고의 발전이 결국 문명의 발전을 이룩합니다. 거기에 크게 기여했다는 점에서 당신은 또 하나의 노벨상을 받아야 할지도 모르겠군요. 지금도 계속되는 이 분야의 추이를 나는 앞으로도 유심히 지켜볼 생각입니다.

George Edward Moore 1873–1958

"관념론자는 대상과 주관이 '별개'의 것이라는 사실을,
즉 주관과 대상이 '두 가지'라는 사실을, 간과하고 있다."

"인간은 자신이 필요로 하는 것을 찾아
세계를 여행하고 집에 돌아와 그것을 발견한다."

1873년 영국 런던 교외 어퍼 노어우드Upper Norwood에서 다니엘 무어Daniel Moore와 헨리에타Henrietta Sturge의 아들로 태어남.

1892년 케임브리지대학 트리니티 칼리지에 입학. 고전 전공. 후에 철학으로 전향.

1898년 트리니티 칼리지의 선임연구원이 되어 수년간 러셀과 토론.

1903년 잡지 〈Mind〉에 〈관념론 논박〉 발표. 《윤리학 원리》 출간.

1911년 케임브리지대학에서 강사 시작(-1925년).

1912년 《윤리학》 출간.

1918-1919년 영국의 아리스토텔레스 협회Aristotelian Society 회장 역임.

1922년 《철학연구》 출간 .

1925년 케임브리지대학 철학교수로 근무(-1939년). 〈상식의 옹호〉 발표.

1939년 〈외부세계의 증명〉 발표.

1953년 《철학의 주요 문제》 출간.

1958년 케임브리지에서 죽음. 어센션 패리시Ascension Parish 매장지에 묻힘.

무어에게

상식의 옹호를 묻는다

분석철학이 이곳 한국에서 큰 인기를 끌던 1970년대에 나는 당신을 '분석철학의 거장' 중 한 명으로 처음 알게 되었습니다. 당신은 1873년 영국 런던 교외의 어퍼 노어우드 Upper Norwood에서 태어났고 덜위치 칼리지를 거쳐 92년 케임브리지대학 트리니티 칼리지에서 고전과 도덕과학을 배웠고, 98년 트리니티의 펠로우가 되었고, 1918-19년 아리스토텔레스협회 회장을 지냈고, 영국 학술원의 펠로우가 되었고, 그리고 1925년부터 39년까지 케임브리지대학의 정신철학과 논리학의 교수 및 학과장을 지내셨지요. 그리고 비밀스런 '케임브리지 사도들Cambridge Apostles' 모임의 주요 멤버이기도 했고, 1921년부터 47년까지는 철학 잡지 〈마인드 Mind〉의 편집 주간을 맡아보기도 했고, 그리고 1958년 케임브리지에서 세상을 떠나셨지요. 이런 건 다 나중에 알게 됐습니다. 그런데 당신과 함께 그 분석철학의 기초를 놓았다고 평가받는 같은 케임브리지대학의 러셀, 비트겐슈타인, 그리고 독일의 프레게에 비해 당신은 뭔가 좀 다른 느낌이었습니다. 저들의 철학이 논리학-수학과 손을 맞잡고 있는 데 비해, 당신은 윤리학에 양다리를 걸치고 있을 뿐만 아니라 같은 언어 분석이라도 당신은 논리언어가 아닌 '일상언어 ordinary language'에 눈길을 보내고 있으니 어쩌면 당연할 지도 모르겠군요. 그 때문인지 당신은 저들에 비해 좀 '비주류' 같은 취급을 받기도 했습니다만(그리고 저들에 비해 상대적으로 일반에게는 좀 덜 유명합니다만), 나는 오히려 그 때문에 당신 쪽에 조금 더 관심이 갔습니다. 어쩌면 파이프를 물고 있는 사진 속 당신의 그 온화한 인상이 한몫 거들었을지도 모르겠군요. 학생 시절에는 동서고금 가리지 않고 기본적이고 전체적인 것을 배우기도 벅찼으니 자세한 것은 알지 못했으나 대학원 시절 우연히도 당신의 글들을 접할 기회가 있어 '무어철학'의 정수를 일부나마 맛볼 수가 있었습니다.

그건 뭔가 좀 달랐습니다. 물론 영국 특유의 그 분석적 논의가 나의 취향은 아니었지만, 다른 분석철학들에 비해 상대적으로 '단순'하다는 것은 매력이 있었습니다. 그리고 그 주제도 좀 달랐습니다. 〈관념론 논박The Refutation of Idealism〉

〈상식의 옹호A Defence of Common Sense〉〈외부세계의 증명Proof of an External World〉 같은 당신의 그 주 논문들의 제목에서부터 뭔가 끌리는 것이 있었습니다. 주저로 평가받는 《윤리학 원리Principia Ethica》는 이른바 메타윤리학의 방향과 거기서의 직관주의intuitionism를 제시한 점에서 흥미로웠습니다. 그건 직관이라는 능력으로 무엇이 선인지를 파악할 수 있다는 단순명쾌한 입장이니까요(맹자의 '4단7정' 윤리학에 익숙한 나로서는 그런 생각에 동조하기가 쉬웠습니다. 나는 그런 직관적 도덕의식을 신뢰하는 편입니다). 그런데 그보다도 더욱 당신을 대표하는 것은 역시 저 세 편의 논문입니다. 내가 보기에 그것들은 영-불-독 모두에 공통된 현대철학의 한 특징, 즉 '반헤겔Anti-Hegel'의 기치를 들고 출발했다는 그 특징을 여실히 보여주고 있는 것 같았습니다. 저 추상적인 '관념론'에 대한 거부감이지요. 실제로 당신의 그 영국에서도, 브래들리와 맥타가트 등에 의한 관념론이, 경험주의적인 앵글로-색슨과는 좀 어울리지 않는 관념론이, 당시의 철학계를 지배하고 있었으니 당신의 등장은 어쩌면 필연적이고 자연스런 것이었는지도 모르겠군요.

당신은 그것을 우선 '관념론 논박'의 형태로 풀어나갔습니다. 호흡이 짧지만은 않은 논증이지만 그 논지는 단순명쾌해 보였습니다. 당신은 근대의 관념론이 "우주는 정신적이다(혹은 "실재는 정신적이다")"라는 결론을 주장하고 있다고 운을 뗀 후, 그것을 '우주는 지적이다' '우주는 목적을 갖는다' '우주는 기계적이 아니다'라는 뜻으로 해석합니다. 그런데 당신은 "세계에 대한 이런 관념론적 견해와 일상적인 견해의 차이가 너무나도 크다"는 것, 즉 "관념론과 일상적 견해 간의 차이의 크기"를 주목합니다. 비록 당신이 '실재는 정신적이 아니다'라는 것을 '증명'하거나, '실재는 정신적이다'라는 것을 '논박'하려는 것은 아니라고 말하고 있지만, 제목이 이미 시사하듯이 실재로 당신은 그것을 논박하고 있습니다. 물론 당신의 말대로 저들의 주장내용(그것이 진인지 위인지)보다는 그 '논의(논증)'방식이 (그것이 정당한지 어떤지가) 논박 대상이기는 합니다만. 즉 그들의 견해가 "어떠한 근거도 갖고 있지 않다"는 것을 '논파'하려고 당신은 의도한 것이지요.

그것을 위해 당신은 논파대상이 될 그 관념론의 정형을 저 유명한 버클리의 명제 "존재는 지각이다their esse is percipi"로 설정합니다(대표적 경험론자인 그의 명제가 관념론의 전형이라는 것은 좀 의외였습니다). 이런 사고방식이 "관념론에 본질적"이라는 거죠. 그런데 당신은 "이 명제는 거짓이다"라고 단언합니다. 그리고 그것을 차근차근 입증해나갑니다. 그 입증 과정을 추적하는 것은 간단하진 않습니다. 하지만 그 논지는 너무나 간단합니다. 그것은, "관념론자가 대상과 주관은 '별개'의 것이라는 사실을, 즉 주관과 대상이 '두 가지'라는 사실을, 간과하고 있다"는 것입니다. 다시 말해 A와 B라는 서로 다른 두 가지 별개의 것을 두고 'A는 B다' 라고 동일시하는 우를 범하고 있다는 식입니다. "노랑과 노랑의 감각"을 예로 들었지요(초록과 파랑도 동원합니다만). 내 식으로 그 핵심을 정리하자면, 노랑'의' 감각sensation of yellow이라고 말하는 이상, 그 감각은 그것과 다른 무엇인 '노랑'에 대한 감각이니까 이미 다름을 전제하는 것인데, 그걸 같다고 말하는 것은 자기모순이라는 이야기죠. 제대로 이해한 게 맞죠? 실제로 당신도 이렇게 말했었지요. "노랑의 감각과 노랑은 별개의 것이다, 라는 것을 긍정할 뿐 아니라 부정도 하는 것은, [관념론의] 그 논의가 잘못돼 있다는 것을 충분히 증명하는 것이다"라고 말입니다. 당신은 '모순' '이율배반' '훼손' '자기모순' '위' 등의 단어로 그 잘못을 꼬집습니다. "감각 내지 관념과 감각 내지 관념의 대상…의 구별"이 관건인 것입니다. 그래서 저 관념론의 "서로 모순되는 두 명제의 양자를 지지하려는 책략"을 "잘못된 논의"라고 지탄했죠. '다른 것을 같다고 하는 것' '이미 다름을 전제해놓고서 그것을 같다고 말하는 것' 그게 관념론의 논의라는 것이죠. '지각'도 '감각'도 '의식'도 '정신'도 '경험'도 혹은 그 '내용'도, 그 '대상'

'객관' 그 자체와는 다른 별개의 것임을 당신은 누누이 강조했습니다. 그러니 서로 다른 그것을 같다고 말하는 것은 "자기모순을 이루는 잘못"인 셈입니다. "우리는 파랑의 존재를 파랑이란 감각의 존재와 완전히 별개의 어떤 것이라고 생각할 수 있고 또 그렇게 생각하지 않으면 안 된다"고 재차 확인합니다. 또는 "모든 감각 내지 관념에 있어서 우리는 두 가지 요소를 구별하지 않으면 안 된다. 즉 1) 대상object 즉 어떤 감각 내지 관념이 다른 감각 내지 관념과 다른 소이를 이루는 것, 2) 의식consciousness 즉 모든 감각 내지 관념이 공통으로 갖고 있는 것"이라고 확인합니다. 그러니 이것을 혼동하는 관념론의 논의방식은 "근거를 결여한" 잘못이라는 거지요. 그렇죠. 일단 납득입니다.

당신의 이런 단순명쾌한 사고방식은 〈상식의 옹호〉에서도 그대로 드러납니다. 거기서 당신은 최소한 세계에 대한 우리의 몇 가지 확립된 신념들—사실들—은 절대적으로 확실하다는 것을 논증함으로써 절대적 회의주의를 (혹은 허무주의를) 논박하려고 합니다. 당신은 이 신념들을 "상식common sense"이라고 주장합니다.

제1부에서는 우리가 몇 가지 '자명한 것들truism'의 확실한 지식을 갖고 있음을 주장합니다. 즉 "나의 몸은 지구 위에서

혹은 가까이에서, 살아있는 다른 인간들을 포함하는 다른 존재하는 것들로부터의 다양한 거리에서 혹은 그것들과 접촉하며, 지속적으로 존재해왔다" "나는 인간이다" "내 몸은 어제 존재했었다" 등등.

제2부에서는 정신적 사실들과 물질적 사실들 사이의 구별이 존재한다는 것을 논합니다. 당신은, 그 시대의 많은 철학자들이 그랬던 것처럼, 모든 물질적 사실들은 정신적 사실들에 논리적으로 혹은 인과적으로 의존한다고, 그렇게 고집할 합당한 이유가 없다고 말합니다. 물질적 사실의 예로는 "벽난로 선반은 현재 저 책장보다 이 몸에 더 가까이 있다" 같은 것이 있고, 정신적 사실에는 "나는 지금 의식이 있다" "나는 지금 뭔가를 보고 있다" 같은 것이 포함됩니다.

제3부에서는, '모든 물질적 대상들이 신에 의해 창조되었다'고 믿을 합당한 이유가 없으며, '신은 어쨌든 존재한다'고 혹은 '내생이 존재한다'고 생각할 합당한 이유도 없다는, 그런 상식을 지지합니다.

제4부에서는 "여기 내 손이 있다" 같은 상식 명제들이 어떻게 분석되는지를 고려합니다. 당신은 세 가지 가능성을 검토했죠. 이 경우들에서 우리가 알고 있는 것이 우리가 우리의 감각-자료들에 대해 알고 있는 것과, 즉 손을 볼 때 알게 되는 것과 어떻게 관계되는지를 위해서죠. 당신은 우리

가 상식 신념에 대해 절대적으로 확신한다고, 그러나 그 명제들의 어떤 분석도 확실함에 심지어 가깝다는 것을 제공하지는 않았다고, 그렇게 결론 내립니다.

제5부에서는 타인의 마음이라는 문제를 검토합니다. 당신은 "타인의 '자아들'이 존재한다"고 주장합니다. 그러나 왜 이 문제가 철학자들을 난감하게 했는지를 설명합니다. 다시 말해, 감각을 통해 지각하는 감각 자료는 외부세계와 그 자신의 상호작용에 관한 사실들입니다. 그러나 이 상호작용들을 어떻게 분석할지는 알지 못합니다. 대략 이런 논지였지요.

〈외부세계의 증명〉도 그 기본적인 취지는 비슷합니다. 거기서 당신은 회의주의에 대해 이렇게 반박합니다. 즉, 당신의 오른쪽 손을 들고 제스처를 하며 "여기 한 손이 있다"고 말하는 거죠. 그리고 다음 왼쪽 손을 들고 제스처를 하며 "그리고 여기 다른 손이 있다"고 말하는 거죠. 즉 "두 개의 사람 손이 존재한다"는 말입니다. 그리고 결론을 내립니다. '바로 그 사실 때문에ipso facto' '세계에는 적어도 두 개의 대상이 존재한다, 고로 외부 세계external world는 존재한다'고, 그렇게 말입니다('세계'라는 표현이지만, 실제로는 "우리 바깥의 사물들" "우리 정신의 외부"인 "공간 속에서 만나지는" 수많은 실례들, "사물들"을 논했었지요. 별, 인체, 비눗방울, 신발, 양말 … 등등). 그런데 회의주의자들은 이런 당연한 상식을 거부한다고 당신은 공박을 합니다.

그렇습니다 무어, 당신의 말들은 다 옳습니다. 많은 사람들이 그랬듯이 나도 당신의 이런 단순명쾌한 언어와 논증에 작지 않은 매력을 느낍니다. 나도 당신의 그런 소위 '신실재론'을 지지합니다. 아니, 나는 한발 더 나아가 이렇게도 말해보고 싶군요. '존재와 지각을 동일시하거나, 상식을 인정하지 않거나, 외부세계의 존재를 부정하거나 하는 회의주의자가 정말로 있다면, 무어의 논박조차도 실은 장황하지 않은가, 라고. 더 간단하게, 이렇게 하면 어떨까요? 내가 그들 앞에 서서 이렇게 물어보는 거죠. 말해봐. 내가 나야 당신이야? 내가 있어 없어? 그럴 때 만일 그들이 전형적인 관념론자-회의론자답게 내가 너의 존재를 지각하니까 너는 나와 같지, 너의 존재는 나의 지각이지, 네가 존재하는지는 알 수 없지, 라고 말한다면, 그렇다면 나는 주먹을 쥐고 그들의 머리를 한 대 쥐어박지요. 그러면서 이렇게 말할 겁니다. 나는 당신이 아니야. 나는 여기 이렇게 존재하고 있어, 이 주먹이 당신 외부에 존재해? 안 해? 라고 말이죠. 그래도 그들이 주장을 굽히지 않으면 한 대 더 세게 쥐어박으며 똑같이 물을 겁니다. 나의 주먹과 그의 아픔이 다른 것임을, 존재와 지각이 다른 것임을, 상식이 맞음을, 외부세계가 존재함을, 그들이 순순히 인정할 때까지 말이죠. 그래도 굽히지 않으면 이번엔 주리를 틀지요.' 그렇게 '외부의 충격'을 가하면, 그러면 그들은 언젠가 그 모든 것을 인정하지 않을 수가 없을 겁니다. 좀 무지막지한가요?

하지만 무어, 우리는 당신의 그런 단순명쾌함이 혹 단세포적인 소박함의 결과는 아닌지 좀 신중할 필요가 있다는 생각도 얼핏 드는군요. 왜냐하면 당신이 논박하려는 그 '관념론'이나 '회의주의'가 실은 그렇게 어설픈 것이 아님을, 거기엔 나름대로의 진지한 문제의식이 있음을, 나는 알기 때문입니다. 그것을 나는 칸트-피히테-셸링-헤겔을 논하면서, 그리고 고르기아스와 퓌론과 몽테뉴를 논하면서 충분히 확인해두었습니다. 그들의 논의는 나름대로의 정당성과 철학적 의미가 분명히 있었습니다. 그것은 그것대로 볼 줄을 알아야 한다고 나는 생각합니다. 그러면서 이른바 '외부세계 그 자체'와 '나에게 있어서의 세계'를 정확히 구별한다면, 아니 최소한 관념론의 의미와 실재론의 의미를 제각각 따로따로 인정한다면, 그런 '논박' 자체가 실은 무의미할 수도 있을 겁니다. 내가 보기에 철학적 논쟁은 그저 단순히 차이(구별)에 대한 무지(무시) 혹은 혼동(착각) 그리고 자기의 단견에 대한 고집에서 말미암는 것이 태반입니다. 관념론이든 실재론이든 그 모든 주장들이 나에게는 다 인정됩니다. 그 각각의 존중이 나의 '철학적 공화주의'입니다.

아무튼 당신의 그 논의들, 재미있었습니다. 앞으로도 철학의 역사 속에서 건전한 상식에 대한 옹호자로서 계속 분투해주시기를 기대합니다. 독단적 관념론의 폐해를 고려할 때, 당신의 상식은 일단 충분히 옹호할 만한 가치가 있으니까요.

Ludwig Josef Johann Wittgenstein 1889-1951

"좌우간 말해질 수 있는 것은 명료하게 말해질 수 있다 :
그리고 말할 수 없는 것에 관해서는 우리는 침묵해야 한다."

"논리적 그림은 세계를 모사할 수 있다."

1889년 오스트리아 빈Wien의 부유하고 고상한 유대인 가정에서 태어남(본인은 유대교를 믿지는 않음).

1908년 독일 베를린의 샤를로텐부르크 공과대학을 졸업. 가을까지 영국 맨체스터대학의 공학과에 연구생으로 등록하여 항공학 연구에 몰두.

1911년 예나의 프레게 방문. 그의 권유로 영국의 러셀에게 감.

1912년 영국 케임브리지대학의 트리니티 칼리지에 입학(1913-1914년 2학기 수강).

1914년 제1차 세계대전 발발. 탈장 때문에 병역의무가 면제되었지만, 자원하여 오스트리아 군에 입대.

1918년 장교로 전선에서 싸우다 이탈리아 군에게 잡혀 남부 이탈리아 몬테 카지노 근처의 수용소에서 약 6개월간 포로생활.

1920년 전쟁 후 정원사를 거쳐 남부 오스트리아의 시골 트라텐바흐Trattenbach에서 초등학교 교사.

1921년 《논리-철학 논고》를 독일어판으로 출간.

1926년 초등학교 교사직을 사직함. 한동안 다시 정원사. 그리고 건축에 몰두(-1928년).

1929년 케임브리지대학에 복귀. 논문 〈논고〉로 박사학위 취득.

1930년 트리니티 칼리지의 연구원이 됨(-1936년).

1933-1934년 《청색책, 갈색책 (1958)》이 학생들에 의해서 쓰여지게 됨.

1938년 영국으로 귀화.

1939년 무어의 후임으로 케임브리지대학 철학과의 교수로 임명됨. 취임 전 제2차 대전이 발발. 전쟁에 기여하기 위해 교수직을 포기.

1945년 〈철학적 탐구〉의 제1부 완성.

1947년 전쟁 후 케임브리지로 돌아오나 연구에 전념하기 위해 다시 교수직을 포기.

1948년 〈철학적 탐구〉의 제2부 완성.

1951년 케임브리지에서 암으로 죽음.

비트겐슈타인에게

언어와 세계를 묻는다

도대체 무엇이었을까요? 당신이 그토록 유명해졌던 그 이유는. 내가 철학을 처음 배우던 저 1970년대, 우리 한국의 철학계는 크게 실존철학-사회철학-분석철학이 3분하는 양상이었는데, 특히 대학 강단에서는 분석철학의 위세가 정말 대단했습니다. 그리고 그 중심에 비트겐슈타인 당신이 있었다고 해도 과언이 아닐 겁니다. 그 분야에서 당신은 거의 성자처럼, 그리고 당신 생전에 유일하게 출판된 그《논리-철학 논고*Tractatus Logico-Philosophicus*》는 거의 성서처럼 추앙되는 형국이었으니까요. 지금 차분히 생각해보면 그건 하나의 사회적 현상으로서 연구대상이 될 수도 있을 것 같습니다. 물론 일차적으로는 그 분석철학이라는 것이 영미철학, 즉 과거 세계제국이었던 영국 그리고 현재 세계제국인 미국의 철학이었다는 것, 그리고 그 보급 과정에 김여수, 김영철, 김

용정, 김준섭, 박동환, 박영식, 박희성, 서광선, 소흥렬, 신일철, 여운근, 이건원, 이명현, 이초식, 이한구, 이한조, 정대현, 정석해, 조승옥, 황경식, 황필호 … 등등 기라성 같은 인물들이 각자의 방식으로 열정을 쏟았다는 것, 그런 것이 하나의 큰 이유가 되었을 겁니다.

그리고 아마 당신 개인이 지닌 여러 가지 특이한 캐릭터가 그 많은 사람들에게 강한 인상을 남긴 것도 이유가 됐을 겁니다. 현대 영미철학에서 아마 당신만큼 많은 화제를 남긴 이도 드물 겁니다. 이를테면 당신이 1889년생으로 동갑내기인 히틀러와 같은 초등학교를 다녔다는 것(그와 함께 찍힌 단체사진도 있더군요), 그리고 당신이 유대계 오스트리아인이라는 것, 오스트리아 철강업계 거목의 9남매 중 하나로 태어나 유복하게 자랐다는 것(당신 집을 드나든 손님들 중엔 저 브람스도 있었다지요?), 대학 때는 한때 베를린에서 공학을 전공했고 훗날 누이를 위해 직접 집을 지어주기도 했고 노르웨이와 아일랜드에서 지낼 땐 자신의 오두막도 직접 지었다는 것, 1911년 예나대학의 프레게를 찾았으나 그의 소개로 러셀에게 갔고 12-13년 그의 제자가 되었으며 스승인 그에게 오히려 영향을 주기도 했다는 것(이를테면 소위 '논리적 원자론'), 13-14년 노르웨이에서 오두막을 짓고 살았다는 것, 1차 대전이 터지자 오스트리아 포병으로 참전했다가 이탈리아군에게 포로로 잡혔고 그 수용소에서 저《논리-철학 논고》의 기초가 된 노트들을 썼다는 것(18년 완성, 21년 출판), 형식과 내용 모두에서 특이하기 짝이 없는 그《논고》로 대단한 주목을 받았다는 것, 그것을 낸 후 할 일을 다 했다며 철학을 떠났다는 것, 12년 물려받은 유산을 릴케 등 타인들에게 다 나누어주고 19년 빈의 사범대에 들어갔고 20년부터 26년까지 오스트리아의 시골 초등학교에서 교사를 지내기도 하고 이후 수도원의 정원사로 지내기도 했다는 것, 당시 너무나 불행해 자살까지도 생각했다는 것, 그 후 빈학단의 슐리크, 카르납 등과 친교를 맺고 빈학단의 정식 멤버가 아님에도 그들에게 결정적인 영향을 주었다는 것, 그러다가《논고》의 한계를 스스로 깨닫고[16] 철학으로 되돌아와 29년 케임브리지의 연구원으로 학위도 받았고 이른바 후기철학인 일상언어분석을 시작해《철학적 탐구*Philosophische Untersuchungen*》를 비롯한 상당한 유작을 남겼다는 것, 그리고 35년 소련 방문, 36년 노르웨이 생활을 거쳐 37년 케임브리지로 돌아와 독오합병으로 영국 시민이 되었다는 것, 39년 무어의 후임으로 정교수가 되었으나 2년 만에 그 생활이 싫

---

16 《논고》의 서문에서, "나에겐 여기서 전달된 사고들의 진리성은 불가침적이며 결정적이라고 보인다. 따라서 나는 본질적인 점에서 문제들을 최종적으로 해결했다고 생각한다"라고 말했음에도 불구하고.

어 그만두었다는 것, 그 교수 시절에 맨손으로 강의실에 들어가 사색, 침묵, 대화로 진행되는 특이한 수업을 했다는 것, 지각과 반대를 엄청 싫어했다는 것, 호흡이 긴 몇 년간의 수강을 요구했다는 것("나의 강의는 여행자들을 위한 것이 아닙니다"라고 했다죠?), 혼신의 힘을 쏟은 강의 후 곧장 학교 앞의 영화관으로 가 제일 앞자리에서 건포도빵을 우걱우걱 씹으며 영화에 특히 미국영화에 몰두했다는 것, 한번은 러셀의 한 세미나에서 포퍼와 논쟁하다가 격앙돼 그에게 시뻘건 부지깽이를 들이밀었다는 것, 한참 선배격인 무어에게도 토론에서는 때로 실례될 정도로 날을 세웠다는 것, 47년 케임브리지를 떠나 아일랜드의 더블린에서 잠시 살았고, 49년 미국을 방문했고, 귀국 후 암이 발견돼 남은 말년을 케임브리지에 있는 주치의 베번박사의 집에서 투병하다가 1951년 생을 마감했다는 것, 평생을 독신으로 살았다는 것, 그리고 마지막, 의사가 며칠 남지 않았음을 알렸을 때 "좋습니다!"라고 말했고, 의식을 잃기 전 간호하던 베번부인에게 남긴 최후의 말이 "그들에게 멋진 삶을 살았다고 전해주십시오!Good, Tell them I've had a wonderful life!"였다는 것, … 등등, 어느 것 하나 예사로운 게 없었습니다. 어떻게 보면 당신 자신이, 당신의 삶 자체가, 당신의 친구였던 맬컴Norman Malcom의 말처럼, "신비롭고 이상하고 감동적인" 것이었는지도 모르겠네요.

친애하는 비트겐슈타인, 당신에게 이 편지를 쓰며 나는 대학생 때 읽었던 그《논고》를 다시 펼쳐봅니다. 거기엔 그때 그었던 밑줄과 메모들이 지금도 선명합니다. 전체 7개의 명제로 이루어진 이 특이한 책, 그 7개를 다시 1.1 1.11 … 1.2 1.3 2 2.01 … 이런 식으로 분할 혹은 세분해 총 524개의 명제로 구성한 이 책은 그 후 너도 나도 따라하는 하나의 모델이 되기도 했죠. 비록 얄팍한 분량이지만 역시 이토록 '논쟁 풍부한' 철학서도 흔한 것은 아닙니다. 그 핵심 내지 요점을 요약하는 일은 도저히 불가능해 보입니다. 그 하나하나의 명제가 다 중요하기 때문입니다. 그럼에도 나는 특히 당신이 1918년 빈에서 쓴 그 서문을 주목합니다. 거기서 당신은 그것이 "철학적 문제들"임을 선포하면서 그 문제제기가 "언어논리에 대한 오해"에 기인하는 것임을 밝혀둡니다. 여기서 그 관심방향이 드러납니다. '언어철학' '논리철학'인 셈이지요. 그리고 그 취지를 당신 스스로 이렇게 요약합니다. "좌우간 말해질 수 있는 것은 명료하게 말해질 수 있다: 그리고 말할 수 없는 것에 관해서는 우리는 침묵해야 한다.Was sich überhaupt sagen läßt, läßt sich klar sagen; wovon man nicht reden kann, darüber muß man schweigen." (그런데 편집자에게 보내는 편지에서 당신은 '말할 수 없는 것을 오히려 더 중요하게 생각한다'고도 고백했다죠? 말할 수 없는 것이 증명할 수 없어서 무의미한 게 아니라, 구태여 증명하려 하여 무가치하게 만들지 말라는 취지로 나는 이해합니다.) 저 유명한 《성서》의 말 "태초에 말씀이 계시니라"만큼이나 유명해진 이 말의 뒷부분은 이 책의 마지막 제7명제이기도 했었지요. 여기서 당신이 "말Sprache"과 "명료성Klarheit"을 얼마나 중요하게 생각하는지도 드러납니다. 이런 생각의 배경에는 기존의 철학들이(형이상학, 윤리학 등이) 말할 수 없는 것을 말하려 함으로써 문제를 일으키고 있다는 판단이 깔려 있었지요. 그런 문제를 넘어서고자 당신은 마치 칸트가 그랬던 것처럼 "생각에 [사고의 표현에] 한계를 그으려" 합니다. 그런데 당신은 이 한계가 "오직 언어에 있어서만" 그어질 수 있고 "그 한계 건너편에 놓여 있는 것은 … 무의미"하다고 생각합니다. 오직 '언어'에서만 '의미'를 찾는 '언어주의'의 선포인 셈입니다. 이런 생각은, (프랑스에서 일어난 교통사고의 재판에서 모형들이 사용된 것을 보고 착안했다는) 저 유명한 명제 2.1 이하의 이른바 '그림이론Bild-Theorie/picture theory'과 연결된다고 나는 파악합니다. "2.1 우리는 사실들의 그림들을 만들어낸다" "2.12 그림은 현실의 모델이다" "2.19 논리적 그림das logische Bild은 세계를 모사할 수 있다" "2.21 그림은 현실과 일치하거나 일치하지 않는다. 그림은 … 참이거나 거짓이다" "3.01 참된 사고들의 총체가 세계의 그림이다" 등등. 사고(언어/논리)와 세계의 관계를 말하는 (즉 언어는 세

영미로 부치는 철학편지

계를, 명제는 사실을, 이름은 대상을 지칭한다고 보는, 대응 관계에 있다고 보는, "한 문장에는 하나의 세계가 연습 삼아 조립되어 있다"고 보는) 이 명제들은 '비트겐슈타인철학'의 핵심 주제이지요. 나는 여기서 "동일한 것이 사고이기도 하고 존재이기도 하다"는 파르메니데스의 말과, "언어는 존재의 집이다"라는 하이데거의 말을 연상하기도 합니다. 당신의 철학이 단순한 언어분석이 아니라 이미 하나의 존재론이기도 한 연유입니다. 왜냐하면 당신의 그 언어는, 현실의 모델인 이상, 그 현실의 총체인 '세계'를 반영하는 그림이기 때문입니다("2.063 전체 현실이 세계다" "4.001 명제들의 총체가 언어이다" "4.01 명제는 현실의 그림이다"). 당신의 그 《논고》에는 이처럼 주목할 발언들이 그리고 논의할 주제들이 가득합니다. 기본적인 일곱 명제부터가 그렇습니다.

1 세계는 일어나는 일들의 총체이다.

2 일어나는 일, 즉 사실은 사태들의 존립이다.

3 사실들의 논리적 그림이 사고이다.

4 사고는 의미를 지닌 명제이다.

5 명제는 요소 명제들의 진리함수이다.

6 진리함수의 일반형식은 $[\bar{p}, \bar{\xi}, N(\bar{\xi})]$이다.

7 말할 수 없는 것에 관해서는 우리는 침묵해야 한다Wovon

man nicht sprechen kann, darüber muß man schweigen.

이 밖에도 많습니다. 예컨대, "1.1 세계는 사실들의 총체이지 사물들의 총체가 아니다" "1.13 논리적 공간 속의 사실들이 세계이다" "2.01 사태는 대상들(존재물들, 사물들)의 결합이다" "2.012 논리에서는 아무것도 우연적이지 않다" "4.0031 모든 철학은 언어 비판이다" "5.6 나의 언어의 한계들은 나의 세계의 한계들을 의미한다" "5.621 세계와 삶은 하나다" "5.632 주체는 세계에 속하지 않는다" "6.1 논리학의 명제들은 동어반복들이다" "6.2 수학은 하나의 논리적 방법이다" "6.3 논리의 탐구는 모든 법칙성의 탐구이다. 그리고 논리 밖에서는 모든 것이 우연이다" "6.373 세계는 나의 의지로부터 독립적이다" "6.42 그렇기 때문에 윤리학의 명제들도 역시 존재할 수 없다" "6.432 세계가 어떻게 있느냐는 더 높은 존재에게는 완전히 아무래도 좋은 일이다. 신은 자신을 세계 속에서 드러내지 않는다" "6.44 세계가 어떻게 있느냐가 신비스러운 것이 아니라 세계가 있다는 것이 신비스러운 것이다" "6.5 … 수수께끼는 존재하지 않는다 …" "6.522 실로 언표 불가능한 것이 있다. 이것은 스스로 드러난다. 그것이 신비스러운 것이다" … 등등.

특히 문제적인 몇 가지를 열거해보았습니다만, 어느 것

하나 녹녹한 것이 없습니다. 나는 이 중 어떤 것에 대해서는 고개를 끄덕이고, 어떤 것에 대해서는 고개를 갸우뚱합니다. 그 하나하나의 의견을 여기서 개진할 여유가 없는 것은 아쉽습니다만, 몇 가지 의문점들, 예컨대 언어를 포함한 아프리오리의 세계, 수수께끼, 세계가 '어떻게' 있는가 하는 저 엄청난 신비, 왜 윤리가 문제되는지, 윤리적 발언들이 어떤 의미를 지니는지, 그런 구체적이고 실제적인 문제상황(당신도, "인간의 심성 속에 들어있는 그러한 [윤리적] 경향을 나는 개인적으로 마음 깊이 존경하지 않을 수 없으며 더욱이 이를 비웃어버릴 순 결코 없을 것이다"라고 말했다죠?), 인간의 의지와 사실들의 밀접한 상호작용, 인간의 논리와 무관하게 (혹은 논리에 우선해서) 존재하는 필연적인 현상들, 언어 비판과 무관하게 고유한 의미를 갖는 저 숱한 철학들, … 이런 것에 대한 논의는 필요할 것도 같군요. 물론 당신과 당신의 철학을, 당신의 문제의식을 이해하지 못하는 건 아닙니다. 나도 나름대로는 이해합니다(6.54에서 말한, "나를 이해하는 사람은 … 말하자면 사다리를 딛고 올라간 후에는 그 사다리를 던져버려야 한다"는 그런 차원은 아닙니다만). 나는 당신을 저 전문가들 못지않게 높이 평가합니다. 그건 아무나 도달할 수 있는 경지는 분명 아니니까요. 언어는 분명 결정적인 철학적 문제의 하나니까요.

특히 일상언어를 주목한 저 《철학적 탐구*Philosophische Untersuchungen*》의 후기철학은 더욱 그렇습니다(당신은 케임브리지에서 함께 근무하던 이탈리아 출신 경제학자 피에로 스라파 Piero Sraffa와 당신의 그림이론에 대해 토론을 하다가 《논고》의 잘못을 깨달았다죠? 당신의 이론에 스라파가 반론하면서 손가락 끝으로 목 부분을 밀어 올렸는데, 스라파의 그런 행동은 이탈리아에서 의문이나 조소를 뜻하는 것으로 사용되는 제스처였다고요? 순간 당신은 《논고》에서 주장했던 언어의 논리학과는 달리 일상생활에서 쓰이는 언어의 의미는 결코 한 가지로 고착되지 않는다는 점을 깨달았다고 하니, 우연이 큰 학문적 진전의 계기가 된 셈이군요). 그런데 일상언어의 주목은 실은 《논고》 그 자체에도 일부 있었더군요. 그것은, "4.002 인간은 낱말 각각이 어떻게 그리고 무엇을 의미하는지에 대해 아무 생각 없이도 각각의 모든 뜻이 표현될 수 있게 하는 언어들을 구성하는 능력을 소유하고 있다. … 일상언어는 인간 유기체의 일부이며, 그에 못지않게 복잡하다. 일상언어로부터 그 언어의 논리를 직접 이끌어낸다는 것은 인간으로서는 불가능하다. 일상언어의 이해를 위한 암묵적 협약들은 엄청나게 복잡하다"는 저 명제입니다. 그것을 믿고 당신은 이른바 '언어게임language game' '사적 언어private language' '가족유사성family resemblances' 등으로 유명한 '일상언어 분석철학'을 개진하신 거지요(무언가를 명명하는 과정과 불러준 낱말을 따라 말하는 과정 같은 게 '언어게임', '나는 아프다' 같은 게 '사적 언어', {P, Q} {P, R} {P, S} 같은 공통 개념과 구별되는, {T, U} {U, V} {V, T} 같은 게 '가족유사성', 그렇게 이해하면 되겠죠?). 당신은 스스로 불가능하다고 선을 그었던 그것 (일상언어의 논리를 이끌어내는 것)에 도전한 셈입니다. 그건 초기의 그림이론과는 달리 '일상언어'의 중요성을 주목한 것이죠. 당신은 자신의 그림이론이 전제하던 사물과 언어의 일치를 수정하면서, 언어가 있기 전에 생활양식이 있음도 주시했죠. 또한, 언어는 그 '의미'가 아니라 '사용usage'에 본질이 있으며, 같은 언어를 사용한다는 것은 삶의 형식을 공유하는 것이다라고 생각했죠. 그리고 언어에는 하나의 공통된 본질이 있는 것이 아니라 그 쓰임에서 나타나는 여러 유사성이 있다고도 생각했고, 이것을 '가족유사성'이라고 불렀죠(이것을 설명하기 위해 '발췌적 유사성' '랜덤한 유사성'이라는 용어를 동원하기도 합니다). 이런 후기철학의 바탕에는, "일상언어는 세계에 대한 우리의 이해방식을 나타낸다"(96) "어떠한 언어도 일상언어만큼 긴 세월을 통해 시험-세련되지 못했고, 세계에 대한 우리의 이해를 포괄적으로 담지 못한다"(199) "어떠한 언어의 논리도 일상언어의 논리를 이해를 위한 표준으로 한다"(120) "모든 진술은 그 자체의 논리를 가지고 있다" 같은 생각이 깔려 있었지요. 그런 생각들을 바탕으로 당신은 일상언어분석의 구체적인 요령들도 일러주었습니다. 이를테면 "단어들에 대해 의미를 묻지 말고 그 사용을 물으라" "모든 표현들은 단어가 아니라 완전한 문장으로 되어야 한다" "표현들이 비일상적인 경우 일상적 표현으로 바꾼다"(116) "분석하고자 하는 표현에 비슷한 표현들과 반대되는 표현들을 모으고, 이들이 어떻게 사용되는가를 본다" (90, 132) "우리는 분석하고자 하는 표현이 어떻게 사용되고 있는가를 보아야 한다"(340) "앞 단계의 결과를 참작하여 표현의 규칙들을 세워본다"(125) … 같은 것들입니다.

제1부 만으로도 총 693개에 달하는 그 《철학적 탐구》의 단편들은 그 하나하나가 각각 하나의 철학입니다. 흥미로운 그 '주장'들은 우리로 하여금 날카로운 사고로 답하라는 '요구'처럼 들리기도 합니다. 이 요구에 대해 지금 여기서 구체적으로 답할 수 없는 것은 역시 아쉬움으로 남습니다만, 적어도 당신의 그 철학에 대한 존중과 존경의 표시는 해두어야 할 것 같습니다. 비록 내가 생각하고 인정하는 수많은 "철학적 문제들"에 대해 (특히 존재론적-윤리적 문제에 대해) 당신이 외면하는 부분이 없지 않지만, 당신이 (러셀, 프레게와 함께) 나름대로 '하나의 철학적 세계'를, '언어철학' '분석철학'이라는 하나의 세계를, 선구적으로 개척한 공로자라는 점은 두말 없이 인정합니다. 그리고 그것이 당신이 추구했던 그

'명료성'에 크게 기여했다는 점도 인정합니다. 그러니 내가 여기저기서 동양철학적인 '불립문자'나 '불언지교' '무언지언' '침묵이라는 말' … 같은 것을 선전하더라도, 그것이 '…침묵해야 한다'는 당신의 요구에 대한 거부나 도전처럼 보이더라도, 부디 그것이 당신의 철학에 대한 무지에서 비롯된 비판은 아니라는 것을 알아주신다면 좋겠습니다. 철학은 서로 불가침적으로 공존 가능한 '철학들'이라는 게 나의 생각이기 때문입니다. 비트겐슈타인이라는 사다리를 그래도 조금이나마 올라가봤다는 점을 감안해서 부디 이런 입장도 이해해주신다면 좋겠습니다.

Rudolf Carnap 1891–1970

"전통 형이상학의 수많은 명제들은 사이비명제이다."

"한 명제는 그것이 원칙적으로 검증가능할 때
오직 그때에만 유의미하다."

1891년 독일 서부 루르 지방 론스도르프Ronsdort(현재 부퍼탈Wuppertal 일곽)에서 태어남.

1910-1914년 예나대학과 프라이부르크대학에서 철학, 수학, 물리학 전공.

1921년 예나대학에서 박사학위 취득.

1924년 후설 강의 수강.

1926년 논리실증주의의 아성이던 오스트리아 빈대학에서 교수자격 취득 후 사강사 시작. 빈학단의 멤버로 활동.

1928년 《철학의 사이비 문제들》출간. 《세계의 논리적 건축》출간.

1930년 〈인식〉지를 주재하며 과학철학 전개.

1931년 프라하 독일대학에서 자연철학 원외교수(-1935년).

1934년 《언어의 논리적 구문론》출간.

1936년 독일 나치를 피해 미국으로 망명. 시카고대학 교수 역임(-1952년).

1941년 미국 시민권 취득.

1947년 《의미와 양상》출간.

1950년 《확률의 논리적 기초》출간.

1952-1954년 프린스턴대학 교수

1954-1961년 캘리포니아대학UCLA 교수.

1961년 캘리포니아대학 은퇴. 이후 연구에 몰두.

1970년 미국 캘리포니아 주 산타모니카Santa Monica에서 죽음.

카르납에게

검증가능성을 묻는다

이 편지의 착신지를 어디로 해야 할지 좀 고민이 있었습니다. 세상에 알려진 대로 당신은 독일 론스도르프 Ronsdorf(현 부퍼탈Wuppertal 일곽)에서 태어나 생애의 전반을 주로 독일에서 보냈고, 후반을 주로 미국에서 보냈기 때문입니다(정확하게 35년 씩, 딱 반반입니다). 그리고 당신의 철학도 무엇보다 저 오스트리아 빈학단Wiener Kreis/Vienna Circle의 대표이론인 '논리실증주의logical positivism'로 유명한 만큼 일단은 독일철학에 그 원적이 있기 때문입니다. 그럼에도 내가 이 편지를 미국으로 보내는 것은 당신이 1935년 미국으로 이주한 이후 귀화를 했고, 1970년 캘리포니아의 산타모니카에서 세상을 뜰 때까지 35년 간 엄연히 미국인으로 활동했으며, 그리고 무엇보다도 당신의 철학 자체가 영미철학의 대표격인 분석철학에 가담하고 있기 때문입니다. 그러니 양해해주시겠죠?

그런데 생각해보면 이런 점을 포함해서 현대철학의 세계에서 당신은 상대적으로 좀 파란만장한 삶을 살았던 인물인 것 같군요. 그 삶을 대략적으로 한번 돌아보겠습니다. 당신은 1891년 독일 론스도르프에서 태어났고, 독실한 종교적 가정에서 자랐으나 훗날 범신론자-자연주의자가 되었고, 바르멘과 예나의 김나지움을 거쳐 예나대학과 프라이부르크대학에서 물리학-수학-철학을 공부했고, 그러면서 신칸트주의자 브루노 바우흐에게 칸트의 《순수이성비판》을 배웠고, 또 한편 프레게의 수리논리학 과정에도 참여했고, 1차 대전 때는 독일군으로 참전했고, 1917-18년 갓 부임한 아인슈타인이 있던 베를린대학에서 물리학을 공부했고, 그런 다음 다시 예나대학에서 시공간을 주제로 한 논문들을 썼고('형식적-물리적-지각적 공간'을 구분한 박사논문 〈공간론Der Raum〉을 포함), 그리고 러셀과 서신으로 교분을 텄고, 1924-25년 후설의 세미나에 참석했고, 23년 라이헨바흐를 만났고, 그의 소개로 빈대학 교수이자 빈학단의 창시자인 모리츠 슐리크Moritz Schlick를 알게 됐고,[17] 26년 빈대학에서 교수자격 취

---

17 여기서 빈학단의 창립자이자 대표자인 모리츠 슐리크를 따로 논하지 않는 것은 오직 양적인 제한 때문이며, 그의 철학에 대한 저평가가 아님을 양해하기 바람. 영미철학에 기여한 카르납의 상징성이 선택의 기준으로 작용했음.

득과 함께 강사가 되었고, 소위 빈학단에 가담해 주도적 역할을 하며 한스 한, 바이스만, 노이라트, 그리고 괴델 등 거물들과 함께 이른바 논리실증주의를 수립했고, 그 외곽에서 큰 영향을 끼친 비트겐슈타인과도 교분이 있었고, 28년《세계의 논리적 건축Der logische Aufbau der Welt》과 《철학에서의 사이비 문제들Scheinprobleme in der Philosophie》을 썼고, 29년 한스 한 등과 빈학단의 강령을 썼고, 저 유명한 기관지 〈인식 Erkenntnis〉을 창간했고, 30년 바르샤바의 타르스키를 방문했고, 그때 의미론을 배웠고, 31년 프라하 독일대학의 조교수로 취임했고, 거기서 유명한《언어의 논리적 구문론Logische Syntax der Sprache》을 썼고, 33년 프라하에서 콰인을 만나 평생의 친교를 시작했고, 사회주의적-평화주의적 신념 때문에 나치와 대립해 35년 미국으로 이주, 41년 귀화했고, 36-52년 시카고대학 철학교수를 지냈고, 30년대 후반 헴펠을 조교로 삼아 함께 논리적 구문론을 발전시켰고, 39-41년 콰인의 도움으로 하버드에서 연구했고, 거기서 타르스키와 다시 만났고, 그 후 52-54년 프린스턴의 고등연구소 교수를 거쳐 54년-61년 은퇴까지 UCLA의 철학과 교수로 활약했고, 그리고 14세 이후 인공 국제어인 에스페란토에 관심을 가졌고, 1895년과 1933년 두 차례의 결혼을 했고 그것은 각각 이혼(1929)과 부인의 자살(1964)이라는 불행으로 끝났고, 그리고 1970년 캘리포니아의 산타모니카에서 세상을 떠났습니다. 이러니, 파란만장하지 않았다고는 말할 수 없겠죠? 특히 당신이 몸담았던 장소들과 당신 주변에 포진했던 그 기라성 같은 인사들의 면면이 눈길을 끄는군요.

친애하는 카르납, 이런 것도 인연일지 모르겠습니다만, 나는 대학 초년생 때 일찌감치 당신을 알게 되었습니다. 내가 공부하던 교재에 당신이 쓴 그《언어의 논리적 구문론》의 일부가 빈학단의 태두인 모리츠 슐리크의《철학의 장래》와 함께 실려 있었기 때문입니다. 이른바 실존주의로부터 철학에 입문한 나에게 그건 아주 낯설게 다가왔습니다. 마치 새로 접하는 외국어처럼. 하지만 나는 곧바로 그것을 인정하고 받아들이기로 했습니다. 거대한 철학의 세계에는 여러 가지 철학'들'이 있다는 것을 철학을 공부하자마자 바로 깨달았으니까요. 어쩌면 카르납철학에 대한 그런 태도가 나의 '철학적 공화주의'의 시발점이었는지도 모르겠군요. 다양한 모든 철학들에게 각각 그 고유한 의의를 인정해 주는 것이지요. 고유한 출발점과 귀착점, 고유한 문제의식으로 구성된 체계 내에서의 정당성을 존중하는 입장이지요. 물론 당신을 받아들이는 것이 간단하지는 않았습니다. 당신은 내가 이미 깊이 발을 들여놓았던 하이데거철학에 대해 정면으로 도전했다고 할까, 비판을 가하고 있었으니까요. 당신은 하이데거식 형이상학을 '사이비-과학'으로 매도했습니다("전통 형이상학의 수많은 명제들이 사이비명제Scheinsätze라고 하는 일반적 견해는 …" 운운 하셨지요?). '형이상학의 거부'인 셈이죠. 그 바탕이랄까 배경에는 '사이비 과학과 진정한 과학의 구획', 특히 그 '구획기준criterion of demarcation의 설정'이라는 문제의식이 있었습니다. 거기엔 이른바 전통철학, 특히 형이상학의 언명들이 그저 하나의 주장일 뿐 그 근거가 흐리멍텅하기 짝이 없어서 학적 명료성을 결여하고 있다는 인식 내지 시선이 전제돼 있었습니다. 인용으로 확인해봅니다. "내가 접한 전통 형이상학에 있어서의 대부분의 논의들은 소득 없고 쓸모없는sterile and useless 것이었다. 이러한 종류의 논의들을 경험과학이나 논리적 언어 분석의 탐구 및 토론과 비교해봤을 때, 나는 종종 그 논의에 사용된 개념들의 애매성vagueness과 불확정성inconclusive nature에 의해 충격을 받았다." "나는 전통 향이상학의 테제들이 쓸모없을useless 뿐만 아니라 인지적 내용이 결여되어 있기까지 하다devoid of cognitive content는 견해를 갖게 되었다. 그것들은 사이비-명제pseudo-sentences이다. 즉 그것들은 [단순히] 주장을 하고 있는 것처럼 보였다. 왜냐하면 그것들은 단정적 명제라는 문법적 형태를 갖고 있고, 그리고 그것들 속에서 생겨나는 단어들은 수많은 강한 그리고 감정 실린 연상작용들을 갖고 있기 때문이다. 그런데 사실상 그것들은 어떤 주장도 하지 않고, 어떤 명제들도 표현하지 않으며, 따라서 참이지도 거짓이지도 않다. 심지어 '외부세계는 실재하는가?' 같은 물음, 이른바 긍정적 혹은 부정적인 답을 제공하는 명백해 보이는 물음들조차도, 진정한 물음genuine questions이 아니라 사이비물음pseudo questions인 것이다." 확인된 셈이죠?

그래서 당신은 이 문제들 사이에 명확한 선을 긋고자 했었지요. 그 "구획기준criterion of demarcation"으로서 제시한 게 바로 (당신이 비트겐슈타인에게 배웠다고 하는) 저 유명하고도 유명한 "논리적 분석logical analysis"과 "검증가능성의 원리principle of verifiability"였죠. 《언어의 논리적 구문론》에서 당신은 말했습니다. "논리적 분석의 기능은 과학과 일상생활의 모든 지식, 모든 주장들을 분석하는 것이다. 그런 모든 주장의 의미와 그것들 사이의 연관을 명확히 하기 위해서다. 주어진 명제의 논리적 분석의 주요한 과업 중 하나는 그 명제에 대한 검증verification의 방법을 찾아내는 것이다." 그리고 "문제는, 이 명제는 주장할 무슨 근거reasons가 있을 수 있는가, 혹은 어떻게 우리는 그것의 참과 거짓truth or falsehood을 확신하게 될 수 있는가, 하는 것이다"라고 말했습니다. 그리고 더욱 결정적으로는, 이렇게요. "이 [형이상학적] 명제들이 비-

영미로 부치는 철학편지

인지적non-cognitive이라는 견해는 비트겐슈타인의 검증가능성의 원리에 기초한 것이었다. 이 원리는 이런 것을 말한다. 우선, 한 명제의 의미는 그 검증verification의 조건들에 의해 주어진다는 것, 그리고 다음, 한 명제는 그것이 원칙적으로 검증 가능할verifiable 때 오직 그때에만 유의미하다는 것, 즉 그것들이 … 그 명제의 진실을 명백하게 확립 (꼭 실제는 아니더라도) 가능한 상황들이 존재할 때, 오직 그때에만 유의미하다는 것." 이런 것이었습니다. 이게 말하자면 논리실증주의의 선언인 셈이죠(그리고 이 원리는 나중에 좀 더 자유로운 '확증가능성의 원리the principle of confirmability'로 대체되었지요. 그 이유는, 어떤 형이상학적 명제들이 '무의미하다'고 말하는 지나치게 단순화된 정식화로 인해 불필요한 수많은 반대를 야기했고, 그래서 다양한 의미내용의 구별이 중요하다는 것을 당신과 학단의 멤버들이 깨달았기 때문이었지요. 또한 그래서 형이상학적 테제들이 인지적-이론적 의미를 결여하고 있다는 걸 좀 더 정확한 방식으로 말하게 되었습니다. 그리고 그것들이 때로 다른 의미내용들, 즉 비록 인지적은 아니지만 강한 심리적 효과를 가질 수도 있는 감정적-동기유발적 의미내용을 가진다는 것도 인정했습니다).

형이상학 비판, 구획기준, 검증가능성, 이것이 중요한 철학적 의견인 것은 분명합니다. 이런 기본적 생각을 바탕으로 전개된 당신의 후속 노력들, 아니 이것을 포함해 당신이

"철학적 문제들"이라고 스스로 정리한 카르납철학의 전모, 즉 "철학에서의 사이비 문제들" "수학의 기초" "물리주의와 과학의 통일" "언어의 논리적 구문론" "경험론의 자유화" "의미론Semantics" "언어 기획" "개연성과 귀납논리" "이론 언어" "가치와 실천적 결정" 등도 풍부한 시사점들을 지니고 있는 게 분명합니다. 하지만 나는 그런 당신의 철학들을 접하면서 그저 마냥 고개를 끄덕일 수만은 없었습니다. 왜냐하면, 당신이 그토록 날을 세웠던 '신의 존재'나 '외부세계의 실재' 같은 형이상학의 주제들, 그리고 당신이 '무의미한 사이비-명제'로 지탄했던 하이데거의 저 '무 자체가 무화한다Das Nichts selbst nichtet' 같은 언명들이, 그렇게 간단히 배제될 수는 없었기 때문입니다. 왜냐하면, 신의 존재를 전제하지 않고서는 그 어떤 최첨단 과학도 이 세계현상 내지 존재현상 내지 자연현상의 근원을 설명할 수가 없으며, 외부세계의 실재는 '나'라고도 불리는 소위 '내부세계' 혹은 '의식'에 대해 그 외부세계의 일부인 돌부리나 누군가의 주먹 한방만으로도 곧바로 증명되기 때문이고, '무 자체가 무화한다'[18]는 것도 하이데거의 설명처럼 불안이라는 근본기분 속에서는 곧바로

---

18 '무화한다'는 한국어 번역이 사실 많은 오해를 야기한다. 'nichtet'는 존재하는 무언가가 없어지는 것이 아니라, 무 자체가 '무이고 있다'는 뜻으로 이해해야 한다.

이해될 수 있기 때문입니다(노자와 파르메니데스와 하이데거는 그것을 만났습니다. 다만 그것을 표현하는 '형이상학적 언어의 문법'과 당신이 생각하는 '논리적 언어의 문법'이 달랐을 뿐입니다. 그것은 단순한 심리적 효과 이상의 의미를 갖습니다). '현상 그 자체와의 만남'이 모든 철학적 문제의 진정한 출발점임을 나는 당신에게 강조하고 싶군요.

친애하는 카르납, 철학은 당초 하나의 '의견'으로 제시되며 그것으로 충분히 존재의미가 있습니다(그 의견이 주제에 대한 진정한 문제의식에 기반한 것이라면 말이죠. 더욱이 그 주제와의 만남, 경험, 그리고 그것에 의한 충격에 기인하는 것이라면 말이죠). 사회적 유통 과정에서 그것은 철학이라는 하나의 학적-지적 상품으로 통용됩니다. 그것은 이른바 '사회적 이성(이른바 여론도 그것의 한 형태입니다만)'의 인정 내지 지지를 그 성립의 근거로 삼습니다. 그리고 시간의 흐름 속에서 이른바 '역사적 이성'이 그것의 '의미'를 판정해 철학사라는 명예의 전당에 기록합니다. 그 전당에는 실제로 그렇게 자격을 인정받은 철학들이 최소한 100개 이상 존재합니다. 카르납 당신의 철학도 그중 하나입니다. 그것들은 각각 고유한 출발점-귀착점을, 그리고 고유한 의의를 갖습니다. 고유한 '문제영역(혹은 지평)'을 갖습니다. 그러니 특정한 철학이 자신의 기준을 가지고 다른 철학들을 재단하는 것은 오만하고 위험한 월권일 수 있습니다. 일단은 '다른 것'의 이해를 위한 노력, 그게 우선이 아닐까, 그렇게 나는 생각하며, 지금도 내가 인정하는 하이데거의 적수였던 카르납을 이해하기 위해 노력하는 중임을 알려드리고 싶군요. 비판보다는 이해를 부탁드립니다. 부디.

영미로 부치는 철학편지

Karl Raimund Popper 1902–1994

"추상적 선의 실현을 위해서보다 구체적 악의 제거를 위해서 노력하라.
정치적 수단으로 행복의 확립을 꾀하지 말고
구체적 불행들의 제거를 목표 삼으라."

"지상에 천국을 건설하겠다는 시도가 늘 지옥을 만들어낸다."

1902년 오스트리아 빈에서 유대계 변호사의 아들로 태어남(기독교도).

1922년 고등학교 졸업시험Matura 통과.

1924년 초등학교 교사자격시험 을 합격. 방과후 학교에서 근무.

1928년 빈대학에서 〈Die Methodenfrage der Denkpsychologie(The question of method in cognitive psychology)〉라는 논문으로 심리학 박사학위 취득.

1930년 요제피네Josefine Anna Henninger와 결혼.

1934년 《과학적 발견의 논리》 출간.

1937년 나치의 폭압을 피해 뉴질랜드로 떠남. 뉴질랜드대학 켄터베리 칼리지의 철학교수로 임명됨.

1945년 《열린 사회와 그 적들》 출간.

1946년 영국으로 이주.

1949년 영국 런던대학의 교수로 초빙되어 퇴직하기까지 논리학과 과학방법론 강의.

1958–1959년 아리스토텔레스 협회 회장 역임.

1965년 엘리자베스 2세로부터 기사 작위 받음.

1969년 은퇴.

1985년 오스트리아를 방문하여 부인과 함께 조국에서 시간을 보냄. 부인 죽음.

1986년 영국으로 귀국.

1992년 교토상 수상.

1994년 92세에 영국 켄리Kenley에서 암 합병증으로 인한 폐렴과 신장병으로 죽음.

포퍼에게

반증가능성과 열린 사회를 묻는다

당신에게 이 글을 쓰면서 나는 좀 설렌다고 할까 감회가 새롭다고 할까 그런 묘한 감정을 느끼고 있습니다. 무엇보다도 내가 당신을 처음 만난 저 1970년대의 '그때 그 장면'들이 되살아나기 때문입니다. 그때 우리 70년대 학번들에게 당신은 아주 특별한 존재였습니다. 당신도 어쩌면 생전에 알고 계셨을지 모르겠습니다만, 그때 우리 한국은 정치적으로 아주 어두운 터널을 통과하고 있었지요. 그 무거운 현실을 어깨에 짊어진 채 우리 젊은이들은 희망의 빛을 찾고 있었고, 바로 당신에게서 그 한 줄기 빛을 보았던 것입니다. 이한구 교수님의 노력으로 유명해진 당신의 그 《열린 사회와 그 적들 *The Open Society and It's Enemies*》 그리고 《역사법칙주의의 빈곤 *The Poverty of Historicism*》은 우리에게 거의 저 마르크스의 《자본론》이나 《공산당 선언》 비슷한 그 무엇으로 다가왔었지요. 실제로 그것은 당시 '불온서적' 내지 '금서'로 간주되었으니까요. 정규 커리큘럼에는 포퍼의 P자도 없었지만, 몰래 그것을 읽으며 두근거렸던 그 흥분…. 지금도 선명히 기억합니다. 그런데 나중에 그것들이 마르크스와 대척점에 있는 이른바 '자유세계'의 대표사상이라는 것을 알았을 때는 좀 헷갈리기도 했었지요.

그런데 고학년이 되면서 우리는 당신에게 또 한 번 놀랐습니다. 사회철학 내지 정치철학에서 그토록 중요한 당신이 또한 과학철학의 대가이기도 하다는 사실을 알게 되었으니까요. 다행히도 우리는 그 분야의 권위자인 이초식 교수님으로부터 그 내용을 소상히 배울 수가 있었습니다. 종류는 달랐지만 그때의 설레임도 저 사회철학을 읽을 때 못지않았죠. 《탐구의 논리*Logik der Forschung*》(영문판 제목 《과학적 발견의 논리*The Logic of Scientific Discovery*》)와 《추측과 논박*Conjectures and Refutations*》은 우리에게 저 비트겐슈타인의 《논리-철학논고》 못지않은 매력으로 다가왔습니다. 매력적인 논의들은 너무너무 많았지만, 유명한 '구획기준의 문제'뿐만 아니라 "무한한 관용은 관용의 소실로 이어질 수밖에 없다. …

Unlimited tolerance must lead to the disappearance of tolerance. If we extend unlimited tolerance even to those who are intolerant, if we are not prepared to defend a tolerant society against the onslaught of the intolerant, then the tolerant will be destroyed, and tolerance with them"라는 이른바 "관용의 패러독스" 같은 것도 그중 하나였죠. 그 이후에 나온《더 나은 세상을 찾아서*In Search of a Better World*》《삶은 문제의 해결이다*All life is Problem Solving*》《파르메니데스의 세계*The World of Parmenides, Essays on the Presocratic Enlightenment*》 등의 저작은 당신의 그 많은 저작들 중에서도 특별히 나의 시선을 끌어당긴 것이었습니다. 당신의 사고들과 언어들은 하여간 특별합니다. 그것들은 비교적 이해하기 쉬우면서도 언제나 문제의 정곡을 찔러주었지요.

그리고 포퍼, 당신은 인간적으로도 좀 특별했습니다. 당신은 1902년 오스트리아의 빈(비엔나)에서 태어났습니다. 그러니까 독일어권 출신인데 영국철학자로 분류됩니다. 이상하죠. 하지만 당신이 (비록 부모님이 기독교로 개종했지만) 유대계였던 관계로 히틀러의 등장과 독오합병 이후 조국을 떠나 뉴질랜드로 망명했고, 크라이스트처치의 캔터베리대학에서 가르쳤고, 전후 46년 영국으로 건너가 런던대학의 런던 정치경제학교(LSE)에서 가르쳤고, 49년 정식 교수가 되었으며, 76년 런던 왕립 학회의 회원으로 선출되었고, 여왕으로부터 기사 작위를 받아 이름 앞에 '경Sir'이라는 호칭이 붙었고, 결국 1994년 런던에서 92년의 생을 마감하신 걸 생각하면 충분히 납득이 됩니다. 그렇게 당신은 영국철학자가 되었습니다. 독일의 불행, 영국의 행운, 그렇게도 볼 수 있겠네요.

당신은 평범한 중류 가정에 태어나 자랐지만 아버지가 엄청난 독서가였다죠? 그래서 당신도 그 책들과 함께 장서수집벽을 물려받았다죠? (망명을 떠나며 그 책들이 어떻게 됐는지도 잠깐 좀 궁금하군요.) 그 책들이 아마 1928년 빈대학에서 심리학 박사학위를 받을 때까지 큰 도움을 주었으리라 짐작됩니다. 한편 당신은 한때 마르크스주의에 매료되어 1919년 '학생 사회주의 협회'에 가입했고, 오스트리아 사회민주당의 당원이 되기도 했었지요. 그러나 얼마 후 마르크스주의의 역사유물론에 회의를 느껴 탈당했고 이후 사회적 자유주의로 돌아섰죠. 그 결과가 저 전체주의-역사법칙주의 비판과《열린 사회와 그 적들》로 대표되는 이른바 '비판적 합리주의critical rationalism'로 이어졌다고 짐작됩니다.

삶의 과정에서 다른 특별한 화젯거리는 별로 들은 것이 없습니다만, 소위 '비트겐슈타인과 포퍼의 기막힌 10분'은 당신의 자서전 덕분에 이곳 한국에서도 엄청 유명해졌습니다. 1946년 10월 비트겐슈타인이 회장으로 있던 케임브리지대학 도덕과학 클럽에 당신이 세미나 발표자로 초청받았을 때, '철학적 문제가 실재한다'는 당신과 '철학적 문제란 언어적 유희에 불과하다'는 비트겐슈타인 사이에 격렬한 논쟁이 오갔고, 도중 비트겐슈타인이 분에 못 이겨 시뻘건 부지깽이를 당신에게 들이밀어 위협을 가했다지요? 그러다 러셀의 제지를 받은 비트겐슈타인이 도망치듯 강연장을 빠져나갔다고요? 당사자인 비트겐슈타인의 진술이 없으니 확인은 불가능하지만, 이게 사실이라면 정말 기막힌 현대철학의 명장면 중 하나가 아닐 수 없겠네요. 러셀, 비트겐슈타인, 포퍼 이 세 거장이 한자리에 있었다는 사실 자체만으로도 엄청난데, 이런 사건까지 있었다니 말이죠.

그런데 사실 이건 아주 상징적인 사건이라는 생각이 듭니다. 이런 대립의 배경에는 바로 저 '과학철학 논쟁'이 있다고 나는 봅니다. 이른바 '과학과 사이비과학의 구획기준criterion of demarcation의 문제'를 둘러싼 '검증가능성의 원리와 반증가능성의 원리' 사이의 논쟁이었지요. 내가 학부 시절 흥분했던 바로 그것입니다. 잘 알려진 대로 이건 비트겐슈타인으로부터 영향을 받은 카르납 등 이른바 빈학단의 논리실증주의가 제시한 기준, 즉 '검증가능성verifiability'에서 비롯됩니다. 그들은 진정한 과학의 기준으로서 '검증가능성'이라는 걸 제시했습니다. 즉 진정한 과학적 명제는 검증 가능한verifiable 것이어야 하고, 검증 불가능한 것은 (과학인양 하지만 실은 아닌) 사이비과학이라는 말이죠. 단적으로 그건 형이상학 비판이었습니다. 아주 쉽게 말하자면 '물은 0도에서 얼고

100도에서 끓는다' 같은 명제는 얼려보고 끓여보고 관찰해 보는 등의 방법으로 검증이 가능하니까 과학적 명제가 될 수 있고, '영혼은 불멸이다' '신은 존재한다' 같은 명제는 애당초 관찰도 실험도 확인도 불가능하니까, 즉 검증이 불가능하니까, 과학적 명제가 될 수 없다는 것이었지요. 그런데 바로 그런 생각에 당신은 이의-이견-반대-비판을 제기했던 것입니다. 그 대안으로 당신이 제시한 게 바로 저 유명한 '반증가능성falsifiability의 원리'였었죠. 그 배경에는 검증가능성의 원리가 기본도구로 삼는 이른바 '귀납induction'이 원천적으로 한계를 지니므로 완벽하지 않다는 생각이 있었습니다. 즉 예컨대 '모든 까마귀는 다 검다(혹은 '모든 백조는 다 희다')'라는 명제가 과학적 명제이려면, 서울 까마귀 1 검다, 2 검다, … 부산 까마귀 1 검다 2 검다, … 제주 까마귀 1 검다, 2 검다, … 베이징 까마귀 1 검다, 도쿄 까마귀 1 검다, … 등등 세계의 모든 까마귀를 모조리 다 검증해야 하는데, 그게 애당초 가능하냐는 것입니다. 그러니 '검증가능성'이라는 게 완전한 기준이 될 수는 없다고 당신은 생각한 것이죠. 그렇다면? 그 대안이 바로 '반증가능성'이었습니다. 그러니까, 즉 귀납에 의한 완벽한 검증은 애당초 불가능하니까, 그 대신 최소한 '반증 가능한' 것이라면 과학적인 것으로 인정할 수 있다고, 그렇게 인정해주자고, 당신은 제안한 것이지

영미로 부치는 철학편지

요. 즉 '모든 까마귀는 다 검다' 같은 명제는 비록 완벽하게 검증은 불가능하지만 적어도 그게 검은지 검지 않은지를 확인할 수는 있는, 검지 않은 까마귀를 찾아내서 그것을 '반증'할 가능성은 열려 있는, 그런 명제라는 말이죠. 그런 것이라면 과학적 명제로 인정해주자는 것이지요. 단, 반증 가능한 이론 중에서도 반증가능성이 높은 이론(일반적으로 보다 보편적인 이론)이 반증가능성이 낮은 이론(일반적으로 보다 특수한 이론)보다 좋다고 당신은 생각했습니다. 한편 '영혼은 불멸이다' 같은 명제는 죽은 후에 그게 소멸되는지 지속되는지 애당초 죽어보지 않고는 알 수가 없으니까, 또 알았다 하더라도 되살아나 그것을 확인해줄 수가 없으니까, 즉 반증 자체가 아예 불가능하니까 과학적 명제가 될 수 없다는 것이지요. 그런데 반증가능성은 어디까지나 소극적인(느슨하고 관용적인) 기준이니까 그것을 보완하기 위해서 당신의 저 유명한 후속 주장들도 나오게 되었던 것이지요. 즉 '모든 과학적 명제들은 하나의 의견의 형태로 지식 시장에 제출된다' '그것은 반증사례가 발견되기 전까지 잠정적인 진리로 간주된다' '거기서 온갖 비판과 반론을 견뎌낸 것이 과학적 명제로 인정된다'라고 말이죠. 이건 참 탁월하고 설득력 있는 주장이라고 나는 느꼈습니다. 아닌 게 아니라 그런 비판과 반론에 부딪치면서 하나의 이론, 과학적 명제는 폐기되거나 지속됩니다. 혹은 그것을 견뎌내면서 수정되거나 발전됩니다. 예컨대 '물은 100도에서 끓는다'는 명제도 예외와 반론에 부딪히면서 '1기압하에서'라는 보다 정밀한 조건을 추가하게 됩니다. 아무튼 참신한 생각인 것은 분명합니다. 물론 그것은 오늘날 '하나의 가설을 그 자체만으로 시험하는 것은, 각각이 주변 이론들의 한 부분인 이상, 불가능하다it's impossible to test a single hypothesis on its own, since each one comes as part of an environment of theories'라는 뒤엠-콰인 명제Duhem-Quine thesis로 인해 흔들리고는 있습니다만.

그런데 포퍼, 당신의 이런 과학철학적 사고는 뜻밖에 전혀 무관할 것 같은 사회철학으로도 연결됩니다. 그것은 포퍼철학에서 특별히 돋보이는 특징이 아닐 수 없습니다. 그 사회철학을 당신은 '비판적 합리주의critical rationalism'라고 부르셨지요? '비판'과 '합리', 듣기에도 좋습니다. 사회철학이라는 게 대개 그렇지만, 그건 기본적으로 '문제'에서 발단합니다. 그게 사회철학의 매력이기도 하고 힘이기도 합니다. 당신의 경우도 예외는 아니었습니다. 당신이 딛고 있는 '문제'는 이른바 '열린 사회의 적들' 즉 '전체주의totalitarianism' '권위주의authoritarianism' '유토피아주의utopianism' '역사법칙주의historicism' '닫힌 사회closed society'였습니다(심지어 저 헤라클레이토스, 플라톤, 헤겔, 마르크스까지도 포함해서), 당신은 그 위험성을 지적하고 비판했습니다. 특히 그 기초에 있는 역사법칙주의에 대해서는 그 이론적 허구성을 철저하게 논박하셨지요. "역사가 숙명이라는 생각은 미신이며, 인류의 역사는, 과학은 물론이고 그 외의 어떤 방법으로도, 그 향방을 예측할 수 없다." "역사법칙주의의 탐구방법은 빈곤하다. … 어떤 결실도 거두지 못하는 탐구방법이다." "역사의 미래 행로를 예측하는 것은 가능하지 않다." "나는 … 역사법칙주의자들이 사회와 정치철학에 얼마나 지속적으로 유해한 영향을 끼쳤는지 보여주고자 했다." "나는 그것이 얼마나 사람을 지적으로 현혹하고, 또 그것이 얼마나 위험한지를 밝히고자 했다." 이건 당신의 확고한 신념이었습니다.

그런데 당신의 특이점 중 하나는 그러한 비판을 단순한 주장이 아닌, 논리적-분석적-과학철학적 '논증'을 통해서 이루어냈다는 사실입니다. "나는—때로는 매우 미묘하고 때로는 매우 설득력 있지만 때로는 매우 기만적인—역사법칙주의의 논리를 분석함으로써 역사법칙주의는 치유할 수 없는 내재적 약점을 갖고 있다는 것을 입증하려고 했다"고 당신 스스로가 그 점을 밝혀줍니다. 길고 복잡하고 치밀한 그 논의를 여기서 일일이 검토할 여유는 없습니다만, 그 핵심은 "'우리의 지식성장이 사회적 이론에 영향을 미칠 수 있는 정도에서 역사적 발전을 예측할 수 있다'는 것을 논박"하는 것입니다. 즉 "만약 인간의 지식이 성장하는 어떤 것이라면, 내일이 되어야 비로소 알 수 있는 것을 오늘 미리 예상할 수는 없다"는 "건전한 추리"가 "그 자체로 설득력이 있다"고 생각하신 것이지요. 조금만 더 구체적으로 확인해볼까요? 이 반박논증은 내가 읽었던 그 당시의 현실 때문인지 머리보다 가슴에 먼저 와닿았습니다. "1) 인류 역사의 행로는 인간 지식의 성장에 심대한 영향을 받는다. 2) 우리는 합리적 혹은 과학적인 방법에 따라 우리의 과학 지식이 미래에 어떻게 성장할 것인지 예측할 수 없다. 3) 우리는 인류 역사의 미래 행로를 예측할 수 없다. 4) 우리는 … 역사적 사회과학의 가능성을 부인해야 한다. 역사적 예측의 근거가 될 수 있는 역사적 발전에 관한 과학적 이론이 있을 수 없기 때문이다. 5) 역사법칙주의자의 탐구방법은 근본적인 목표설정부터 잘못되었으며, 그 결과 실패할 수밖에 없다."

그런데 더욱 흥미로운 것은 이러한 비판의 연장에서 당신이 내놓은 '대안'이었습니다. 말하자면 그게 "열린 사회 open society"인데(이 개념은 베르크손의 '열린 사회'를 본뜬 것이었지요?), 이 열린 사회를 이룩하기 위한 통로랄까 접근방법이 뜻밖에도 "사회공학"이었습니다(당시 문과대 소속이었던 나에게는 이 표현 자체도 [당신의 우려와는 달리] 멋있게 느껴졌습니다).
단, 이것은 우리가 익히 알던 어떤 거창한 이념적 "사회개조
[당신의 표현으로는 "유토피아적 사회공학"]"가 아니라, 이름도
낯선 "단편적 사회공학piecemeal social engineering ['점진적 공학'이
라고도 번역됨]"이라는 것이었지요.

"추상적 선의 실현을 위해서보다 구체적 악의 제거를 위
해서 노력하라. 정치적 수단으로 행복의 확립을 꾀하지 말
고 구체적 불행들의 제거를 목표 삼으라Work for the elimination
of concrete evils rather than for the realization of abstract goods. Do not aim
at establishing happiness by political means. Rather aim at the elimination of
concrete miseries"(《유토피아와 폭력》)

참으로 멋있는 철학이라고 나는 감탄했습니다. 아닌 게
아니라, 그건 현실성이 있는 방법론이었고, 게다가 참신하기
까지 했습니다. 무엇보다도 그것은 그것과 대비되는 저 '유
토피아적 사회공학'의 폐단인, 선과 정의의 이름으로 자행
되는 '폭력'과 '대규모의 희생'을 최소화할 수 있는 길이기도
했으니까요. "지상에 천국을 건설하겠다는 시도가 늘 지옥
을 만들어낸다.The attempt to make heaven on earth invariably produces
hell." "지상에 천국을 건설하고자 하는 최선의 의도가 있다

해도, 그것은 단지 하나의 지옥, 오직 인간이 그의 동포를 위해 준비하는 그런 지옥을 만들 뿐이다." 이런 생각은, 적어도 나에게는 휴머니즘이었고 진정한 선이었습니다.

친애하는 포퍼, 우리는 그간의 역사를 통해 거창한 구호가 반드시 선은 아니라는 너무나도 큰 배움을 얻었습니다. 히틀러의 '나치즘'은 말할 것도 없고, 마르크스-레닌의 '공산주의'조차도 그 위대한 이념의 그늘에서 엄청난 인간의 희생을 강요했습니다. 특히 우리 한국은 바로 그 때문에 남북으로 그리고 좌우로 찢어져 아직도 그 상처의 끝을 보지 못한 채 신음 중입니다. 어쩌면 작금의 세계를 완전히 장악하여 지배하고 있는 저 '자본주의'도 당신이 비판한 '전체주의'의 또 다른 한 모습일지 모르겠습니다. 구체적인 가난의 제거를 위해서 노력하는 것, 그런 포퍼철학의 응용이 현실적인 정책으로 의미가 있을지도 모르겠습니다. 세계의 어느 작은 한 부분에서라도 그런 구체적 악의 제거가 조금이나마 실현된다면 그것도 누군가에게는 큰 의미가 될 것입니다. 그런 의미에서 비판적 합리주의의 분발을 기대해봅니다.

John Langshaw Austin 1911–1960

"필요한 것은 이상언어의 연구가 아니라 실제언어의 연구이다."

"말의 일상적 용법의 세부를 철저히 들여다보는 것은
반드시 필요한 일이다."

"나는 무엇무엇을 한다고 말할 때 실제로 그 행위를 수행하고 있다."

1911년 영국 랭커스터Lancaster에서 건축가 제프리 오스틴Geoffrey Langshaw Austin과 메리Mary Hutton Bowes-Wilson의 둘째 아들로 태어남.

1921년 가족이 아버지의 직업으로 인해 스코틀랜드로 이주.

1924년 영국 중부에 위치한 슈루즈브리 스쿨Shrewsbury School에서 수학.

1929년 장학금을 받고 옥스퍼드대학 베일리얼 칼리지Balliol College 입학. 고전 전공.

1935년 옥스퍼드대학 모들린 칼리지Magdalen College에서 선임연구원fellow으로 첫 강의를 시작.

1941년 2차 대전 중 영국정보부대 복무. 중령으로 제대.

1946년 옥스퍼드대학 도덕철학 교수. 이때 유명한 '오스틴의 토요일 아침' 주재.

1955년 미국 하버드대학과 버클리대학에서의 강연 내용을 《말로써 행동하는 방법》으로 출간. 노암 촘스키와 친교.

1956-1957년 영국 아리스토텔레스 협회 회장 역임.

1960년 48세에 옥스퍼드Oxford에서 폐암으로 죽음.

1961년 사후 《철학논문집》 출간.

1962년 《감각과 감각되는 것》 출간.

오스틴에게

언어행위를 묻는다

나의 서가에는 당신의 가장 유명한 저술인《언어행위론 *How to do things with words*》[19]《철학논문집*Philosophical papers*》을 비롯해 당신과 관련된 책들이 여러 권 꽂혀 있습니다. 오래전부터입니다. 독일철학을 전공한 내가 왜 이 책들을 샀는지 기억을 더듬어봅니다. 철학과를 다녔으니까 당연한 일일 수도 있겠지만, 학부는 물론 대학원을 졸업할 때까지 '오스틴철학'을 따로 배운 적이 없다는 사실을 생각해보면 그게 나의 관심 속에 들어와 있었다는 것은 좀 특이한 일이기는 합니다. 단순한 구색 갖추기는 분명 아니었습니다.

1970년대 중후반, 그리고 80년대 전반, 어수선한 시대상황 속에서도 이른바 영미철학, 특히 분석철학(내지 언어철학)

---

19 장석진은《화행론》으로, 김영진은《말과 행위》로 각각 옮기고 있음.

은 이곳 한국에서 상당한 '세력'을 갖고 있었습니다. 그것은 마르크스주의, 실존주의와 더불어 현대철학의 3대 조류 중 하나로 평가되기도 했었지요(꼭 3대는 아니더라도 우리가 기본 텍스트로 읽었던 저 보헨스키J. M. Bocheński의《현대철학의 주된 조류들Hauptströmungen der Gegenwartsphilosophie》에서도 그것은 가장 중요한 것 중 하나로 소개되고 있었습니다). 그래서 나는 현대철학에 영미철학이 3분의 1의 지분을 갖고 있고, 그 관심의 한복판에 '언어language'라는 주제가 있고, '분석analysis'이라는 방법이 있으며, 그 분석대상인 언어에 이른바 '이상언어ideal language(혹은 인공언어 즉 논리언어)'와 '일상언어ordinary language'가 있다는 것을, 그리고 논리언어 분석을 러셀, 비트겐슈타인 등 케임브리지학파가 주도했고 일상언어 분석을 무어와 후기 비트겐슈타인 그리고 옥스퍼드학파인 라일, 오스틴 당신, 스트로슨 등이 주도했다는 것을 알고 있었습니다.[20] 약간 들여다본 그것은 내가 알던 실존철학과는 너무도 다른, 낯선 철학이었습니다. '이런 것도 철학인가?' 그런 느낌이었지요. '마' '실 ' '분' 3자는 서로를 철학으로 인정

20　여기서 선배격인 라일Gibert Ryle과 후배격인 스트로슨Sir Peter Frederick Strawson을 제쳐두고 오스틴John Langshaw Austin으로 하여금 '일상언어 분석철학'을 대표하게 한 것은 오직 양적인 제한 때문이며, '라'와 '스'의 철학적 의의에 대한 저평가가 아님을 양해하기 바람. '오'의 화제성이 선택의 기준으로 작용했음.

하지 않으려는 분위기조차 없지 않았죠. 하지만 나는 '이것만이 철학이다'라는 그런 유아독존적 배타주의가 싫었습니다. 그래서 굳이 분석철학도 들여다봤고, 특히 주류인 논리언어 분석의 한계를 넘어서려는 일상언어 분석에도 관심을 가졌던 겁니다. 선배격인 라일, 후배격인 스트로슨의 철학을 포함해, 그것은 나름 재미도 없지 않았습니다. 어쩌면 고등학생 때 문학소년으로서 언어 자체를 좋아했던 게 알게 모르게 작용한 것일지도 모르겠군요. 종류는 다르지만 하여간 언어는 나의 관심 속에도 이미 있었던 겁니다. 그런저런 사정들이 나로 하여금 오스틴을 내 서재로 불러들였죠.

그걸 읽으며 조금씩 알게 되었지만, 오스틴 당신은 1911년 영국 랭커스터Lancaster에서 건축가의 둘째 아들로 태어나셨더군요. 21년 가족이 스코틀랜드로 이주했고, 24년 슈루즈브리 스쿨, 29년 옥스퍼드대학 베일리얼 칼리지를 들어가 33년 졸업했더군요. 그리고 35년 옥스퍼드대학 모들린 칼리지의 펠로우 및 튜터로 교직을 시작했고, 2차 대전 중에는 영국군 정보부대에 근무하다 중령으로 제대해 십자무공훈장을 받기도 했고, 46년 옥스퍼드대학 코퍼스 크리스티 칼리지에 복귀해 도덕철학교수가 된 후 강의는 물론 유명한 '오스틴의 토요일 아침Austin's Saturday Mornings' 모임을 주재하며 언어사용에 대해 토론도 하는 등 열심히 봉직했죠. 특히

55년 미국 하버드대학에서 '윌리엄 제임스 강좌'를 진행한 것은 유명하더군요. 저《언어행위론》이 바로 그 강의록이라죠? 그런데 1960년 그러니까 48세 때 폐암으로 너무나 일찍 세상을 뜨고 말았더군요. 애석합니다. 당신의 제자이자 친구인 워녹Geoffrey Warnock은 말했죠. "그의 죽음은 옥스퍼드의 철학으로부터 그 유능한 실천가의 한 사람, 더욱이 그 가장 뛰어난 한 사람을 뺏어갔다"라고 말입니다.

그래도 오스틴, 그 짧은 인생에서 당신은 참 큰 걸 이루었군요. 당신이 기대한 대로 '언어학과 철학을 넘은 제3의 어떤 새로운 학문의 형성'까지는 아니더라도 당신의 그 논의들은 법학, 언론학, 영문학 … 등등의 분야에도 적지 않은 영향을 끼쳤고, 그리고 현대철학, 영미철학, 언어철학, 분석철학 등으로 불리는 분야에서 그 확고한 존재감을 과시하고 있으니까요. 단적으로 그건 '일상언어 분석'이라는 이름으로 이해되고 있습니다. 그리고 그 중심에는 뭐니뭐니 해도 '수행적 발언performative utterance'이라는 게 있습니다. 이 '수행적 발언' 내지 '언어행위speech act'는 "오스틴의 철학적 발견"이라고도 평가됩니다. '언어는 그저 '의미'를 전달할 뿐만 아니라, 그리고 '진실'을 표현할 뿐만 아니라, 그 말을 한다는 사실 자체가 이미 하나의 '행위action'를 수행하고 있다'는 통

영미로 부치는 철학편지

찰입니다. 지금이야 '아니 그런 걸 누가 몰라?' 하고 누구나가 생각하지만, 이건 마치 콜럼버스의 달걀 같은 경우이지요. 너무나 간단하지만 그 처음은 너무나 어렵다는 것. 바로 그 처음, 즉 '말의 수행성'을 당신이 생각한 것입니다.

당신이 이런 생각을 하게 된 배경에는 아무래도 종래의 언어론에 대한 불만이 깔려 있는 것 같더군요. 마치 후기의 비트겐슈타인이 스스로의 전기철학(《논리-철학 고》)에 한계를 느끼고 다시 돌아와 그 후기철학(《철학적 탐구》)을 전개한 것처럼 말이죠. 예컨대 당신은 '선험적 개념a priori concepts'이라든가 '말 일반a-word-in-general'이라든가 하는 것에 대한 전제랄까 믿음이랄까 의미랄까 하는 것을 부정적으로 보았던 것 같더군요. 이를테면 "말의 의미란 무엇인가?" 같은 일반적인 물음에 대해 당신은 "사이비" "오류" "넌센스" "허구적" "잘못" "이상한 생각" "불치의 병" 등의 표현과 함께 맹공을 퍼부었으니까요. 그렇다면? 그 대안이 궁금합니다. 문맥은 좀 특수하지만, 나는 당신의 한 논문(〈말의 의미〉)에서 "필요한 것은 이상언어의 연구가 아니라 실제언어의 연구이다"라는 말을 특별히 주목했습니다. 이 실제언어가 바로 '일상언어'인 거죠? 또 다른 논문(〈말하는 방식〉)에서 당신은 "말의 일상적 용법의 세부를 철저히 들여다보는 것은 반드시 필요한 일이다…"라고도 말했으니까요. 그리고 또 다른 논문(〈변명의 변))에서는 "우리가 '일상언어'에서 출발하는 한, 즉 '어떠한 때에 무엇을 말해야 하는가'나, '왜 그것을 말해야 하는가', 그리고 또 '그것으로 무엇을 의미해야 하는가' 하는 것으로부터 시작하는 한, … [방법론적 관점에서 볼 때 매력적인 주제라는] 이유가 존재한다." "이 방법은 하나의 철학적 방법으로서는 현재로서는 새삼 정당화할 필요도 없을 것이다. … 너무나도 명백하다"라고도 말했죠(현상학 전공인 나에게는 당신의 이런 언급도 흥미로웠습니다. "'일상언어'라는 슬로건이나 '언어'철학 혹은 '분석'철학, 또는 '언어 분석' 같은 명칭이 유포되어 있는 상황을 돌아볼 때, 오해를 피해 한 가지 강조하고 싶은 것은, 언제 무엇을 말할 것인가, 어떤 상황에서 어떤 말을 사용할 것인가, 하는 것을 음미할 경우, 우리는 단지 말만을 (혹은 의미만을) 살펴보는 것이 아니라, 그 말을 사용해서 우리가 말하고자 하는 실재realities를 보고 있는 것이다. 우리는 현상에 대한 우리의 … 지식을 이용하고 있다. 이런 이유로, 철학을 할 때 사용하는 방법으로서 바람직하다고 내가 생각하는 것을 가리키기 위해, … '언어현상학'은 어떨까 한다"). 뭐, 명칭이야 어떻든, 중요한 것은 그 방향과 내용이겠지요. 당신은 그런 것들을 실제로 수행했으니까요. 그중에서도 가장 돋보이는 것이, 그리고 당신의 철학을 대표하게 된 것이 바로 그 "수행적 발언"이었지요.

당신 자신이 말하는 것처럼 이 주제는 "어렵지도 않고, 의견이 분분한 것도 아닙니다." "심원한 말도 아닙니다." 요컨대 특별한 것이 아닐 수도 있습니다. 하지만 역시 당신 스스로 이것이 "새로운 말"이라는 것과, 이것이 "적어도 부분적으로 진리"이며 "이 현상은 매우 광범위하게 퍼져 있고 이미 다른 사람들에 의해 주목되지 않았을 수가 없다" "무의미한 것이 아니다"는 자부심을 드러내고 있습니다. 심지어는 "철학의 이론과 방법이 빠졌던 최초의 혼동을 우리가 아무리 개탄한다고 하더라도 이와 같은 여러 가지 새로운 견해나 제안이 철학의 영역 안에서 혁명을 일으키고 있다는 사실은 의심의 여지가 없다. 만약 누구라도 이러한 혁명을 철학사에 있어서 가장 위대하고 또 유익한 것이라고 부르기를 원한다면, 이 혁명을 그렇게 부르는 것은 깊이 생각해보면 과장된 주장이 아니다"라고까지 말했죠. '혁명'이라는 말까지 동원해서 말이죠.

당신의 세밀한 논의들을 여기서 일일이 되짚어보는 것은 불가능하고 불필요한 일이겠지만, 적어도 그 배경에 이른바 '진술문statement' 내지 '진위문constative'이라는 언어형태에 대한 한계의 지적이 깔려 있다는 점은 확인해둘 필요가 있을 것 같군요. 그런 진술/언명/문장이 말의 전부가 아니라는 것이죠. 이를테면, 의문, 감탄, 명령, 기원, 양보를 나타내는 진술도 있으니까요. "진술들은 진 혹은 위 같은 그런 것이 아니

오스틴에게 언어행위를 묻는다

다." 그런데도 종래의 철학자들은 언어의 그런 진위 면만을 주로 들여다봤다는 것이죠. 즉 "철학자들은 자신들에게 관심이 있는 유일한 사항은 진 또는 위가 되는 그런 방식으로 사실을 보고하든가 상황을 기술하든가 하는 그런 발언뿐이다, 라고 가정해왔다"는 거죠. 그리고 "만일 [진위] 어느 쪽인지를 정할 수가 없다면 그것은 아무런 쓸모도 없다, 요컨대 넌센스다"라고 생각했다는 거죠.

그런데 당신은 "진술문 이외에 지금까지 인정된 그 어떤 문법적 범주에도 속할 수 없는 발언"을 들여다보고자 합니다. 그것은 1) 무릇 어떤 것을 '기술'하거나 '보고'하거나 혹은 진위적으로 '진술' 하지 않으며 '진이나 위'가 아닌 것, 2) 그러한 종류의 문장을 발언하는 것이 어떤 행위action를 하는 것의 일부분인 것, 보통은 뭔가를 말하는 것으로 서술되지 않는 것, 그런 것입니다. 그중 하나가 바로 "수행적 문장performative sentence 또는 수행적 발언performative utterance 또는 간단히 수행문performative"입니다. 수행문? 일단 이름부터 좀 특이합니다. 최초의 명명이 쉽지 않음을 의식해서인지 당신은 이게 명령문imperative과 유사한 형태의 이름이라고 설명하셨지요? "이 이름은 물론 '행위'라는 명사와 함께 일상적인 동사인 '수행하다perform'라는 말에서 유래되었다"고도 설

영미로 부치는 철학편지

명했습니다. 그런데 이게 뭘까? 이름에서도 이미 짐작되긴 하지만, 당신은 더 단적으로 설명해줍니다. "이것은 발언을 내뱉는 것이 곧 어떤 행위를 수행하는 것이라는 사실을 지적하고 있다"고 말이죠. 바로 여기서 오스틴철학의 핵심이 이미 드러납니다. 그렇죠. 그런 종류의 말들이 있죠. 그리고 그런 게 중요한 거죠. 당신은 다양한 예들을 들어 더욱 알기 쉽게 설명해줍니다. 예컨대 "나는 맹세합니다I do"(결혼식 때) "나는 이 배를 퀸엘리자베스호로 명명한다I name this ship the Queen Elisabeth"(배의 진수식 때) "나는 내 시계를 내 형제에게 물려준다I give and bequeath my watch to my brother"(유언장에서) "나는 내일 비가 올 거라는 데 6펜스 건다I bet you six pence it will rain tomorrow"(내기에서) "미안합니다I apologize"(발을 밟았을 때) … 등등입니다. 이런 발언들은 '기술'이나 '진술'이나 '보고'나 '논의'가 아니며, 따라서 '진위'와 무관합니다. 이런 발언들이 있으며 이런 발언들이 중요하다는 것이죠. "이렇게 발언하는 가운데 내가 행위하고 있다" "문장을 발언하는 것이 바로 그와 같은 행위를 하는 것이다", 이게 중요하다는 것이죠. 이런 게 바로 "수행적"이라는 말의 의미였습니다. 당신은 이것을 "실효적operative"이라고 부르기도 했고, 실효적이라는 이 말은 "오늘날 '중요한important'이라는 말과 거의 같은 뜻으로 자주 사용되고 있다"고 말하기도 했습니다. '수행적' 발언이 '실효적'이라는 점에서 '중요한' 것이라는 당신의 생각이 여기서 확실히 드러납니다. '중요한'이라는 이 단어는 여러 맥락에서 실로 철학적입니다. 그것은 이미 일종의 '가치'와 관련되어 있으니까요.

그것은 "언명처럼 보이며 … 문법적으로도 언명으로 분류될 발언으로, 무의미하지는 않지만 진 또는 위인 것은 아닌 발언의 일종"입니다. 그것은 "단도직입적인" 발언으로, "일인칭 단수 현재 시제로 서술적 능동태의 통상적 동사를 사용"하지만, 이런 종류의 발언은 "단지 무언가를 말하는 것이 아니라 무언가를 행하는 것"입니다. "나는 무엇무엇을 한다고 말할 때 실제로 그 행위를 수행하고 있다"는 것, 그리고 그런 "발언이 갖는 힘"이 핵심인 거죠.

친애하는 오스틴, 당신은 이 주제를 깊게 그리고 넓게 천착했습니다. 그 과정의 세부논의들은 이런 것이었죠. 1) "수행적 발언은 어떤 것을 말하거나 단지 말하는 것이 아니라 어떤 것을 행하는 것이며, 어떤 것에 대한 참된 혹은 거짓된 보고가 아니라는 것" "어떤 것을 말하는 것이 어떤 것을 행하는 것이거나 또는 어떤 것을 말함으로써 혹은 어떤 것을 말하는 가운데, 우리가 어떤 것을 하고 있는 몇몇 경우와 그 의미" 2) "수행적 발언이 비록 진이나 위는 아니더라도 여전

　　　　　　　　영미로 부치는 철학편지

히 비판의 대상이 되며 부적절할 수 있음"3) "부적절성의 여러 경우들, … 절차가 아예 없거나 수용된 절차가 없는 경우들"4) "수행적 발언과 확실히 진이나 위인 여러 종류의 진술들 간의 관계"5) "수행문을 더욱 분명하게 정의하는 방법"6) "원초적 수행문과 대조되는 명시적 수행문 … 그리고 그 전자에서 후자로의 진화"7) "명시적 수행문 동사들의 목록 작성"8) "말로 하는 행위에는 얼마나 많은 뜻이 담겨 있는가를 고찰하는 것"9) "의미를 가지는 발언행위(음성행위, 형태행위, 의미행위), 어떤 것을 말하는 가운데 어떤 힘을 가지는 발언수반행위, 어떤 것을 말함으로써 어떤 효과를 성취하는 발언효과행위를 구별하는 것"10) "내가 무언가를 '말할' 때에는 언제나 발언행위와 발언수반행위를 함께 수행하고 있으며, 이 두 가지 행위는 '행함'과 '말함'이라는 이름 아래 수행문과 진위문을 구별하기 위한 수단으로 사용하려고 했던 바로 그러한 것들로 보인다는 것", 11) '발언수반행위들의 구체적인 검토 등' 12) '발언수반행위에 속하는 다섯 가지의 정리 등'

이러한 구체적인 세부논의들은 아마 이 분야의 전문가들이 아니라면 접근하기가 쉽지는 않을 겁니다. 하지만 우리는 당신의 이런 노력들이 언어철학의 새로운 장, 언어에 대한 새로운 접근통로를 열어주었다는 공적만은 외면하지 말아야 할 것 같습니다. 당신의 지적대로 진술만이 언어의 전부는 아닙니다. 진위만이 언어의 전부는 아닙니다. 그런 진술의 의의와 진위 분석도 물론 중요하지만, 그것은 어디까지나 언어라는 빙산의 일각입니다. 당신은 수면하에 있던 거대한 빙산의 본체를 보여주었습니다. 그게 '일상언어'였죠. 그중에서도 '수행적 발언'이라는 것은 특별한 의미가 있었습니다. 그것은 분명 '실효적'이고 '중요한' 의미를 갖고 있으니까요. 내 식으로 말하자면 그것은 '생적 행위'의 일부입니다. "사랑해" "너 미워" "놀자" "열심히 일할 게요" "믿습니다" 등등 그런 게 어디 한둘이겠습니까. 특히 개인이나 국가의 실질적 변화를 좌우할 수 있는 부모, 교육자, 정치인의 발언들은 중요하고도 또 중요한 것이 아닐 수 없습니다. 군의 지휘관이나 통수권자의 "쏘겠다"나 "좌시하지 않겠다" 같은 발언은 말할 것도 없지요(특히 우리 주변에는 정치인들을 필두로 해서 말의 무게를 생각하지 않고 함부로 내뱉는 사람들이 적지 않은데 그들의 그 '참을 수 없는 말의 가벼움'을 생각하면 당신의 이 '수행적 발언'론은 묵직하게 내 가슴에 전해옵니다. 약간 맥락이 다를 수도 있지만 나는 나대로 일찌감치 '말 한 마디로 천 냥 빚도 갚는다'는 말의 실천적 의미를 주목해왔고 '때로는 한 마디의 말이 10년을 행복하게 해줄 수 있다. 때로는 한 마디의 말이 10년을 불편하게 해줄 수도 있다. '말의 위력'을 가볍게 보는 자는 인간과 삶을 말할

자격이 없다'거나 '무신경한 말 한 마디, 입 밖으로 나갈 때는 깃털처럼 가볍지만, 사람의 가슴에 떨어질 때는 바위처럼 무겁다' 같은 말로 말의 '중요성'을 강조해왔습니다. 나의 그런 말들도 이미 그 말의 '수행성'을 전제로 한 말이었습니다. 말의 수행성은 그토록 중요한 것이었습니다).

　'언어행위' '수행적 발언', 이러한 영역의 개척이 과연 당신의 말대로 '혁명'인지에 대해서는 모두가 동의할지 의문입니다만, 주목할 '성과'임에는 틀림이 없는 것 같습니다. 언어는 철학의, 아니 인간의 거대한 관심사입니다. 언어라는 것이 애당초 왜 존재하는지 왜 그러한지 그 거대한 비밀은 아마 영원히 풀리지 않을지도 모르겠지만, 그 구조와 의미의 해명은 앞으로도 계속 진전되겠지요. 그런 언어론의 역사에 당신의 이름은 이제 확고히 새겨졌습니다. 내가 종사하는 '시'라는 언어형태에 대해서는 당신이 뭐라고 할지 궁금하군요. 그 답을 얻을 수 없는 것은 좀 아쉽네요. 하지만 오스틴, 이미 이룩하신 성과만으로도 당신은 충분히 주목대상입니다. 그래서 "나는 당신을 현대철학의 거장 50인의 한 사람으로 선정합니다." 이것도 하나의 '수행적 발언'이겠죠?

John Rawls 1921–2002

"모든 사람은 전체 사회의 복지라는 명목으로도 유린될 수 없는
정의에 입각한 불가침성을 갖는다."

"원초적 입장에서 도달된 기본적 합의는 공정한 것이다."

1921년 미국 메릴랜드 주 볼티모어Baltimore에서 변호사 윌리엄William Lee Rawls과 애나
 Anna Abel Stump의 아들로 태어남.

1939년 프린스턴Princeton대학에서 수학.

1943년 문학학사 학위 취득. 군에 보병으로 입대. 2차 대전 기간 중 태평양 전선, 뉴기니
 에서 복무(1946년 제대, 청동성장the Bronze Star 받음).

1949년 마가렛Margaret Fox과 결혼.

1952년 영국 옥스퍼드대학에 풀브라이트 장학생으로 체류.

1950년 프린스턴대학에서 박사학위 취득.

1958년 〈공정으로서의 정의〉 발표.

1962년 코넬Cornell대학과 MIT를 거쳐, 하버드대학 교수로 정착.

1971년 《정의론》 출간.

1993년 《정치적 자유주의》 출간.

1995년 몇 번의 뇌졸증을 겪었으나 《만민법(1999)》 원고 완성.

1999년 롤프 쇼크상Rolf Schock Prizes, 철학과 논리학상 수상.

2001년 《공정으로서의 정의》 출간.

2002년 매사추세츠 주 렉싱턴Lexington에서 죽음.

롤스에게

정의를 묻는다

당신은 아마 모르시겠지만 나에게는, 그리고 1970년대에 대학을 다닌 우리 세대에게는, 그리고 20세기를 살아온 우리 한국인들에게는, '롤스의 추억'이라는 게 있습니다. 그 핵심에는 우리 사회의 '불의'와 당신의 '정의'가 있습니다. 우리 사회는 대체로 정의롭지 못했고 당신은 한평생 '정의'를 파헤친 철학자, '정의론의 아이콘'이기 때문입니다. 안타깝게도 이런 대비는 21세기가 한참 진행된 지금도 여전히 유효합니다.

여러 가지로 어두웠던 저 70년대 말, 그리고 80년대 초, 우리는 정의에 목말라했습니다. 그래서 특히 우리 철학도들은 정의를 주제로 삼는 '사회철학' '정치철학' '도덕철학' '윤리학' 이런 분야에 묘한 끌림을 느끼기도 했었지요. 당시 큰 세력을 유지하던 실존주의나 분석철학에 비해 사회철학

분야는 (우리가 몰래 공부하던 마르크스, 포퍼, 프랑크푸르트학파를 포함해) 이렇다 할 전문가가 많지 않았습니다(차인석 교수님, 박동환 교수님 정도?). 그러던 차에 당시 아직 소장학자였던 황경식 교수님이 당신의 존재와 당신의 《정의론*A Theory of Justice*》을 소개하신 것은 가뭄의 단비였습니다. 우리는 (특히 합리적 개혁을 갈망했던 우리는) 곧장 그 매력에 빠져들었고, 롤스는 우리의 철학적 관심 속에 그 확고한 위치를 갖게 되었습니다. 나는 개인적으로, 유학을 떠나면서 후설과 하이데거에 몰두했고, 롤스철학은 크게 화제가 되지 않았던 80년대의 일본 분위기상 그 흔적이 점차 희미해져갔습니다. 그러다가 2002년 당신이 세상을 떠나면서 언론의 재조명을 받았고, 그때 나는 다시 한 번 당신의 존재를 의식하게 되었지요. 깨닫고 보니 그동안 나는 강의 등을 통해 심심치 않게 당신을 선전해왔더군요. '정의' '공정' '원칙' '합의' '합리성' '원초적 입장' '무지의 베일' … 등을 말이죠.

시대와 사회는 변함없이 혼탁하지만, 나이 탓인지 이젠 조금 차분히 모든 것을 관망하게 됩니다. 그래서 이제는 '인간 롤스'도 눈에 들어오네요. 당신은 1921년 미국 메릴랜드주 볼티모어Baltimore에서 태어나셨지요? (나도 먼 길이지만 고등학교 친구를 만나러 한번 놀러간 적이 있었습니다.) 아버지는 유명한 변호사셨다죠? 그런데 어렸을 때 동생 둘이 병으로 죽

영미로 부치는 철학편지

고, 당신도 7살 때 디프테리아에 걸렸는데 동생이 옮아서 고생했고, 이듬해엔 폐렴에 걸렸는데 또 다른 동생이 옮아서 죽고 … 비극의 연속이었군요. 훗날 대학 재학 중에는 군에 입대해 2차 대전 막바지의 뉴기니와 필리핀 전투에 참가했다가 병사가 머리에 박힌 총탄을 빼내는 참혹한 모습에 기독교 신앙을 버리기도 했다죠? 그리고 히로시마 원폭 투하의 여파로 군생활에 대한 환상이 깨지고 처벌이 정의롭지 못함을 느끼며 명령에 불복해 강등되기도 하고, 그렇게 환멸을 느끼고 결국 제대를 했다죠?

그런데 대학 이후에는 어떻게 보면 승승장구한 모양샙니다. 명문 프린스턴대를 나와 박사가 되고 명문 브라운대를 나온 마가렛 폭스Margaret Fox와 결혼했고, 프린스턴대 강사, 영국 옥스퍼드대 펠로우, 코넬대 교수, MIT 교수 그리고 하버드대의 교수로 거의 40년간 맹활약을 했고, 결국은 '성 하버드St. Harvard'라는 별명까지 얻게 되었으니 말입니다. 그런데 명성에도 불구하고 학과장-총장-학회장 등 직책에는 통 관심이 없었고, (말더듬과 세간의 이목에 대한 공포로) 인터뷰도 꺼려하셨고, 또 만년엔 뇌졸중으로 몇 차례 쓰러지면서도 병상에서 저술을 계속했다니 당신은 학자의 전형인 것 같습니다. 그리고 세상을 뜰 때까지 보스턴 인근 렉싱턴에서 사셨다죠? 나도 거기서 가까운 케임브리지에 살 때 그 동네에 있던 지인의 집에 몇 차례 놀러갔던 게 아련한 추억으로 떠오르는군요. 참 고즈넉한 곳이었지요.

그런데 롤스, 나는 지금 당신의 인간과 삶뿐만 아니라 당신의 철학도 그렇게 조망해봅니다. 그러면 한 가지 특이한 풍경이 눈에 들어옵니다. 당신은 거의 한평생 '정의justice'라는 주제를 외골수로 파 들어갔던 것입니다. 내가 전공했던 하이데거가 '존재'라는 주제를 그렇게 했던 것과도 비견되는군요. 물론 그것과 관련된 엄청나게 다양하고 치밀한 논의들이 그 안에 당연히 있습니다만, 일이관지하는 그 핵심은 시종 변하지 않았다는 것이죠. 그러기도 쉽지는 않은데 참 존경스럽습니다. 내가 그 옛날 당신의 철학을 처음 접했을 때 바로 그 점 때문에 끌렸던 것을 고백하지 않을 수 없습니다. 왜냐하면 나는 우리 인간이라는 것이 그리고 인간의 삶이라는 것이 그리고 인간의 세상이라는 것이 '욕망에 의해 이끌린다'고, 그리고 '욕망의 대상은 한정돼 있다'고, 그래서 '욕망은 충돌할 수밖에 없다'고, 그래서 '충돌의 조정이 필요하다'고, 그리고 '충돌의 조정기준이 정의다'라고, 그렇게 생각했는데, 당신이 바로 그 '정의'를 언급해주었기 때문입니다. 그것은 내가 바로 그 때문에 공자의 '도'를 좋아했었고, 플라톤의 '정의'를 좋아했었고, 포퍼의 '열린 사회'를 좋

영미로 부치는 철학편지

아했었고, 하버마스의 '진리'를 좋아했었던 이유이기도 합니다. 오직 정의만이 개인의 욕망을 제한할 수 있는 혹은 욕망의 대상을 양보할 수 있는 근거가 된다고 나는 생각했었습니다. 그러니 그 정의가 뭔지 궁금하지 않을 턱이 없었던 게지요.

유명할 대로 유명해진 그《정의론*A Theory of Justice*》과《공정으로서의 정의*Justice as Fairness : A Restatement*》 등에서 당신은 '공정fairness'이라는 것을 그 답으로 제시했습니다. 즉 "공정으로서의 정의justice as fairness"를 "기본이념"으로 역설했지요. 그 공정은 당신이 말하는 "당사자들parties" 간의 공정입니다. 그 당사자들은 인간들이고 바로 우리들입니다. 내가 읽은 한, 당신은 기본적으로 두 가지 점을 기본전제로 하고 있더군요. 하나는 "모든 사람은 전체 사회의 복지라는 명목으로도 유린될 수 없는 정의에 입각한 불가침성을 갖는다"는 것이고, 또 하나는 "사회란 비록 상호 간의 이익을 위한 협동체이기는 하지만, 그것은 이해관계의 일치뿐만 아니라 이해관계의 상충이라는 특성도 갖는다"는 것입니다. 즉 '인간의 불가침성'과 '이해관계의 상충'입니다. 내가 생각했던 전제와 일치합니다. 그래서 그 조정인 '정의'가 필요한 것이지요. 그 정의를 통해 당신은 "잘 질서 잡힌 사회well-ordered society"를 이룩하고 싶었던 겁니다. 즉 "그 성원들의 선을 증진해줄 뿐 아니라 공공적 정의관에 의해 효율적으로 규제되는 사회"를 말이죠. 당신이 생각하는 정의가 '공공적 정의'임이 여기서 이미 드러납니다.

그런데 당신의 특징 혹은 매력은 그런 정의를 이미 주어진 어떤 초월적 존재로 전제하지 않고 당사자들 간의 합리적 절차에 의한 합의로 ("상호 간에 상충하는 요구를 조정하는 방식"인 합의로) 즉 "합리적 선택rational choice"으로 "약정agreement"으로 결정 혹은 채택한다는 것입니다(이는 하버마스의 진리론과 대단히 유사합니다. 지적 소유권이 문제될 정도?). '정의' '공정' 뿐만 아니라, '당사자' '사회' '협동체' '이익-이해' '요구' '불가침성' '상충' '질서' '선' '공공적' '규제'뿐만 아니라, '합리' '절차' '합의' '선택' '약정' 이런 단어들도 하나하나 다 롤스의 철학이라고 나는 평가합니다.

그런데 또 특이한 것은 이 절차와 합의 과정에, 특히 그 '합리성'을 위해, 당신이 제시하는 조건입니다. 그게 바로 저 유명한 "원초적 입장original position"과 그 핵심내용인 "무지의 베일veil of ignorance"입니다. 당신의 반응이 어떨지 궁금합니다만, 나를 포함해 대부분의 철학도들이 롤스의 이름과 함께 가장 먼저 떠올리는 것이 바로 이것들입니다. 아, '정의'와 '공정'은 너무 기본이니까 말할 것도 없고요.

　　　　　　　　영미로 부치는 철학편지

'원초적 입장original position'이란 ("자신의 이익 증진에 관심을 가진") 자유롭고 합리적인 인간들의 합리적 선택, 즉 "원초적 합의"를 위한 "평등한 최초의 입장", 즉 "평등하고 자유로운 [순수한] 가상적 상황" "거기서 도달된 기본적 합의가 공정함을 보장하기에 적절한 최초의 원상status quo"입니다. '전통적인 사회계약론에 있어서의 자연 상태'에 해당하는 것이죠. 이 '원초적 입장'은 "거기에서 합의된 어떤 원칙도 정의로운 것이 되게끔 하는 공정한 절차를 설정하기 위한 것"입니다. 이런 입장이 갖는 '본질적인 특성'으로 당신은 '무지의 베일'을 요구합니다.

"무지의 베일veil of ignorance"이란 공정으로서의 정의를 위해 특정 당사자의 특정 이익이 우선시되지 않도록, 이해와 관련된 모든 것이 무지의 베일에 가려져 있어야 한다는 조건입니다. 즉 "아무도 자신의 사회적 지위나 계층상의 위치를 모르며, 누구도 자기가 어떠한 소질이나 능력, 지능, 체력 등을 천부적으로 타고났는지 모른다"는 무지입니다. 이런 무지의 조건 속에서 "정의의 원칙들은 … 선택되어집니다" 즉, 그렇게 하면 "아무도 타고난 우연의 결과나 사회적 여건의 우연성으로 인해 유리하거나 불리해지지 않는다"는 것입니다. 거기서는 "모든 이가 유사한 상황 속에 처하게 되어 아무도 자신의 특정 조건에 유리한 원칙들을 구상할 수 없는 까닭에 정의의 원칙들은 공정한 합의나 약정의 결과가 된다"는 것입니다. "각자가 상호 동등한 관계에 있게 되는 원초적 입장", 이런 여건이 주어질 경우 "도덕적 인격으로서, 즉 자신의 목적과 정의감을 가진다고 생각되는 합리적 존재로서의 개인들에게 있어서" 이 "최초의 상황은 공정하다"고 인정될 수 있는 것입니다. 바로 이런 "원초적 입장에서 도달된 기본적 합의는 공정한 것"이라는 것입니다. 그리고 이것은 "사람들을 불화하게 하고 그들의 사회적-자연적 여건을 그들 자신에게 유리하게 하도록 유혹하는 특수한 우연성의 결과들을 무효화시키기" 위한 것입니다. 그것은 "여러 대안들이 그들의 특정한 처지에 어떤 영향을 미칠 것인가를 그들이 몰라야 하며, 일반적인 고려사항만을 기초로 해서 원칙들을 평가해야 한다"는 것입니다. "당사자는 어떤 종류의 특정사실을 알지 못한다"는 것입니다. "무엇보다도 각자는 사회에 있어서 자기의 지위나 계층을 모르며, 천부적 재능이나 체력 등을 어떻게 타고날지 자신의 운수를" 모르며, "자기가 무엇을 선이라고 생각할지, 자신의 합리적 인생계획의 세목이나 또는 모험을 싫어한다든가 비관적 혹은 낙관적인 경향과 같은 자기 심리의 특징까지도" 아무도 모르며, "당사자들은 그들이 속한 사회의 특수사정도" 모르며, "그들은 자기 사회의 경제적-정치적 상황이나 그것이 지금까지 이룩해온 문명이나 문화의 수준도" 모르며, "그들은 그들이 어떤 세대에 속하고 있는지에 대해서도" 모르며, "아무도 자신의 사회적 처지나 천부적 재능을" 알지 못하며, 따라서 "아무도 자기에게 유리하게 원칙들을 제정할 입장에 있지 못하다"는 것입니다. 참 기발한 생각을 하셨습니다. 그건 아마도 사람들이 다 각자 자기의 현재 처지를 기준으로 자기의 이익만을 생각한다는 현실을 당신이 꿰뚫어봤기 때문이겠죠. 아닌 게 아니라 그렇습니다. 그런 조건에서 어떤 원칙들이 합의되면, 즉 "사회제도가 이 원칙들을 실현하고 있을 때"에는, "언제나 거기에 참여하게 되는 자들은 서로 간의 관계가 공정한, 즉 자유롭고 평등한 사람들이 합의하게 될 그러한 조건으로 그들이 서로 협동하고 있다고 말할 수 있"게 되겠지요. 그리고 이런 조건에서 합의된 결과라면, "당사자들 간의 차이점이 그들에게 알려져 있지 않으며, 모두가 똑같이 합리적이고 비슷한 처지에 있기 때문에, 누구나 동일한 논의를 수긍하게 된다"는 것이고, "각자는 모든 사람을 위해 선택을 하게끔 된다"는 것이고, "특정한 정의관에 대한 만장일치의 선택을 가능하게 한다"는 것입니다.

바로 이런 조건 위에서, 즉 '원초적 입장'에서, 당신은 사람들이 두 가지 "정의의 원칙principles of justice"을 채택하리라고 주장합니다. 1) 기본적인 권리와 의무의 할당에 있어 평등을 요구하는 것. 2) 사회적-경제적 불평등, 예컨대 재산과 권력의 불평등을 허용하되 그것이 모든 사람, 그중에서도 특히 사회의 최소 수혜자에게 그 불평등을 보상할 만한 이득을 가져오는 경우에만 정당한 것임을 내세우는 것. 이 두 가집니다. 달리 말해 1) "모든 사람은 다른 사람들의 유사한 자유와 양립할 수 있는 가장 광범위한 기본적 자유에 대하여 동등한 권리를 가져야 한다"는 것. 2) "사회적-경제적 불평등은 다음 두 조건을 만족시키도록 조정되어야 한다"는 것, 즉 "ⓐ 그 불평등이 모든 사람에게 이익이 되리라는 것이 합당하게 기대되고, ⓑ 그 불평등이 모든 사람에게 개방된 직위와 직책에 결부되어야 한다"는 것입니다. 이 두 원칙들(‘평등한 자유의 원칙’과 ‘차등의 원칙 및 기회균등의 원칙’)은 "공정한 합의에 따라 이루어질 것"으로 당신은 신뢰를 표명합니다. 무지의 베일 뒤에서 합리적으로 합의된 것인 만큼 이 원칙들은 "천부적 재질이나 사회적 여건의 우연성을 정치적-경제적 이득의 요구에 있어 무의미한 것으로 무시하는 정의"에 도달한 것입니다.

당신은 ‘도덕원리를 받아들이는’ 이러한 ‘합의’를 전통철학(사회계약론)의 저 ‘계약contract’의 한 예로 간주합니다(단, ‘전체적인 윤리체계’의 선택은 아니므로, 합의론은 완전한 계약론은 아니라고 선을 긋기는 하셨지요). 그것은 '공리주의'나 '완전설' 의 한계를 넘어서는 것이라고 생각하셨지요. 이런 '계약' '약정' '약속'은 물론 순전히 가상적인 것입니다. 그러나 그 연장선에서 당신이 정의를 생각한 것은 분명해보입니다. '공정성으로서의 정당성rightness'도 마찬가지죠.

친애하는 롤스, 일부에서는 이런 롤스철학의 기원을 저 68혁명이라는 역사적 맥락에서 찾기도 합니다. 비록 뉴-레프트는 아니었지만 거기서 자극받아 홉스-로크-루소 등의 사회사상을 자기 식으로 재해석-재구성-재정립한 것이 당신의 그 정의론이라는 것이죠. 그것으로 당신은 팽배하던 무제한적 개인주의-자유주의에 대한 수정을 가하고 진정한, 즉 '공정한 정의'에 대한 사람들의 관심을 새롭게 불러일으켰다는 것입니다. 그런 공로는 결코 작지 않다고 나 또한 인정합니다. 지금도 소위 적극적 좌파는 '혁명'을 언급하지 않는 당신의 이런 미적지근한 태도를 '보수적'이라고 비판하지만, 정작 미국사회에서는 '상대적 진보'로 간주되었고 한국의 지식사회에서도 무엇보다 "사회적 약자들을 배려하는 제도적 장치를 마련할 수 있는 이론적 지반을 제공했다"는 점에서 그 의미를 평가받기도 합니다.

당신의 세부적인 논의는 결코 간단하지 않지만 '정의'라는 주제 설정 자체가, 그 방향 자체가, 이미 '선'이라고 나는 망설임 없이 평가합니다. 더구나 당신은 합리와 공정을 말했으니, 특히 사회적 약자에 대한 배려를 놓치지 않았으니 금상첨화이지요. 이런 종류의 철학이 (그《정치적 자유주의 *Political Liberalism*》와《만민법*The Law of Peoples*》 … 등을 포함해서) 현대에 있다는 것을 나는 큰 다행으로 여기고 있습니다. 온 사회에 만연한 부정과 불의와 불공정을 생각할 때, 특히 소위 '금수저'니 '흙수저'니 하는 자조적 수저론과 계층 간의 이동을 가능케 하는 '사다리'의 실종을 생각할 때, 당신의 철학은 어쩌면 미국보다 이곳 한국에서 더 절실할지도 모르겠습니다. 정의의 이름으로 당신을 응원합니다. 아자!

Thomas Samuel Kuhn 1922–1996

"아마도 과학은 개별적인 발전이나 발명의 누적에 힘입어
발달하지 않는지도 모른다."

"패러다임이 이렇게 전환된 것은 과학혁명이라고 할 수 있으며,
혁명에 의해 하나의 패러다임이 다른 하나로 단계적인 전환을 이루는 것이
성숙한 과학 발전의 전형적인 유형이다."

1922년 미국 오하이오 주 신시내티Cincinnati에서 독일계 유대인 가정의 장남으로 태어남.

1940년 하버드대학 물리학과 입학.

1942년 하버드대학 학부 신문인 〈크림슨Crimson〉지의 편집장으로 뽑힘.

1943년 하버드대학 물리학과 수석졸업. 과학연구 및 개발연구소에서 근무.

1948년 캐스린Kathryn Muhs과 결혼(1979년 이혼).

1949년 하버드대학에서 과학사 연구로 물리학 박사.

1956년 구겐하임 재단의 연구비를 받고 연구를 수행. 《코페르니쿠스 혁명(1957)》 저술.

1958년 스탠퍼드대학 행동과학 고등연구센터에서 연구한 것을 계기로 패러다임 개념 창안.

1961년 캘리포니아 버클리대학 철학과 정교수 승진 심사에서 탈락하고 사학과 정교수로만 승진이 허락됨.

1962년 《과학혁명의 구조》 발표.

1964년 프린스턴대학, 매사추세츠공과대학(MIT) 등에서 과학사 강의, 연구활동.

1977년 논문집 《주요한 긴장》 발간.

1978년 《흑체 이론과 양자 불연속성》 출간.

1982년 과학사학회 최고상인 조지 사턴 메달을 받음. 예하네Jehane Barton Berns와 재혼.

1988-1990년 과학철학회 회장.

1993년 쿤의 철학 및 과학사를 조망한 학자들의 논문집 《세계 변화》가 매사추세츠공과대학 출판부에서 출간됨.

1995년 그리스 아테네대학에서 쿤에게 명예 박사학위 수여. 이를 기리는 심포지엄이 열림.

1996년 매사추세츠 주 케임브리지Cambridge에서 기관지암으로 죽음.

쿤에게

과학혁명을 묻는다

　당신도 느꼈겠지만, 철학이라는 학문의 관심의 폭, 주제의 폭이 얼마나 넓은지에 대해 잘 모르는 사람이 의외로 많습니다. 특히 '과학철학philosophy of science'이라는 것이 거기에 (특히 현대철학에, 특히 미국철학에) 포함된다는 것은 아마 지식인들 중에도 잘 모르는 사람이 적지 않을 겁니다. 과학 그 자체를 연구대상으로 삼는 철학, 아무래도 좀 특수하지요. 나는 그래도 행운아여서 40여 년 전 저 학부 시절부터 이걸 접할 수 있는 기회가 있었습니다. 이 분야의 권위자 중 한 분인 이초식 교수님을 지도교수로 모시고 포퍼, 헴펠, 콰인, 에어 그리고 쿤 당신의 철학을 직접 배울 수가 있었으니까요. 지금 비록 존재론을 주전공으로 삼고 있고 시인의 타이틀도 갖고 있지만, 나도 초등학생 때는 '어린이 과학경연대회'에서 우승을 차지한 적도 있었던 터라 과학철학이 제법 흥미로웠습니다. 특히나 이초식 교수님으로부터 비유클리트 기하학의 탄생배경(관념적 공간이 아닌 실공간에서 삼각형의 내각의 합이 180도를 초과할 수 있다는 사실의 발견)을 들었을 때는 눈빛을 반짝였던 게 지금도 기억에 생생합니다. 포퍼의 '과학적 발견의 논리'도 그랬고, 헴펠의 '까마귀의 역설Ravens Paradox'도 그랬고, 그리고 당신의 '과학혁명의 구조'도 그랬습니다. 도쿄에서 대학원을 다닐 때도 행운이 있어 역시 이 분야의 권위자 중 한 분인 쿠로다 와타루黑田亘 교수님께 좀 더 자세한 내용을 배울 수가 있었습니다.

그런데 이 분야의 특징인지 그냥 다짜고짜 그 내용으로 들어갔지 (예컨대 실존철학처럼) 그 '인물'에 대해서는 이렇다 할 소개가 없었습니다. 그래서 지금도 나는 당신에 관한 어떤 에피소드도 알지를 못합니다. 그저 당신이 1922년 미국 오하이오 주 신시네티Cincinnati에서 태어났고, 부모님이 유대인이고, 고등학생 때 사회주의에 경도되어 학생활동을 좀 했고, 그리고 명문 하버드대학에 들어가 물리학을 공부했고, 학교신문 〈크림슨The Harvard Crimson〉의 편집장으로 활동했고, 재학 중 2차 대전 말기에 잠시 참전하여 유럽에서 송수신 안테나를 세우는 일을 하기도 했고, 돌아와 학위논문을 쓰면서 과학사로 관심방향을 바꾸었고, 졸업 후 하버드에서 조교수로 강단생활을 시작한 후 스탠퍼드, 버클리, 프

영미로 부치는 철학편지

린스턴, MIT 등의 대학을 무대로 연구와 강의활동을 했고, 과학철학회 회장을 지냈고, 그리스 아테네대학에서 명예박사학위를 받았고, 그리고 1996년 매사추세츠 주 케임브리지에서 기관지암으로 세상을 떠났다는, 그야말로 공식적인 '경력'을 알 따름입니다. 다만, 나도 한때 당신의 모교인 하버드의 방문학자로서 케임브리지에 살았었기에 그 부분을 공유하는 당신에게 남다른 친근감은 느끼고 있습니다. 하기야 학자에게, 특히 이런 분야의 학자에게 중요한 것은 결국 그 학문적 결과이겠지요. 그래서 나도 여느 사람들처럼 《과학혁명의 구조*The Structure of Scientific Revolutions*》가 곧 토머스 쿤이라고 여기고 있습니다. 물론 《코페르니쿠스 혁명*The Copernican Revolution*》《주요한 긴장*Essential Tension*》《흑체이론과 양자불연속성*Black Body Theory and the Quantum Discontinuity*》등도 포함되지만요.

그런데 친애하는 쿤, 나는 어린 한때나마 과학자를 꿈꿨던 사람으로서 과학의 위대한 업적과 인류에의 공헌을 당연히 인정합니다. 그러니 그 과학 자체의 발전, 특히 '과학혁명'의 구조를 밝힌 당신에게 경의를 표하지 않을 수가 없습니다. 당신은 과학 그 자체(특히 물리학)를 전공하다가 느낀바 있어 '과학사'로 관심을 돌렸었지요. "과거의 과학이론과 연구 업적에 접하게 되었을 때, 과학의 본질과 과학의 성공

이유에 대한 나의 기본적인 생각의 일부가 뿌리째 흔들리게 되었다"고 말이죠. 그래서 당신은 "새로운 이론의 '출현' 또는 '발견'이라고 부르는 발전 형태"를 주목했던 것이지요. 즉 과학 발전의 핵심은 일반적으로 생각되듯이 '누적'이 아니라 이른바 '패러다임'의 변환, 즉 '혁명'이라고 당신은 꿰뚫어봤습니다. 이런 생각은 이게 처음 발표되었을 때 많은 과학자들에게 신선함과 놀라움을 주었던 것처럼 나에게도 그런 느낌으로 다가왔습니다. 당신은 '과학적 발전'이란 것이 '과학 기술과 지식의 지속적인 축적 과정' '요소들이 개별적 혹은 연쇄적으로 첨가되는 점진적인 과정' '이러한 계속적인 증대현상과 그 누적'이라는 생각, 즉 '누적에 의한 발달'이라는 생각에 의문과 이의를 제기합니다. 그리고 "아마도 과학은 개별적인 발전이나 발명의 누적에 힘입어 발달하지 않는지도 모른다" "역사적 연구는 … 과학을 이들 개별적인 공헌이 증대되어 축적된 과정이라고 보는 데 대하여 깊은 의문의 단초를 제시한다", 그렇게 생각합니다. 이런 생각, 그게 쿤철학의 출발점이라고 나는 파악합니다. 누적, 축적이 아니라고? 그렇다면? 그럼 뭐지? 과학적 발전이라는 게 뭐지? 하고 우리는 자연스럽게 그 대안을 묻게 됩니다.

그게 바로 '과학혁명scientific revolutions'이고, 그 중심에는 '패러다임paradigm'과 그 '패러다임의 전환paradigm shifts'이 있

다는 게 당신의 답이었습니다. "'패러다임'이라고 칭한 것이 과학에서 수행하는 역할"을 당신은 주목했던 것이지요. 당신은 천문학-물리학 등 자연과학의 구체적인 사례들(예컨대 지동현상, 산소, X선, 라이덴 병의 발견 … 등등 너무나 흥미로운 과학적 사례들)을 동원하면서 과학 발전의 실제 역사를 들여다봅니다(거기에 결정적인 과학적 사건인 전기의 발견이 왜 언급되지 않는지는 지금도 좀 궁금합니다). 그리고 그 발전의 실체로서 당신이 포착해낸 것이 바로 '정상과학1 → 변칙성 및 정상과학의 위기 출현 → 과학혁명(새로운 패러다임) → 정상과학2 → 변칙성 및 정상과학의 위기 출현 → 과학혁명(새로운 패러다임) → 정상과학3 → 변칙성 및 정상과학의 위기 출현 → 과학혁명(새로운 패러다임) → …'이라는 일종의 변증법적 구조였지요.

  '패러다임'? '메이드 바이 쿤'인 이 낯선 단어('파라데이그마 παραδειγμα[본보기, 모범원인]'라는 그리스어에서 유래한 단어)를 당신은 성공적으로 보급했습니다. 이제는 과학자뿐만 아니라 누구나가 당연한 듯 이 말을 사용하고 (좀 막연하고 어렴풋하긴 하지만) 그 의미를 이해합니다. '현상과 사고의 특정한 유형' '어떤 한 시대 사람들의 견해나 사고를 지배하고 있는 이론적 틀이나 개념의 집합체', 뭐 그런 거로 말이죠. 물론 당신은 좀 더 엄밀하게 이 말의 의미를 규정합니다. 당신의 설명으로는, 패러다임이란 "일반적으로 인정되는 과학적 성취"이며, "어느 기간 동안 전문가 집단에게 모형 문제와 해답을 제공하는 것"입니다. 그래서 이것은 단순히 "수용된 모형 또는 유형"이 아니라고 하셨죠.

그런데 이 패러다임이 변한다는 것을 당신은 주목합니다. 바로 그 '패러다임의 전환'이 '과학혁명'이라는 것이지요. 그게 쿤철학의 핵심이었지요. 그렇게 나는 파악합니다. "패러다임이 이렇게 전환된 것은 과학혁명이라고 할 수 있으며, 혁명에 의해 하나의 패러다임이 다른 하나로 단계적인 전환을 이루는 것이 성숙한 과학 발전의 전형적인 유형이다"라고 한 당신의 발언이 그 근거입니다.

물론 이 모든 과정에 '질문과 해답 얻기'라는 것이 기본적으로 전제돼 있음은 말할 것도 없습니다(그것은 모든 과학의 근본조건, 즉 기본 중의 기본이고 핵심 중의 핵심입니다). 거기서 하나의 '정상과학normal science'이 성립됩니다. 정상과학이란, "하나 또는 그 이상의 과학적 성취에 확고한 기반을 둔 연구"라고 당신은 설명합니다(이런 '설명'은 저 프랑스철학자들의 '설명 없음'과 비교하면 너무나 고마운 일입니다). 그러니까 교과서에 수록된 권위로서의 지식들이 일단 정상과학인 셈이겠지요. 이것은 "과학자 집단이 세계가 어떻다고 하는 것을 안다는 가정 위에 성립"하는 것이고, "이러한 기본전제를 파괴한다는 이유로 근본적인 혁신을 억압하는 경우가 많다."고도 설명합니다.

그런데 이 정상과학은 '혁신적인 생각' '우수한 과학자들의 반복적인 맹공' '기구가 예상대로 작동하지 않고 전문가의 기대에 맞지 않는 비정상적 상태' 등과 같은 "혼란을 거듭한다"는 점을 당신을 주목합니다. "이렇게 해서 전문가들이 기존 과학연구의 전통을 뒤엎는 불규칙성을 회피할 수 없게 되면 결국 전문가들은 과학연구의 새로운 약속들, 즉 과학의 새로운 기초에로 이끄는 이례적인 연구를 시작하게 된다." 바로 이거지요. 말하자면 정상과학에 대한 이의제기, 시비, 반론, 저항, 이게 발전의 씨앗인 셈입니다. "전문가들의 공통적 전제가 변화되는 바로 이러한 이례적인 에피소드", 이것이 "과학혁명"이라고 당신은 설명했습니다. 다시 말해 "낡은 패러다임이 전적으로 혹은 부분적으로 그것과 양립 불가능한 새로운 패러다임으로 대치되는, 그러한 비누적적인 발전의 삽화적 사건들"이라고도 설명됩니다. 그러니까 '정상과학'은 '전통고수적 활동'이고 '과학혁명'은 '전통파괴적 보완'입니다. 당신은 그것을 저 코페르니쿠스, 뉴턴, 라부아지에, 아인슈타인 등에게서 보고 있습니다(과학사 전반에 걸친 당신의 박식함과 정통함에는 삼가 옷깃을 여밉니다). 이들의 이름을 들으면 일반인들도 어렴풋이나마 그게 무슨 말인지를 납득할 수 있습니다. 이들 새로운 이론들은 "이제까지 해온 정상과학의 관례를 지배하던 원칙의 변혁"을 의미합니다. 그래서 "새로운 이론은 기존 지식에 대한 단순한 첨가"일 수가 없는 것입니다.

재차 확인하지만, 바로 그 변화, 변혁, 혁명의 본질이 '패러다임의 변화'라는 게 당신의 핵심적인 통찰이었지요. 그런데 '패러다임'이라 불리는 이 업적들은 두 가지의 본질적인 성격 내지 특성을 갖는다고 하셨지요? 1) "경쟁적인 과학 연구 방식을 멀리하는 추종자 집단을 계속 유인할 만큼 전례 없이 탁월한 업적"이라는 것, 2) "새로이 형성된 연구자들에게 여러 가지 문제들을 제시할 수 있을 만큼 개방적"이라는 것. 그렇습니다. 납득합니다. 그런데 중요한 것은 이 '패러다임'이 '생성'되고 '실현'되고 '변화'되는 메커니즘이겠지요. 그것이 '처음으로 형성되는' 것은, 즉 '하나의 패러다임이 최초로 그 지위를 획득하게 되는' 것은, "전문가 집단이 중요하다고 인정한 소수의 문제를 해결하는 데 다른 경쟁 이론보다 우수하기 때문"이라고 당신은 설명합니다. 단, 그렇게 형성된 패러다임은 "초기에는 몇 개의 불완전한 사례에서 발견될 수 있는 성공의 가능성"에 불과함을 당신을 일러줍니다. 처음이니까 당연하다면 당연한 일이겠습니다. 그다음은, 그러니까 그 '패러다임의 성공' 혹은 '실현'은, "패러다임에 의해 특히 명료해지는 사실에 관한 지식을 확대시킴으로써, 그러한 사실과 패러다임에 의한 예측 간의 조화를 증대시킴으로써, 그리고 패러다임 자체를 좀 더 명료화함으로써, 이루어진다"고 당신은 또 말해줍니다. 이렇게 그 "가능성이 실현되는 과정의 일"로서 당신은 '정상과학'을 풀이합니다. 그래서 "정상과학 연구는 패러다임이 이미 제공한 현상이나 이론을 명확히하는 데 치중"하는 것이지요.

그 과정에서 당신이 특별히 주목하는 것 중의 하나가 "변칙성anomaly"입니다. 거기서 결정적으로 중요한 "새로운 것의 발견"이 이루어집니다. '새로운 것의 발견', 그게 말하자면 '과학 지식의 범주와 정확성의 점진적 증대라는 목적을 성공적으로 달성하는 고도로 누적적인 사업'인 '정상과학'에서 "결여"되어 있는 것입니다. "정상과학은 사실이나 이론에서 새로운 것을 발견함을 목적으로 하지 않으며, 성공적일 경우에도 새로운 아무것도 발견하지 못한다"라고 당신은 말했지요. 그런데 "새로운 미지의 현상은 계속하여 과학적 연구에 의해 발견되어왔고, 혁신적인 새로운 이론이 과학자에 의해 거듭 발명되어 왔다"('발견'은 사실의 새로움, '발명'은 이론의 새로움)는 것을 당신은 환기시킵니다. 이 '새로운 것'의 확보, 바로 그게 "패러다임의 변화"인 것이지요. 당신의 통찰대로 과학 발전에서 결정적인 점이 바로 이것입니다. 그래서 '이런 종류의 변화가 어떻게 이루어질 수 있는가?'를 당신은 묻습니다. 그리고 대답합니다. "먼저 1) 발견은 변칙성을 인지함으로써, 즉 자연이 정상과학을 주도하는 패러다임에 의해 유도된 기대를 깨뜨렸다는 사실을 인정함으로써 비롯된다. 다음에는 2) 변칙적인 분야에 대한 다소간의 광범한 탐색이 계속된다. 그리고 3) 패러다임이론을 수정하여 변칙적인 상태까지도 예측이 가능해질 때 비로소 탐구가 끝마쳐진다." 바로 이런 3단계의 메커니즘을 거칠 때, 즉 "과학자가 자연을 이전과는 다른 새로운 방식으로 볼 수 있게 될 때," "비로소 그 새로운 사실은 하나의 과학적 사실이 된다." 바로 이게 당신이 말하고 싶었던 "과학 혁명의 구조"라고 나는 이해합니다. "새로운 현상이 형성되는 모든 발견"의 특징이 즉 "변칙성에 대한 기존의 인지, 관찰적 인지와 개념적 인지의 점진적이고 동시적인 출현, 그리고 그 결과 가끔 저항을 받는 패러다임 카테고리와 연구 과정의 변화"인 것입니다. 참 정확하게도 꿰뚫어보고 있군요. 다음 말들도 그렇습니다. "과학에서도 기대에 어긋나는 어려움 속에서 저항을 받는 경험을 한 후라야 새로운 것이 생겨난다""변칙성을 인지함으로써 처음부터 변칙적인 것을 예측할 수 있을 때까지 자신의 개념 카테고리를 적응시키는 기간이 시작된다. 이 시점에서 발견은 완결된다. 그러한 과정은 모든 근본적인 과학적 혁신의 출현에 반드시 수반되었다""무엇을 기대해야 할지를 정확하게 알고 무언가가 잘못되어 있다는 것을 인정할 수 있는 사람에게만 대개 새로운 것이 보여진다. 변칙성은 패러다임에 의해 제공된 배경에서만 일어난다. 그 패러다임이 좀 더 정확하고 영향력 있는 것일수록 변칙성도 더욱 예민하게 나타나며, 따라서 패러다임 변화의 가능성도 커진다" 등도 이와 관련된 보완적 발언이 될 수 있겠지요. 그렇게 당신은 '변칙성'의 의의를 강조했습니다. 헤겔식으로 말하자면 '안티테제'의 강조인 셈이겠네요.

또 '패러다임의 변화'에는 '선택'과 '기준'의 문제도 있습니다. 패러다임들 간에는 "비통약성incommensurate"으로 인해 경쟁이 발생하기 때문이지요. "패러다임 변화의 역사적 연구에 의하면 … 경쟁적인 패러다임들 간의 선택은 양립될 수 없는 공동체적 생활양식 간의 선택이라고 할 수 있다. 그런 성격 때문에 그 선택은 정상과학의 특성적 평가 과정에 의해서는 결정되지 않으며, 또 그렇게 될 수도 없다"고 당신은 분명히 지적했고, "패러다임을 선택할 때도 해당 집단이 동의해주는 것 이상의 기준은 없다"는 것도 언급했습니다. 상세히 음미할 여유는 없지만 대단히 의미 있는 지적이 아닐 수 없습니다. '선택'과 '기준'과 '동의'는 알다시피 철학의 핵심주제의 하나입니다.

아무튼 그렇게 '과학혁명'은 이루어지며, 그것은 같은 구조로 반복됩니다. 그렇게 과학은 발전합니다. 친애하는 쿤, 당신의 이런 과학관, 과학철학은 정말 흥미롭습니다. 그런데 사람들이 당신의 이런 철학에 흥미를 느끼는 것은 비단 자연과학의 발전 때문만도 아닌 것 같습니다. 당신 자신이 이미 이런 과학혁명을, 즉 "세계관의 변화로서의 혁명"을, 정치혁명과 비교하고 있듯이, 이런 혁명적 발전의 구조가, 즉 "혁명을 통한 진보"가, 자연과학에만 국한되는 것이 아닌 것 같습니다. 그것은 정치, 사회, 역사에 대한 사회과학적 이해에도 그대로 적용이 될 듯싶습니다. 그것은 보기에 따라 헤겔류의 변증법과도 흡사합니다. 하나의 상태에서 다른 상태로의, 새로운, 보다 나은, 다른 상태로의 변화, 그 과정에서의 변화계기(변칙성, 안티테제), 그리고 발전…, 작정하고 비교하자면 흥미로운 부분이 한둘이 아닐 것 같습니다. 누군가는 그런 비교연구도 전개하겠지요. 그러나 그와는 별개로, 쿤철

영미로 부치는 철학편지

학은 쿤철학으로서 이미 충분한 역사적-철학적-과학적 의미를 지니게 된 것 같습니다. 지금까지 오랜 세월 그래왔던 것처럼 지금도, 당신이 알려준 그 구조대로, 새로운 패러다임으로의 과학혁명은 진행 중일 것이고 앞으로도 그런 혁명은 계속될 것입니다. 이른바 자연 그 자체가 무한의 진리를 품고 있는 한, 그것을 밝히려는 과학의 노력은 그치지 않을 테니까요. 나는 그러한 노력이 진정한 발전을 이룩하고, 그리고 무엇보다도 그것이 내가 전공하는 형이상학적-윤리적 '선'을 거스르지 않는, 아니 그것에 적극적으로 기여하는, 그런 발전이기를 희망할 따름입니다. 과학은 그런 것에 중립적이라고 주장하겠지만, 그 과학의 응용이 야기한 현금의 엄청난 부작용들을 고려해보면 나의 이런 희망에는 어떤 절박함도 없지 않음을 당신도 부디 이해해주신다면 좋겠습니다.

Richard McKay Rorty 1931–2007

"우리의 언어 자아 공동체의 우연성을 철저히 수용,
인류의 연대성을 지향하는
자유주의 사회를 옹호하는 사상이 바로 나의 철학이다."

"도덕적 진보와 같은 것이 있으며,
이 진보는 그야말로 더 큰 인간의 연대성을 향하고 있다."

1931년 미국 뉴욕 시에서 작가이자 사회민주당 활동가 제임스James Rorty와 위니프레드 Winifred의 아들로 태어남.

1946년 15살이 되기 전, 시카고대학 입학(동 대학 철학 학사, 석사 학위 취득).

1952-1956년 예일대학 철학 박사과정, 박사학위 취득.

1954년 하버드대학 교수인 아멜리에Amélie Okenberg와 결혼.

1959-1961년 웰즐리Wellesley대학에서 강의.

1961년 프린스턴대학 철학 교수(-1982년).

1972년 이혼 후 스탠퍼드대학의 생명윤리학자 메리Mary Varney와 재혼.

1979년 《철학과 자연의 거울》 출간.

1981년 맥아더 펠로우쉽MacArthur Fellowship(Genius Award) 수상.

1982년 버지니아대학 인문학 교수.

1989년 《우연성 아이러니 연대성》 출간.

1997년 스탠퍼드대학 비교문학과 철학과 교수, 퇴직까지 근무.

1998년 《미국 만들기》 출간.

2000년 《철학과 사회적 희망》 출간.

2005년 《오늘을 위한 윤리학》 출간.

2007년 캘리포니아 팰로 앨토Palo Alto에서 췌장암으로 죽음. 죽기 얼마 전 쓴 〈The Fire of Life〉가 사후 〈Poetry〉지 2007년 11월호에 실림.

로티에게
자연의 거울, 실용, 연대를 묻는다

불과 얼마 전까지만 해도 당신은 나에게 '동시대인' '윗세대 교수님'이라는 이미지로 내 의식에 자리하고 있었는데 어느새 당신도 고인이 되었고, 그러고도 벌써 10년 세월이 훌쩍 지나버렸군요. 당신의 그런 이미지는 무엇보다 당신이 1996년과 2001년 두 차례 한국을 방문하셨던 일과, 1931년 생인 나의 지도교수님과 동갑내기였다는 점 때문인지도 모르겠습니다. 나는 바로 그 지도교수님(와타나베 지로渡邊二郎)이 쓰신《현대철학 : 영미철학연구現代哲学 : 英米哲学研究》를 통해 처음 당신의 이름을 알았습니다. 1991년이었지요. 현대철학의 특징을 '언어론적 전회'로 규정한 바로 그《언어론적 전회The linguistic turn》의 저자로서 말이죠. 그러니까 당신의 첫 인상은 '분석철학자'였습니다. 그냥 그런 줄로만 알고 나는 나대로 내 공부에 바빴습니다. 그런데 조금씩 시간이 흐르며 조금씩 더 듣다보니 뭔가 좀 달랐습니다. 분석철학자였던 건 당신이 프린스턴대학에 근무하던 초기 한때의 일이고, 그 후 당신은 분석철학을 통렬히 비판하며 관심의 방향을 바꾸었다고 하더군요. 어느샌가 당신은 퍼스, 제임스, 듀이, 미드를 잇는 '네오 프래그머티즘'의 대변자로 알려지고 있었지요. 그런데 조금 더 듣다보니 그것도 다가 아니고 '반플라톤주의'니 '반표상주의'니 '낭만적 자유민주주의'니 하는 평가들이 당신에게 따라다니더군요. '제거적 유물론'이니 '인식론적 행동주의' 같은 낯선 단어도 그 틈에 섞여 있었고요. 그러면서 당신은 하버마스, 데리다와 함께 '살아있는 세계 3대 철학자'로까지 칭송을 받았었지요. 이 정도면 이건 뭔가 심상치 않다고 나는 느꼈습니다. 그래서 나도 당신에게 조금씩 관심을 갖게 되었습니다.

그런데 여느 미국철학자들처럼 당신도 그 삶에 대해서는 특별히 화제가 되는 게 별로 없더군요. 그저 1931년 미국 뉴욕에서 태어났다는 것, 독일계라는 것, 카르납이 있던 명문 시카고대학에서 공부했고, 화이트헤드 연구로 석사가 됐고, 이후 예일대학에서 아리스토텔레스 연구인 《잠재성의 개념 *The Concept of Potentiality*》으로 박사가 됐다는 것, 그리고 2년간 군복무를 했고 예일대 강사를 시작으로 웰즐리, 프린스턴, 버지니아, 스탠퍼드 등의 대학에서 교수생활을 했다는 것,

영미로 부치는 철학편지

그리고 2007년 캘리포니아 팰로 앨토에서 췌장암으로 별세했다는 것, 그 정도였습니다. 미국이니까 두 차례의 결혼 같은 건 별로 화제가 되지도 않았습니다. 또 런던대, 케임브리지대, 하버드대 등에서 특별강연을 한 것도 굳이 화제가 될 정도는 아닌 것 같았습니다. 단 한국에서 강연을 하셨을 때, 일본에서의 그것과 비교하면서 '일본에서 토론할 때보다 더 박진감이 넘쳤다'고 소감을 피력하신 것은 일본에서 공부한 나로서는 좀 인상적이었습니다(아, 14세에 시카고대학에 입학한 조숙성-천재성과, 20세에 분석철학을 떠난 것은 좀 이야깃거리가 되겠군요).

이제 화제성은 좀 가라앉았습니다만, 그동안 김동식 교수님, 그리고 당신에게 직접 지도를 받은 이유선 교수님 등 적지 않은 학자들의 노력으로 당신의 주요 저서들,《철학과 자연의 거울*Philosophy and the Mirror of Nature*》《실용주의의 결과*Consequences of Pragmatism*》《우연성, 아이러니, 연대성*Contingency, Irony, and Solidarity*》《미국 만들기*Achieving Our Country*》 등이 한국어로 번역-소개되었고 수많은 연구들도 쏟아져 나왔습니다(《객관성, 실재론, 진리*Objectivity, Relativism, and Truth*》 그리고《진리와 진보*Truth and Progress*》는 아쉽게도 아직입니다만). 그래서 이제는 좀 차분히 '로티철학'을 돌아볼 시점이 된 것도 같습니다.

그런데 로티, 한때 살아있는 세계 3대 철학자의 하나로 평가되던 것이 무색하게 당신은 정작 미국에서는 이른바 '비주류'이고 '이단자'로 인식되고 있는 것 같더군요. '상대주의자', '현대의 소피스트', '반反철학자' '탈脫철학의 철학자' '미국의 데리다'라는 평가도 있습니다. 분석철학을 떠난 이후 철학자인 당신이 철학과에 소속되지 못하고 인문학과나 비교문학과에 몸담았던 것도 그런 평가와 무관하지 않았을 것으로 짐작됩니다. 물론 바로 그런 이단성 때문에 오히려 당신이 화제가 되고 있는 것은 아이러니지만, 그 이단성이 흥미로운 것은 또한 부인할 수 없는 사실입니다. 나도 일단은 당신을 그렇게 봅니다.

　　당신에게 비판적이었던 (초월적 진리의 옹호자) 네이글 Thomas Nagel을 굳이 끌어들이지 않더라도 전통철학의 입장에서 본다면 당신은 분명히 이단자입니다. 알려진 대로, '객관적 진리는 존재하지 않는다' '누구에게나 적용되는 보편타당한 도덕은 없다' '철학은 더 이상 설 자리가 없다'는 게 로티철학의 입장 혹은 주장이니까요. 당신은 '철학의 종말'을 외친 셈입니다. 그리고 그 자리를 문학과 상상력에 넘겨주었지요. "철학이 차지했던 자리를 이제 문학이 넘겨받아야 한다"고 말입니다.

나도 시인으로서 문학에 한 다리를 걸치고 있습니다만, 당신의 '반철학'에 곧바로 고개를 끄덕이기는 쉽지 않습니다. 아니, 솔직히 좀 불편하다고 고백하겠습니다. 내가 이해하는 한 당신의 철학은 이른바 전통철학의 '토대주의fundamentalism', '본질주의essentialism', '표상주의representa-tionalism'에 대한 회의 내지 비판으로 시작합니다. 그래서 당신의 입장은 '반-토대주의', '반-본질주의', '반-표상주의', 혹은 '반-플라톤주의'로 불리기도 합니다. "철학은 자연의 거울이 아니다"라는 말이 그 입장을 대표합니다. 거기엔 '우리 삶에 절대적이고 보편적인 원리, 즉 진리는 존재하지 않는다.'라는 당신의 기본생각이 깔려 있습니다. 그런 전제 위에서 당신은 이른바 '토대주의적 존재론'과 '토대주의적 인식론'을 모두 비판하고, 그리고 일종의 대안으로 이른바 '해석학'으로서의 '교화철학Edifying Philosophy'을 제시하셨지요.

　당신의 그러한 방향 제시는 "인식론에서 해석학으로from epistemology to hermeneutics" 및 "거울 없는 진리truth without mirrors"라는 말에서 이미 드러납니다. 즉 이른바 진리는 '인식'의 결과, 즉 객관적 자연이 거울 같은 우리 정신mind에 반영된 결과(혹은 "유리 같은 우리의 본성"이 지닌 "특권적 표상"의 결과)가 아니라 그것에 대한 우리의 '해석'의 결과일 따름이라는 것입니다(당신이 동의할지 모르겠습니다만, 내식으로 정리하자면 진리의 주권이 자연이라는 '객관'에 있는 것이 아니라 우리라는 '주관'에 있다는. 아니, 좀 더 엄밀하게 말하자면 그 주관의 '표상'이 아니라 그 주관의 '해석'에 있다는 것이겠죠). 표현에 대한 당신의 거부감과 제한에도 불구하고 이런 생각은 다분히 '상대주의'적입니다. 이런 이른바 상대주의의 기반 위에서 당신은 '교화철학'이라는 걸 세우셨지요. '체계철학Systematic Philosophy'과 대비되는 이 '교화철학Edifying Philosophy'은 독자적으로 이해된 '해석학'으로서 '비통상적 담론'이며 무엇인가를 창조하는 존재로서의 인간에 의해 정당화됩니다. 거기서는 말하자면 '인류의 대화'를 중시합니다. 그 대화는 '플라톤식의 초월적 진리찾기를 위한 대화'가 아니라 '공약불가능한 문화나 언어 사이에 생겨나는 비통상적인 담론'입니다. 이런 식으로 당신은 인식론 중심의 서양철학사를 서양문화사 속의 한 이야기로 편입시키려 합니다. 물론 이게 곧 철학 자체의 종말은 아니겠지만요. 그러니 구별과 대립이 절대적인 것은 아닙니다. 왜냐하면 '체계철학과 교화철학의 구분'은 사라질 수도 있다고 당신은 생각하셨으니까요. 중요한 것은 서로 다른 문화들과 언어들 사이의 대화를 지속하는 것이었습니다.

당신의 이런 생각에는 지극히 미국적인 저 퍼스-제임스-듀이의 '프래그머티즘'이 깊이 스며 있다는 느낌을 지울 수

영미로 부치는 철학편지

가 없습니다. 당신은 실제로 1980년경부터 그것을 표방했었지요(1979년의 〈실용주의, 상대주의, 비합리주의〉에서부터 명시적으로). 그 핵심내용은 대충 이런 것이었습니다.

1) "'진리' '지식' '언어' '도덕' 등등의 개념과 같은 철학적 이론화의 대상에 적용된 반본질주의"라는 것, "'참된 것'이란 '믿어서 좋은 것'이다"라는 것, "진리란 본질을 갖는 종류의 것이 아니다"라는 것.

2) "당위적인 것에 대한 진리와 존재에 관한 진리 사이에는 어떤 인식론적 차이도 없고, 사실과 가치 사이에는 어떤 형이상학적 차이도 없으며, 도덕과 과학 사이에는 어떤 방법론적 차이도 없다"라는 것.

3) "대화적인 것 이외에는 탐구에 있어서 어떤 제약도 있을 수 없다. 즉, 대상, 마음, 언어 등의 본성에서 나오는 전반적인 제약 같은 것은 있을 수 없으며, 동료 탐구자의 언급에 의해 제기되는 소소한 제약만이 있을 뿐이다"라는 것.

지지든 비판이든 토론해볼 쟁점들이 하나둘이 아니지만, 이런 실용주의적 생각이 당신의 특징인 것은 분명해 보입니다. '참된 지식으로서의 진리는 언제든 오류가능성이 있으며, 인간의 문제해결에 도움을 주는 역사적 조건하에서만 진리'라는 프래그머티즘을 당신은 이런 형태로 계승하는 것이지요. 이런 실용주의적 생각의 배경에는 아마도 '자신이 믿는 진리를 타인에게 강요하는 토대주의의 위험성', 그런 것에 대한 우려가 있을 거라고 나는 이해합니다. 거기에는 또한 '인간' 혹은 '공동체'라는 '우리'에 대한 방향성 내지 지향성이 읽혀집니다. "출발점의 우연성을 수용한다는 것은 우리가 동료 인간들에게서 물려받은 유산과 그들과 벌이는 대화를, 길잡이를 위한 유일한 근원으로 수용한다는 것을 말한다. … 만일 우리가 이 희망(적절히 프로그램된 기계가 되고자 하는 희망)을 포기한다면, 우리는 … 공동체에 대한 아주 새로운 의미를 얻게 될 것이다. 우리의 공동체에 대해 우리가 갖고 있는 정체성—우리의 사회, 우리의 정치적 전통, 우리의 지적 문화유산 등—은 우리가 그것을 '자연의 것'이 아니라 '우리의 것'으로 볼 때 한층 더 각광받게 된다. 결국 중요한 것은 사물들을 올바르게 하겠다는 희망이 아니라, 한데 뭉쳐서 어두운 것을 반대해가는 다른 인간존재들에 대한 우리의 충성이라고 실용주의자는 말한다." 이 말이 그런 지향을 명확히 알려줍니다. 즉 '자연 vs 우리'라는 대립구도에서의 '우리'의 지향을.

그런데 로티, 어쩌면 반토대주의와 실용주의라는 기본입

영미로 부치는 철학편지

장의 자연스런 연장이지만, 나는 당신의 철학적 관심이 일종의 사회철학 혹은 윤리학에도 미치고 있음을 주목합니다. 그 핵심에 '우연성contingency' '아이러니irony' '연대성solidarity'이 있습니다. 그것들을 당신은 각각 이렇게 설명하셨지요. "'우연성'은 우리의 언어 자아 자유주의 공동체가 어떠한 존재론적 토대나 기반도 없는 우연한 것이라는 뜻이며, '아이러니'는 자신의 마지막 어휘(한 개인의 신념에 있어 가장 밑바닥에 자리한 것)조차도 포기할 수 있어야 한다는 것이다. '연대성'은 강제되지 않은 상태에서의 합의를 통한 자발적 연대의식을 말한다." 그리고 "우리의 언어 자아 공동체의 우연성을 철저히 수용, 인류의 연대성을 지향하는 자유주의사회를 옹호하는 사상이 바로 나의 철학이다"라고 정리하셨지요.

사실 나의 관심을 가장 강력하게 견인한 것은 바로 이 부분이었습니다. 다른 사람들도 아마 비슷하지 않을까 짐작됩니다. 이 개념들은 다분히 도전적이고 그리고 매력적입니다. 특히 어떤 권위적 전제(당신이 적대시하는 '토대' '본질')에 얽매이지 않으려는 자유주의자들에게는 더욱 그렇습니다. 여기서 이 모든 것을 충분히 논의할 여유는 없지만, 흥미로운 논점들이 가득합니다. 거기엔 소위 '자문화중심주의ethnocentrism' '메타포metaphor' '잔인성brutality' … 등등이 있습니다.

"가정된 '합리성'이라는 관념을 불신한다"라는 당신의 기본바탕과 "우리의 문화는 철학자가 아니라 시인을 지식인의 전형으로 간주한다" "민주주의사회가 전체주의사회보다 더 합리적인 것은 아니다. … 민주사회라고 해서 어떤 초역사적-초문화적인 선善에 더 근접한 것은 아니다"라는 도전적이고 파격적인 인식에는 나도 선뜻 동조하기 힘들지만, "잔인성이야말로 우리가 행할 가장 나쁜 짓"이라는 "잔인성에 대한 혐오"는 군말 없이 찬동합니다. 물론 여기서도 당신은 합리, 보편, 초문화, 초역사에 대해 선을 긋고 있지만요. "민주주의사회의 우월성은 합리성에서의 우월로 이루어진 것이 아니라, 단지 그 사회들이 덜 잔인하다는 사실로 이루어졌다. 잔인성이란 것은 우리가 보편적이요, 초문화적이며, 초역사적인 인간성의 특징들에 기초를 둔 논증을 통해 수립해야 하는 어떤 것이 아니다." 왜 이렇게까지 '보편' '토대' '본질' 등에 대해 거부적이신지…("우연성에 대한 우리의 주장 그리고 '본질' '본성' '토대' 등의 개념에 대한 우리의 일관된 반대"라고 분명히 말하셨지요?) 하여간 참 특이하십니다. 그래도 당신은 이런 태도가 "사적 심미주의" "사회적 무책임성" "엘리트주의적 교만"은 아니라고 항변하셨지요. 하기야 당신의 그 '연대성' 철학을 들어보면 거기에 어떤 나름대로 숭고한 이념이 없는 것은 아닙니다. 당신은 "진리 대신에 자유"라는 "역사주의적 전환"을 선언하며, 그것을 "사고와 사회적 진보의 목표"로 삼으셨지요. 그것은 당신이 강조하는 "사적 영역과 공적 영역"의 구별을 포함해서 "우리의 제도와 실행을 더 정의롭고 덜 잔인하게 만들려는 노력"이며 "자아창조와 정의, 사적 완성과 인간의 연대성"을 지향합니다. 이런 지향을 하는 사람을 당신은 "자유주의 아이러니스트liberal ironist"로 규정하셨지요. "자유주의자란 잔인성이야말로 우리가 행하는 가장 나쁜 짓이라고 생각하는 사람" "아이러니스트란 … 자신의 가장 핵심적인 신념(당신이 '마지막 어휘'라고 말하는 것)과 욕구들의 우연성을 직시하는 사람, 그와 같은 핵심적인 신념과 욕구들이 시간과 기회를 넘어선 무엇을 가리킨다는 관념을 포기해버릴 만큼 충분히 역사주의자이고 명목론자인 사람" "자유주의 아이러니트란 괴로움이 장차 감소될 것이며, 인간들이 다른 인간들에 의해 굴욕당하는 일이 멈추게 되리라는 희망을, 그렇듯 근거지을 수 없는 소망 속에 포함시키는 사람"이라고 설명됩니다. 바로 이런 사람으로서 당신은 "자유주의 유토피아, 즉 … 아이러니즘이 보편적인 그런 사회가 가능하다고 제안하는 일"을 목표의 하나로 설정합니다. 이른바 "연대성"도 "인식될 하나의 사실이 아니라 … 탐구가 아니라 … 상상력에 의해 성취되어야 할 어떤 것" "반성에 의해 발견되는 것이 아니라 창조되는 것" "발견되는 것이기보다는 만들어지는 것, 비역사적 사실로 인식되기보다는 역사의 과정에서 산출되는 것"으로 설명됩니다. 그 연대의 주도권이 어디까지나 우리 인간에게 있는 셈이지요.

전문가들조차도 크게 강조하지 않았지만, 나는 연대성과 관련해 당신이 말한 "우리we['그들'과 대조되는 '우리']"라는 어휘를 로티철학의 한 핵심으로서 주목합니다. 당신은 말했습니다. "나는 '우리'라는 말의 힘은, 똑같은 인간이지만 그러나 좋지 않은 유의 인간을 지칭하는 말인 '그들'과 대조된다는 의미에서, 전형적으로 대조적이라고 주장하고자 한다." '우리vs그들'이라는 또 하나의 대립구도가 있는 셈입니다. 단 이 '우리'가 꼭 어떤 거창한 것(이를테면 인류, 인간, 인종)은 아닙니다. 그게 당신의 특이점입니다. "우리가 연대성이라는 말의 테두리 안에 있는 사람을 '우리 중의 하나'라고 생각할 때, 즉 '우리'라는 말이 인종보다는 더 작고 지역적인 것을 의미하는 곳에서, 우리의 연대성의 감각이 가장 강한 것이 된다." "우리는 '우리'라는 말에 가능한 한 구체적이고 역사적인 의미를 부여하게 될 것이다. 그것은 … 역사적 우연성의 계승자인 '우리'와 같은 것을 의미하게 될 것이다." "우리는 '우리'가 있는 장소에서 출발해야 한다. … 우리가 동일시하는 공동체의 '우리-의식' 이외에 어떤 의무도 없다." 말하자면 당신의 철학은 연대성을 강조하는 '우리-철학'인 셈입니다. 물론 그 '우리'가 추악한 욕심으로 뭉친 소아적 패거리는 당연히 아니겠지요.

친애하는 로티, "'이성'이라는 그런 개념은 … 이제 없어도 된다"는 당신의 기본생각에 대해서는 많은 논쟁이 필요하겠지만, "특별한 형태의 고통과 굴욕" "고통에 대한 연민과 잔인성에 대한 가책" "연민이나 박애의 감정" 같은 것에 기초하는 당신의 그 '연대'에는 나도 기꺼이 함께하고 싶습니다. 당신은 "도덕적 진보와 같은 것이 있으며, 이 진보는 그야말로 더 큰 인간의 연대성을 향하고 있다"고 말하고 있고, 그 연대성은 "전통적인 (종족, 종교, 인종, 관습 등의) 차이를 점점 중요치 않은 것으로 볼 수 있는 능력"이며 "우리 자신과 매우 다른 사람들을 '우리'의 영역에 포함시켜 볼 수 있는 능력"이기 때문입니다. 이런 점에서 당신의 철학은 '윤리'이며 '휴머니즘'입니다. 당신의 그런 휴머니즘에 나는 '우리'의 한 사람으로서 찬동과 경의를 표하는 바입니다.

Charles Taylor 1931–

"가장 긴급하고 강력한 도덕적 요구들이라 여겨지는 것은
타인의 생명, 온전함, 안녕, 번영에 대한 존중과 관련되어 있을 것이다"

"인간은 우리의 존중을 받을 가치가 있다."

1931년 캐나다 퀘백 주 몬트리올Montreal에서 태어남.

1952년 맥길McGill대학에서 역사학 학사 학위.

1955년 영국 옥스퍼드대학 베일리얼 칼리지Balliol College 철학, 정치, 경제 학사.

1961년 귀국. 철학 박사학위 취득.

1962년 몬트리올대학 조교수(-1971년).

1972년 맥길대학 정치학, 철학 교수(-1997년).

1975년 《헤겔》 출간.

1986년 미국 예술-과학 아카데미 외국인 명예 회원.

1989년 《자아의 원천들》 출간.

1991년 퀘백 지방 상용부호 법을 비판하는 프랑스어 고문으로 위촉.

1994년 《다문화주의: 인정의 정치학 검토》 출간.

1995년 캐나다 훈장Order of Canada(민간인이 받을 수 있는 최고 등급) 수상.

2007년 종교 분야 공로자에게 수상하는 템플턴상Templeton Prize 수상.
     《세속화의 시대》 출간.

2008년 기술기초과학 공로자에게 수여하는 교토상Kyoto Prize 예술 철학 분야 수상.

2015년 인문학 연구에 기여한 공로로 하버마스와 존 클루게 상John W. Kluge Prize 공동수상.

2016년 철학 분야 노벨상이라 불리는 베르그루엔상Berggruen Prize 수상.

테일러에게

진정성과 인정을 묻는다

1996년 서울대학교 초청으로 당신이 처음 한국을 방문했을 때만 하더라도 나는 그저 '그런 행사가 있나보다' 하며 당신을 크게 주목하지 못했습니다. 그리고 2002년 한국철학회 초청으로 재차 방한해 다산기념 철학강좌에서 4차례의 연속강연을 하셨을 때도 애석하지만 일본에 체류 중이라 그 자리에 참석하지를 못했습니다. 당신의 화제작인《헤겔 *Hegel*》과 주저격인《자아의 원천들*Sources of the self : the making of the modern identity*》이 이미 1975년과 1989년에 나와 세간의 화제가 되었던 점을 생각해보면 나의 관심이 늦어도 한참 늦었다는 것을 인정하지 않을 수 없습니다. 그러다가 2007년 템플턴상을, 2008년 교토상을 당신이 잇따라 수상하면서, '응, 이 양반 누구지?' 하며 비로소 관심을 갖기 시작했고 조금씩 들여다보았습니다. 이렇다 할 저서 한 권 없는 학자들

도 적지 않음을 감안했을 때, 당신이 내놓은 그 철학의 양과
질은 좀 놀라웠습니다. 무엇보다도 내가 '철학자'의 결정적
인 기준으로 생각하는 '고유한 자기의 문제의식-시선-개념'
을 당신은 분명히, 아니 아주 많이, 갖고 있었기 때문입니다.
'자아' '현대' '세속화' '삭감의 논리' '일상적 삶의 긍정' '진
정성의 윤리' '표현적 개인주의' '인정의 정치' '공동체주의'
… 등등. 철학자의 반열에 오르기에 조금도 부족함이 없습니
다. 충분하고도 남음이 있습니다. 그래서 당신이 2015년 하
버마스와 함께 존 클루게상을 받고, 그리고 2016년, 철학의
노벨상이라고 불리는 베르그루엔철학상을 최초로 수상하셨
을 때, "살아있는 소크라테스를 찾았다"라는 언론의 호들갑
은 비록 좀 오버라는 느낌이었지만, 그래도 "그 사상이 인간
의 자기이해와 인간성의 발전을 구현함에 있어 광범위한 의
미를 지닌 사상가"로서, '역시 받을 만한 사람이 받았다'고
고개를 끄덕였습니다. 1990년대의 프랑스철학 열풍이 좀 잦
아든 후, 21세기철학의 등장을 기다리던 터라, 더욱 반가운
측면도 있었습니다. 특히 당신이, 현대철학을 주도했던 유럽
도 미국도 아닌, 캐나다 출신이라는 점은 슬로베니아 출신의
슬라보예 지젝Slavoj Žižek이나 이탈리아 출신의 조르조 아감
벤Giorgio Agamben 등이 화제가 되는 것과 아울러 뭔가 철학의
중심이 다변화적 이동을 시작했다는 좀 상징적인 의미가 있

다는 느낌도 살짝 들었습니다.

　이 편지 자체가 철학사의 끝자락에 당신의 이름을 올린다는 의미가 있는 만큼, 독자들을 위해 좀 확인해두겠습니다. 당신은 1931년 캐나다 퀘벡 주 몬트리올Montreal에서 태어나셨지요? 거긴 불어권이죠? 그리고 당신은 명문 맥길McGill대학에서 공부하셨고, 53년 영국 옥스퍼드대학에 유학하셨고, 언어 분석이 주류였던 그 학풍 속에서도 헤겔철학-현상학(특히 메를로-퐁티) 등 대륙철학을 균형 있게 연구하셨고, 지인인 앤스콤G. E. M. Anscombe에게 '옥스퍼드의 유일무이한 천재'였다는 평을 듣기도 하셨지요. 아, 유명한 아이제이아 벌린 경Sir Isaiah Berlin의 강의도 듣고 영향을 받으셨다죠? 유학생 신분이면서 반핵운동과 신좌파운동에도 적극적이셨고요. 61년 귀국 후 모교인 맥길대학에서 교수로 가르치면서 인식론적 저술들을 하는 한편, 사회민주주의 정당인 신민주당NDP의 일원으로 현실정치에도 참여하셨더군요. 비록 두 번씩이나 낙선을 하셨지만요. 정치이상과 현실정치는 많이 다르죠? 하지만 그런 경험이 당신의 정치철학 구상에 큰 도움을 주었다니 다행이군요. 한편 76년 40대 중반의 젊은 나이에 옥스퍼드의 석좌교수로 초빙되었고, 5년 만에 그 명예로운 자리를 스스로 그만두고 귀국, 퀘벡 분리운동이라는 국가적 위기의 타개를 위해 학-정 양면에서 헌신을 하셨습니다. 85년 이후《인간행위자와 언어》를 비롯해 활발하게 저술들을 발표하셨고, 91년엔《불안한 현대사회》(미국판《진정성의 윤리》)를 내놓으셨지요. 그리고 그런 철학적 저술들은 명예교수가 된 지금도 계속되고 있습니다. 참, 은퇴 후엔 수년간 미국 일리노이 주 에번스턴Evanston에 있는 노스웨스턴 대학에서도 교수생활을 하셨더군요.

친애하는 테일러, 당신의 그 광범위한 철학적 관심들을 여기서 간단히 축약하는 것은 거의 불가능한 일이겠죠. 나는 지금도 일종의 지성사인 당신의 그 방대한《자아의 원천들》을 읽으면서 압도되던 느낌을 기억합니다. 이렇게 표현하는 데 당신이 동의하실지 모르겠습니다만, '지금의 이 우리'가 어떻게 형성되어왔는지를 당신은 거기서 끈질기게 그리고 면밀하게 추적하셨지요. 그 역사를 누비면서 말이죠. 그것을 당신은 '근대적 정체성modern identity'이라고 표현하셨습니다. 그 정체성은 아마도 '서양인의 자아'일 거라고 짐작합니다. "근대적 정체성이란 인간행위자가 된다는 것이 무엇인가에 관한 이해들의 총체를 가리킨다. 즉 근대 서양의 핵심에 있는 내면성, 자유, 개성, 자연에의 귀속 등을 가리킨다"고 말하고 있으니까요. 그런데, 역시 당신이 동의하실지 모르겠습니다만, 나는 이 '인간행위자'가 비단 '서양'에만 국한되지 않는다고 보고 있습니다. 즉 적어도 우리 동아시아인들은 이른바 근대화를 통해 서양화라는 역사적 과정을 거쳐왔고, 이미 동서의 구별이 무의미한 상태에서 우리의 삶을 살고 있다는 것입니다. 그런 점에서는, '지금의 이 우리'에는, 유럽도 영미도 아닌 캐나다가 포함되듯이, 또한 우리 한국인도 당연히 포함됩니다. 그러니까 이른바 근대(내지 현대)는 한국인을 포함하는 '우리의 이 시대'인 것이고, 따라서 '지금의 이 우리'는 한국인을 포함하는 우리입니다. 그 우리의 정체성을 당신은 헤집어본 것이죠. 그러니 "이 역사를 파악하지 않고는 우리 자신을 이해할 수 없다"는 당신의 말에 나도 동의합니다. 당신은 "근대를 특징짓는 위대함과 위험, 위대함과 비참함" "근대적 정체성의 복잡함과 풍부함" 그 양면을 모조리 다 보려 합니다. 특히 그중에서도 당신이 주목하고 강조하는 것은, 1) 근대적 내면성, 곧 우리는 내적 깊이를 지닌 존재라는 의식, … 우리는 자아라는 관념, 2) 일상적 삶ordinary life에 대한 긍정, 3) 자연이 도덕의 내적 원천이라는 표현주의적 관념 등입니다. 이 세 가지가 사실 내가 당신에게 끌린 키워드이기도 했습니다(물론 더 직접적인 것은 '진정성의 윤리'와 '인정의 정치학'이었지만요).

더욱이 당신은 "자아의식과 도덕적 전망, 정체성과 선善 사이의 연관들"을 검토합니다. 이 바탕엔 당신의 '도덕지향' 이 있습니다. 당신의 철학이 도덕철학이 되는 연유입니다. "선이 우리의 도덕적 견해와 삶에서 어떤 위치를 차지하는 가?" 하는 "자아와 도덕의 관계"를 당신이 언급한다는 것은 적어도 나에게는 큰 매력입니다. 당신은 "보통 '도덕적'인 것 이라 서술되는 것보다 조금 더 넓은 범위의 견해들", 즉 "정 의 … 생명, 안녕, 존엄성" 등을 모두 "도덕의 범주"에 넣어 생각합니다. 이러한 문제에는 두 개의 갈래가 있습니다.

1) 하나는, "도덕적 직관들", 즉 "인간의 생명은 존중되어 야 한다는 의식" "인간의 생명이 우리에게 부과하는 금지와 의무가 우리 삶에서 가장 중대하고 심각한 것이라는 의식" "존중이 무엇을 수반하는지에 대한 근대 특유의 의식이 존 재한다. … 이 의식은 자유와 자기통제에 각별한 위치를 부 여하고, 고통을 피하는 것에 높은 우선성을 두며, 생산활동 과 가족생활을 우리의 안녕에 핵심적인 것으로 본다." 이런 것들입니다. 이 핵심은 "타인에 대한 존중"입니다. 이는 나 자신이 강조하고 또 강조해온 주제이기도 합니다.

2) 또 하나는, "도덕 너머"의 다른 질문들, 즉 "우리 자신 의 존엄성의 기저에 있는 것이 무엇인지에 대한 우리의 의

식 또는 무엇이 우리 삶을 의미 있고 충일한 것이게 하는가"
"무엇이 삶을 살만한 것이게 하는가" "어떻게 내 삶을 살 것
인가" "어떤 종류의 삶이 살 가치가 있는 것인가" "어떤 삶을
살아야 나의 재능에 내재되어 있는 가능성을 완수하고 나의
자질에 기대되는 요구들을 완수할 수 있는가" "무엇이 풍부
하고 의미있는 삶을 이루는가" 하는 것입니다. 이런 것도 "도
덕적 질문"으로 간주합니다. 당신은 "올바른가 틀린가, 더 좋
은가 더 나쁜가, 더 고귀한가 더 저열한가" 하는 "강한 가치
평가"를 마다하지 않습니다. 이 또한 나 자신의 노선과 일치
합니다.

이 두 방향을 당신은 이렇게 정리합니다. "우리의 도덕세
계를 이해하기 위해서는 타인에 대한 우리의 존중의식을 떠
받치고 있는 관념과 그림을 보아야 할 뿐만 아니라, 충만한
삶에 대한 우리의 생각을 떠받치고 있는 관념과 그림도 보
아야 한다." 그러니까 '타인에 대한 존중'과 '충만한 삶'이 다
도덕의 범주에 포함된다는 뜻이겠죠.

특히, "가장 긴급하고 강력한 도덕적 요구들이라 여겨지
는 것은 타인의 생명, 온전함, 안녕, 번영에 대한 존중과 관
련되어 있을 것이다"라는 당신의 말을 나는 적극 지지합니
다. 이렇게 당신은 "도덕적 존재론the moral ontology"을 표방합

니다. 당신의 정치철학도 여기에 기반하고 있습니다. 무엇보다도 당신이 지적하는 "상호존중의 원칙principle of mutual respect"은 정곡을 찌르고 있습니다(이는 우리 한국사회에 절실하게 필요한 도덕이기도 합니다). "근대인의 도덕세계는 이전 문명의 도덕세계와는 현저히 다르다. 이는 다른 어떤 경우보다 인간은 우리의 존중을 받을 가치가 있다는 의식을 볼 때 분명해진다." 바로 여기에서 당신은 "주체적 권리"로도 불리는 "권리개념"을 읽어내기도 했죠.

이어지는 기나긴 (중국의 장강처럼 흘러가는) 논의에서 당신은 '자아' 개념의 역사를 저인망어선처럼 훑어나갔는데, 그 역사의 과정을 거친 결과물이 이른바 '근대(내지 '현대')' 즉 '지금의 이 우리'라는 것이지요. 바로 그 '우리'에게 (인간의 공적 영역에서 종교적인 것이 분리되어나간, [그리고 인간의 삶에서 '신'이 떠나버린]) "세속화"라는 문제도 있고, "다문화"라는 문제도 있고, '의미 상실'이라는 문제도 있는 것입니다. 특히 '의미 상실'에는, 예컨대 1) '삶의 의미 상실' '의미를 부여하는 도덕적 지평의 실종', 2) '도구적 이성 앞에서의 삶의 목표 실종', 3) '개인에 몰입하는 현대인의 생활태도로 인한 시민적 자유의 상실', 이로 인한 '불안' 등이 있습니다. 그런 문제들 속에서 당신은 당신 특유의 도덕철학 내지 정치철학을 전개합니다. 거기에서 특별히 우리의 주목을 끄는 것이 바로 "진정성의 윤리" 그리고 "인정의 철학"입니다. 당신의 그런 이론적 작업은 철저하게 실천적 지향이기도 합니다. 물론 그 바탕에는 당신이《자아의 원천들》에서 확보한 인간의 자기정체성에 대한 인식이 깔려 있습니다. 그중 무엇보다도 그 "분리불가능하게 접합되어 있는 두 차원" 즉 "개인적 정체성과 집합적 정체성"이 서로 교차한다는 사실을 당신은 주시하셨지요. 아닌 게 아니라 개인 없는 사회도 사회 없는 개인도 애당초 성립 불가능입니다.

그렇다면 "진정성의 윤리the ethics of authenticity"란 뭐지요? '진정성'이란, "자신의 내면의 목소리 그리고 정서에 대한 헌신과 성실성을 우선 뜻한다"고 당신은 설명했습니다. 그런데 이건 저 차축 시대 이후 고등 종교의 예에서 광범위하게 찾아볼 수 있고, 서양의 경우 '개인의 출현'이라는 방식으로 전화되었다는 점을 강조합니다. 이른바 '개인주의'의 기초가 된다는 뜻이겠죠? 이 "진정성의 윤리"는 또 두 가지 차원을 복합적으로 내포한다고 당신은 강조합니다. 1) 하나는, "내면에 대한 충실성이 자기규정적 자유라는 이념으로 승화되면서 도덕철학적이고 정치철학적인 방식으로 동시에 형상화된다는 것", 그 결과 "도덕적 개인과 법적 권리 주체가 한 동전의 양면을 구성하게 되는 현상을 서양의 경우 극명하게 볼 수 있다는 것"입니다. 2) 또 하나는, "진정성의 윤리에는 역사적 지평에 대한 실천적 책임감과 부분/전체의 유기적 통합을 지향하는 문화적 특성도 있다는 것", 즉 "상호주관적 검증에 대한 책임의식, 그리고 표현적 통합에의 열망"입니다. 간단히 말하자면, '자신에게 진실된 삶, 즉 더욱 충만하고 차별화된 삶을 지향하는 자기 진실성'과 '자기를 넘어서 타자와 적극적 관계를 맺어나가는 진정성'이라는 양면입니다. 충실성과 책임감이라는 이 양면에서 내가 저 공자의 '충서忠恕'를 연상하는 것은 비약일까요? 그 표현이 다를 뿐 그 취지는 동일하다고 나는 해석합니다.

그러면 정체성의 개념을 고리 삼아 이것과 연결된다고 하는 "인정의 정치the politics of recognition"란 뭐지요? '인정'이란, "개인의 차원에서나 집단의 차원에서나 공히 다른 사람(또는 집단)에 의해 동등하고 가치 있는 존재로 인정받는다는 것"입니다. 이것은 "고유한 정체성의 획득에서 필수적"입니다. 암요, 그렇다마다요. 당신 말대로 "근대 개인주의는 이런 정체성 형성의 한 전범"입니다. 인정이 없으면 개인도 없습니다. 정체성이고 뭐고 있을 수가 없지요. '인정의 결여'가 '문제'를 야기합니다. 간단히 말하자면 '무시' '멸시' 그런 거겠죠. 나는 그렇게 해석합니다. 그런데 근대성의 특징 가운데 하나는 "집단적 정체성의 자기존엄과 가치를 공적인 장에서 인정받겠다는 요구가 폭발적으로 증가한 것"이라고 당신은 진단합니다. '인정요구의 공공화-집단화'라고 정리해도 될까요? 이른바 "민족주의nationalism"도 그런 틀에서 이해됩니다. 그것도 "인정의 정치"의 발현이라고 당신은 봅니다. 민족의 존엄을 인정받으려는 것이죠. "민주주의democracy"도 그렇습니다. 민주주의는 "사회 성원의 정체성을 인민주권론의 원리에 입각해 보장하는 것"에서 출발하며, "모든 이의 평등과 자유를 보장하는 것"이기 때문입니다. 이렇게 민주주의를 '인정의 정치'와 연결해 해석하는 것은 참으로 흥미롭습니다. 물론 그 민주주의가 '통합'인 동시에 '배제'의 논리도 된다는 구조적 역설을 당신은 잘 인식하고 있습니다. 민주주의 체제 내에서 인민과 비인민, 국민과 비국민이 현실적으로 나눠질 수밖에 없으며, 여기서 비인민-비국민으로 규정된 집단이 '인정의 정치학'의 논리에 따라 자기 몫을 요구할 수밖에 없기 때문입니다. 그리고 "문화다원주의multiculturalism"도 같은 틀에서 이해됩니다. "장구한 기간 동안 다수의 사람들이 받아들여 발전시켜온 모든 문화들은 그 나름의 합리성과 가치를 지니기 때문에 그 존엄성을 인정받아야 한다"는 것이지요(단 이것이 '문화상대주의'와는 좀 다르다고 하셨지요?). 당신은 "오랜 기간 동안 특정한 사람들이 함께 누려온 문화양식은 존중받아야 하지만, 그 모든 독자적 문화들이 기계적으로 동등한 의의를 갖는 것은 아니다"라고 분명히 선을 그었습니다. "어떤 문화/인종/종교/이념 공동체가 자기정체성을 확인받고 존중받겠다는 정체성의 정치, 인정의 정치가 근대성의 도전과 겹치면서 다중근대성의 행로를 만든 것이 근-현대 세계사의 궤적"임도 분명히 지적했습니다. 인정의 정치학이 그렇게 단순한, 단선적-단면적인 것은 아니라는 지적이지요. "이렇게 복잡하고 다면적인 현상에 대한 단선적 해석은 금물입니다." 동의합니다. 인정 그 자체는 훌륭한 이념이지만, 그 인정의 요구에는 필연적으로 충돌이 있는 만큼, 많은 논의들이 필요한 부분이 분명히 있겠죠. "세속화되고 있는 세계에서의 종교", "종교적 근원을 갖는 것으로 해석되지만 실은 민족이나 다른 집단적 주체들의 정체성 획득 투쟁 과정인 오늘날의 폭력 사태[9·11 테러 등]"도 다 그런 경우들입니다. 심지어 "굳이 계량화시키자면, 기독교의 이름 아래 자행된 폭력이 전체 인류사에서 가장 최악의 것이었다"는 당신의 발언은 대단히 인상적입니다. 그런 연장에서 당신은 이슬람 현대사를 바라보고, 그것을 "서양이라는 타자로부터 자신의 자존심과 가치를 인정받고 싶다는 열망"으로 해석하기도 합니다. 그들의 이른바 자살공

격은 "패자가 스스로의 상처받은 자존심을 달래려는 인정투쟁"으로 이해하기도 합니다. 물론 이것이 그 공격의 정당화는 절대 아니지만요.

이러한 여러 문제들의 해결을 위해 당신은 단순한 자유주의만도 단순한 공동체주의만도 아닌, 이른바 '자유주의적 공동체주의liberal communitarianism'라는 입장을 취합니다. '자유주의'는 그것이 강조하는 공정한 절차에 중립적이지 않은 측면이 있을 수 있다는 것, 즉 문화를 초월한 이성적 장치나 중립적 절차란 존재할 수 없다는 것, 그런 한계가 있을 수 있고, 그리고 '공동체주의'는 공동체들이 자신의 독특성만을 강조하는 지역이기주의적 성격을 가질 수 있다는 것, 이런 한계들이 있을 수 있기 때문입니다. 따라서 사람들은, 인권의 보편적 가치를 인정하고, 그러면서 우리의 관심을 공동체에 쏟고 공동체에 봉사하며 정책적 차원에서 봉사한다는 공동체 중심적 사고라는 점에서, 즉 양자의 장점만을 취한다는 점에서, 당신의 철학적 입장을 '자유주의적 공동체주의'로 규정하기도 하는 것입니다. 다시 말해 당신은 '공동체의 정체성의 다양성과 문화적 다양성, 그리고 표현적 개인주의가 담보하려는 다양한 개인의 존재를 전적으로 인정하면서도, 상대주의로 나아가지 않고 인류가 함께 지켜야 할 공통의 가치를 추구합니다.' 그것이 당신의 자유주의적 공동체주의입니다.

이러한 방향에서 당신의 지향점이 드러납니다. 수평적 존중을 통한 다양성의 상호인정과 상호공존이겠죠. 거기서 아마 "불안한 현대사회"도 "현대의 위기"도 일정 부분 그 극복의 가능성을 찾을 수가 있을 것입니다. 당신의 다음 저작은 또 어떤 것일지, 그것이 '지금의 이 우리'가 갖는 문제를 어떻게 풀어나갈지, 나는 지금도 테일러철학의 '그 다음' 또 '그 다음'을 흥미진진하게 기다리고 있습니다.

Peter Singer 1946–

"각각의 사람은 한 사람으로 간주되며,
어느 누구도 한 사람 이상으로 간주되지 않는다."

"우리는 종족이 우리와 다르다는 것을 이유로
다른 종족들을 당연한 듯이 착취하거나,
지능이 우리보다 못한 동물들의 이익을 무시해서는 안 된다."

1946년 호주 빅토리아 주 멜버른Melbourne에서, 나치 점령 당시 오스트리아에서 호주로
이주해온 유대인 가정에서 태어남.

1967년 멜버른대학에서 법학, 역사, 철학 학사.

1968년 소설가이자 작가인 레나타Renata Diamond와 결혼.

1969년 논문 〈Why should I be moral?〉로 멜버른대학 석사.

1971년 영국 옥스퍼드대학에서 시민불복종 이론civil disobedience으로 철학 박사.

1977년 옥스퍼드대학 강사 , 뉴욕대학 방문교수를 거쳐, 멜버른대학 교수(–1999년), 《동
물해방》 출간.

1980년 《실천윤리학》 출간.

1999년 미국 프린스턴대학 교수가 됨.

2006년 '호주의 가장 영향력 있는 지식인 10명' 중 한 명에 선정됨.

2011년 프린스턴대학 교수직과 함께 영국 런던 소재 인문학 뉴칼리지New College of the
Humanities 교수직 병행.

2015년 《할 수 있는 최선: 효율적 이타주의》 출간.

2016년 《실제 세계의 윤리학》 출간.

2017년 현재 프린스턴대학 교수.

싱어에게

실천윤리를 묻는다

2,600년 기나긴 철학사의 맨 끝을 나는 당신의 이름으로 장식하고자 합니다. 1946년생인 현역의 당신을, 그리고 비록 미국 프린스턴대학의 교수이기는 하나 호주 출신인 당신을, 이렇게 취급하는 것에 대해 동의하지 않을 사람도 있을지 모르겠습니다만, 나로서는 나름대로 충분한 의미가 있다고 판단합니다. 그것은 무엇보다 실천윤리, 응용윤리, 생명윤리라고 하는 싱어철학의 주제랄까 방향이 이 시대, 이 현대, 20/21세기의 '핫한' '범세계적' 관심의 일부를 반영하고 있기 때문입니다. 당신은 시대철학의 한 대표이자 상징입니다. 더욱이 당신은 '이익 평등 고려의 원칙' '동물해방' '동물권' '효율적 이타주의' … 등 확실한 싱어표 개념들을 제시하기도 했습니다. 물론 철학의 저 무수한 주제들 중 윤리를 특별히 중시하는 나의 성향이 전혀 작용하지 않았다고는 할

수 없겠죠.

당신은 아마 알 턱이 없으시겠지만, 지난 2013년 당신이 보스턴대학의 모스 강당에서 동물해방을 주제로 강연하셨을 때, 그리고 하버드대학의 사이언스 센터에서 효율적 이타주의를 주제로 강연하셨을 때, 나도 그 청중석의 한 자리를 차지하고 앉아 있었습니다. 저 《성서》의 〈창세기〉에서부터 현재의 언론기사까지 훤히 꿰뚫고 있는 당신의 그 해박한 지식, 그 달변, 확실한 통계수치와 시각 자료들의 제시, 그리고 영혼에서 우러나오는 듯한 확신과 설득 … 등등 그 강연을 따라가면서 나는 완전히 압도되고 말았습니다. '세계적인 명성이 괜한 것이 아니었구나…' 인정하지 않을 수 없었지요. 당신의 그 강연이 끝난 후, 500명도 넘어 보이는 그 청중들이 일제히 일어나 기립박수를 보낸 것은 신선한 문화적 충격이기도 했습니다. 무슨 음악회나 공연도 아닌데, 그건 완전 감동이었습니다.

사실 나는 비교적 일찍부터 당신의 이름을 알고 있었습니다. 당신이 1975년에 《동물해방*Animal Liberation*》을, 80년에 《실천윤리학*Practical Ethics*》을 내시고, 91년에 후자가 황경식-김성동 교수님에 의해 한국어로 번역되었을 때 나는 곧바로 그것을 읽어보았고 그리고 주목했었습니다. 특히 철학자들의 난삽한 언어에 진저리를 치던 나로서는 당신의 그

영미로 부치는 철학편지

'이해 가능한' 언어들이 너무나 반갑기도 했습니다. '쉽지 않은 주제를 쉬운 언어로!'라는 것은 나의 소신이자 가치관이기도 했으니까요.

이런 호감들은 당신에 대한 호기심으로 이어졌습니다. 그래서 당신의 철학뿐만 아니라 인물에 대해서도 이것저것 알게 되었습니다. 이 편지가 공개서한인 만큼 독자들을 위해 그것들을 좀 공유하겠습니다. 당신은 1946년 호주의 멜버른 Melbourne에서 태어나셨지요? 집안 내력이 좀 눈길을 끌더군요. 우선 나치를 피해 오스트리아 빈에서 호주로 이주한 유대계라는 것(현대철학의 거장 중 상당수가 유대계였죠). 할아버지가 프로이트의 동료였다는 것, 친-외 할아버지들이 모두 나치 수용소에서 희생되었다는 것, 등등. 그런 반인륜적 만행이 어쩌면 당신의 윤리지향과 연관이 있을지도 모르겠군요. 아무튼 호주에 정착한 후 당신은 태어나셨고, 멜버른대학에서 공부하고 67년 졸업하셨고, 69년 같은 대학에서 〈왜 나는 도덕적이어야 하는가?Why should I be moral?〉라는 논문으로 석사가 되었고, 이어 영국 옥스퍼드대학에 유학해 유명한 헤어R. M. Hare의 지도하에 '시민 불복종'을 주제로 논문을 써 다시 학사학위를 받았고 그걸 책으로도 출판하셨지요. 당신은 헤어와 호주의 맥클로스키H. J. McCloskey를 멘토로 생각하셨다죠? 그 후 2년간 옥스퍼드의 강사, 16개월간 미국 뉴욕대학의 방문교수를 거쳐 77년 호주로 귀국해 죽 활동하다가 99년 미국의 프린스턴대학 교수로 이동하셨습니다. 한편 2011년부터 영국 런던의 사립 단과대학인 뉴 칼리지 오브 더 휴머니티즈의 교수직도 겸임하셨지요. 이런 과정을 거치면서 당신은 세계적인 명성을 얻었고, "거의 확실히, 모든 현대철학자 중 가장 잘 알려진 그리고 가장 널리 읽힌 철학자" "가장 영향력 있는 현대철학자 중 한 사람"이라는 평가를 받기도 했고, 유명한 《타임》지의 '세계에서 가장 영향력 있는 인물 100인'에 선정되기도 했습니다. 그리고 지금 나에 의해서 이렇게 '2600년 서양철학사의 거장 100인' 중 한 사람으로 그 명예의 전당에 이름을 올리게도 되었습니다.

친애하는 싱어, 당신의 철학은 '윤리'를 문제삼는다는 점에서 그 출발부터가 가치지향적입니다. 게다가 그것은 한때 20세기 철학의 한 흐름을 형성했던 이른바 메타윤리학과 다른 '실천윤리practical ethics' '응용윤리applied ethics'라는 점에서, 특히 '생명윤리bioethics'라는 점에서, 특히 희귀하게도 '동물윤리animal ethics'를 제창한다는 점에서, 확실하게 차별화됩니다.

당신은 '윤리의 본질', 즉 '윤리란 무엇인가'를 묻는 윤리의 원점에서부터 시작합니다. 그것은 '이성이 옳다고 믿는 정당화'에 기초하는 것입니다. 당신은 특히 그 "보편적 universal 측면"을 강조합니다. 즉 "개인적인 것보다는 좀 더 큰 어떤 것에 대한 고려를 담고 있는" 것, "'나'와 '너'를 넘어서서 보편적인 법칙, 보편화 가능한 판단, 불편부당한 조망자 혹은 이상적인 관찰자, … 그런 것으로 향할 것을 요구하는" 것입니다. 그런 '윤리의 보편적 관점'의 핵심은, "각각의 사람은 한 사람으로 간주되며, 어느 누구도 한 사람 이상으로 간주되지 않는다" "윤리적인 판단을 할 때 우리는 우리 자신의 호-불호를 넘어서야 한다" "이익이 단지 나의 이익이라는 것만을 이유로 어떤 다른 사람의 이익보다 더 중요한 것으로 간주될 수는 없다" "나 자신의 이익이 돌보아져야 한다는 나의 대단히 자연스러운 관심은 … 다른 사람의 이익에까지 연장되어야만 한다"는 것입니다. "나 자신의 이익 대신에 나는 이제 나의 결정에 의해서 영향을 받을 모든 사람들의 이익을 고려해야만 한다"고 당신은 선언합니다. 당신은 이런 '공리주의'를 바탕으로 삼습니다. 그러나 또한 '권리이론' '정의이론' '생명존엄성이론' '그 밖의 다른 견해들'도 결코 등한시하지 않습니다.

　당신의 윤리는 추상적이지 않습니다. 구체적입니다. 즉 그것은 '실천윤리practical ethics'입니다. 그것은 "현실과의 관련성"을 갖는 "현실적인 문제들"로서 "우리가 일상적으로 부 딪치는 문제들" "우리가 살아가면서 언젠가 마주칠 수도 있 는 문제들"입니다. 예컨대 "소수민족 문제, 남녀평등 문제, 동물학대 문제, 임신중절 문제, 안락사 문제, 빈민구제 문제" 등이며, "가난한 사람들에 대한 우리의 개인적인 책임은 어 떠한 것인가? 우리는 동물들을 고기를 생산하는 기계 정도 로만 생각해도 좋은가?" 같은 문제들도 포함합니다. 실제로 당신은 이런 문제들을 구체적으로 다루었습니다. 당신의 멘 토이기도 했던 헤어의 말대로, 이런 문제에 대한 "윤리적 판 단들은 '처방'이며 따라서 사실의 진술보다는 '명령'에 보다 밀접하게 관련되어 있는 것"입니다. 바로 이런 점에서 싱어 철학의 호소력과 설득력이 나온다고 나는 판단합니다.

당신의 윤리는 철저하게 "평등의 원칙principle of equality"에 기초합니다. "모든 인류가 평등하다는 원칙은 이제 정치적-윤리적 정설의 일부로서 통용되고 있다" "인간은 인종이나 성별과 상관없이 모두 평등하다"고 당신은 단언합니다. 물 론 이런 단언은 단선적이지 않습니다. 당신은 관련된 복잡 한 논의들을 다 헤쳐나갑니다. 그 결과 당신은 평등의 기본 적인 원칙으로서 "이익에 대한 평등한 고려의 원칙the principle of equal consideration of interest"을 확립합니다. "윤리적 판단을 함 에 있어서 인간은 개인적이고 파당적인 관점을 넘어서서,

영향을 받는 모든 사람들의 이익을 고려해야 한다" "우리가 도덕적 사고에 있어서 우리의 행위에 의해 영향을 받는 모든 사람들의 유사한 이익들에 대하여 동등한 비중을 둔다" "이익은 그것이 누구의 이익이든지간에 이익이다"라는 것입니다. 그리고 "이와 같은 기본적인 도덕적 원칙만이 인간 간의 모든 차이에도 불구하고 모든 인간을 포괄하는 형태의 평등을 옹호하도록 할 수 있을 것이다"라고 선언했습니다. 이것은 "타인에 대한 우리의 관심이 그가 무엇과 닮았느냐 혹은 어떤 능력을 가지고 있는가에 따라 좌우되어서는 안 된다" "인종이 우리와 다른 사람들을 착취할 권리가 우리에게 있다거나 지능이 우리보다 못한 사람들의 이익을 무시해도 좋다고 주장할 수는 없다"는 것을 내포합니다. 당신은 이런 평등론 역시 그 세부적인 문제에까지 철저하게 검토합니다.

그리고 이런 '평등의 원칙', '이익 평등 고려의 원칙'을 당신은 '동물'에게까지 확대 적용했지요. 즉 "나는 [이 원칙의] 근거가 인간에게만 한정적으로 적용될 수 없음을 주장하고자 한다" "우리가 평등의 원칙을 우리 종족에 속하는 다른 개체들과의 관계를 위한 타당한 도덕적 근거로 받아들인다면, 그것을 또한 우리 종족이 아닌 개체들, 즉 인간이 아닌 동물들nonhuman animals과의 관계를 위한 타당한 도덕적 근거로도 받아들이지 않으면 안 된다"" "우리는 종족이 우리와 다르다는 것을 이유로 다른 종족들을 당연한 듯이 착취하거나, 지능이 우리보다 못한 동물들의 이익을 무시해서는 안 된다"라고 말입니다. 이 말은 1975년 이후 지금까지 이어지는 당신의 일관된 철학적 주장이자 입장이 되었습니다. 동물들의 입장에서 보자면 일종의 획기적-역사적 동물해방 animal liberation 선언이기도 합니다. 그렇게 당신은 '동물의 복지' '동물들의 평등' '동물의 이익'을 대변해나갔습니다.

당신이 이런 동물윤리의 근거로 생각하는 것은, "존재가 평등한 고려를 받을 권리를 갖게 되는 결정적 특징은 '고통을 느끼는 능력'이다"라는 저 벤담의 견해입니다. 그런 점에서 당신은 공리주의를 표방합니다. 당신은 말했습니다. "만일 한 존재가 고통을 받는다면, 그것은 그 같은 고통을 고려하지 않아야 할 도덕적 이유가 있을 수 없다. 그 존재가 어떤 성질을 가졌든 간에, 평등의 원칙은 그 존재의 고통을 대략 비슷하다고 볼 수 있는 다른 존재의 고통과 동등한 것으로 볼 것을 요청한다. 만약 한 존재가 고통을 경험할 수 없다면, 즉 행복이나 즐거움을 누릴 수 없다면, 고려해야 할 것은 아무것도 없다. 이러한 것은 타자의 이익을 고려함에 있어 감정의 소유 여부가 유일한 경계가 되는 까닭이다. … 이것이 동물에게 평등의 원칙을 확장하는 논증 전부이다." 바로 그래서 당신은 "음식으로서의 동물"을 직시하며, "동물 자신의 권리를 고려한다면, 우리가 동물을 음식으로 사용하는 것은 문제가 있다"고 선언하신 거지요. '동물실험'의 문제도 그 연장선에 있고요. 물론 이 논의 또한 그 세부에 걸쳐 철저하게 검토하면서 말입니다. '인권'만이 아닌, 이른바 '동물권animal rights'의 옹호도, 그리고 '채식주의veganism'의 권유도 그 연장선에 있습니다(반려동물의 폭발적 증가와 보신탕이 공존하는 우리 한국에서는 당신의 이런 논의가 더욱 현실적인 주제로 부각됩니다).

같은 연장선에서 당신의 그 유명한 "생명의 가치"와 "살생의 그릇됨"에 관한 논의도 전개되었지요. 역시 치밀한 논의를 거쳐 당신은 "자의식적이거나 적어도 의식적인 존재의 생명을 빼앗는 것의 그릇됨"뿐만 아니라, "생명은 그것이 의식적이든 아니든 간에 그 자체로서 가치로운 것이기에, 다른 조건이 같다면 생명을 빼앗는 것은 언제나 잘못된 것이다"라는 주장에 다다릅니다. 생명과 관련된 사안인만큼 우리는 이런 말에 귀를 곤두세우지 않을 수 없습니다.

그리고 한편으로 "효율적 이타주의effective altruism"를 전개합니다. 그 전제를 한 언론은 이렇게 정리합니다. "하나, 도울 능력이 되면서도 타인을 돕지 않는 것은 비윤리적이다. 연못에 빠져 허우적거리는 아이를 못 본 척 지나치는 셈이다. 둘, 도움을 줄 수 있다면 도움을 받는 이와의 거리는 중요하지 않다. 말라리아로 죽어가는 아이를 모른 척하는 것이나, 연못에 빠진 아이를 지나치는 것이나 똑같다. 셋, 우리에겐 '기부'로 타인의 삶을 더 낫게 만들 힘이 있다. 단 '잘' 기부한다는 전제 아래서." 이런 전제 위에서 행위하는 사람이 바로 '이타주의자'입니다. 더욱이 그냥 '이타'도 아니고 효율적으로 남을 돕는 사람, 그런 '효율적 이타주의자'를 당신은 이렇게 설명했습니다. "본인이 가진 자산, 재능, 시간을 나누는 이들이다. 동시에 그것을 최대한 효율적으로 써서 최대한 긍정적 효과를 만들어내려는 이들이다. 이들은 철저하게 이성과 실증 자료, 연구에 기반해 기부를 선택한다. 심금을 울린다거나 개인적인 애착이 있다는 이유로 기부하지 않는다. 가장 큰 변화를 만들 수 있는 영역을 찾고, 그 안에서도 비용 대비 가장 큰 기대 수익을 올리는 기관을 찾는다." 지극히 구체적인 이타주의의 모습입니다. '기부'는 그 구체적인 형태의 하나지요. 당신이 특별히 강조하는 것은 그 '효율'입니다. 즉 '같은 활동이라면, 기왕이면 적은 비용을. 같은 비용이라면 더 많은 사람을. 국내보다는 단위 금액당 실현 가능한 선의 양이 훨씬 큰 개도국에 지원을.' 그렇게 당신은 '선善의 최대화'를 기대합니다. 예컨대 '난치병 아동 한 명의 소원을 이뤄주는 데 들어가는 7,500달러면, 최소

세 아이를 말라리아에서 구할 수 있다. … 시각장애인을 위한 안내견 한 마리를 훈련하는 데 드는 4만 달러면, 개발도상국 트라코마 환자 2천 명의 실명을 치료할 수 있다. … 대학 장학금이나 미술관 증축도 (그런 시급한 문제들을 외면한다면) 옳은 기부 대상이 아니다.' 이런 식입니다. 이런 효율적 이타주의는 비록 미묘한 논쟁점들을 다수 포함하지만, 미국을 중심으로 전 세계에 많은 공감을 불러일으켰고 실천적 추종자들도 생겨났고, 그 '점과 점이 이어져 하나의 흐름이 됐다'고도 평가됩니다.

친애하는 싱어, 이런 것들을 포함한 무수한 실천적 문제들을 다루어나가면서, 당신은 평생 끈질기게 물음을 던졌습니다. "왜 우리는 도덕적으로 행위해야 하는가?" "우리는 도덕적으로 어떻게 행위해야 하는가?" "어떤 것이 윤리적 목표를 달성하기 위한 수단으로서 정당화될 수 있을 것인가?" … 이 모든 윤리적 물음들은 '보편성'과 '합리성'을 통해 정당화되면서, 결국은 "의미 있는 삶을 사는 것"으로 귀결됩니다. "우리들 대부분은 어떤 사람들이나 어떤 일들에 괘념치 않고 의도적으로 즐겁기 시작함으로써 행복을 발견할 수는 없을 것이다. 이러한 방식으로 얻는 쾌락은 공허하게 보일 것이며, 곧 질리게 될 것이다. 우리는 우리의 삶에서 우리 자신의 쾌락 이상의 의미를 추구하며, 의미 있는 것으로 보이는 일을 함으로써 충족감과 행복을 발견한다. 만약 우리의 삶이 우리 자신의 행복 외에 어떤 다른 의미를 갖지 못한다면, 우리가 생각하기에 행복하기 위해 필요한 것을 획득했을 경우에도 행복 그 자체는 여전히 우리에게서 벗어나 있음을 발견할 것 같다." 당신이 일찌감치 《실천윤리학》에서 말한 이 말에서 나는 이미 싱어철학의 결론을 발견합니다. 효율이 반드시 모든 윤리를 대변할 수는 없느니 만큼, 수많은 입장에서 수많은 토론거리들이 남아 있지만, 나는 일단 당신의 방향 설정 그 자체에서 중요한 철학으로서의 가치를 인정합니다. 이런 가치지향은 아마 앞으로 전개될 미래의 철학에서도, 다시 2,600년이 흐른 후에도, 여러 가지 형태의 언어로 전개되고 있을 겁니다. 함께, 그 철학의 미래를 기대해봅시다. 특히 윤리적 인간, 윤리적 세계에 기여하는 철학의 지속을.

부록

부록

- 현대철학 주요인물
- 현대철학 주요저작
- 현대철학 주요개념

- **현대철학 주요인물**
  * 언어권별, 출생순

【 독일 】

01. 쇼펜하우어(Arthur Schopenhauer , 1788-1860)

02. 포이어바흐(Ludwig Andreas von Feuerbach, 1804-1872)

03. 키에게고(Søren Aabye Kierkegaard, 1813-1855)

04. 마르크스(Karl Heinrich Marx, 1818-1883)

05. 딜타이(Wilhelm Dilthey, 1833-1911)

06. 니체(Friedrich Wilhelm Nietzsche, 1844-1900)

07. 프레게(Friedrich Ludwig Gottlob Frege, 1848-1925)

08. 프로이트(Sigmund Freud, 1856-1939)

09. 후설(Edmund Husserl, 1859-1938)

10. 셸러(Max Scheler, 1874-1928)

11. 카시러(Ernst Cassirer, 1874-1945)

12. 야스퍼스(Karl Jaspers, 1883-1969)

13. 하이데거(Martin Heidegger, 1889-1976)

14. 호르크하이머(Max Horkheimer, 1895-1973)

15. 가다머(Hans-Georg Gadamer, 1900-2002)

16. 요나스(Hans Jonas, 1903-1993)

17. 하버마스(Jürgen Habermas, 1929-현재)

【 프랑스 】

18. 콩트(Isidore Marie Auguste François Xavier Comte, 1798-1857)

19. 베르크손(Henri-Louis Bergson, 1859-1941)

20. 바슐라르(Gaston Bachelard, 1884-1962)

21. 마르셀(Gabriel Honoré Marcel, 1889-1973)

22. 라캉(Jacques-Marie-Émile Lacan, 1901-1981)

23. 사르트르(Jean-Paul Sartre, 1905-1980)

24. 레비나스(Emmanuel Levinas, 1906-1995)

25. 메를로-퐁티(Maurice Merleau-Ponty, 1908-1961)

26. 레비-스트로스(Claude Lévi-Strauss, 1908-2009)

27. 리오타르(Jean François Lyotard, 1924-1998)

28. 들뢰즈(Gilles Deleuze, 1925-1995)

29. 푸코(Michel Foucault, 1926-1984)

30. 보드리야르(Jean Baudrillard, 1929-2007)

31. 데리다(Jacques Derrida, 1930-2004)

32. 세르(Michel Serres, 1930-현재)

33. 바디유(Alain Badiou, 1937-현재)

【 영미 】

34. 벤담(Jeremy Bentham, 1748-1832)

35. 밀(John Stuart Mill, 1806-1873)

36. 다윈(Charles Robert Darwin, 1809-1882)

37. 퍼스(Charles Sanders Peirce, 1839-1914)

38. 제임스(William James, 1842-1910)

39. 듀이(John Dewey, 1859-1952)

40. 러셀(Bertrand Arthur William Russell, 1872-1970)

41. 무어(George Edward Moore, 1873-1958)

42. 비트겐슈타인(Ludwig Josef Johann Wittgenstein, 1889-1951)

43. 카르납(Rudolf Carnap, 1891-1970)

44. 포퍼(Karl Raimund Popper, 1902-1994)

45. 오스틴(John Langshaw Austin, 1911-1960)

46. 롤스(John Rawls, 1921-2002)

47. 쿤(Thomas Samuel Kuhn, 1922-1996)

48. 로티(Richard McKay Rorty, 1931-2007)

49. 테일러(Charles Taylor, 1931-현재)

50. 싱어(Peter Singer, 1946-현재)

【 지면 관계로 빠진 주요 인물들 】

〈독일〉

엥겔스(Friedrich Engels, 1820-1895)

리케르트(Heinrich Rickert, 1863-1936)

부버(Martin Buber, 1878-1965)

슐리크(Friedrich Albert Moritz Schlick, 1882-1936)

하르트만(Nikolai Hartmann, 1882-1950)

블로흐(Ernst Bloch, 1885-1977)

라이헨바흐(Hans Reichenbach, 1891-1953)

마르쿠제(Herbert Marcuse, 1898-1979)

프롬(Erich Seligmann Fromm, 1900-1980)

아도르노(Theodor W. Adorno, 1903-1969)

아렌트(Hanna[Johanna] Arendt, 1906-1975) 독일▷미국

〈프랑스〉

소쉬르(Ferdinand Mongin de Saussure, 1857-1913) 스위스

보부아르(Simone Lucie Ernestine Marie Bertrand de Beauvoir, 1908-1986)

리쾨르(Jean Paul Gustave Ricœur, 1913-2005)

알튀세르(Louis Pierre Althusser, 1918-1990)

가타리(Pierre-Félix Guattari, 1930-1992)

부르디외(Pierre Bourdieu, 1930-2002)

크리스테바(Julia Kristeva, 1941-현재) 불가리아▷프랑스

〈영미〉

화이트헤드(Alfred North Whitehead, 1861-1947)

라일(Gilbert Ryle, 1900-1976)

헴펠(Carl Gustav Hempel, 1905-1997) 독일▷미국

콰인(Willard Van Orman Quine, 1908-2000)

에어(Sir Alfred Jules Ayer, 1910-1989)[한국에서는 에이어로 통용]

헤어(Richard Mervyn Hare, 1919-2002)

스트로슨(Sir Peter Frederick Strawson, 1919-2006)

퍼트남(Hilary Putnam, 1926-2016)

촘스키(Noam Chomsky, 1928-현재)

〈기타〉

우나무노(Miguel de Unamuno y Jugo, 1864-1936) 스페인

셰스토프(Lev Isaakovich Shestov, 1866-1938) 우크라이나

크로체(Benedetto Croce, 1866-1952) 이탈리아

베르자예프(Nikolai Alexandrovich Berdyaev, 1874-1948) 러시아

오르테가(José Ortega y Gasset, 1883-1955) 스페인

루카치(György Lukács, 1885-1971) 헝가리

타르스키(Alfred Tarski, 1901-1983) 폴란드

아감벤(Giorgio Agamben, 1942-현재) 이탈리아

지젝(Slavoj Žižek, 1949-현재) 슬로베니아

• 현대철학 주요저작

1. 아르투어 쇼펜하우어

《의지와 표상으로서의 세계》(*Die Welt als Wille und Vorstellung*, 1818)

《윤리학의 두 가지 근본 문제》(*Die beiden Grundprobleme der Ethik*, 1841)

《충족이유율의 네 겹의 뿌리에 관하여》(*Über die vierfache Wurzel des Satzes vom zureichenden Grunde*, 1847)

《여록과 보론》(*Parerga und Paralipomena*, 1851)

《자연에서의 의지에 관하여》(*Über den Willen in der Natur*, 1854)

2. 루트비히 포이어바흐

《죽음과 불멸에 대한 고찰》(*Gedanken über Tod und Unsterblichkeit*, 1830)

《근세철학사》(*Geschichte der neueren Philosophie*, 1833-1837)

《헤겔철학의 비판》(*Kritik des Anti-Hegels*, 1835)

《철학과 기독교에 대하여》(*Über Philosophie und Christenthum*, 1839)

《기독교의 본질》(*Das Wesen des Christenthums*, 1841)

《철학 개혁을 위한 예비적 테제》(*Vorläufige Thesen zur Reform der Philosophie*, 1843)

《미래 철학의 근본명제》(*Grundsätze der Philosophie der Zukunft*, 1843)

《종교의 본질》(*Das Wesen der Religion*, 1846)

《신족 계보학》(*Theogonie*, 1857)

《신성, 자유, 그리고 불멸》(*Gottheit, Freiheit und Unsterblichkeit*, 1866)

3. 쇠안 키에게고

《이것이냐 저것이냐》(*Enten-Eller*, 1843)

《불안의 개념》(*Begrebet Angest*, 1843)

《반복》(*Gjentagelsen*, 1843)

《철학적 단편》(*Philosophiske Smuler*, 1844)

《인생행로의 단계들》(*Stadier paa Livets Vei*, 1845)

《철학적 단편에 부치는 비학문적 해설문》(*Afsluttende uvidenskabelig Efterskrift*, 1846)

《죽음에 이르는 병》(*Sygdommen til Døden*, 1849)

《순간》(*Øieblikket nr. 1-10*, 1855)

〈길렐라이에 수기〉(*Gilleleje manuskript*)

4. 카를 마르크스

《신성가족》(*Die heilige Familie*, 1844)

《헤겔 법철학 비판 서설》(*Zur Kritik der Hegelschen Rechtsphilosophie*, 1844)

《독일 이데올로기》(*Die deutsche Ideologie*, 1845)

《포이어바흐에 대한 테제》(*Thesen über Feuerbach*, 1845)

《독일 이데올로기》(*Die deutsche Ideologie*, 1845)

《철학의 빈곤》(*Das Elend der Philosophie*, 1847)

《공산당 선언》(*Manifest der kommunistischen Partei*, 1848)

《임금 노동과 자본》(*Lohnarbeit und Kapital*, 1849)

《정치경제학 비판》(*Grundrisse der Kritik der politischen Ökonomie*, 1857)

《잉여가치론》(*Theorien über den Mehrwert*, 1862-1863)

《가치, 가격 그리고 이윤》(*Lohn, Preis und Profit*, 1865)

《자본 I II III》(*Das Kapital*, 1867, 1885, 1894)

《고타강령 비판》(*Kritik des Gothaer Programms*, 1875)

5. 빌헬름 딜타이

《슐라이어마허의 삶》(*Das Leben Schleiermachers*, 1870)

《정신과학 입문》(*Einleitung in die Geisteswissenschaften*, 1883)

《해석학의 성립》(*Die Entstehung der Hermeneutik*, 1900)

《체험과 시학》(*Das Erlebnis und die Dichtung*, 1906)

《정신과학에서의 역사적 세계의 구축》(*Der Aufbau der geschichtlichen Welt in den Geisteswissenschaften*, 1910)

6. 프리트리히 니체

《비극의 탄생》(*Geburt der Tragödie aus dem Geiste der Musik*, 1872)

《인간적인, 너무나 인간적인》(*Menchliches, Allzumenschliches*, 1878)

《차라투스트라는 이렇게 말했다》(*Also Sprach Zarathustra*, 1883-1885)

《선악의 저편》(*Jenseits von Gut und Böse : Vorspiel einer Philosophie der Zukunft*, 1886)

《도덕의 계보》(*Zur Genealogie der Moral : Eine Streitschrift*, 1887)

《유고》(*Nachgelassene Fragmente*, Herbst 1885-Herbst 1887)

《안티크리스트》(*Der Antichrist*, 1895)

《이 사람을 보라》(*Ecce homo : Wie man wird, was man ist*, [1888] 1908)

7. 고틀로프 프레게

《개념 표기법 : 순수 사고의 산술적 형식 언어의 모형》(*Begriffsschrift, eine der arithmetischen nachgebildete Formelsprache des reinen Denkens*, 1879)

《산술의 기초 : 수의 개념의 수리논리학적 탐구》(*Die Grundlagen der Arithmetik : Eine logisch-mathematische Untersuchung über den Begriff der Zahl*, 1884)

《함수와 개념》(*Funktion und Begriff*, 1891)

《의미와 지시체에 관하여》(*Über Sinn und Bedeutung*, 1892)

《개념과 대상에 관하여》(*Über Begriff und Gegenstand*, 1892)

《개념 표기법으로부터 유도된 산술의 기본 법칙》(*Grundgesetze der Arithmetik, begriffsschriftlich abgeleitet I II*, 1893, 1903)

《사고 : 논리적 연구》(*Der Gedanke : Eine logische Untersuchung*, 1918-19)

《부정》(*Die Verneinung*, 1918-1919)

《복합 사고》(*Gedankengefüge*, 1923)

8. 지크문트 프로이트

《히스테리 연구》(*Studien über Hysterie*, 1895)

《꿈의 해석》(*Die Traumdeutung*, 1900)

《일상생활의 정신병리학》(*Zur Psychopathologie des Alltagslebens*, 1904)

《성욕에 관한 세 편의 에세이》(*Drei Abhandlungen zur Sexualtheorie*, 1905)

《토템과 터부》(*Totem und Tabu*, 1913)

《정신분석 강의》(*Vorlesungen zur Einführung in die Psychoanalyse*, 1917)

《쾌락 원리의 저편》(*Jenseits des Lustprinzips*, 1920)

《억압, 증후 그리고 불안》(*Hemmung, Symptom und Angst*, 1926)

《거짓말분석의 물음》(*Die Frage der Laienanalyse*, 1926)

《새로운 정신분석 강의》(*Neue Folge der Vorlesungen zur Einführung in die Psychoanalyse*, 1933)

《정신분석학 개요》(*Abriß der Psychoanalyse*, 1938)

9. 에드문트 후설

《산술의 철학》(*Philosophie der Arithmetik*, 1891)

《논리학 연구》(*Logische Untersuchungen I II*, 1900, 1901)

《엄밀한 학으로서의 철학》(*Philosophie als strenge Wissenschaft*, 1911)

《순수현상학과 현상학적 철학을 위한 구상들》(*Ideen zu einer reinen Phänomenologie und phänomenologischen Philosophie*, 1913)

《데카르트적 성찰》(*Cartesianische Meditationen und Pariser Vorträge*, 1929)

《유럽 학문들의 위기와 초월론적 현상학》(*Die Krisis der europäischen Wissenschaften und die transzendentale Phänomenologie : Eine Einleitung in die phänomenologische Philosophie*, 1954)

《현상학의 이념》(*Die Idee der Phänomenologie : Fünf Vorlesungen*, 1958)

10. 막스 셸러

《윤리학에 있어서 형식주의와 실질적 가치윤리학》(*Der Formalismus in der Ethik und die materiale Wertethik*, 1913–1916)

《가치들의 전도에 관하여》(*Vom Umsturz der Werte*, 1919)

《지식의 여러 형식과 교양》(*Die Formen des Wissens und die Bildung*,

1925)

《우주에서 인간의 지위》(*Die Stellung des Menschen im Kosmos*, 1928)

《철학적 세계관》(*Philosophische Weltanschauung*, 1929)

11. 에른스트 카시러

《실체개념과 기능개념》(*Substanzbegriff und Funktionsbegriff*, 1910)

《상징형식의 철학》(*Philosophie der symbolischen Formen* 3권, 1923-1929)

《언어와 신화》(*Sprache und Mythos*, 1925)

《계몽주의의 철학》(*Die Philosophie der Aufklärung*, 1932)

《인간이란 무엇인가?》(*An Essay on Man*, 1944)

《국가의 신화》(*The Myth of the State*, 1946)

12. 카를 야스퍼스

《정신병리학 총론》(*Allgemeine Psychopathologie*, 1913)

《세계관의 심리학》(*Psychologie der Weltanschauungen*, 1919)

《현대의 정신적 상황》(*Der geistige Situation der Zeit*, 1931)

《철학》(*Philosophie* 3권, 1932)

《이성과 실존》(*Vernunft und Existenz*, 1935)

《실존철학》(*Existenzphilosophie*, 1938)

《죄의 문제》(*Die Schuldfrage : Von der politischen Haftung Deutschlands*, 1946)

《진리에 관하여》(*Von der Wahrheit*, 1947)

《철학적 신앙》(*Der philosophische Glaube*, 1948)

13. 마르틴 하이데거

《존재와 시간》(*Sein und Zeit*, 1927)

《형이상학이란 무엇인가?》(*Was ist Metaphysik?*, 1929)

《형이상학입문》(*Einführung in die Metaphysik*, 1935)

《숲길》(*Holzwege*, 1950)

《사유의 경험으로부터》(*Aus der Erfahrung des Denkens*, 1954)

《동일성과 차이》(*Identität und Differenz*, 1955-1957)

《내맡김》(*Gelassenheit*, 1959)

《언어로의 도상》(*Unterwegs zur Sprache*, 1959)

《이정표》(*Wegmarken*, 1967)

《철학에의 기여》(*Beiträge zur Philosophie*, [1936-1938] 1989)

14. 막스 호르크하이머

《전통이론과 비판이론》(*Traditionelle und kritische Theorie*, 1937)

《계몽의 변증법》(*Dialektik der Aufklärung*, 1947) [아도르노와 공저]

《이성의 부식》(*Eclipse of Reason*, 1947)

《도구적 이성 비판》(*Zur Kritik der instrumentellen Vernunft*, 1967)

15. 한스-게오르크 가다머

《진리와 방법 : 철학적 해석학의 요체》(*Wahrheit und Methode : Grundzüge einer philosophischen Hermeneutik*, 1960)

《헤겔의 변증법》(*Hegels Dialektik*, 1971)

《과학 시대의 이성》(*Vernunft im Zeitalter der Wissenschaft*, 1976)

《철학의 시작》(*Der Anfang der Philosophie*, 1996)

《해석학적 기투들》(*Hermeneutische Entwürfe : Vorträge und Aufsätze*, 2000)

16. 한스 요나스

《그노시스와 고대 말기의 정신》(*Gnosis und spätantiker Geist I II*, 1934, 1954)

《책임의 원리》(*Das Prinzip Verantwortung : Versuch einer Ethik für die technologische Zivilisation*, 1979)

《생명의 원리》(*Das Prinzip Leben. Ansätze zu einer philosophischen Biologie*, 1997)

17. 위르겐 하버마스

《공공성의 구조변동》(*Strukturwandel der Öffentlichkeit*, 1962)

《이론과 실천》(*Theorie und Praxis*, 1963)

《인식과 관심》(*Erkenntnis und Interesse*, 1968)

《이데올로기로서의 기술과 학문》(*Technik und Wissenschaft als „Ideologie"*, 1968)

《의사소통행위 이론》(*Theorie des kommunikativen Handelns*, 1981)

《탈형이상학적 사유》(*Nachmetaphysisches Denken. Philosophische Aufsätze*, 1988)

《담화윤리의 해명》(*Erläuterungen zur Diskursethik*, 1991)

《이질성의 포용》(*Die Einbeziehung des Anderen : Studien zur politischen Theorie*, 1996)

18. 오귀스트 콩트

《실증철학 강의》(*Cours de philosophie positive*, 1830-1842)

《실증적 정신론》(*Discours sur l'esprit positif*, 1844)

《실증주의 서설》(*Discours sur l'ensemble du positivisme*, 1848)

《실증정치학 체계》(*Systme de politique positive : Ou traité de sociologie, instituant la religion de l'humanité*, 1851-1854)

19. 앙리 베르크손

《의식의 직접소여에 대한 논고》(*Essai sur les données immédiates de la conscience*, 1889)

《물질과 기억》(*Matiére et Mémoire*, 1896)

《창조적 진화》(*L'évolution créatrice*, 1907)

《도덕과 종교의 두 원천》(*Les deux sources de la morale et de la religion*, 1932)

20. 가스통 바슐라르

《순간의 미학》(*L'intuition de l'instant*, 1932)

《새로운 과학정신》(*Le nouvel esprit scientifique*, 1934)

《불의 정신분석》(*La psychanalyse du feu*, 1938)

《부정의 철학》(*La philosophie du non*, 1940)

《물과 꿈》(*L'eau et les rêves : Essai sur l'imagination de la matière*, 1942)

《공기와 꿈》(*L'air et les songes*, 1943)

《대지 그리고 휴식의 몽상》(*La terre et les rêveries du repos*, 1946)

《공간의 시학》(*La poétique de l'espace*, 1957)

《몽상의 시학》(*La poétique de la rêverie*, 1960)

《초의 불꽃》[촛불의 미학](*La flamme d'une chandelle*, 1961)

21. 가브리엘 마르셀

《부서진 세계》(*Le monde cassé*, 1933)

《존재와 소유》(*Être et Avoir*, 1935)

《존재론적 신비의 위치와 그것에로의 구체적 접근》(*Position et approches concrètes du mystère ontologique*, 1949)

《존재의 신비》(*Le mystère de l'être*, 1951)

《문제적 인간》(*L'homme problématique*, 1955)

《현존과 불멸》(*Présence et immortalité*, 1959)

22. 자크 라캉

《에크리》(*Écrits*, 1966)

《또 다른 에크리》(*Autres écrits*, 2001)

《세미나》(*Le Séminaire I-XX*, 1986-2010)

23. 장-폴 사르트르

《상상력》(*L'imagination*, 1936)

《구토》(*La nausée*, 1938)

《상상계》(*L'imaginaire*, 1940)

《존재와 무》(*L'être et le néant*, 1943)

《실존주의는 휴머니즘이다》(*L'existentialisme est un humanisme*, 1946)

《변증법적 이성비판》(*Critique de la raison dialectique*, 1960)

《말》(*Les Mots*, 1964)

《진리와 실존》(*Vérité et existence*, 1989)

24. 에마뉘엘 레비나스

《후설 현상학에서의 직관 이론》(*La theorie de l'intuition dans la phenomenologie de Husserl*, 1930)

《존재에서 존재자로》(*De l'existence à l'existant*, 1947)

《전체성과 무한》(*Totalité et infini : Essai sur l'extériorité*, 1961)

《타인의 인간주의》(*Humanisme de l'autre homme*, 1972)

《존재와 달리 또는 본질의 저편》(*Autrement qu'être ou au-delà de l'essence*, 1974)

《시간과 타자》(*Le temps et l'autre*, 1979)

25. 모리스 메를로-퐁티

《행동의 구조》(*La structure du comportement*, 1942)

《지각의 현상학》(*Phenomenologie de la perception*, 1945)

《휴머니즘과 테러》(*Humanisme et terreur : Essai sur le problème communiste*, 1947)

《의미와 무의미》(*Sens et nonsens*, 1948)

《변증법의 모험》(*Les aventures de la dialectique*, 1955)

《보이는 것과 보이지 않는 것》(*Le visible et l'invisible : Suivi de notes de travail*, 1964)

26. 클로드 레비-스트로스

《친족의 기본구조》(*Les structures élémentaires de la parenté*, 1949)

《슬픈 열대》(*Tristes tropiques*, 1955)

《구조인류학》(*Anthropologie structurale*, 1958)

《야생의 사고》(*La pensée sauvage*, 1962)

1975)

《주체의 해석학》(*L'hermeneutique du sujet : Cours au collège de France*, 1981-1982)

《성의 역사》(*Histoire de la sexualité 1, 2, 3*, 1976, 1984)

30. 장 보드리야르

《사물의 체계》(*Le système des objets : La consommation des signes*, 1968)

《소비의 사회》(*La société de consommation*, 1970)

《시뮐라크르와 시뮐라시옹》(*Simulacres et simulation*, 1981)

00. 펠릭스 가타리

《분자혁명》(*La révolution moléculaire*, 1977)

《기계적 무의식》(*L'inconscient machinique : Essais de schizo-analyse*, 1979)

《세 가지 생태학》(*Les trois écologies*, 1989)

《카오스모제》(*Chaosmose*, 1992)

31. 자크 데리다

《그라마톨로지에 대하여》(*De la grammatologie, Les éditions de minuit*, 1967)

《목소리와 현상》(*La voix et le phénomène*, 1967)

《글쓰기와 차이》(*L'écriture et la différence*, 1967)

《여백들》(*Marges-de la philosophie*, 1972)

《입장들》(*Positions*, 1972)

《산종》(*La dissémination*, 1972)

《시선의 권리》(*Droit de regards*, 1985)

《정신에 대하여》(*De l'esprit*, 1990)

32. 미셸 세르

《헤르메스》(*Hermès I-V*, 1969-1980)

《기식자》(*Le parasite*, 1980)

《천사들의 전설》(*La legende des anges*, 1993)

《엄지세대, 두 개의 뇌로 만들 미래》(*Petite poucette*, 2012)

《새로운 시대》(*Les temps nouveaux*, 2013)

33. 알랭 바듀

《존재와 사건》(*L'être et l'évenement*, 1988)

《조건들》(*Conditions*, 1992)

《사랑예찬》(*Éloge de l'amour*, 2009)

00. 쥘리아 크리스테바

《세미오티케 : 기호분석론》(*Semeiotikê. Recherches pour une sémanalyse*, 1969)

《미친 진실》(*Folle vérité [ouvrage collectif]*, 1979)

《공포의 권력》(*Pouvoirs de l'horreur*, 1980)

《사랑의 역사》(*Histoires d'amour*, 1983)

《시적 언어의 혁명》(*La revolution du langage poetique : L'avant garde*, 1985)

《검은 태양》(*Soleil Noir : Dépression et mélancolie*, 1987)

34. 제러미 벤담

《통치론 단편》(*A Fragment on Government*, 1776)

《도덕과 입법의 원리 서설》(*An Introduction to the Principles of Morals and Legislation*, 1789)

《처벌과 포상》(*Punishments and Rewards*, 1811)

《의회개혁론》(*Parliamentary Reform Catechism*, 1817)

35. 존 스튜어트 밀

《논리학 체계》(*A System of Logic*, 1843)

《정치경제학 원리》(*The Principle of Political Economy*, 1848)

《자유론》(*On Liberty*, 1859)

《대의정치에 대한 고찰》(*Considerations on Representative Government*, 1861)

《공리주의》(*Utilitarianism*, 1863)

《여성의 예속》(*The Subjection of Women*, 1869)

《자서전》(*Autobiography*, 1873)

36. 찰스 다윈

《비글호 항해기》(*Journal and Remarks [The Voyage of the Beagle]*, 1839)

《종의 기원》(*On the Origin of Species : By means of Natural Selection or the preservation of favoured races in the struggle for life*, 1859)

《사육 동식물의 변이》(*The Variation in Animals and Plants under Domestication*, 1868)

《인간의 유래와 성선택》(*The Descent of Man and Selection in Relation to Sex*, 1871)

《인간과 동물의 감정 표현》(*The Expression of the Emotions in Man and Animals*, 1872)

37. 찰스 샌더스 퍼스

〈신념의 고정〉(*The Fixation of Beliefs*, 1877)

《전집》(*Collected Papers of Charles Sanders Peirce* 8권, 1931–1958)

Volume 1, Principles of Philosophy, 1931.

Volume 2, Elements of Logic, 1932.

Volume 3, Exact Logic (Published Papers), 1933.

Volume 4, The Simplest Mathematics, 1933.

Volume 5, Pragmatism and Pragmaticism, 1934.

Volume 6, Scientific Metaphysics, 1935.

Volume 7, Science and Philosophy, 1958.

Volume 8, Reviews, Correspondence, and Bibliography, 1958.

38. 윌리엄 제임스

《심리학의 원리》(*Principles of Psychology*, 1890)

《종교적 경험의 다양성》(*The Varieties of Religious Experience*, 1902)

《실용주의》(*Pragmatism : A New Name for Some Old Ways of Thinking*, 1907)

《다원적 우주》(*A pluralistic universe*, 1909)

《진리의 의미》(*The Meaning of Truth : A Sequel to "Pragmatism"*, 1909)

《근본적 경험주의》(*Essays in Radical Empiricism*, 1912)

39. 존 듀이

《사고하는 방법》(*How We Think*, 1910)

《민주주의와 교육》(*Democracy and Education : An introduction to the philosophy of education*, 1916)

《철학의 재건》(*Reconstruction in Philosophy*, 1919)

《인간성과 행위》(*Human Nature and Conduct*, 1922)

《확실성의 탐구》(*The Quest for Certainty*, 1929)

《경험과 교육》(*Experience and Education*, 1938)

《논리학 : 탐구의 이론》(*Logic : The Theory of Inquiry*, 1938)

00. 알프레드 화이트헤드

《수학의 원리》(*Principia mathematica*, 1910–1913)

《자연인식의 원리들》(*An Enquiry Concerning the Principles of Natural Knowledge*, 1919)

《자연의 개념》(*The Concept of Nature*, 1920)

《상대성 원리》(*The Principle of Relativity with Applications to Physical Science*, 1922)

《과학과 근대세계》(*Science and Modern World*, 1925)

《상징주의》(*Symbolism, Its Meaning and Effect*, 1927)

《과정과 실재》(*Process and Reality : An Essay in Cosmology*, 1929)

《이성의 기능》(*The Function of Reason*, 1929)

《관념의 모험》(*Adventures of Ideas*, 1933)

《자연과 생명》(*Nature and Life*, 1934)

40. 버트런드 러셀

《수학의 원리》(*Principia mathematica*, 1910-1913)

《철학의 문제들[철학이란 무엇인가]》(*The Problems of Philosophy*, 1912)

《사회적 재건의 원리》(*Principles of Social Reconstruction*, 1916)

《왜 사람들은 싸우는가?》(*Why Men Fight*, 1917)

《수리철학의 기초》(*Introduction to Mathematical Philosophy*, 1919)

《상대성 이론의 참뜻》(*The ABC of Relativity*, 1925)

《나는 왜 기독교인이 아닌가》(*Why I Am Not a Christian*, 1927)

《서양철학사》(*A History of Western Philosophy : And Its Connection with
    Political and Social Circumstances from the Earliest Times to the
    Present Day*, 1945)

《나는 믿는다》(*What I Believe*, 1925)

《결혼과 도덕에 관한 10가지 철학적 성찰》(*Marriage and Morals*, 1929)

《행복의 정복》(*The Conquest of Happiness*, 1930)

《게으름에 대한 찬양》(*In Praise of Idleness*, 1935)

《권위와 개인》(*Authority and the Individual*, 1949)

《나는 이렇게 철학을 하였다》(*My Philosophical Development*, 1959)

《인류에게 내일은 있는가》(*Has Man a Future?*, 1961)

41. 조지 에드워드 무어

《윤리학 원리》(*Principia Ethica*, 1903)

〈관념론 논박〉(*The Refutation of Idealism*, 1903)

《윤리학》(*Ethics*, 1912)

〈상식의 옹호〉(*A Defence of Common Sense*, 1925)

〈외부세계의 증명〉(*Proof of an External World*, 1939)

《철학의 주요 문제》(*Some Main Problems of Philosophy*, 1953)

42. 루트비히 비트겐슈타인

《논리-철학 논고》(*Tractatus Logico-Philosophicus [Logisch-Philosophische Abhandlung : Annalen der Naturphilosophie]*, 1921)

《철학적 탐구》(*Philosophische Untersuchungen*, 1953)

《수학의 기초에 관한 소견》(*Bemerkungen über die Grundlagen der Mathematik*, 1956)

《청색 책, 갈색 책》(*The Blue and Brown Books*, 1958)

《확실성에 관하여》(*Über Gewißheit[On Certainty]*, 1970)

《심리학의 철학에 관한 소견》(*Bemerkungen über die Philosophie der Psychologie*, 1980)

43. 루돌프 카르납

《철학의 사이비 문제들》(*Scheinprobleme in der Philosophie*, 1928)

《세계의 논리적 건축》(*Der Logische Aufbau der Welt*, 1928)

《언어의 논리적 구문론》(*Logische Syntax der Sprache*, 1934)

《의미와 양상》(*Meaning and Necessity*, 1947)

《확률의 논리적 기초》(*Logical Foundations of Probability*, 1950)

00. 길버트 라일

《마음의 개념》(*The Concept of Mind*, 1949)

《딜레마들》(*Dilemmas. The Tarner Lectures*, 1953)

《플라톤의 과정》(*Plato's Progress*, 1966)

《철학의 현대적 관점들》(*Contemporary Aspects of Philosophy*, 1977)

《사고에 대하여》(*On Thinking*, 1979)

44. 칼 레이먼트 포퍼([독] 카를 라이문트 포퍼)

《탐구의 논리》(*Logik der Forschung*, 1934)

《과학적 발견의 논리》(*The Logic of Scientific Discovery*, 1934)

《역사주의의 빈곤》(*The Poverty of Historicism*, 1936)

《열린 사회와 그 적들》(*The Open Society and Its Enemies*, 1945)

《추측과 논박》(*Conjectures and Refutations : The Growth of Scientific Knowledge*, 1963)

《객관적 지식 : 진화적 접근》(*Objective Knowledge : an Evolutionary Approach*, 1972)

《더 나은 세계를 찾아서》(*In Search of a Better World*, 1984)

《모든 삶은 문제해결이다》(*All Life is Problem Solving*, 1994)

45. 존 랭쇼 오스틴

《말로써 행동하는 방법》(*How to Do Things With Words*, 1955)

〈수행적 발언〉(*Performative Utterances*, 1956)

《철학논문집》(*Philosophical Papers*, 1961)

《감각과 감각되는 것》(*Sense and Sensibilia*, 1962)

46. 존 롤스

《정의론》(*A Theory of Justice*, 1971)

《정치적 자유주의》(*Political Liberalism*, 1993)

《만민법》(*The Law of Peoples*, 1999)

《도덕철학사 강의》(*Lectures on the History of Moral Philosophy*, 2000)

《공정으로서의 정의》(*Justice as Fairness : A Restatement*, 2001)

《정치철학사 강의》(*Lectures on the History of Political Philosophy*, 2007)

47. 토머스 쿤

《코페르니쿠스 혁명》(*The Copernican Revolution*, 1957)

《과학혁명의 구조》(*The Structure of Scientific Revolutions*, 1962)

《주요한 긴장》(*The Essential Tension*, 1977)

《흑체 이론과 양자 불연속성》(*Black-Body Theory and the Quantum Discontinuity*, 1894-1912, 1978)

48. 리처드 로티

《철학 그리고 자연의 거울》(*Philosophy and the Mirror of Nature*, 1979)

《실용주의의 결과》(*Consequences of Pragmatism*, 1982)

《우연성 아이러니 연대성》(*Contingency, Irony, and Solidarity*, 1989)

《미국 만들기》(*Achieving Our Country : Leftist Thought in Twentieth Century America*, 1998)

《철학과 사회적 희망》(*Philosophy and Social Hope*, 2000)

《오늘을 위한 윤리학》(*An Ethics for Today : Finding Common Ground Between Philosophy and Religion*, 2005)

49. 찰스 테일러

《헤겔》(*Hegel*, 1975)

《자아의 원천들》(*Sources of the Self : The Making of Modern Identity*, 1989)

《다문화주의 : 인정의 정치학 검토》(*Multiculturalism : Examining The Politics of Recognition*, 1994)

《세속화 시대》(*A Secular Age*, 2007)

50. 피터 싱어

《동물해방》(*Animal Liberation : A New Ethics for our Treatment of Animals*, 1975)

《실천윤리학》(Practical Ethics, 1980)

《할 수 있는 최선 : 효율적 이타주의》(*The Most Good You Can Do : How Effective Altruism is Changing Ideas about Living Ethically*, 2015)

《실제 세계의 윤리학》(*Ethics in the Real World*, 2016)

• 현대철학 주요개념

1. 아르투어 쇼펜하우어
   염세주의Pessimismus
   비합리주의Irrationalismus
   삶Leben
   의지Wille
   표상Vorstellung
   삶에 대한 맹목적 의지blinder Wille zum Leben
   고통Leiden
   동정심Zartgefühl
   예술Kunst

2. 루트비히 포이어바흐
   인간Mensch
   인간의 소외Entfremdung
   인간은 인간에게 있어 신이다homo homini deus est.
   정신Geist
   신Gott
   망령der abgeschiedene Geist
   사랑Liebe
   감각의 진리Wahrheit der Empfindung
   인간과 인간의 통일Einheit des Menschen mit dem Menschen

3. 쇠안 키에게고
   실존Existenz
   "주체성이 진리다"Die Subjektivität ist die Wahrheit.
   신 앞에 선 고독한 단독자das Einzelne
   실존의 3단계 : 감각적 단계, 윤리적 단계, 종교적 단계ästhetische-ethische-
      religiöse Stufe(혹은 Stadium)

4. 카를 마르크스

공산주의Kommunismus

노동Arbeit

노동의 소외Entäußerung

잉여가치Mehrwert

유물론Materialismus

토대Basis

상부구조Überbau

인간은 인간에 대해서 최고의 존재이다der Mensch ist das höchste Wesen
  für den Menschen.

5. 빌헬름 딜타이

삶Leben

체험Erleben-표현Ausdruck-이해Verstehen

정신과학Geisteswissenschaften

역사이성비판Kritik der historischen Vernunft

의욕하고 느끼고 생각하는 인간wollend-fühlend-vorstellender Mensch

전적인 인간ganzer Mensch

자연을 우리는 설명하고, 심적 생을 우리는 이해한다Die Natur erklären
  wir, das Seelenleben verstehen wir.

해석Auslegung

해석학Hermeneutik

6. 프리트리히 니체

신은 죽었다Gott ist tot.

초인Übermensch

운명애amor fati

안티 크리스트Antichrist

모든 가치의 전도Umsturz aller Werte

노예도덕Sklavenmoral, 가축도덕Herdenmoral

주인도덕 Herrenmoral

힘에의 의지Wille zur Macht

허무nihil

7. 고틀로프 프레게

논리주의Logicismus/logicism

의미Sinn/sense와 지시체Bedeutung/reference

개념Begriff과 대상Gegenstand의 구분

8. 지크문트 프로이트

무의식das Unbewußte

오이디푸스 콤플렉스Ödipuskomplex

이드Id, 자아Ego, 초자아Superego

리비도Libido

에로스Eros, 타나토스Thanatos

9. 에드문트 후설

현상학Phänomenologie

문제 그 자체를 향하여Zu den Sachen selbst!

엄밀한 학문으로서의 철학Philosophie als strenge Wissenschaft

인식비판Erkenntniskritik

현상학적 환원phänomenologische Reduktion

판단중지Epoche, 괄호치기Einklammerung, 스위치 끄기Ausschaltung

현상학적 잉여Residuum

무언가에 관한 의식Bewußtsein von etwas

지향적intentional, 지향성Intentionalitaet

10. 막스 셸러

철학적 인간학Philosophische Anthropologie

전통적 인간관

종교적 인간homo religiosus, 이성적 인간homo sapiens, 공작인homo faber,
   디오니소스적 인간der dionysische Mensch, 초인Übermensch

정신Geist 내지 인격Person

쾌·불쾌의 가치들, 삶의 가치들, 정신적 가치들, 종교적 가치들Werte

11. 에른스트 카시러

상징Symbol

문화철학philosophy of human culture

상징적 동물animal symbolicum

순응angepasst 적합eingepasst

수용망Merknetz과 작용망Wirknetz

동물의 기능 원한Funktionskreis

상징체계symbolic system

12. 카를 야스퍼스

한계상황Grenzsituation : 죽음Tod, 고뇌Leiden, 책임Verantwortung, 투쟁
   Streit 등

암호의 해독Chiffrelesen

실존Existenz

철학적 세계정위philosophische Weltorientierung

실존해명Existenzerhellung

형이상학Metaphysik

포괄자das Umgreifende

교제Kommunikation

사랑하는 싸움liebender Kampf

암호Chiffre

철학적 신앙philosophisches Glauben

13. 마르틴 하이데거

존재Sein

세계-내-존재In-der-Welt-sein

지평Horizont

통찰Einblick

숙고Besinnung

현존재Dasein

현상학적 해석학phänomenologische Hermeneutik

관심Sorge

세인das Man

피투성Geworfenheit

기투Entwurf

개시성Erschlossenheit

진리Wahrheit

시간성Zeitlichkeit, 역사성Geschichtlichkeit

그랬으면서-마주하는-다다름gewesend-gegenwärtigende-Zukunft

14. 막스 호르크하이머

프랑크푸르트학파Frankfurter Schule

전통이론과 비판이론Traditionelle und Kritische Theorie

비인간화Entmenschlichung

인간의 해방Emanzipation des Menschen

의식적인 관심을 가지고mit bewußtem Interesse 대응하는 것

도구적 이성instrumentelle Vernunft

15. 한스-게오르크 가다머

철학적 해석학philosophische Hermeneutik

지평Horizont

선입견Vorurteil

해석자Interpret

전통Tradition, 전승Überlieferung

진리요구Wahrheitsanspruch

이해Verstehen

해석학적 상황hermeneutische Situation

지평융합Horizontverschmelzung

물음과 대답의 논리Logik der Frage und Antwort

적용Anwendung/Applikation

해석학적 경험hermeneutische Erfahrung

영향작용사Wirkungsgeschichte

16. 한스 요나스

책임Verantwortung

기술문명die technologische Zivilisation

미래Zukunft

공포의 발견술Heuristik der Furcht

선Das Gute, 당위Das Sollen, 존재Das Sein

17. 위르겐 하버마스

합리성Rationalität

합의Konsensus

토론Diskurs

공공성Öffentlichkeit

노동Arbeit, 언어Sprache, 지배Herrschaft

기술적 관심technisches Interesse, 실천적 관심praktisches Interesse, 해방적
　　관심emanzipatorisches Interesse

인식을 지배하는 관심erkenntnisleitendes Interesse

사전결정Vorentscheidung

대화적 해결diskursive Einlösung

진리는 지성과 사실의 일치veritas est adaequatio intellectus et rei

요구주장Anspruch

토론Diskurs

소통적 행위kommunikatives Handeln

이상적 대화 상황ideale Sprechsituation

18. 오귀스트 콩트

인간 지성의 3단계의 법칙la loi de trois états : '신학적 단계' '형이상학적 단
계' '실증적 단계'

실증적positif

실증주의positivisme

사회학sociologie

사회 정태학statique sociale

사회 동태학dynamique sociale

전인류Grand Être

인간성의 종교religion de l'humanité

질서l'ordre, 진보le progrès

실증적positif : 현실적인réel, 유용한utile, 확실한certitude, 정밀한précis, 건
설적인organiser, 상대적인relatif 것.

19. 앙리 베르크손

생의 약동élan vital

분석하는 지능intelligence과 공감하는 직관intuition

공감sympathie

정지와 지속l'immobilité et la durée

물질과 기억matière et mémoire

닫힌 도덕과 열린 도덕morale close, morale ouverte

정적 종교와 동적 종교religion statiques, religion dynamiques

닫힌 사회와 열린 사회société close, société ouverte

생의 약동élan vital

창조적 진화l'evolution créatrice

시간은 연속적인 흐름continuité d'écoulement

20. 가스통 바슐라르
상상력imagination
운동성mobilité
물질적 상상력l'imagination matérielle
시poésie

21. 가브리엘 마르셀
신비mystère
희망espérance
추상적 객체인 자기moi가 아니라 실존적 주체인 나je
신비mystère와 문제probléme
제2의 성찰réflexion seconde
사랑amour/charité
성실fidélité
교제communauté
절대적 타자Toi absolu
신dieu은 오직 증언témoignage될 수 있을 따름
소유l'avoir와 존재l'être

22. 자크 라캉
거울단계le stade du miroir
기표signifiant/기의signifié
인간은 욕망désir의 주체sujet
동일화identification
상상계l'imaginaire, 상징계le symbolique, 실재계le réel
무의식inconscient
환유와 은유métonymie et métaphore
꿈rêve

23. 장 폴 사르트르

실존은 본질에 앞선다l'existence précède l'essence

즉자존재en-soi : 사물

대자존재pour-soi : 의식인간

실존주의는 휴머니즘이다l'existentialisme est un humanisme

참여/연류engagement. 나의 행위는 전 인류를 끌어들인다engager

불안과 자유angoisse et liberté

인간은 자유의 형을 선고받았다l'homme est condamné à être libre.

조건condition

나의 처지situation[시튀아시옹]

24. 에마뉘엘 레비나스

그저 있음il y a

타인의 얼굴le visage

얼굴은 죽이지 말라tu ne tueras point는 명령

얼굴로 나아가는 것l'accès aux visage, 그것이 곧 윤리

얼굴은 의미le visage est sens

타인l'autre, 타자성l'alterite

있는 것l'etant구체적인 존재자, 있는 그 무엇quelque chose 실존자

남과 사귀는 관계la relation sociale, 사심 없는 관계dés-inter-essée, 남에 대
    한 책임성, 남에 대해 있음l'être-pour-l'autre

전체성과 무한totalité et infini

25. 모리스 메를로-퐁티

신체corps

지각perception

행동comportement

상호주관성intersubjectivité

타자 내지 인간적 세계와 공존하며 교류하는 세계-내-존재l'Être au
    monde, 상호주관적 세계, 체험된 세계le monde vécu

26. 클로드 레비-스트로스

야생의 사고pensée sauvage

구조sauvetage

구조주의structuralisme

기표signifiant와 기의signifié

의미sens

요리 삼각형le triangle culinaire

여성의 교환l'échange des femmes

무문자사회société sans écriture

27. 장 프랑수아 리오타르

숭고sublimité

포스트모던postmoderne

거대 서사의 종말la fin des grands récits

작은 이야기petits récits

메타 이야기métarécit

정당화 담론 discours de légitimation

공약불가능성incommensurabilité

28. 질 들뢰즈

노마드Nomad

리좀rhizome

다양체multiplicité

반복곡ritornello

신의 존재는 베일에 싸인 탁월성이다. 즉, '~이 아니다'라는 부정으로만 정의될 수 있다.

유비analogie

29. 미셸 푸코

담론discours

광기folie

지식savoir

권력의 그물망le réseau du pouvoir

지층episteme[에피스테메]

삶의 권력pouvoir de vie

30. 장 보드리야르

시뮐라시옹simulation

시뮐라크르simulacra

소비consommation

파생실재hyper-réalité

31. 자크 데리다

그라마톨로지grammatologie

음성중심주의phono-centrism

해체déconstruction

이동déplacement

차연différance

공간내기espacement

여백marges

백색blancs

보충supplément

32. 미셸 세르

헤르메스Hermès

시간temps

기식자le parasite

엄지세대petite poucette

33. 알랭 바듀

타락avilissement

사건événement

존재l'être

진리verité

다수multiple

34. 제러미 벤담

공리주의utilitarianism

최대 다수의 최대 행복The greatest happiness of the greatest number

최대 지복greatest felicity, 최대 선greatest good

모든 법은 자유의 한 침해Every law is an evil, for every law is an infraction
   of liberty.

판옵티콘panopticon

쾌락과 고통pleasure and pain

35. 존 스튜어트 밀

숙련된 민주주의skilled democracy

자유주의liberalism 또는 페미니즘feminism

자기보호self-protection와 위해방지harm principle[위해원칙]

질적 쾌락주의qualitative hedonism

계몽된 소수instructed minority

남성과 여성의 완전한 평등perfect equality

36. 찰스 다윈

진화evolution

자연선택natural selection

변형을 동반한 계통descent with modification

적자생존survival of the fittest

37. 찰스 샌더스 퍼스

  기호논리학mathematical logic

  기호론semiotic

  프래그머티즘pragmatism

  결과effects

  실제적 영향practical bearings

  추정법abduction

38. 윌리엄 제임스

  진리truth=유용성usage

  의식의 흐름stream of consciousness

  현금가치cash value

  근본적 경험론radical empirism

39. 존 듀이

  경험experience

  인식cognition

  도구주의instrumentalism

  탐구 inquiry

00. 알프레드 노스 화이트헤드

  과정process

  객관적 관념론objective idealism

  신실재론new realism

  잘못된 구체성의 오류fallacy of misplaced concreteness

  유기체적 철학philosophy of organism

40. 버트런드 러셀

  유형이론theory of types

  논리적 원자론logical atomism

논리주의logicisim

러셀의 역리Russell's paradox

기술이론theory of descriptions

41. 조지 에드워드 무어

메타 윤리학Meta-ethics

가치worth

선the good

신실재론new realism

상식common sense

외부세계external world

42. 루트비히 비트겐슈타인

그림 이론picture theory

가족 유사성family resemblances

진리함수론truth-function theory

가짜 문제pseudo-problem

언어놀이language game

말할 수 없는 것에 관해서는 침묵해야 한다Wovon man nicht sprechen kann, darüber muß man schweigen.

43. 루돌프 카르납

분석철학analytic philosophy

관용의 원리tolerance principle

검증가능성의 원리principle of verifiabilty

00. 길버트 라일

명제적 앎Know that

실천적 앎Know how

범주오인category mistake

44. 칼 포퍼

구획기준criterion of demarcation

반증주의falsificationism, 반증가능성falsifiability

비판적 합리주의critical rationalism

단편적 사회공학piecemeal social engeneering

열린 사회open society 닫힌 사회closed society

45. 존 랭쇼 오스틴

언어행위speech-act theory

일상언어ordinary language

말의 수행적perfomative 성격

진술statement

발화utterance의 세 가지 수행 행위 : 발화행위locutionary act, 발화수반행
위illocutionary act, 발화효과행위perlocutionary act

46. 존 롤스

정의justice

공정fairness

정의의 두가지 원칙two principles of justice

원초적 입장original position

무지의 베일veil of ignorance

47. 토머스 쿤

과학혁명scientific revolution

공약불가능성incommensurability

패러다임paradigm

48. 리처드 로티

반표상주의anti-presentationism

자연의 거울the mirror of nature

편지로 쓴 철학사 I

2017년 11월 17일 1판 1쇄 박음
2017년 11월 30일 1판 1쇄 펴냄

지은이 이수정
펴낸이 김철종 박정욱
책임편집 배빛나 **디자인** 정진희 **마케팅** 오영일
인쇄제작 정민문화사

펴낸곳 에피파니
출판등록 1983년 9월 30일 제1 - 128호
주소 110 - 310 서울시 종로구 삼일대로 453(경운동) KAFFE빌딩 2층
전화번호 02)701 - 6911 **팩스번호** 02)701 - 4449
전자우편 haneon@haneon.com **홈페이지** www.haneon.com

ISBN 978 - 89 - 5596 - 821 - 7 04100

이 도서의 국립중앙도서관 출판예정도서목록(CIP)은 서지정보유통지원시스템
홈페이지(http://seoji.nl.go.kr)와 국가자료공동목록시스템(http://www.nl.go.kr/kolisnet)에서
이용하실 수 있습니다.(CIP제어번호: CIP2017030116)

저자 일러두기
• 《편지로 쓴 철학사》는 I, II권으로 구성됩니다. 제1권 〈헤겔 이후 현재까지〉는 완전히 새로 쓴 것이
고, 제2권 〈탈레스에서 헤겔까지〉는 2007년 아테네출판사에 나온 제1판을 상당 부분 수정가필한 신
판에 해당합니다. 개정 신판을 흔쾌히 양해해준 아테네 양성숙 대표님에게 감사를 전합니다.
• 본문의 앞부분 '준비운동'은 《인생론 카페》(철학과현실사)에 〈철학카페〉라는 제목으로 발표했던 것을
새로 수정가필하였습니다. 철학의 예비적 이해에 다소나마 도움 되기를 기대합니다.
• 에피파니판 《편지로 쓴 철학사 I, II》는 탈레스로부터 시작하여 피터 싱어까지, 철학사의 처음부터
끝까지를 관통하여 전체를 제대로 갖춘 첫 정본임을 특별히 밝힙니다.